Kohlhammer

Die Autoren

Prof. Dr. Meindert Haveman lehrte an der Fakultät für Rehabilitationswissenschaften der Technischen Universität Dortmund.

Prof. Dr. Reinhilde Stöppler lehrt am Institut für Förderpädagogik und Inklusive Bildung der Justus-Liebig-Universität Gießen.

Meindert Haveman, Reinhilde Stöppler

Altern mit geistiger Behinderung

Grundlagen und Perspektiven für
Begleitung, Bildung und Rehabilitation

3., überarbeitete und erweiterte Auflage

Verlag W. Kohlhammer

Dieses Werk einschließlich aller seiner Teile ist urheberrechtlich geschützt. Jede Verwendung außerhalb der engen Grenzen des Urheberrechts ist ohne Zustimmung des Verlags unzulässig und strafbar. Das gilt insbesondere für Vervielfältigungen, Übersetzungen und für die Einspeicherung und Verarbeitung in elektronischen Systemen.

Pharmakologische Daten verändern sich ständig. Verlag und Autoren tragen dafür Sorge, dass alle gemachten Angaben dem derzeitigen Wissensstand entsprechen. Eine Haftung hierfür kann jedoch nicht übernommen werden. Es empfiehlt sich, die Angaben anhand des Beipackzettels und der entsprechenden Fachinformationen zu überprüfen. Aufgrund der Auswahl häufig angewendeter Arzneimittel besteht kein Anspruch auf Vollständigkeit.

Die Wiedergabe von Warenbezeichnungen, Handelsnamen und sonstigen Kennzeichen berechtigt nicht zu der Annahme, dass diese frei benutzt werden dürfen. Vielmehr kann es sich auch dann um eingetragene Warenzeichen oder sonstige geschützte Kennzeichen handeln, wenn sie nicht eigens als solche gekennzeichnet sind.

Es konnten nicht alle Rechtsinhaber von Abbildungen ermittelt werden. Sollte dem Verlag gegenüber der Nachweis der Rechtsinhaberschaft geführt werden, wird das branchenübliche Honorar nachträglich gezahlt.

Dieses Werk enthält Hinweise/Links zu externen Websites Dritter, auf deren Inhalt der Verlag keinen Einfluss hat und die der Haftung der jeweiligen Seitenanbieter oder -betreiber unterliegen. Zum Zeitpunkt der Verlinkung wurden die externen Websites auf mögliche Rechtsverstöße überprüft und dabei keine Rechtsverletzung festgestellt. Ohne konkrete Hinweise auf eine solche Rechtsverletzung ist eine permanente inhaltliche Kontrolle der verlinkten Seiten nicht zumutbar. Sollten jedoch Rechtsverletzungen bekannt werden, werden die betroffenen externen Links soweit möglich unverzüglich entfernt.

3., überarbeitete und erweiterte Auflage 2021

Alle Rechte vorbehalten
© 2004/2010/2021 W. Kohlhammer GmbH, Stuttgart
Gesamtherstellung: W. Kohlhammer GmbH, Heßbrühlstr. 69, 70565 Stuttgart
produktsicherheit@kohlhammer.de

Print:
ISBN 978-3-17-036808-8

E-Book-Formate:
pdf: ISBN 978-3-17-036809-5
epub: ISBN 978-3-17-036810-1
mobi: ISBN 978-3-17-036811-8

Für den Inhalt abgedruckter oder verlinkter Websites ist ausschließlich der jeweilige Betreiber verantwortlich. Die W. Kohlhammer GmbH hat keinen Einfluss auf die verknüpften Seiten und übernimmt hierfür keinerlei Haftung.

Inhalt

Einleitung		9
1	**Altern und geistige Behinderung**	**13**
	1.1 Altersentwicklung in Deutschland	14
	1.2 Altersentwicklung und Lebenserwartung von Menschen mit geistiger Behinderung	15
2	**Begriffliche Implikationen**	**19**
	2.1 Der Begriff »Altern«	19
	2.2 Zum Personenkreis der alten Menschen mit geistiger Behinderung	22
3	**Theoretische Konzepte für die Altersphase**	**26**
	3.1 Deinstitutionalisierung/Enthospitalisierung	26
	3.2 Normalisierungsprinzip	29
	3.3 Soziale Integration	29
	3.4 Selbstbestimmung	32
	3.5 Inklusion und Teilhabe	34
	3.6 Pädagogisches Handlungswissen	35
4	**Dimensionen des Alterns**	**37**
	4.1 Biologisches Altern	37
	4.2 Psychologisches Altern	43
	4.3 Soziologisches Altern	48
	4.3.1 Aktivitätstheorie	51
	4.3.2 Loslösungstheorie (Disengagementtheorie)	52
	4.3.3 Kontinuitätshypothese	53
	4.3.4 Kompetenzmodell	54
	4.3.5 Lebenslaufperspektive	55
	4.3.6 Periodeneffekte	59
	4.3.7 Institutionalisierungseffekte	60
	4.3.8 Aktives Altern für Menschen mit geistiger Behinderung	61
	4.4 Pädagogisches Handlungswissen	63
	4.4.1 Biologisches Altern	63
	4.4.2 Psychologisches Altern	66
	4.4.3 Lebenslaufperspektive	66

		4.4.4 Gesundheitsbildung	66
5	**Gesundheit und Krankheit**		**68**
	5.1	Krankheiten des Alters in der Gesamtbevölkerung	68
	5.2	Krankheiten des Alters bei Menschen mit geistiger Behinderung	70
		5.2.1 Gesundheitsrisiken des Lebensstils	71
		5.2.2 Sehen	74
		5.2.3 Hören	76
		5.2.4 Stütz- und Bewegungsapparat	78
		5.2.5 Herz- und Kreislaufsystem	79
		5.2.6 Atmung/Apnoe	80
		5.2.7 Verdauungssystem	80
		5.2.8 Niere und Blase	83
		5.2.9 Schilddrüse	84
		5.2.10 Immunsystem	85
		5.2.11 Hepatitis	86
		5.2.12 Krebs	86
		5.2.13 Epilepsie	87
		5.2.14 Multimorbidität und Polypharmazie	87
	5.3	Gesundheitsversorgung	91
6	**Demenz (Alzheimer-Erkrankung)**		**94**
	6.1	Ätiologie	95
	6.2	Diagnose Alzheimer-Syndrom	96
	6.3	Diagnose der Alzheimer-Krankheit bei Menschen mit geistiger Behinderung	98
	6.4	Prävalenz	101
	6.5	Verlauf	103
	6.6	Testverfahren	103
	6.7	Medikamentöse Therapie	105
	6.8	Psychologische und pädagogische Maßnahmen	106
	6.9	Sozial-ökologische Intervention	106
	6.10	Pädagogisches Handlungswissen	109
7	**Der Übergang von der Arbeit in den Ruhestand**		**112**
	7.1	Bedeutung der Arbeit	112
	7.2	Arbeitsstätten für Menschen mit Behinderungen	114
	7.3	Ruhestand	116
	7.4	Pädagogisches Handlungswissen	121
8	**Wohnen**		**123**
	8.1	Bedeutung	123
	8.2	Grundlegende Forderungen und Zielsetzungen	124
	8.3	Aktuelle Wohnsituation	126
		8.3.1 Wohnen im Elternhaus	130

		8.3.2	Wohnen in Einrichtungen des »geschlossenen« Bereichs	132
		8.3.3	Formen des gemeindenahen Wohnens	134
		8.3.4	Gruppengegliedertes Wohnen in besonderen Wohnformen	135
		8.3.5	Besondere Wohnformen für Menschen mit geistiger Behinderung	136
		8.3.6	Leben in der (ambulant) betreuten Wohngemeinschaft	137
		8.3.7	Betreutes Wohnen in der Einzel- oder Paarwohnung	139
		8.3.8	Ageing in place	139
		8.3.9	Quartiersbezogene Konzepte	140
		8.3.10	Alternative Wohnformen	141
	8.4		Pädagogisches Handlungswissen	141
9	**Soziale Netzwerke**			**143**
	9.1		Angehörige	143
	9.2		Die Bedeutung sozialer Netzwerke in besonderen Wohnformen	146
	9.3		Partnerschaften	148
	9.4		Mitbewohner	149
	9.5		Mitarbeiter	150
	9.6		Freundschaften und Bekanntschaften außerhalb der Wohneinrichtung	152
	9.7		Pädagogisches Handlungswissen	153
10	**Freizeit**			**155**
	10.1		Zentrale Aspekte	155
	10.2		Ziele der Freizeitförderung	156
	10.3		Bewegung und Sport	157
	10.4		Spielen	160
	10.5		Planung von Freizeitangeboten	160
	10.6		Angebote zur Tagesstrukturierung in besonderen Wohnformen	161
	10.7		Pädagogisches Handlungswissen	162
11	**Mobilität**			**165**
	11.1		Bedeutung der Mobilität	165
	11.2		Mobilitätsbehinderungen	166
		11.2.1	Mobilitätsbiografie	167
		11.2.2	Mangelnde Barrierefreiheit	167
	11.3		Mobilitätsspezifische Kompetenzen	168
	11.4		Unfallgeschehen bei älteren Menschen	171
	11.5		Pädagogisches Handlungswissen	172

12	**Assistive Technologie (AT)**	**173**
	12.1 Formen der Assistiven Technologie	174
	12.2 Assistive Technologie und Alter	176
	12.3 Anwendung von Assistiver Technologie	178
	12.4 Gefahren der Anwendung von Assistiven Technologien	180
13	**Sterben und Tod**	**183**
	13.1 Einleitung	183
	13.2 Trauer	184
	13.3 Zum Todesverständnis bei Menschen mit geistiger Behinderung	185
	13.4 Zum Trauerverhalten bei Menschen mit geistiger Behinderung	188
	13.5 Palliative Care	190
	13.6 Pädagogisches Handlungswissen	194
14	**»Selbstbestimmt älter werden«: ein Lehrgang für Menschen mit geistiger Behinderung zur Vorbereitung auf die eigene Gestaltung des Alterns**	**196**
	14.1 Erwachsenenbildung in der dritten Lebensphase	196
	14.2 Lehrgang »Selbstbestimmt älter werden«	202
	14.2.1 Grundprinzipien	203
	14.2.2 Ziele, Inhalte und Themen	204
	14.2.3 Aufgaben der Kursleiter	206
	14.2.4 Weitere wichtige Elemente des Kurses	207
	14.3 Lektionen des Lehrgangs »Selbstbestimmt älter werden für Menschen mit geistiger Behinderung«	212
Literatur		**255**
Stichwortverzeichnis		**299**

Einleitung

Der goldene Herbst des Lebens?!

In Deutschland und anderen europäischen Ländern lässt sich in den letzten Jahren ein erheblicher Zuwachs der Gruppe von älteren und alten Menschen mit geistiger Behinderung beobachten.

Das Altersbild hat sich gewandelt; Begriffe wie die »neuen Alten«, »Silverpreneure«, »Forever Youngsters«, »Downaging-Trend« weisen darauf hin, dass »alt« und »Alter« neu definiert werden. Allesamt liegt ihnen das Ziel einer zunehmenden Lebensqualität zugrunde. Aber gilt dieser neue »Silver Lifestyle« auch für Menschen mit geistiger Behinderung im Alter?

Das vorliegende Buch thematisiert die Herausforderungen in der Begleitung dieser größer werdenden und besonders vulnerablen Zielgruppe mit vielfältigen Teilhaberisiken. Es ist zu befürchten, dass sich die gesundheitliche und soziale Vulnerabilität im Kontext der aktuellen COVID-19-Pandemie und den damit verbundenen Maßnahmen noch mehr verstärken wird.

Das Leben im Alter, den sogenannten goldenen Herbst des Lebens, nicht nur als Summe von Verlusten zu erfahren, ist eine Aufgabe, die Menschen an der Schwelle zur dritten Lebensphase zumeist selbst meistern können. Dabei werden sie von Kindern oder Enkelkindern, vom Freundeskreis oder in Vereinszusammenhängen unterstützt. Bei Menschen mit geistiger Behinderung, insbesondere, wenn sie längere Zeit des Lebens in besonderen Wohnformen verbracht haben, muss diese Unterstützung aufgrund der besonderen Lebenslage derzeit vor allem von der Behindertenhilfe übernommen werden.

Kreuzer (1996, S. 173) charakterisiert die Lebensbedingungen der heute alten Menschen mit Behinderung als »Kumulierung von Nachteilen«, die man mit den Stichworten Traumatisierung, Hospitalisierung und gelernte Hilflosigkeit umschreiben kann. Es knüpfen sich konzeptionelle und pädagogische Aufgaben an die Frage, wie es gelingen kann, einer oftmals lebenslang benachteiligten Gruppe von Menschen in der Lebensphase des Alters passende Unterstützungen zu bieten und bei einer personenzentrierten Planung von Hilfen und Kompetenzerweiterungen viele Bereiche zu berücksichtigen, um ihnen »neue Lebenschancen« (Pitsch & Thümmel 2017, S. 9) zu eröffnen.

Die Geistigbehindertenpädagogik ist die einzige Disziplin, die sich mit dem Menschen mit geistiger Behinderung in seinem Entwicklungsprozess von frühester Kindheit bis zur Altersphase befasst. Es handelt sich um eine Disziplin, die die Beiträge anderer Disziplinen zur Erklärung des Älterwerdens prüft, modifiziert und entsprechende Lösungswege für Menschen mit geistiger Behinderung aufzeigt. Bei der Verwirklichung dieser Aufgabe spielt die Lebenslaufperspektive und der gerontologische Ansatz des »Aktiven Alterns« eine wichtige Rolle.

Das vorliegende Lehrbuch bietet ein breites Spektrum von Themen des Alterns bei Menschen mit geistiger Behinderung und thematisiert die Herausforderungen in der Begleitung und Bildung.

Zehn Jahre nach der zweiten Auflage dieses Buches hat sich jedoch vieles in der Thematik des Alterns bei Menschen mit geistiger Behinderung verändert. Zu fast allen Aspekten dieses Buches gibt es neue Ergebnisse und Erkenntnisse aus In- und Ausland, die neues Licht auf das vermeintliche Wissen von gestern werfen. Wir haben versucht, diese neuen Einsichten aufzunehmen. Über ein Thema ist im deutschsprachigen Raum noch relativ wenig geschrieben, nämlich assistive (unterstützende) Technologie für ältere Menschen mit geistiger Behinderung. Wir haben dieses Thema in das Buch aufgenommen, da eine Ungleichheit besteht in der Verteilung technischer Hilfsmittel im Vergleich mit Gleichaltrigen in der Gesamtbevölkerung, aber auch verglichen mit Jugendlichen und jungen Erwachsenen mit geistiger Behinderung. Die Mehrfachbehinderungen und chronischen Krankheiten, die gerade bei alten Menschen mit geistiger Behinderung vorkommen, bedeuten, dass viele Probleme nicht identifiziert, vernachlässigt und mit technischen Mitteln nicht gelöst oder kompensiert werden. Des Weiteren werden technische Überwachungsmittel für pflegeabhängige Menschen oft fälschlicherweise als unterstützende Technologie angesehen.

Zu den biologisch-medizinischen Aspekten des Alterns sind weitere Subthemen hinzugefügt worden: Gesundheitsrisiken des Lebensstils, Krebs, Epilepsie, Multimorbidität und Polypharmazie, Gesundheitsversorgung für ältere Erwachsene mit geistiger Behinderung und Sterbevorbereitung und -begleitung. Auch wurden die Ausführungen über die Demenzerkrankung um Aspekte der medikamentösen Therapie erweitert.

Bislang fehlten theoretische Konzepte der Deinstitutionalisierung und der Inklusion in diesem Buch. Wir haben diese, zusammen mit dem gerontologischen Ansatz des aktiven Alterns, ergänzt.

Die größte Ergänzung dieses Buches fand jedoch im Bereich der Erwachsenenbildung für ältere Menschen mit geistiger Behinderung statt. Der neu überarbeitete Lehrgang »Selbstbestimmt Älterwerden« (Haveman & Heller, 2019) wurde integral in diesem Buch aufgenommen. Weniger stark behandelt werden dagegen medizinische Aspekte. Hierzu sei unsere Publikation »Gesundheit und Krankheit bei Menschen mit geistiger Behinderung« (Haveman & Stöppler, 2014) empfohlen.

So skizziert das erste Kapitel das Thema zunächst die Anfänge der Forschung und des systematischen Gedankenaustausches. In Kapitel 2 werden zentrale und grundlegende Aspekte zum Altersbegriff und Personenkreis erörtert. In Kapitel 3 werden aktuelle relevante Paradigmen der Geistigbehindertenpädagogik fokussiert. Das vierte Kapitel gibt einen umfassenden Überblick über die verschiedenen Dimensionen des Alters: Biologische, psychologische und soziologische Aspekte werden unter besonderer Berücksichtigung von Menschen mit geistiger Behinderung beleuchtet. Darauffolgend gibt Kapitel 5 einen umfangreichen und differenzierten Überblick über verschiedene Alterserkrankungen. Eine häufig vorkommende Erkrankung bei Menschen mit Down-Syndrom, die Alzheimer-Erkrankung, wird in Kapitel 6 thematisiert. Es folgt ein weiteres zentrales Thema: der Übergang von der Arbeit in den Ruhestand, der im siebten Kapitel beschrieben wird. In Kapitel 8 geht es um Wohnen und Wohnformen bei älteren Menschen mit geistiger Behinderung. Die Bedeutung von sozialen Beziehungen und den Funktionen sozialer Netzwerke für Menschen mit geistiger Behinderung, insbesondere die Beziehungen zu Angehörigen, Mitbewohnern, Mitarbeitern etc. werden in Kapitel 9 geschildert. Kapitel 10 beschäftigt sich mit Bedeutung und Möglichkeiten der Freizeitgestaltung. Eine zentrale Voraussetzung zur Teilhabe am gesellschaftlichen Leben stellt die Mobilität dar, die in Kapitel 11 mit ihren Einschränkungen bei älteren Menschen dargestellt wird. Als neues Thema wurden in Kapitel 12 assistive (unterstützende) Technologien für ältere Menschen mit geistiger Behinderung in den Blick genommen. In Kapitel 13 folgt die wichtige Thematik des Sterbens und des Todes: Sowohl Trauerverständnis als auch Trauerverhalten und Möglichkeiten der Auseinandersetzung bei Menschen mit geistiger Behinderung werden diskutiert. Abschließend werden in Kapitel 14 die Bedeutung und Möglichkeiten der Bildung bei erwachsenen Menschen mit geistiger Behinderung thematisiert und durch die Beschreibung des neu überarbeiteten Lehrgangs »Selbstbestimmt Älterwerden« konkretisiert.

Die theoretischen Ausführungen der Kapitel 3 bis 13 werden durch pädagogisches Handlungswissen mit vielfältigen wichtigen Hinweisen für die Praxis der Pädagogik und Rehabilitation bei älteren und alten Menschen mit geistiger Behinderung ergänzt.

Das Buch ist evidenzorientiert. Aussprachen und Informationen zu inhaltlichen Aspekten werden anhand der empirischen Fachliteratur dokumentiert. Dies kann für den Lesefluss störend wirken, gibt aber den interessierten und wissenschaftlich orientierten Lesern die Möglichkeit, die Aussagen im Kontext der jeweiligen wissenschaftlichen Quellen weiterzuverfolgen, um die Informationen des Buches für sich zu erweitern.

Aus pragmatischen Gründen wurden im Text oftmals nur die männlichen Formen benutzt, die selbstverständlich immer alle Geschlechtsformen einschließen (weiblich, männlich, divers).

Wir möchten es nicht versäumen, all denen zu danken, die uns bei der Entstehung des Buches unterstützt haben. Unser besonderer Dank gilt Dr. Melanie Knaup für die entspannte und überaus kompetente Unterstützung bei der Korrektur und für die sorgfältige Erstellung des Manuskripts.

Meindert Haveman und Reinhilde Stöppler
August 2020

1 Altern und geistige Behinderung

Das Interesse für das Thema »Altern« bei Menschen mit geistiger Behinderung ist vor allem aus sozio-demographischen Entwicklungen zu erklären, nämlich als Teil der gerontologischen Fachliteratur und der politischen Diskussion rund um die Konsequenzen für die Sozialfürsorge. Das Thema »Altern bei Menschen mit geistiger Behinderung« hat inzwischen einen anerkannten Platz in der Fachliteratur erhalten, aber die Resonanz des politischen Interesses ist noch relativ gering.

Die Bevölkerungsalterung betrifft alle Länder. Der Umfang der Bevölkerung wird weltweit im Jahr 2060 etwas größer sein, während die Altersstruktur viel älter sein wird als das jetzt der Fall ist. Die Bevölkerungsalterung hat tiefgreifende Auswirkungen auf die Gesellschaften. Sie beeinflusst z. B. Bildungseinrichtungen, Arbeitsmärkte, soziale Sicherheit, Gesundheitsfürsorge, Langzeitpflege und die Beziehung zwischen den Generationen. Die Lebenserwartung bei der Geburt steigt in allen Teilen der Welt. Es wird erwartet, dass die Lebenserwartung in einem Zeitraum von 45 bis 50 Jahren weltweit um 10% zunehmen wird, mit einem Maximum von 18% für Afrika und 6% für stärker entwickelte (nicht notwendigerweise zivilisiertere) Länder (Haub, 2006). Mit Ausnahme von Japan liegen die 15 nach Bevölkerungsstruktur ältesten Länder der Welt alle in Europa. Japan hat die meisten alten Menschen, aber danach folgen direkt Italien, Deutschland und Griechenland. Die US-Bevölkerung ist im europäischen Vergleich relativ »jung«, weniger als 13% der Einwohner sind 65 Jahre oder älter. In Deutschland wird nach Prognosen die Altersgruppe der 60 bis 80-Jährigen von 21,8 Millionen im Jahre 2010 auf 29,4 Millionen im Jahre 2030 ansteigen. Bei der Bevölkerungsgruppe der über 80-Jährigen ist sogar ein Anstieg von 4,5 Millionen (2010) auf 10 Millionen (2050) zu erwarten (Birg, 2011, S. 24f).

Es bestand jedoch relativ wenig Interesse daran, die Konsequenzen des Alterns für Menschen mit geistiger Behinderung zu untersuchen. Bis Anfang der 1980er Jahre war das Altern von Menschen mit geistiger Behinderung kaum ein Thema. In Deutschland und in anderen Ländern wurde in Fachzeitschriften und Büchern, auf Tagungen und Kongressen der Prozess des Altwerdens und die Lebenssituation des älteren Menschen mit geistiger Behinderung nicht oder nur marginal angesprochen. In Praxis, Forschung und Lehre wurde der Personenkreis der älteren Erwachsenen mit geistiger Behinderung kaum beachtet.

Das fehlende Interesse an dieser Zielgruppe vor 30 Jahren kann durch verschiedene Umstände erklärt werden. So war durch eine vergleichsweise geringere Lebenserwartung die Gruppe von Menschen mit geistiger Behinderung, die älter als 50 Jahre waren, relativ klein. Darüber hinaus waren damals ältere Menschen mit geistiger Behinderung in der Gesellschaft kaum sichtbar, da sie permanent in großen Wohneinrichtungen und psychiatrischen Anstalten (vgl. Haveman, 1982; Haveman & Maaskant, 1992) verblieben. Von wesentlicher Bedeutung war jedoch die damalige Auffassung, dass der Mensch mit geistiger Behinderung ein »permanentes Kind« sei. Sogar der ältere Mensch wurde in seiner Persönlichkeit zu einem Kind mit einem »mentalen Alter« von 0 bis 4 Jahren reduziert, zu einem Kind, das in einer frühen Phase seiner Entwicklung stehengeblieben sei. Die Betrachtung der weiteren Lebensphasen war bei dieser Sichtweise kaum relevant, da diese nicht wesentlich zur weiteren Reifung und Bildung der Persönlichkeit beitragen.

1.1 Altersentwicklung in Deutschland

Die steigende Anzahl alter Menschen in Deutschland ist seit einiger Zeit zu einem der wichtigsten Themen der Sozialpolitik geworden. »Nicht nur der einzelne Mensch, sondern eine ganze Gesellschaft, beziehungsweise ein ganzes Volk altert« (Lehr, 1998, S. 17). Wie in der Einleitung aufgezeigt wurde, wächst die Anzahl älterer Menschen im letzten Jahrhundert kontinuierlich.

Als bedeutendster Grund für diese Entwicklung ist der medizinisch-technische Fortschritt zu nennen, wie z. B. der Einsatz von Medikamenten, Impfstoffen und technischen Hilfsmitteln. Weiter hat es schon fast ein Lebensalter lang keinen Krieg gegeben, in dem viele Soldaten und Zivilisten starben. Die Weltkriege 1914–1918 und 1939–1945 haben das Leben vieler Menschen frühzeitig beendet. Auch die verbesserten Lebensbedingungen, wie gesicherte Ernährung, geregelte Arbeitszeiten, hygienische Maßnahmen sowie wirksame soziale Sicherungen, haben das Phänomen der hohen Lebenserwartung begünstigt (Imhoff, 1997, S. 14). Dieser Anstieg der Lebenserwartung der älteren Menschen hat erhebliche Auswirkungen auf die Altersstruktur und die damit verbundenen sozialen Fragen. Die ältere Generation ist heute zahlenmäßig größer als frühere ältere Generationen; dies bedeutet unter anderem, dass es bei gleichbleibenden Bedingungen potentiell mehr Rentenbezieher gibt und der Ruhestand als Lebensphase länger dauert (Eisenmenger et al., 2006, S. 39).

Die menschliche Lebenserwartung wird von verschiedenen Einflussfaktoren bestimmt. Sofern Populationen nicht durch Kriege, Seuchen und Hungersnöte dezimiert werden, spielt die Qualität der medizinischen Versorgung neben der biologischen Lebenserwartung (Zellalterung), Stress, Ernährung und Bewegung eine wichtige Rolle. Während vor 100 Jahren lediglich bei etwa 40 % der Neugeborenen davon ausgegangen werden konnte, dass sie ihren 65. Geburtstag erleben, sind es bei den heute gegebenen Sterblichkeitsverhältnissen mehr als 80 % der Männer und mehr als 90 % der Frauen (Weyerer & Bickel, 2007, S. 44). Unter guten Rahmenbedingungen können Menschen 100 Jahre und älter werden. Die bisher ältesten Menschen erreichten ein Lebensalter von knapp über 120 Jahren (maximale Lebenserwartung).

Im Jahr 2019 betrug die durchschnittliche Lebenserwartung neugeborener Jungen in Deutschland 78,5 Jahre (Statistisches Bundesamt, 2019). Die entsprechende Zahl für neugeborene Mädchen lautet 83, Jahre. Die Lebenserwartung hat sich in den letzten Jahrzehnten kontinuierlich verlängert.

1.2 Altersentwicklung und Lebenserwartung von Menschen mit geistiger Behinderung

Der Personenkreis der Menschen mit geistiger Behinderung ist von den bereits beschriebenen demographischen Veränderungen gleichermaßen betroffen. Die steigende Lebenserwartung, eine höhere Anfälligkeit im Alter für chronische Erkrankungen, wie z. B. Demenzerkrankungen, aber auch Fragen über die Qualität des Wohnens, der Übergang von Arbeit zur Tagesstruktur sowie gestalteten Freizeit, verleihen dem Thema Altersentwicklung von Menschen mit geistiger Behinderung eine hohe Relevanz. Ohne Wissen, ohne Information über diese Aspekte ist es schwierig, eine bessere Versorgungslage für – aber vor allem mit älteren Personen mit geistiger Behinderung vorzubereiten und zu planen.

Die Lebenserwartung steigt in allen Teilen der Welt. Menschen mit leichter geistiger Behinderung leben im Allgemeinen so lang wie ihre Altersgenossen ohne geistige Behinderung (Fisher & Kettl, 2005; Ouellette-Kuntz et al., 2005).

Wie entmutigend gerade falsche Aussagen über die Lebenserwartung ihres Kindes für Eltern sind, macht ein Zitat von Müller-Erichsen (1993) deutlich:

»In der medizinischen Buchhandlung stöberte ich zwei Bücher auf, um mich zu informieren. […] Ich habe beide Bücher gleich gelesen, war entsetzt über einige Bilder und habe nur daraus behalten, dass ›mongoloide Kinder sich bis zum zwölften Lebensjahr gut entwickeln, wenn sie keinen Herzfehler haben; ab diesem Zeitpunkt (etwa Pubertät) sich aber zurückentwickeln, d. h. frühzeitig altern und insgesamt nur eine Lebenserwartung von ca. 20 bis 25 Jahren haben‹. Ich muß gestehen, dass ich mir das gar nicht vorstellen konnte, zumal sich unser Sohn ganz munter entwickelte. Viel später, in den 80er Jahren, als ich schon Vorsitzende der Lebenshilfe Gießen war, habe ich immer wieder von Eltern den Satz gehört: ›Der Arzt hat gesagt, die leben nicht so lange‹. Leider verbreiten manche Ärzte noch heute diese ›Weisheiten‹, und Studenten lesen wohl noch immer solche Bücher. Es ist an der Zeit, mit diesen unzutreffenden Altersprognosen Schluß zumachen, denn es begegnen uns inzwischen 50- und 60-jährige Menschen mit Down-Syndrom.« (ebd., S. 127)

Inzwischen hat sich die Anzahl der Bücher vergrößert und wissensbezogene Inhalte verbessert. Trotzdem ist auch heute noch die letzte Bemerkung hervorzuheben. Informationen für Eltern über Lebenserwartungen müssen stimmen, man sollte nicht nur über die mittlere Lebenserwartung informieren, sondern auch über die Variationsbreite. Informationen, die nicht spezifisch sind, die veraltet und falsch sind und die keine positiven Auswirkungen haben oder unterstützen, verunsichern Eltern, Geschwister und andere Verwandte.

1 Altern und geistige Behinderung

Die Lebenserwartung von Menschen mit geistiger Behinderung ist, wie die der Gesamtbevölkerung, im 20. und 21. Jahrhundert stark gestiegen. Ein Teil dieses Anstiegs ist der Verbesserung der Ernährung, der Kontrollierung und Eindämmung von Infektionskrankheiten, den Impf- und Screeningprogrammen gefährlicher Krankheiten und der besseren Erreichbarkeit und Effektivität medizinischer Hilfen zu verdanken (Fisher & Kettl, 2005). Die größte Verbesserung der Lebenserwartung ist für Menschen mit Down-Syndrom dokumentiert. Im Jahr 1900 lag die Lebenserwartung für Menschen mit Down-Syndrom bei der Geburt zwischen neun und elf Jahren. 1946 (Penrose, 1949) hatte diese auf zwölf Jahre zugenommen. In den 1960er Jahren war die Lebenserwartung weiter gestiegen (vgl. Collman & Stoller, 1963), betrug aber bei der Geburt nicht mehr als 18 Jahre. Dagegen wurde 1989 eine durchschnittliche Lebenserwartung bei der Geburt von ungefähr 55 Jahren errechnet (vgl. Eyman et al., 1989; Haveman et al., 1989). Aktuellere Daten berichten von einer mittleren Lebenserwartung von 56 Jahren (Carmeli et al., 2003). Yang et al. (2002) berichten in den USA, dass das durchschnittliche Sterbealter von Menschen mit Down-Syndrom von 1983 bis 1997 von 24 auf 49 Jahre gestiegen ist. In dieser 14-jährigen Periode ist dies ein Zuwachs von 25 Jahren. In derselben Periode nahm das Sterbealter in der Gesamtbevölkerung der USA nur um drei Jahre zu, nämlich von 73 auf 76 Jahre (Yang et al., 2002).

Anhand der epidemiologischen Untersuchungen über die Mortalität von Menschen mit geistiger Behinderung kann man feststellen, dass die Lebenserwartung für Menschen mit einer leichten und mäßigen geistigen Behinderung sich kaum von der der allgemeinen Bevölkerung unterscheidet (vgl. Janicki, 1997; Patja et al., 2000).

Für Personen mit einer schweren und mehrfachen Behinderung sind die Sterberaten in allen Altersgruppen jedoch noch immer höher im Vergleich mit der Personengruppe mit einer leichten und mäßigen geistigen Behinderung und der allgemeinen Bevölkerung (vgl. Eyman et al., 1990, 1993; Patja et al., 2001; Strauss & Eyman, 1996). Vor allem für Personen, die sich nicht oder kaum bewegen können oder eine ernste Form der Epilepsie haben, besteht ein erhöhtes Risiko (vgl. Eyman et al., 1990, 1993; Patja et al., 2000).

Dieckmann et al. (2016) veröffentlichen Resultate für Deutschland. In den Jahren 2007–2009 betrug die durchschnittliche Lebenserwartung von Männern mit geistiger Behinderung in Nordrhein-Westfalen 70,9 Jahre, in Baden-Württemberg 65,3. Frauen erreichten 72,8 bzw. 69,9 Jahre. Im Vergleich mit internationalen Studien bestätigt sich hiermit der Trend der wachsenden Lebenserwartung von Menschen mit geistiger Behinderung. Deutlich ist, dass die Lebenserwartung noch immer wesentlich geringer ist als in der Allgemeinbevölkerung.

Früher waren die häufigsten Todesursachen für Menschen mit Down-Syndrom Atemwegs- und andere Infektionskrankheiten, Krebserkrankung (z. B. akute Leukämie in der Kindheit), Herzversagen bei angeborenem Herzfehler (vgl. Fryers, 1986) und Epilepsie (vgl. Forssman & Akesson, 1970; Patja et al., 2000). Die Entdeckung und der verbesserte Zugang von Antibiotika in den 1940er Jahren reduzierte das Sterberisiko an Infektionen erheblich. Seit 1960 hat sich die chirurgische Fertigkeit, in sehr jungem Alter Herzkorrekturen vorzunehmen, er-

1.2 Altersentwicklung und Lebenserwartung von Menschen mit geistiger Behinderung

heblich verbessert. Lediglich bei 40–50 % der congenitalen Herzprobleme werden jedoch chirurgische Eingriffe vorgenommen. Bei Personen mit Down-Syndrom sind auch heute die Sterblichkeitsraten in den ersten 10 Jahren nach der Geburt und ab dem 50. Lebensjahr noch relativ hoch. In einer schwedischen Studie von Frid et al. (1999) wurde von 219 Kindern mit Down-Syndrom bei 47,5 % nach der Geburt ein Herzfehler entdeckt. Bei 42,1 % ging es dabei um einen totalen atrioventrikularen septischen Defekt. In den 14,5 Jahren nach der Geburt waren 24,4 % der Kinder dieser Geburtskohorte gestorben, nämlich 44,1 % der Kinder mit einem angeborenen Herzfehler und 4,5 % der Kinder ohne einen angeborenen Herzfehler.

Die häufigsten Todesursachen bei Personen mit Down-Syndrom sind Schlaganfall, Demenz und Infektionskrankheiten vor allem der Atemwege (vgl. Thase, 1982; Puri et al., 1995). Der wichtigste Faktor für die erhöhte Sterblichkeit ab dem Alter von 50 Jahren (vgl. Haveman et al., 1989b) sind die hohen Prävalenzraten der Alzheimer-Demenz und ihrer Folgeerscheinungen (▶ Kap. 6).

Die Resultate der Studien zu Mortalitätsraten für Menschen mit geistiger Behinderung variieren untereinander durch Faktoren wie Selektion der Klienten, Stichprobenumfang, Qualität und Reliabilität des Datensatzes. In vielen Studien wurde die Information aus Registern von Einrichtungen und Organisationen entnommen (Eyman et al., 1989; Haveman et al., 1989; Janicki et al., 1997; Maaskant et al., 1995; Maaskant et al., 2002; Janicki, 2002; Bittles et al., 2002).

Die Mortalität steigt nach dem Alter von 40 Jahren stark an (Day et al., 2005; Strauss & Shavelle, 1998). Bei 40 % der Menschen mit Down-Syndrom im Alter von über 40 Jahren wurde Lungenentzündung als Todesursache berichtet (Bittles et al., 2007). Diese ist wiederum eine der häufigsten Todesursachen im Zusammenhang mit Demenz (Keene et al., 2001). Angesichts der hohen Demenzraten bei älteren Menschen mit Down-Syndrom ist Demenz vom Alzheimer-Typ (DAT) vermutlich eine wichtige sekundäre Ursache für die hohen Sterberaten. Die Zunahme der Lebenserwartung ist besonders für Menschen mit Down-Syndrom ausgeprägt, nämlich von 12 im Jahr 1949 auf fast 60 im Jahr 2004 (Bittles & Glasson, 2004). Gründe für diese dramatische Verschiebung sind eine verringerte Kindersterblichkeit, besseres Wissen über syndromgebundene Krankheiten, adäquatere Gesundheitsversorgung in allen Lebensphasen und bessere Information von Eltern und Mitarbeitern für die Begleitung. Trotz dieses positiven Trends liegt die Lebenserwartung für Personen mit mittlerer und schwerer geistiger Behinderung immer noch deutlich unter der der Allgemeinbevölkerung. Mit einem durchschnittlichen Todesalter von 65 Jahren für Männer mit geistiger Behinderung und 63 Jahren für Frauen war die Lebenserwartung von Menschen mit geistiger Behinderung in England 16 Jahre kürzer als bei der Allgemeinbevölkerung. Die Sterblichkeitsrate von Menschen mit geistiger Behinderung ist etwa doppelt so hoch wie in der Allgemeinbevölkerung in England (Heslop & Glover, 2015).

Um gesicherte Aussagen über die Anzahl älterer Menschen mit geistiger Behinderung in der Bundesrepublik Deutschland machen zu können, ist es bedeutsam, über zuverlässige Angaben zur Gesamtzahl der Menschen mit geistiger Behinderung zu verfügen, um auf die Anzahl älterer Menschen schließen zu können. Diese Angaben fehlen jedoch. Unter Zugrundelegung einer Prävalenzrate von 0,43 % der Länder Dänemark und Schweden leben im Jahre 2020 in der Bundesrepublik Deutschland schätzungsweise 350.000 Menschen mit geistiger Behinderung. Diese Schätzung ist sehr grob, da es in der Geburtenentwicklung und dem sozio-demographischen Aufbau der Bevölkerung zu den beiden skandinavischen Ländern Unterschiede gibt.

Die Begriffe »Mortalität« (Sterblichkeit) und »Lebenserwartung« haben für die Geburtskohorten von Menschen mit Behinderungen in Deutschland und Österreich vor 1945 einen bitteren Beigeschmack. Es geht um eine Personengruppe, die in vielen Fällen schon früh vernichtet wurde. Noch mehr als für andere Personen gilt die Aussage des deutschen Gerontologen Thomae (1968) für Menschen mit geistiger Behinderung im 20.Jahrhundert, nämlich, dass Altern primär als »soziales Schicksal« und erst sekundär als biologische Veränderung bezeichnet werden kann. Das »soziale Schicksal« traf junge Kinder systematisch, bevor sie überhaupt eine Chance hatten, ein eigenes Leben aufzubauen. Durch Naziverbrechen sind in Deutschland und Österreich die Geburtsjahre vor 1945 kaum vertreten. In der Zeit des Nationalsozialismus wurden Menschen mit geistiger Behinderung, die zur Gruppe der »Lebensunwerten« zählten, systematisch ausgelöscht. Diese systematische Tötung, deklariert mit »Euthanasie», begann im Oktober 1939 aufgrund eines »Führererlasses«. »Lebensunwerte« Kinder und Erwachsene galten als »Ballastexistenzen«, die durch Medikamente, Spritzen oder Gas in den ehemaligen Konzentrationslagern (z. B. Auschwitz, Hadamar) getötet wurden. Insgesamt fielen den Euthanasie-Verbrechen im Deutschen Reich und in den besetzten Gebieten ca. 300 000 Menschen zum Opfer. Die bekannteste Zielgruppen-Aktion zwischen 1939 und 1945 war die »Aktion T4«, in der ca. 70 000 Anstaltspatienten in »Tötungsanstalten« (Bernburg, Hadamar, Grafeneck, Brandenburg/Havel, Pirna-Sonnenstein und Schloss Hartheim in) mit Giftgas ermordet wurden. Nach dieser Aktion folgten weitere Phasen des Krankenmordes sowie »Euthanasie-Sonderaktionen« (vgl. Ley & Hinz-Wessels, 2017).

2 Begriffliche Implikationen

2.1 Der Begriff »Altern«

Was ist eigentlich mit »alt« gemeint, wer gehört zu dieser Kategorie und wer nicht, und meinen wir mit demselben Begriff dieselben Personen? Sind es bereits alte Menschen, sind sie gealtert oder altern sie noch? Handelt es sich um Alte, Alternde, Betagte, Hochbetagte, Bejahrte, junge Alte, alte Alte, Vorgealterte, frühzeitig Gealterte, Vergreiste, Ergraute, Senioren, Menschen 60plus oder um Rentner? Hinter jedem Begriff stecken andere Annahmen und Implikationen, aber die Menschen, um die es geht, sind oft die gleichen. »Alter ist als Begriff inzwischen vielschichtiger und unbestimmter denn je« (Backes & Clemens, 2013, S. 11).

Einerseits gibt es »das Altern« auf der sozial-demographischen Ebene, andererseits das Altern als individuelles Phänomen. In manchen Ländern wird das sozial-demographische Altern auch begrifflich gesondert benannt. So wird z. B. in den Niederlanden das Phänomen des sozial-demographischen Alterns als »Vergreisung« bezeichnet. Sprachliche Neuschöpfungen bürgern sich in Deutschland sehr schnell ein. Wenn z. B. auf den großen Geburtenzuwachs nach dem Zweiten Weltkrieg, den sogenannten »Babyboom« hingewiesen wird, so spricht man auch von »Vergrünung«.

In seinem Werk »Altersbilder« gibt Tews (1995) eine umfangreiche Übersicht über Kennzeichnungen älterer Menschen, wobei auch die Akzeptanz von Altersbegriffen durch unterschiedliche Altersgruppen untersucht wird.

Einige Begriffe und Aspekte, die Tews unterscheidet, sollen hier kurz skizziert werden:

1. Die Gerontologie empfiehlt die Begriffe »junge Alte« und »alte Alte« zu benutzen.
2. Die »Älteren« ist ein neutralisierender, alle umfassender Begriff.
3. Die »Alten« hingegen wird als härter, negativer empfunden.
4. Der Begriff »Senioren« bezieht sich auf die 10-Jahres-Phase nach der Berufsaufgabe.
5. Häufig werden auch die Begriffe »Rentner« und »Pensionär« benutzt; sie entsprechen einem eher traditionellen Altersbild.
6. Neutraler – und zur Präsentation gerontologischer Untersuchungsergebnisse verwandt – ist die Benutzung des Begriffs des »chronologischen Alters« (z. B. die über 60-Jährigen bis 80-Jährigen).

2 Begriffliche Implikationen

Auf der individuellen Ebene ist nur das kalendarische oder chronologische Alter eindeutig. Das deutsche Wort »bejahrt« ist wenig gebräuchlich, »betagt« schon mehr. Beide Begriffe treffen als gelebte Zeit nach der Geburt die chronologische Dimension des Alterns sehr genau. Weiterhin existiert keine allgemein akzeptierte Definition des Alters (vgl. Backes & Clemens, 1998, S. 88; Opaschowski, 1998, S. 23) oder Alterns.

Rüberg (1991, S. 13) differenziert zwischen zwölf verschiedenen Aspekten des Alters:

1. Kalendarisches oder chronologisches Alter: die seit der Geburt vergangene Zeit.
2. Administratives Alter: die Kategorisierung in Altersgruppen für Verwaltung und Statistik etc.
3. Rechtliches Alter: die dem kalendarischen Alter entsprechenden Rechte, Pflichten, Mündigkeiten.
4. Biologisches Alter: der körperliche Zustand des Menschen aufgrund biologischer Vorgänge wie Wachstum, Reifung, Abbau und Verfall.
5. Funktionales Alter: altersgemäße Funktionalität, Leistungsfähigkeit im Gesamt des sozialen Lebens, besonders des gesellschaftlichen Arbeitsteilungssystems.
6. Psychologisches Alter: das Verhältnis des Individuums zu sich selbst, die Selbstdeutung des eigenen Zustandes, sich »so alt« fühlen und entsprechend verhalten.
7. Soziales Alter: Übernahme der in der Gesellschaft altersspezifisch üblichen Rollen und Positionen.
8. Ethisches Alter: das altersgemäß sittlich verantwortliche Handeln aufgrund des ethischen Wertebewusstseins und ihm gemäßer Handlungsmuster.
9. Geistiges oder mentales Alter: die geistige Aufnahme- und Lernfähigkeit bezüglich eigener Veränderungen, wie auch derer von Mit- und Umwelt, die kritische Auseinandersetzung damit sowie die Fähigkeit der angemessenen Verhaltensanpassung.
10. Geschichtliches Alter: das Geprägtsein durch zeitgeschichtliche Ereignisse in einem bestimmten Zeitabschnitt des eigenen Lebens.
11. Personales Alter: Zusammenwirken und Integration aller Altersaspekte während des gesamten Lebens- und Alternsprozesses zur personalen und sozialen Identität.
12. Religiöses Alter: altersgemäßer Glaube und Gottesbezeichnung, die entsprechenden Konsequenzen für Wertorientierung und Lebensführung, wie auch für die Art und Identität der Beteiligung am kirchlichen Leben.

In diesem Buch wird das administrative Alter bei der quantitativen Erfassung nach Altersgruppen regelmäßig in den Tabellen auftauchen. Das rechtliche Alter spielt eine Rolle bei der Pensionierung, dem Ausscheiden aus Werkstätten für behinderte Menschen (WfbM) (▶ Kap. 7); Aspekte des biologischen Alterns werden in den Kapiteln 4 bis 6 angesprochen. Das psychologische Alter wird relevant, wenn das Alter nicht durch Fremdbeobachtung bestimmt wird, sondern durch das Selbsterleben des behinderten Menschen (▶ Kap. 4.2). Mit dem chronologischen Alter wechseln auch soziale Rollen und Positionen des behinderten Menschen. Diese impliziten und expliziten Rollenveränderungen des sozialen Alterns werden vor allem in den Bereichen Arbeit, Freizeit und Wohnen deutlich. Das ethische, das personale und religiöse Alter werden jedoch nur indirekt angesprochen.

Bei den ethischen Aspekten des Alterns sind vor allem Respekt und Würde, aber auch das Ermöglichen von Wahlmöglichkeiten und Selbstbestimmung relevant (▶ Kap. 3 und ▶ Kap. 14). Wichtig erscheint vor allem der respektvolle Umgang auch in der Kommunikation; die – vor allem in der Pflege – häufig benutzten demütigenden und diskriminierenden Ausdrücke (z. B. »Heiminsasse«, »füttern«, »pampern«, Verniedlichungen wie »unsere Leutchen«, Ansprachen aus dem familiären Bereich wie »Oma«/»Opa«, das sogenannte »Pflege-Wir« usw.) sind zu vermeiden. Gefühltes und chronologisches Alter klaffen zunehmend auseinander (Silver Society).

Die geistige Aufnahme- und Lernfähigkeit spielt eine große Rolle bei den kognitiven Aspekten des Alterns (▶ Kap. 4), aber auch Lernerfolge, z. B. bei dem Lehrgang »Selbstbestimmt Älterwerden« (▶ Kap. 14), beziehen sich auf das geistige Alter. Sehr zentral, und in jedem Kapitel verankert, ist das geschichtliche Alter. Aspekte des geschichtlichen Alters sind die individuelle Biografie, das Einwirken der früheren Umwelt auf das heutige Leben, der Lebenslauf und Periodeneffekte auf Gruppenniveau (▶ Kap. 4).

Fachlich bedingt müssen die Disziplinen Biologie, Psychologie und Soziologie als sehr bedeutungsvoll für die Praxis und Forschung des Alterns bei Menschen mit geistiger Behinderung hervorgehoben werden. Aus Sicht der Biologie bedeutet Altern, dass ein Organismus ab einem bestimmten Zeitpunkt im Leben immer fragiler wird und letztendlich stirbt. Für die Psychologie hat das Altern vor allem mit dem verminderten Vermögen des Menschen, sich den Ansprüchen der Umgebung anzupassen, mit Verhaltensauffälligkeiten und psychischen Problemen, und mit Schwierigkeiten der Selbstregulierung zu tun. In der psychologischen Perspektive wird großen Wert auf die Meinung des alternden Menschen selbst gelegt, nämlich darauf, welche Bedeutung und Wichtigkeit die individuelle Person ihrer Situation und den Ereignissen ihres Lebenslaufes gibt. Für die Soziologie ist es von Bedeutung, dass Menschen in einer Gesellschaft älter werden, in der bestimmte Erwartungen bezüglich der Position und der zu erfüllenden Rollen gelten, wenn man zu einer anderen Generation gehört.

Zusammenfassend zeigt sich, dass Altern ein Begriff mit sehr verschiedenen Bedeutungsdimensionen ist. Es handelt sich um einen Begriff mit breiten Reichweiten, wobei jede Disziplin dem chronologischen Begriff des Alterns eine neue Dimension hinzufügt (Stöppler, 2006).

2.2 Zum Personenkreis der alten Menschen mit geistiger Behinderung

Nicht nur der »alte« Mensch, auch der »Mensch mit einer geistigen Behinderung« ist begrifflich nicht zu fassen. Die organische Beeinträchtigung und ihre Folgen im kognitiven und mentalen Bereich sind bei jedem betroffenen Menschen individuell andere. Zudem ist eine allgemeingültige Definition des Begriffs »geistige Behinderung« schwierig zu treffen, da es eine Vielzahl von Erklärungsversuchen aus unterschiedlichen wissenschaftlichen Disziplinen und theoretischen Ansätzen gibt. Speck (2005) betont in seinen Ausführungen, dass der Fachausdruck »geistige Behinderung« ein sehr komplexes Phänomen darstellt. Der Begriff beinhaltet verschiedene Dimensionen und ist immer abhängig vom jeweiligen Betrachter (ebd., S. 48).

In der gängigen Fachliteratur findet sich keine einheitliche und exakte Definition des Personenkreises. Der Begriff »geistige Behinderung« ist ein Sammelbegriff für ein Phänomen mit oft lebenslangen, aber verschiedenen Äußerungsformen einer unterdurchschnittlichen Verarbeitung von Kognitionen und Problemen mit der sozialen Adaption. Wir wissen, dass es bei den einzelnen Menschen nicht nur Schwächen, sondern oft auch Stärken gibt, meinen aber, dass Definitionsversuche, die als eine Self-destroying Prophecy in der Stigmatisierung funktionieren sollen, wie z. B. »Menschen mit Möglichkeiten«, in der Praxis nicht wirken. Einen allgemeinen Definitionsrahmen der Zielgruppe gibt die Definition der American Association on Intellectual and Developmental Disabilities (AAIDD, 2011). Sie spricht von deutlichen Einschränkungen sowohl des Intellekts als auch des Anpassungsverhaltens, die vor dem Erwachsenenalter beobachtet werden können. Außerdem werden messbare Handlungskompetenzen benannt und differenziert beschrieben. Die Handlungskompetenzen umfassen:

- abstrakte Fähigkeiten: Sprache, Lese- und Schreibfähigkeit, Geld- und Zeitverständnis, generelles Zahlenverständnis und Eigenregie
- soziale Fähigkeiten: soziale Kompetenz, soziale Verantwortung, Selbstwertgefühl, den Sinn von Regeln erkennen und diese befolgen
- praktische Fähigkeiten: Tätigkeiten des täglichen Lebens im Bereich Hygiene, Gesundheit und Sicherheit, Beruf, Reise und Transport, der Gebrauch von Geld, die Benutzung des Telefons.

Die AAIDD schreibt vor, dass zusätzliche Faktoren wie das spezifische kulturelle und soziale Umfeld des Menschen mit geistiger Behinderung berücksichtigt werden müssen. Diese Umwelt vermittelt normative Orientierungen, die individuelle Verhaltensweisen, Sprachmuster und -kompetenzen ebenso »erklären« oder zumindest beeinflussen können (AAIDD, 2011).

Der Begriff der Adaption führt manchmal zu ungewollten Missverständnissen. Speck (2005, S. 62) hebt in seinen Ausführungen deutlich hervor, dass es bei der Unterstützung nicht darum geht, Menschen mit geistiger Behinderung an gesellschaftliche Erwartungen anzupassen, vielmehr geht es um die Person, die – soweit dies möglich ist – zu einer selbstständigen Lebenswirklichkeit befähigt werden soll. Dies geschieht immer in Interaktion mit Anderen. »Der pädagogische Anknüpfungspunkt ist nicht seine Schädigung oder Behinderung, sondern sein zu verwirklichendes Entwicklungs- und Lernpotenzial« (ebd., S. 48).

Die »Behinderung« ist nicht nur an der Person festzumachen. Kulturelle, soziale und bauliche Umweltfaktoren behindern die Person ebenso. Die Behindertenrechtskonvention der Vereinigten Nationen (UN-BRK; United Nations, 2006) legt in ihrer Präambel das bio-psycho-soziale Modell von Behinderung der ICF (International Classification of Functioning, Disability and Health) zugrunde. Demnach entsteht Behinderung aus der Wechselwirkung zwischen Menschen mit einer Beeinträchtigung und einstellungs- und umweltbedingten Barrieren, die sie an der vollen, wirksamen und gleichberechtigten Teilhabe an der Gesellschaft hindern. Gesundheitsprobleme wie Krankheiten, Gesundheitsstörungen, Verletzungen usw., werden innerhalb der Internationalen Klassifikation der WHO in der ICD-10 und ab 2018 in der ICD-11 (WHO, 2018) klassifiziert. Beide Systeme liefern einen ätiologischen Rahmen. Die Funktionsfähigkeit und Behinderung, die mit einem Gesundheitsproblem verbunden sind werden in der ICF-gekennzeichnet. Damit ergänzen die ICD-11 und die ICF einander bei der nationalen und internationalen Klassifikation von Gesundheitsproblemen. Die ICF hat sich fortentwickelt von einer Klassifikation von ›Krankheitsfolgen‹ (wie die ICIDH, 1980) hin zu einer Klassifikation der ›Komponenten der Gesundheit‹. (DIMDI/WHO, 2005, S. 9ff.).

Die ICF befasst sich mit dem Aspekt der funktionalen Gesundheit und ihren Beeinträchtigungen. »Eine Person gilt dann als funktional gesund, wenn vor ihrem gesamten Lebenshintergrund (dem Konzept der Kontextfaktoren):

- ihre körperlichen Funktionen (einschließlich des geistigen und seelischen Bereichs) und ihre Körperstrukturen allgemein anerkannten (statistischen) Normen entsprechen (Konzept der Körperfunktionen und -strukturen),
- sie all das tut oder tun kann, was von einem Menschen ohne Gesundheitsproblem (ICD) erwartet wird (Konzept der Aktivitäten), und
- sie ihr Dasein in allen Lebensbereichen, die ihr wichtig sind, in der Weise und dem Umfang entfalten kann, wie es von einem Menschen ohne Beeinträchtigung der Körperfunktionen oder -strukturen oder der Aktivitäten erwartet wird (Konzept der Teilhabe an Lebensbereichen)« (Schuntermann, 2005, S. 23).

Die funktionale Gesundheit gilt als das Ergebnis einer Wechselwirkung zwischen der Person mit einem Gesundheitsproblem und ihren Kontextfaktoren (bio-psycho-soziales Modell der ICF). Die Kontextfaktoren (Umweltfaktoren, personbezogene Faktoren) fließen in die Betrachtung mit ein und können sich sowohl positiv wie auch negativ auf die funktionale Gesundheit auswirken (Schuntermann 2005, S. 23ff.). Diese zweiseitige Sichtweise und Definition einer Behinderung, nämlich geistig/körperlich beeinträchtigt zu sein und durch die Umwelt gehindert zu werden (sich optimal zu entwickeln, zu funktionieren und als Mensch akzeptiert zu werden), hat weitreichende Konsequenzen für die Begleitung. In einem Positionspapier der Bundesvereinigung Lebenshilfe (2015) wird diese Sichtweise wie folgt formuliert: »Wenn Behinderung erst durch Teilhabeeinschränkung (zum Beispiel durch gesellschaftliche Barrieren) entsteht, so ist offensichtlich, dass eine Unterstützung von älteren Personen allein oder auch nur schwerpunktmäßig auf der individuell persönlichen Ebene zu kurz greift. Die Begleitung von älteren behinderten Menschen muss daher sowohl eine persönliche als auch eine sozialräumliche Dimension haben« (ebd., S. 9).

Für die Begleitung und Rehabilitation von älteren Menschen mit geistiger Behinderung ist die Einschätzung von Funktionen und Kompetenzen wichtiger als der Bereich der begrifflichen Eingrenzung und der Diagnostik. Im Zentrum der Begleitung und Rehabilitation von Menschen steht der Kompetenzbegriff, und zwar bestehende und zu erreichende Kompetenzen bei Menschen mit geistiger Behinderung.

Kruse (2001) fasst die für die Rehabilitation und Förderung alter Menschen mit geistiger Behinderung relevanten Erkenntnisse aus der Altersforschung zusammen, indem er von Kompetenzen und nicht von Defiziten dieser Personengruppe ausgeht:

- »Die Kompetenz im Alter (und zwar sowohl im physischen als auch im seelisch-geistigen Bereich) ist in hohem Maße vom Schweregrad der geistigen Behinderung beeinflusst: Schon alleine aus diesem Grunde sind Verallgemeinerungen zu vermeiden.
- Die Kompetenz im Alter ist in hohem Maße vom Grad der Förderung beeinflusst, die Menschen im Lebenslauf erfahren haben.
- Die Kompetenz im Alter ist in hohem Maße vom Grad der sensorischen, kognitiven und sozialen Anregungen beeinflusst, die Menschen aktuell erfahren.
- Der Alternsprozess von Menschen mit geistiger Behinderung verläuft nicht grundsätzlich anders als bei Menschen ohne geistige Behinderung.
- Die Variabilität im Altern ist bei Menschen mit geistiger Behinderung noch stärker ausgeprägt als bei Menschen ohne geistige Behinderung.
- Der Kreativität geistig behinderter Menschen ist im Alter genauso wenig eine Grenze gesetzt wie in früheren Lebensaltern: Zu nennen sind kreative Leistungen im künstlerischen Bereich.
- Gefühle der Selbstverantwortung und Mitverantwortung sind bei Menschen mit geistiger Behinderung in gleicher Weise vorhanden wie bei Menschen ohne diese Behinderung.
- Fehlen systematische Anregungen oder das systematische Training, so besteht bei Menschen mit geistiger Behinderung die besondere Gefahr, dass die im Lebenslauf entwickelten Fähigkeiten und Fertigkeiten rasch verloren gehen – auch die im Lebenslauf entwickelten Kompensationsstrategien.
- Aufgrund verringerter affektiver und emotionaler Kontrolle sind die Belastungs- und Trauerreaktionen bei Menschen mit geistiger Behinderung intensiver. Aus diesem Grunde muss nach dem Auftreten von Verlusten eher mit tiefgreifenden psychischen Reaktionen gerechnet werden.

2.2 Zum Personenkreis der alten Menschen mit geistiger Behinderung

- Die körperliche Ermüdung und seelische Erschöpfung nehmen bei Menschen mit geistiger Behinderung im Alter besonders stark zu, der Antrieb ist verringert.
- Bei einzelnen Formen geistiger Behinderung – hier ist vor allem das Down-Syndrom zu nennen – ist die Gefahr des Auftretens dementieller Erkrankungen im Alter erkennbar erhöht« (ebd., S. 103).

Da sich bis jetzt keine grundlegend andere Benennung durchgesetzt hat, wird bei der Beschreibung erst die Personengruppe und dann das einschränkende Merkmal (»Menschen mit geistiger Behinderung im Alter«) genannt. Im Rahmen unserer Ausführungen soll in Abhebung von einer starren Lebensaltersgrenze von einem individuellen Alterungsprozess und -beginn bei Menschen mit geistiger Behinderung ausgegangen werden.

3 Theoretische Konzepte für die Altersphase

Im Laufe der Geschichte der Geistigbehindertenpädagogik haben sich die Leitideen, die die Erziehung und Bildung von Menschen mit geistiger Behinderung prägten, umfassend verändert (vgl. Stöppler, 2017, S. 69). Damit eingehend gab es in den letzten Jahrzehnten einschneidende Veränderungen in den Auffassungen über eine geeignete Begleitung von älteren Menschen mit geistiger Behinderung. Diese Konzepte basierten auf Normalisierung, sozialer Integration, Selbstbestimmung sowie Inklusion und Teilhabe.

Die grundlegenden Initiativen und Perspektiven sind inzwischen schon ein halbes Jahrhundert alt. Die praktische Umsetzung hat jedoch eine viel jüngere Geschichte und ist noch immer aktuell. In den verschiedensten Lebensbereichen wie Freund- und Bekanntschaften (▶ Kap. 9), Wohnen (▶ Kap. 8), Arbeit (▶ Kap. 7), Freizeit und Erwachsenenbildung (▶ Kap. 10 und ▶ Kap. 14) ist der Prozess des Umdenkens und Umsetzens dieser Prinzipien in die direkte Begleitung noch nicht abgeschlossen. Vieles ist wohlformuliert in Grundsatzerklärungen und Broschüren der Anbieter niedergeschrieben, jedoch noch immer oft gering und fragmentarisch in der Praxis realisiert.

Die Auseinandersetzung mit den im Folgenden skizzierten Grundideen zur Begleitung haben jedoch wesentlich zum Umdenken über die Gestaltung von Dienstleistungen für ältere Menschen mit geistiger Behinderung beigetragen.

3.1 Deinstitutionalisierung/Enthospitalisierung

Die meisten soziologischen Theorien der Begleitung von Menschen mit geistiger Behinderung haben direkte oder indirekte Wurzeln in der Institutionenkritik auf Großeinrichtungen der Psychiatrie und der Behindertenhilfe. Mit der Kritik an die Psychiatrie fing es an. Im westeuropäischen Modell (z. B. Deutschland, Niederlande, Dänemark) lag (und liegt teilweise immer noch) ein starker Fokus auf institutionelle Behandlung, Versorgung und Begleitung. In den 1950er bis 1970er Jahren kommt erste Kritik an den Institutionen auf (z. B. Goffman, 1961; Basaglia 1973). Es gab zunehmend schockierende Erfahrungsberichte von Familienmitgliedern oder Personal in den Medien oder in der Literatur. Es wird über die »Totale Institution« (Goffman, 1961) mit allumfassender Einschränkung der Bewegungsfreiheit der Insassen, völlige Überwachung und über behinderte Entwicklung und deutliche Verstöße gegen Menschenrechte berichtet. Mittels folgender vier Merkmale charakterisiert Goffman die von ihm als »total« bezeichneten Institutionen: (1) die Schranken zwischen den Lebensbereichen sind aufgehoben, (2) alle Angelegenheiten des Lebens finden an einem Ort unter einer Autorität statt, (3) alle Phasen des Alltags werden gemeinsam mit »Schicksalsgenossen« auf die gleiche Art und Weise verbracht, (4) alle Phasen des Arbeitstages sind exakt geplant – die erzwungenen Tätigkeiten unterliegen einer rationalen Planung, die angeblich am Ziel der Institution ausgerichtet ist (vgl. ebd., S. 17).

Eine häufig genannte Auswirkung der kritisierten Institutionen ist der soziale Ausschluss – die Ausgrenzung für Menschen, die in einer totalen Institution leben. Bei Basaglia ist der soziale Ausschluss einerseits Definitionskriterium für die »Institutionen der Gewalt« wie auch Begründung für die Forderung nach Veränderungen (Falk, 2016, S.21). Basaglia analysiert, dass der soziale Ausschluss durch totale Institutionen eine gesellschaftliche Funktion hat. »Genauso ist die Existenz der Irrenanstalten [...] nur Ausdruck für das Bestreben, alles einzuschließen, vor dem man sich fürchtet, weil es unbekannt und unzugänglich ist. Dieses Bestreben wird von einer Psychiatrie legitimiert und wissenschaftlich untermauert, die das Objekt ihrer Studien für unverständlich hielt und es infolgedessen in die Kolonie der Ausgeschlossenen abschob...« (Basaglia, 1973, S.146, zit. n. Falk, 2016, S. 22).

Der Begriff »Deinstitutionalisierung« umfasst zwei Bedeutungen, die miteinander zusammenhängen. Deinstitutionalisierung ist einerseits ein Ideal über die gewünschte Position des behinderten Menschen in unserer Gesellschaft, beschrieben mit den Konzepten Normalisierung, soziale Inklusion und Teilhabe von Menschen (Bouras & Ikkos, 2013; Chow & Priebe, 2013; Kunitoh, 2013; Nicaise, Dubois & Lorant, 2014). Der Begriff der Deinstitutionalisierung bezieht sich jedoch auch auf den gesamten Kapazitätsabbau großer Einrichtungen/Krankenhäuser und/oder deren Aufteilung/Dezentralisierung in kleine Begleitungseinheiten, die autonomer funktionieren.

Deinstitutionalisierung als der geplante Abbau der Großeinrichtungen wird danach in mehreren Ländern – oft nur teilweise – umgesetzt. Ab den 1950er Jahren fand diese Entwicklung in Skandinavien, den USA, Großbritannien und Italien und später in vielen anderen Ländern von Kontinentaleuropa statt. Die Großeinrichtungen standen unter medizinischer Leitung, vielfach eines Psychiaters, da die Ursache der geistigen Behinderung primär als eine Gehirnerkankung gesehen wurde. Alle körperlichen und geistigen Gesundheitsbedürfnisse sollten in diesen Einrichtungen abgedeckt werden. Menschen mit geistiger Behinderung kamen selten mit allgemeinen Dienstleistungen in Kontakt. Während der Deinstitutionalisierungsbewegung wurden viele dieser Langzeitkrankenhäuser geschlossen. In Großbritannien sank die Anzahl von Betten von 64.000 im Jahr 1970 auf 3.950 in 2013 (Royal College of Psychiatrists, 2013). Auch die Rolle der in diesem Bereich tätigen Psychiater änderte sich. Von Ärzten für geistige Behinderungen, die sich mit allen Aspekten der körperlichen und geistigen Gesundheitsversorgung von Menschen befassten, wurden sie zu Spezialisten, die in erster Linie für die Bewältigung psychischer Gesundheits- und Verhaltensprobleme verantwortlich sind.

Brennenwold et al. (2018, S. 2) nennen drei Ursachen für den Auszug von Patienten aus den großen psychiatrischen Einrichtungen.

Die *erste Ursache* war die Entwicklung wirksamer Psychopharmaka in den 1950er Jahren (Becker & Kilian, 2006, S. 9). Diese ermöglichte es den Patienten mit einer psychiatrischen Behinderung, ein relativ normales Leben in der Gemeinschaft zu führen, unterstützt von ambulanten Pflegeeinrichtungen.

Die *zweite Ursache* war die Entstehung eines Bürgerrechtsparadigmas für Menschen mit einer Behinderung, nämlich, dass sie als Patient und Bürger in einer Umgebung behandelt werden sollten, die ihre Bürgerrechte am geringsten einschränkt. Dieses Prinzip der Normalisierung wurde erst nach vielen Jahren, nämlich 2006 in der Behindertenrechtskonvention der Vereinten Nationen über die Rechte von Menschen mit Behinderungen bekräftigt. Leben in einer großen Einrichtung gilt in der Regel nicht als »wenig restriktive Umgebung«, da dies die Selbstbestimmung begrenzt und die Abhängigkeit erhöht (Novella, 2010, S. 223; Trappenburg, 2013, S. 3). Weiter bilden Abhängigkeit und das Führen eines abgeschotteten Lebens außerhalb der sozialen Gemeinschaft Risikofaktoren für (sexuellen) Missbrauch (Crossmaker, 1991). Dagegen wird das Leben in der Gemeinschaft als Mittel zur Genesung und Rehabilitation sowie zur sozialen Eingliederung von Patienten angesehen (Bouras & Ikkos, 2013; Novella, 2010).

Die *dritte Ursache* für die Deinstitutionalisierung war die Hoffnung auf Kostensenkung, da die institutionelle Pflege als teuer angesehen wurde (Chow & Priebe, 2013; Parker, 2014). In ihrem Review über Untersuchungen beschreiben Brennenwold et al. (2018) sowohl positive als auch negative Resultate der Deinstitutionalisierung von psychiatrischen Einrichtungen und Wohneinrichtungen für Menschen mit geistiger Behinderung. Da eine Differenzierung nach Alter fehlt und die Ausführungen im vorliegenden Kontext zu weit führen würde, wird an dieser Stelle auf diese Übersichtsstudie lediglich verwiesen.

Aktuell ist Deinstitutionalisierung eine sozialpolitische Forderung der EU in Richtung der neuen Mitgliedstaaten. Obwohl die Entwicklung von gemeindeorientierten Einrichtungen voranschreitet, bleibt in vielen Ländern, z. B. Deutschland, weiterhin die Möglichkeit bestehen, in größeren Wohnformen zu leben. Die Öffnung und Eingliederung der Bewohner in kleinere Wohneinheiten nimmt zu. Es entstehen ebenfalls Modelle zentraler Einrichtungen mit vielen kleinen gemeindenahen Wohnungen.

Im angelsächsischen Modell (Kanada, USA, Großbritannien, Australien) ist die Entwicklung der Lebensbereiche alter Menschen mit geistiger Behinderung stark an das Paradigma des Normalisierungsprinzips und der Deinstitutionalisierung gebunden. Einerseits bedeutet dies, dass große Wohneinrichtungen geschlossen wurden, andererseits, dass die älteren Menschen nicht immer in qualitativ geeigneten alternativen Wohnformen (u. a. Pflegeheime) aufgenommen wurden.

3.2 Normalisierungsprinzip

Das Normalisierungsprinzip wurde durch Nirje (1969, 1972) und Bank-Mikkelsen (1980) in Skandinavien eingeführt und fand durch Wolfensberger (1972) in den USA große Verbreitung. Das Streben nach Normalisierung präsentierte sich in Form einer Bürgerrechtsbewegung, als eine Reaktion gegen große Einrichtungen, in denen seit dem 19. Jahrhundert Menschen mit geistiger Behinderung und psychischen Störungen abgeschirmt von der Gesellschaft in oft erbärmlichen Zuständen lebten. Die Lebensbedingungen waren für diese Bewohner nicht nur inhuman, sondern auch nicht »normal« im Vergleich mit dem Leben außerhalb dieser Einrichtungen. Nirje betonte die Relevanz, den Menschen mit geistiger Behinderung einen »normalen Lebensrhythmus« zu ermöglichen und bedeutungsvolle Aspekte, wie Wohnen, Freizeit und Arbeit, als separate Lebensbereiche zu gestalten. In seinem späteren Werk arbeitet Nirje (1994) diese Gedanken weiter aus und formuliert das Recht des Menschen mit geistiger Behinderung auf einen normalen Tages-, Wochen- und Jahresrhythmus, auf normale Entwicklungserfahrungen während der Lebensspanne, auf die Respektierung von Wahlmöglichkeiten, Wünschen und Bedürfnissen, auf eine zweigeschlechtliche Lebenswelt, auf ein Leben unter normalen ökonomischen Standards und auf Wohnen in einer normalen Wohnung und Nachbarschaft.

Diese Forderungen führten in vielen europäischen Ländern und in Nordamerika zu einer progressiven Politik der Enthospitalisierung und Deinstitutionalisierung. Wolfensberger und Thomas (1980) haben in den USA das Normalisierungsprinzip modifiziert und als Social Role Valorization Theory konzipiert. Bei dieser Theorie liegt der Fokus auf dem Gebrauch von kulturell positiv bewerteten Mitteln (Gesetzgebung, mediale Darstellung, usw.), wodurch es für Menschen mit Behinderungen möglich wird, als respektierter Bürger zu leben und nicht in einer sozialen Umwelt mit negativen Rollenerwartungen aufzuwachsen. Eine Strategie, zur Erreichung dieses Ziels, ist das Vermindern von Stigmata. Die andere Strategie besteht in der Veränderung von Auffassungen und Attitüden in der Bevölkerung durch die positive Bewertung von bisher eher negativ bewerteten Menschen mit Behinderungen (revaluing of »devalued« people).

3.3 Soziale Integration

Der Begriff der Sozialen Integration ist historisch verknüpft mit dem Konzept der Aussonderung, der separaten Bildung und der institutionellen Gestaltung der Lebensbereiche Arbeit, Freizeit, Wohnen sowie der medizinischen und pflegerischen Versorgung und Begleitung. Als Gegenbegriff wurde um 1980 der Begriff der Nichtaussonderung in die Debatte eingebracht (Schildmann, 1996).

Man unterscheidet dabei physische Integration (gleichberechtigte Teilhabe/Teilnahme von Menschen mit Behinderung in der Mitte und geographischer Nähe von nichtbehinderten Menschen), funktionale Integration (gleichberechtigte Teilhabe/Teilnahme an allen Institutionen und Organisationen des öffentlichen Lebens) und soziale Integration (Akzeptanz des behinderten Menschen als vollwertiger Bürger der Gesellschaft).

Der Begriff der Integration hat heutzutage mit dem Begriff der Inklusion vieles gemeinsam. »Von vornherein (sollte) verhindert werden, dass Integration notwendig wird, denn der Begriff setzt ja eine vorangegangene Isolation voraus« (Schöler, 1983, in Schildmann, 1996, S. 22).

Nach Speck (1999) hat der Begriff der Integration zwei Seiten: sowohl benötigte Kompetenzen des Individuums als auch Motivation bzw. positives Bemühen der Gesellschaft. Diese Auffassung schließt sich an das Normalisierungskonzept von Nirje an (siehe oben), wobei dieser Integration als »die Beziehung zwischen Menschen auf der gegenseitigen Anerkennung der Integrität des anderen und auf gemeinsamen Grundwerten und Rechten« versteht (Nirje, 1994, S. 200). Die Gleichstellung aller Menschen mit oder ohne Behinderung, und die gleichberechtigte Teilnahme am gesellschaftlichen Leben ist dabei unbedingte Voraussetzung für ein funktionierendes, gleichberechtigtes Leben in der Gesellschaft (vgl. Stöppler, 2002, S. 29).

Seifert (1997) bezieht die Integrationsebenen auf den Wohnalltag von Menschen mit geistiger Behinderung. Sie unterscheidet:

»Räumliche Integration: Wohneinrichtungen sind in normalen Wohngegenden angesiedelt.

- Funktionale Integration: Allgemeine Dienstleistungen werden auch von Menschen mit geistiger Behinderung in Anspruch genommen (z. B. öffentliche Verkehrsmittel, Restaurants, Schwimmbäder).
- Soziale Integration: Die sozialen Beziehungen in der Nachbarschaft sind durch gegenseitige Achtung und Respekt gekennzeichnet.
- Personale Integration: Das Privatleben wird durch das jeweilige Lebensalter entsprechende persönliche Beziehungen zu nahestehenden Menschen als emotional befriedigend erlebt. Im Erwachsenenalter beinhaltet dies ein möglichst selbstbestimmtes Leben außerhalb des Elternhauses.
- Gesellschaftliche Integration: Menschen mit geistiger Behinderung werden in Bezug auf gesetzliche Ansprüche als Mitbürger akzeptiert. Sie können bei Entscheidungen, die ihr Leben und ihren Alltag betreffen, mitbestimmen – sowohl als Einzelperson als auch als Mitglied von Selbsthilfegruppen.
- Organisatorische Integration: Die organisatorischen Strukturen einer Gemeinde fördern und unterstützen die Integration von Menschen mit geistiger Behinderung« (ebd., S. 27).

Wirkliche Integration ist nur möglich, wenn Individuen einerseits die Normen, Werte und Regeln einer Gesellschaft internalisieren können und in partizipatorisches Handeln umsetzen können, die Gesellschaft aber andererseits alles dafür tut, eine gleichberechtigte Teilnahme zu ermöglichen. Für eine gelungene Sozialisation und das Ermöglichen einer Teilnahme braucht auch der Mensch mit geistiger Behinderung Anleitung und Unterstützung, um:

- »Kommunikationsfertigkeiten und -möglichkeiten zu entwickeln und zu erschließen,
- soziale Verhaltensweisen auszubilden und soziale Interaktionen zu unterstützen und zu erweitern,
- die Übernahme, das Erlernen sozialer Rollen zu ermöglichen,
- die Teilhabe an Gruppenerfahrungen und -aktivitäten auszubauen und das Zugehörigkeitsgefühl zu verstärken,
- die konkrete Eingliederung in Spielgruppen, Lerngruppen, Arbeitsgruppen und Freizeitgruppen zu begleiten und zu stabilisieren,
- die berufliche Eingliederung in eine Werkstatt sicherzustellen und lebensdienlich zu gestalten« (Speck, 1999, S. 183).

Die Position und Funktion der Werkstufen der Schulen zur Vorbereitung z. B. auf Arbeit und Wohnen, aber auch der Werkstätten und Wohnformen als Vermittler von Information und Bildung für erwachsene Menschen wird innerhalb des Integrationskonzepts zunehmend kritisch diskutiert.

Hinze (2007) formuliert dies so:

»Schon lange bildet ›Integration‹ für die Sonderpädagogik einen Leitbegriff. Bereits die Teilhabe an Bildung wird als wichtiger Schritt zur gesellschaftlichen Integration gesehen. Es geht primär darum, Menschen mit Beeinträchtigungen ein Leben in der Gesellschaft zu ermöglichen – realisiert über den Weg separierter Bildungswege. Zu einer Kontroverse kommt es, seit eine Elternbewegung Integration nicht nur als Ziel, sondern auch als Weg proklamiert; alle Kinder und Jugendlichen haben demnach einen Anspruch auf den gemeinsamen Besuch von allgemeinen Kindergärten, Schulen und Freizeitgruppen sowie eine Arbeit auf dem allgemeinen Arbeitsmarkt und auf das Wohnen innerhalb der Gemeinschaft« (ebd., S. 173).

Seit einigen Jahren vollzieht sich ein langsamer Paradigmenwechsel – von der Normalisierung und Integration hin zur Selbstbestimmung, Inklusion und Teilhabe. Professionelle Begleiter, Familie und Bekannte stützen dabei die Selbstverantwortung des Menschen mit geistiger Behinderung, geben Informationen, helfen beim Lernen und unterstützen bei oder führen in Stellvertretung Tätigkeiten aus, bei denen Hilfe angefordert wird. Ein wesentlicher Ansatz dabei ist die Entwicklung flexibler und menschengerechter Lebens- und Wohnmodelle, die in der Lebensumgebung der Menschen ohne und mit Behinderungen angesiedelt sind. Der Umgang mit vertrauten Menschen, die Einbeziehung in das kulturelle und soziale Umfeld sind zentrale Gedanken des sogenannten »community based living«, das in ganz Europa zunehmend Eingang in die Planungen und Gestaltungen des Lebens von Menschen mit Behinderungen findet.

3.4 Selbstbestimmung

Selbstbestimmung ist nichts, was dem Menschen von Natur aus gegeben ist. Sie entwickelt sich in einem fortwährenden und lebenslangen Dialog zwischen Ich und Umwelt. Selbstbestimmung wird folglich durch die Gesellschaft ermöglicht, findet jedoch gleichzeitig in deren Werten, Traditionen und Richtlinien ihre Grenzen. Das Ziel der menschlichen Entwicklung besteht in der Förderung des biologischen Organismus zur autonomen Individualität. Dieses Ziel ist für alle Menschen gleich, der Weg von totaler Abhängigkeit zu mehr Unabhängigkeit; das Erreichen der optimal möglichen Autonomie und eines sozial-kompetenten Verhaltens.

Auch die Selbstbestimmung oder das Fehlen der Selbstbestimmung des Menschen mit geistiger Behinderung im Alter ist aus einer Lebenslaufperspektive heraus zu erklären, nämlich inwieweit durch Bildung und Sozialisation die Assertivität und Autonomie als Kind, Jugendlicher und Erwachsener gefördert und geübt, vernachlässigt oder durch gesellschaftliche Vorurteile und Kräfte sogar gehemmt wurden.

Die Entwicklung des jungen Menschen zu einem sozialen, moralisch verantwortlichen und bedeutungsverleihenden Wesen kann nur in einer dazu geeigneten Erziehungssituation geschehen. »Erziehung« meint u. a. das Stimulieren des Wachstums der potentiell vorhandenen Möglichkeiten. Sie ist ausgerichtet auf das allmähliche Loslösen des Kindes aus der elterlichen Umgebung, auf Selbstständigkeit und sukzessives Aufheben der Abhängigkeit.

Bei Menschen mit geistiger Behinderung verläuft dieser Prozess viel langsamer, die Entwicklung kann verzögert sein. In einigen Fällen wird sogar in allen Lebensbereichen keine Unabhängigkeit von anderen Personen erreicht. Wo Altersgenossen flexibel und erfahren an allen Bereichen des sozialen Lebens teilnehmen können (z. B. im Straßenverkehr, bei Bankgeschäften, der Familiengründung, beim Schreiben und Lesen, bei der Arbeit und in der Freizeit), können Personen mit einer geistigen Behinderung in vielen Aspekten von der Unterstützung durch andere abhängig bleiben. Peters (1981) unterteilt den Begriff der Autonomie in drei Komponenten: Authentizität, Rationalität und Willenskraft.

Authentizität ist das Handeln aus selbst umschriebenen Regeln oder Normen. Dies ist die Basis für das Streben nach Emanzipation.

Rationalität stellt die Möglichkeit der kritischen Reflexion über die Gültigkeit der Regeln oder Normen, um Intentionen zu formulieren, also Präferenzen abzuwägen und zu wählen, dar.

Mit *Willenskraft* ist die Fähigkeit gemeint, eine getroffene Wahl tatsächlich auszuführen; die Fähigkeit, die eigenen Wünsche und Intentionen auch wirklich zu realisieren.

Dem Begriff der Selbstbestimmung kommt inhaltlich gesehen Peters Authentizitätsbegriff am nächsten, nämlich das Handeln nach selbstumschriebenen Regeln und das Streben nach Emanzipation. Für die Realisation dieses Prinzips im täglichen Leben sind jedoch auch Rationalität und Willenskraft notwendig.

3.4 Selbstbestimmung

Je weiter sich das Kind entwickelt, desto größer ist der Anteil dessen, was das Kind in seinem Leben selbst bestimmt; entsprechend nimmt der Anteil des Erziehers ab. Im Erwachsenenalter schließlich ist die Erziehung zum größten Teil überflüssig geworden. Die Person ist in der Regel autonom und unabhängig. Da jedoch bei Menschen mit geistiger Behinderung die Entwicklung langsamer verläuft, wird die Erziehungsaufgabe im Erwachsenenalter intensiver und länger oder bei einer Schwerstbehinderung oftmals ständig notwendig sein. Es sollte viel Zeit und Mühe dazu verwendet werden, auch im Erwachsenenalter die Autonomie zu fördern und zu realisieren.

»Selbstbestimmung« ist jedoch nicht nur menschliche Entwicklung, sondern auch eine Forderung durch eine Gruppe von Menschen, denen Jahrhunderte lang eine Mündigkeit in der Gestaltung ihres Lebens abgesprochen wurde. Zurückzuführen auf die Independent-Living-Bewegung in den USA in den 1960er Jahren zielt Selbstbestimmung auf die Beseitigung gesellschaftlicher Benachteiligungen und die Schaffung einer selbstbestimmten Lebensführung von Menschen mit Behinderungen, unabhängig von der Art und Schwere der Behinderung (vgl. Stöppler, 2002, S. 31). Auf den Personenkreis der Menschen mit geistiger Behinderung bezogen, bedeutet Selbstbestimmung mehr Unabhängigkeit von Helfern, Institutionen und Organisationen. Es sollte den Menschen zugetraut werden, Entscheidungen eigenverantwortlich und frei von externen Einflüssen zu treffen und das eigene Leben nach eigenen Bedürfnissen und Fähigkeiten zu gestalten (vgl. Kulig & Theunissen, 2006, S. 237). Reinarz & Ochel (1992; zit. n. Stöppler, 2002, S. 35) formulieren sieben Grundaussagen, deren Erfüllung Bedingung und Voraussetzung für ein selbstbestimmtes Leben sind:

1. Befriedigung der eigenen Grundbedürfnisse
2. Bewusstsein seiner selbst
3. Akzeptanz und Vertretung seiner selbst
4. Gefühl der Gleichwertigkeit in der Begegnung mit anderen Menschen
5. ein freies Leben mit eigenverantwortlichen Entscheidungen
6. in und mit der Gesellschaft leben
7. ein politisches Wesen sein

Das Gegenteil der Selbstbestimmung ist die »erlernte Hilflosigkeit«. Dieser Zustand entsteht, wenn Personen die Kontrolle über ihr Leben verlieren und abhängig von anderen werden (Seligman, 1975; Weisz, 1982). Der oben beschriebene Zustand wird bedingt durch nicht ausreichende Wahlalternativen, ungenügend Möglichkeiten, die notwendig sind, Entscheidungen zu treffen und der selbstständigen Problemlösung, aber auch das Fehlen geeigneter Lernerfahrungen.

In der Entwicklungspsychologie werden Altersabschnitte benannt (Kindheit, junges und altes Erwachsensein), die sich nach dem Grad der Autonomieentwicklung voneinander unterscheiden lassen, und zwar von kaum bestehender bis zur ausgereiften Autonomie und Selbstbestimmung. Schaut man sich die Biografien von Menschen mit geistiger Behinderung an, dann wird deutlich, wie abhängig solche Phaseneinteilungen von dem Bildungswillen und der aktiven Gestaltung des Lebens behinderter Menschen durch die Mitwelt ist. Autonomie,

Selbstverwirklichung, Selbstständigkeit und Selbstbestimmung haben kaum Chancen, um in einer Umgebung mit strikten Regeln, Befehlen, Unterwerfung und Abwertung zu gedeihen.

Der hier und im Folgenden gebrauchte Begriff der Selbstbestimmung ist sehr treffend mit der Definition von Mühl (2000) beschreibbar. Selbstbestimmung ist

> »die Möglichkeit des Individuums, Entscheidungen zu treffen, die den eigenen Wünschen, Bedürfnissen, Interessen oder Wertvorstellungen entsprechen, und demgemäß zu handeln. [...] Selbstbestimmung hat jedoch Grenzen. Sie liegen da, wo die Selbstbestimmung der eigenen Person die Selbstbestimmung anderer Personen in Frage stellt« (ebd., S. 80).

Bei der Begleitung von älteren Menschen mit geistiger Behinderung ist es fast selbstverständlich geworden, dass Wünsche und Bedürfnisse des Individuums nicht mehr aus der Fremdperspektive durch die Mitarbeiter definiert werden. Es wird viel mehr die Eigenperspektive des Menschen selbst befragt, Wahlmöglichkeiten vorgelegt und nach eigener oder gemeinsamer Entscheidung gehandelt. Dies gilt für viele Lebensbereiche: selbstbestimmte Wohnsituation, Freizeit, Erwachsenenbildung, Tagesstruktur, Arbeit, selbstbestimmte Wahl des sozialen Umfelds, der sozialen Kontakte und Beziehungen, der Formen der Gesundheitsförderung und des körperlichen Wohlbefindens und letztlich auch die selbstbestimmte Entscheidung für die persönlichen Lebensziele (Bensch & Klicpera, 2000, S. 30; Buchka, 2003, S. 198; Theunissen, 1998, S. 161).

Die UN-Konvention für die Rechte der Menschen mit Behinderungen (2006) ist eine zentrale Perspektive für die Weiterentwicklung der Möglichkeiten selbstbestimmten Lebens und für den Abbau gesellschaftlicher Barrieren in Richtung einer inklusiven Gesellschaft. In Artikel 19 der UN-Konvention wird selbstbestimmtes Leben und Teilhabe an der Gemeinschaft beschrieben: Menschen mit Behinderungen haben das Recht, sich frei zu entscheiden, wo und mit wem sie leben wollen. Sie dürfen nicht gezwungen werden, in einer besonderen Wohnform zu leben. Sie haben das Recht auf volle Einbeziehung in die Gemeinschaft. Dazu gehört auch persönliche Assistenz.

3.5 Inklusion und Teilhabe

Inklusion ist kein Betreuungsprinzip, sondern eine gesamtgesellschaftliche Zielsetzung im Sinne eines Menschenrechts. Inklusion beschreibt, wie alle Mitglieder der Gesellschaft leben möchten: in einem Miteinander, in dem keine Person ausgeschlossen wird. Jeder Mensch hat dabei Anspruch auf selbstverständliche gesellschaftliche Teilhabe und ist ein wertgeschätzter Teil der Gesellschaft. Jedem Menschen mit Behinderungen werden Wahlmöglichkeiten in den verschiedenen Lebenslagen ermöglicht.

Die Auseinandersetzung mit der Lebenphase Alter von Menschen mit geistiger Behinderung umfasst auch eine politische Dimension, die u. a. in der UN-

BRK verankert ist. Mit der UN-Konvention über die Rechte von Menschen mit Behinderungen wurde ein Perspektivenwechsel im Umgang mit Menschen mit Behinderung vollzogen – von einer Politik der Fürsorge zur Politik der Rechte behinderter Menschen. Erklärtes Ziel der Konvention »ist es, den vollen und gleichberechtigten Genuss aller Menschenrechte und Grundfreiheiten durch alle Menschen mit Behinderungen zu fördern, zu schützen und zu gewährleisten und die Achtung der ihnen innewohnenden Würde zu fördern« (Art. 1, Satz 1 UN-BRK). Menschen mit Behinderungen sollen von den Menschenrechten Gebrauch machen können, und zwar gleichberechtigt mit anderen, das heißt in gleichem Maße wie nichtbehinderte Menschen. Eine wichtige Neuerung stellt dabei die Erweiterung des Verständnisses von Behinderung dar. Nicht mehr nur Menschen mit körperlichen Beeinträchtigungen, auch Menschen mit geistiger Behinderung, seelisch und psychisch Kranke oder pflegebedürftige Menschen sind von der Definition umfasst. Generell wird eine Behinderung dort gesehen, wo Menschen aufgrund einer Beeinträchtigung an der gleichberechtigten Teilhabe an der Gesellschaft gehindert werden (vgl. Art. 1, Satz 2, UN-BRK). Behinderung wird damit nicht nur isoliert als individuelles Problem betrachtet, sondern es wird eine Verbindung zu den gesellschaftlichen Strukturen verdeutlicht (vgl. Aichele 2010, S. 14). Mit der Ratifizierung der UN-BRK im Jahr 2009 hat sich die Bundesrepublik Deutschland dazu verpflichtet, Menschen mit Behinderung volle gesellschaftliche Teilhabe zu ermöglichen. Alle gesellschaftlichen Teilbereiche müssen barrierefrei in dem Sinne sein, dass (ältere) Menschen mit Behinderung an ihnen teilhaben können. In Art. 8 der UN-BRK wird eine mögliche Altersdiskriminierung explizit benannt: Die Vertragsstaaten verpflichten sich, Maßnahmen zu ergreifen, »Vorurteile gegenüber Menschen mit Behinderung auch aufgrund des Alters in allen Lebensbereichen zu bekämpfen«. In Art. 25 werden die Staaten aufgefordert, präventive Maßnahmen zu ergreifen, um die Behinderung im Alter zu minimieren oder zu vermeiden. In Art. 28 geht es um die Bekämpfung der Altersarmut von älteren Menschen mit Behinderung.

3.6 Pädagogisches Handlungswissen

Oftmals scheint es, dass ältere Menschen mit geistiger Behinderung es noch nicht gewohnt sind bzw. es nicht gelernt haben, ihre Interessen und Bedürfnisse einzufordern und durchzusetzen. Deshalb müssen verstärkt Kompetenzen zur Erlangung der persönlichen Lebenszufriedenheit vermittelt werden.

Damit ältere und alte Menschen mit geistiger Behinderung ihre eigenen Interessen und Bedürfnisse erkennen und formulieren können, sollten entsprechende Kompetenzen durch Maßnahmen der Erwachsenenbildung vermittelt werden. Daraus resultiert ein besonderer Anspruch an betreuende Mitarbeiter und an Angebote der Erwachsenenbildung, damit Entscheidungskompetenzen erlernt und eigene Selbstbestimmungsmöglichkeiten erkannt werden können. Seniorenbildung sollte nach Möglichkeit dort stattfinden, wo auch Angebote für Senioren ohne eine Behinderung angeboten werden. Hier sind vor allem die Volkshochschulen und Familienbildungsstätten zu nennen.

Dabei ist darauf zu achten, dass die besuchten Kurse eine erwachsenengemäße Sprache und entsprechende Materialien benutzen. Ferner sollten ältere Menschen mit geistiger Behinderung die Möglichkeiten haben, die Einrichtungen erreichen und die Kursbeiträge finanzieren zu können. Für ein selbstbestimmtes Leben ist es unerlässlich, ältere Menschen mit geistiger Behinderung selbst nach ihren eigenen Wünschen, Vorstellungen und Bedürfnissen zu befragen, um daraus angemessene Wohn- und Lebensbedingungen entwickeln zu können. Wichtig ist in diesem Zusammenhang, dass bei allen Veränderungen die Bewohner miteinbezogen werden müssen. Weiterhin ist von großer Bedeutung, wie man den Bewohnern begegnet, z. B. sollte es selbstverständlich sein, dass sie als erwachsene Personen angesprochen werden (Stöppler, 2004a).

Von Seiten der Betreuer muss Sensibilität für die Altersprobleme von Menschen mit geistiger Behinderung entwickelt werden. Älteren Menschen sollte so oft wie möglich Gelegenheit gegeben werden, sich zu äußern; dabei ist es erstrebenswert, sich viel Zeit zu nehmen.

Empfehlenswert ist es, häufig Situationen zu schaffen, in denen ältere Menschen mit geistiger Behinderung Entscheidungen treffen können und sollen.

· Sie sollten unterstützt werden, ihren Ruhestand selbstbestimmt zu organisieren, indem ihnen die dazu nötigen Kompetenzen vermittelt werden und Unterstützung geboten wird, diese in die Realität umzusetzen (▶ Kap. 14.1).

4 Dimensionen des Alterns

Bei den Definitionen der geistigen Behinderung können insbesondere drei Dimensionen unterschieden werden: eine biologisch-medizinische (z. B. Ätiologie), eine psychologische (z. B. kognitive Fähigkeiten) und eine soziologische Dimension (z. B. soziale Adaption, Rollen). Auch bei der Definition und Beschreibung der Begriffe »alt« und »Alter« finden sich diese drei Dimensionen in der Geriatrie, der Gerontopsychologie und der Gerontosoziologie wieder.

Im folgenden Kapitel werden nach den Erkenntnissen jeder dieser Disziplinen einige grundlegende Prozesse des Alterns geschildert. Im Rahmen der biologischen Dimension werden sowohl biologische als auch physiologische Aspekte angesprochen. Bei jeder Disziplin wird anschließend verglichen, ob die Forschungsergebnisse des Alterns in der Regelentwicklung (wenn es diese überhaupt gibt) mit den Erkenntnissen für Menschen mit geistiger Behinderung übereinstimmen.

Obwohl jede dieser Disziplinen einen bestimmten Aspekt des Alterns hervorhebt, ist jeder ältere Mensch mit einer geistigen Behinderung einzigartig und unablösbar mit seiner Lebensgeschichte verbunden (▶ Kap. 4). Auch gibt es nicht den Homo Biologicus, den Homo Psychologicus oder den Homo Soziologicus. Es gibt nur Disziplinen, die bestimmte konzeptionelle Dimensionen akzentuieren. Ältere Menschen mit geistiger Behinderung können und dürfen keinesfalls auf eine dieser Interpretationsebenen reduziert werden, da sonst die Einzigartigkeit des Menschen und die Heterogenität dieses Personenkreises nicht ausreichend berücksichtigt wird.

4.1 Biologisches Altern

Das Lebensalter eines Menschen ist nicht mit seinem biologischen Alter gleichzusetzen. Biologisches Altern meint die gesundheitliche Situation, die körperliche und geistige Leistungsfähigkeit einer Person. Altern stellt aus biologischer Sicht ein multifaktorielles Geschehen dar.

Der Verfall von körperlichen Fähigkeiten, Krankheit und Sterben wird in dem multifaktoriellen biologischen Modell erklärt durch:

- genetische Determinanten
- Umgebung (toxische Substanzen, kulturelle Einflüsse, Verkehr usw.)

- Lebensstil (Diät, körperliche Fitness, Genuss von Alkohol, Tabak, chemische Substanzen)
- medizinische Hilfen (präventive, therapeutische und rehabilitative).

Diese Faktoren beeinflussen auch den biologischen Alternsprozess von Menschen mit geistiger Behinderung. Darüber hinaus haben viele Menschen mit geistiger Behinderung bei der Geburt weitere Beeinträchtigungen, die nicht nur die Qualität ihres Lebens beeinflussen können, sondern in manchen Fällen auch den biologischen Alterungsprozess.

Körperliche Veränderungen sind während des ganzen Lebens zu beobachten. Deutlich erkennbare und schnelle Entwicklungen gibt es in Kindheit und Jugend. Sie bringen Wachstum und ermöglichen Fähigkeiten. Aber auch hier sind bereits Rückbildungen zu beobachten, wie z. B. bei der Thymusdrüse, die für das Wachstum zuständig ist.

Intrazellulär ist mit fortschreitendem Alter eine Verlangsamung der Synthese und des Abbaus der RNA und der Proteine festzustellen. D. h., es werden weniger Proteine gebildet, die jedoch eine längere Lebensdauer besitzen, dadurch aber anfälliger für Veränderungen in ihrer Struktur sind. In vielen Zellen kommt es mit zunehmendem Alter zu Stoffwechselstörungen und so zu einer Anhäufung von Abfallprodukten, die die Funktion der Zellen einschränken (vgl. Oyen, 1991, S. 190). Zur Zellalterung gehört zudem die nachlassende Aktivität vieler Enzyme. Aufgrund der physiologischen Altersatrophie schrumpfen Gewebe und Organe durch Zellverkleinerung oder Abnahme der Zellzahl.

In den Geweben kommt es zu strukturellen Veränderungen und zu Funktionsverlusten (vgl. Danner et al., 1994, S. 100). In einigen Geweben ist eine Atrophie zu beobachten, insbesondere in Herz und Hirn, die aus postmitotischen Zellen bestehen. Zudem werden vermehrt nicht korrekte oder gewebeuntypische Zellen gebildet. Eine erhöhte Steifheit der Gewebe erfolgt durch die Zunahme der Quervernetzungen bestimmter Moleküle und durch die Abnahme der Wasserbindefähigkeit. Die Elastizität der Gewebe nimmt durch die Mineralisierung der Elastinfasern ab.

Die biologischen und physiologischen Altersveränderungen lassen sich nach Böger & Kanowski (geändert durch Engel, 2001, S. 17) wie folgt zusammenfassen:

- Wasserverarmung
- Elastizitätsverlust der Gewebe durch Abbau elastischer Gewebeanteile
- Verlangsamung der Regenerationsprozesse der Gewebe
- Gewichts- und Größenabnahme der Organe und Muskeln
- Abbau von Knochenbälkchen
- Abnahme der Empfindlichkeit der Sinnesorgane
- Funktionsverminderung von Drüsen mit äußerer Sekretion (z. B. für Verdauungssäfte)
- Funktionsverminderung einiger Drüsen mit innerer Sekretion (z. B. für Hormone)
- Verlangsamung des Stoffwechsels und Abnahme der Oxidationsvorgänge.

Verschiedene körperliche Teilsysteme werden demnach in ihrer Funktion verringert und beeinflussen sowohl die körperliche und psychische Verfassung des älteren Menschen als auch die medizinischen Interventionen, z. B. durch Medikamente. So können die Zunahme des Körperfetts und die Abnahme des Körperwassers neben dem ausdauernden Laufen auch die Verteilung von Medikamenten im Körper beeinflussen. Die Abnahme der Temperaturregulation im Alter kann zur unbemerkten Unterkühlung und durch die Abnahme der Durstperzeption zur Exsikkose führen.

Im Folgenden sollen typische biologische Altersveränderungen in den einzelnen Organsystemen für Gesundheit, Intervention und der Funktionsweise skizziert werden.

Tab. 4.1: Einige altersbedingte Veränderungen und mögliche Folgen (nach BMFSFJ, 2001; Nikolaus, 2000; Weyerer et al., 2008, S. 81 ff.).

Organsystem	Altersbedingte Veränderungen	Mögliche Folgen
Stütz- und Bewegungsapparat	Abnahme des Mineralstoffgehalts der Knochen Abnahme der Muskelmasse, z. T. Ersatz durch Fettgewebe geringere Dehnbarkeit von Bändern, Sehnen und Muskeln Knorpelveränderungen und Osteophytenbildung an den Gelenken	Erhöhte Anfälligkeit für Knochenbrüche Reduktion von Kraft und Beweglichkeit
Haut	Atrophie des subkutanen Fettgewebes mit Kapillaren und Schweißdrüsen	verminderte Schweiß- und Fettproduktion, trockene Haut, verlangsamte Wundheilung, Faltenbildung
Sinnesorgane	Auge: Abnahme der Elastizität (Presbyopie) und der Transparenz der Linse Ohr: Verlust von Haarzellen im Corti-Organ (umweltabhängig), degenerative Veränderung der Hörnervenfasern Geruchsinn: Verminderte Regenerationsfähigkeit der Sinneszellen, degenerative Veränderung der Riechnervenfasern Geschmack: Geschmacksknospen werden weniger, degenerative Veränderung der Geschmacksnervenfasern	Akkommodationsschwierigkeiten, Katarakt Hochtonverluste, Verschlechterung der Wortdiskrimination vor allem bei Hintergrundgeräuschen Veränderungen der Geruchs- und Geschmacksempfindung können zu Appetitlosigkeit führen
Herz-Kreislauf-System	abnehmende Elastizität und Durchlässigkeit der Arterienwände verzögerte Blutdruckregulation Abnahme der maximalen Herzschlagrate	erhöhter Blutdruck (abhängig auch von Umwelt und Lebensweise), orthostatische Probleme, körperliche Belastungen können schlechter kompensiert werden, Störungen im Erre-

Tab. 4.1: Einige altersbedingte Veränderungen und mögliche Folgen (nach BMFSFJ, 2001; Nikolaus, 2000; Weyerer et al., 2008, S. 81 ff.) – Fortsetzung

Organsystem	Altersbedingte Veränderungen	Mögliche Folgen
	Ersatz von Herzmuskelfasern durch Bindegewebe	gungsbildungs- und -leitungssystem
Atmungssystem	Abnahme der Lungenelastizität Vergrößerung der Alveolen Abnahme der Lungenkapillarenanzahl zunehmende Steifheit des Brustkorbs (Altersthorax)	Abnahme der Vitalkapazität, der Lungendehnbarkeit und des Sauerstoffpartialdrucks, erhöhter Atemwiderstand, erhöhte Infektanfälligkeit wegen Einschränkung des Hustenreflexes und der Belüftung der Lunge
Verdauungssystem	Verlust von Zähnen verminderte Funktion des Geruchs- und Geschmacksinns Speichelsekretion nimmt ab Athrophie der Magen- und Darmschleimhaut verminderte Motalität von Magen und Darm Reduzierung der Größe und Funktion von Leber und Pankreas	Kau- und Schluckstörungen, Appetitverlust, Gefahr der Mangel- und Fehlernährung Absorptionsstörungen Obstipation reduzierte Glukosetoleranz, verzögerte Ausscheidung von Medikamenten über die Leber mit erhöhter Gefahr der Überdosierung und unerwünschter Arzneimittelwirkungen
Niere	Abnahme der Nephronenzahl Abnahme der glomulären Filtrationsrate	verzögerte Ausscheidung von Medikamenten über die Niere mit erhöhter Gefahr der Überdosierung und unerwünschter Arzneimittelwirkungen

Stütz- und Bewegungsapparat

Altersveränderungen des Bewegungsapparates betreffen vor allem die Muskulatur und das Skelett. Im höheren Lebensalter nimmt die Muskelmasse sehr schnell ab; mit der Abnahme erfolgt der Ersatz durch Fettgewebe. Muskelkraft, Ausdauer, Dehnbarkeit und Reißfestigkeit von Muskeln, Sehnen und Bändern nehmen ebenfalls ab. Diese biologischen Alternsprozesse führen zu einer generellen Verminderung der Körperkraft.

Ab dem 40. Lebensjahr beginnt die Rückbildung des Knochengewebes, auch Osteoporose genannt, die bei Frauen aufgrund der Verringerung des Östrogens nach der Menopause ausgeprägter auftritt als bei Männern, und einen Risikofaktor für Frakturen im Alter darstellt. Durch den geringen Wassergehalt der Zellen wird das Knorpelgewebe unelastisch und kann sich den täglichen Belastungen schlechter anpassen. Typische degenerative Erkrankungen des Bewegungsapparats sind Arthrosen der verschiedenen Gelenke, z. B. Hüft- und Kniegelenke, degenerative Wirbelsäulenveränderungen, z. B. Skoliosen und Spondylolysen.

Die Konsequenz der Veränderungen des Skeletts, der Muskelkraft und der Gelenke macht sich in Einschränkungen der Beweglichkeit (Motorik und Mobilität) und Abnahme der Körpergröße bemerkbar.

Haut

Aufgrund der Abnahme des Wassergehalts und der Elastizität der Haut kommt es zur Faltenbildung und Hauterschlaffung. Die Haut wird dünner und die Pigmentbildung steigt. Die Nägel werden spröde. Schon im vierten Lebensjahrzehnt beginnt das Ergrauen der Haare, verursacht durch die Abnahme der Pigmentbildung in den Haarwurzeln. Ferner nimmt die Dichte der Kopfbehaarung ab.

Weitere physiologisch bedingte Veränderungen sind Abnahme der Geschmacksknospen und Verringerungen des Temperatur- und Schmerzempfindens.

Sinnesorgane

Bei den Sinnesorganen sind vor allem Augen und Ohren betroffen. Zwischen dem 45. und 50. Lebensjahr beginnt in der Regel die Altersweitsichtigkeit. Die Nahakkommodation verschlechtert sich. Mit zunehmendem Alter nimmt außerdem die Eigenelastizität der Linse ab; die Akkommodationsfähigkeit wird immer geringer, bis etwa ab dem 65. Lebensjahr nur noch wenig Akkommodation möglich ist. Aufgrund von Veränderungen der Netzhaut und der lichtbrechenden Augenanteile verringert sich das Sehvermögen. Eine häufige Erkrankung im Alter ist das Glaukom (grüner Star) durch eine Erhöhung des Augeninnendrucks.

Auch das Hörvermögen lässt schon ab ungefähr dem 30. Lebensjahr nach. Durch Veränderungen im Innenohr kommt es zu einem Anstieg der Schwerhörigkeit, die vor allem die Wahrnehmung hoher Tonfrequenzen betrifft.

Herz- und Kreislaufsystem

Bezüglich der Herz-Kreislauf-Funktion lassen sich ebenfalls Veränderungen mit zunehmendem Alter feststellen. Es kommt z. B. zu einer Abnahme der Herzfrequenz (vgl. Steinhagen-Thiessen et al., 1992) und zu einem Anstieg des Blutdrucks bei älteren Menschen. Die anschließende Erholungsphase bis zur Rückkehr des Blutdrucks auf die individuelle Norm ist verlängert (vgl. Gerok & Brandtstädter, 1992).

Die Wände der Blutgefäße verlieren mit fortschreitendem Alter an Elastizität und werden starrer; es kann zur Arteriosklerose kommen. Da das Herz gegen einen zunehmenden Gefäßwiderstand anpumpen muss, neigen ältere Menschen zu einer Blutdruckerhöhung. Aufgrund der Verlangsamung der Regulation des Blutdrucks kann es häufig zu Blutdruckschwankungen kommen. Die Kraft der Herzmuskulatur nimmt mit zunehmendem Alter ab, das Herzschlagvolumen verringert sich. Das Herz kann die durch Gefäßalterungen erhöhte Druckbelastung nur durch Muskelwachstum bewältigen, wodurch eine Herzhypertrophie entstehen kann.

Die Venenklappen werden durch Abnahme der Elastizität des Muskelgewebes insuffizient und es bilden sich Krampfadern aus.

Atmung

Die Leistung des Atmungssystems nimmt im Alter ab. Durch Abnahme der Beweglichkeit des Brustkorbs verringert sich die Vitalkapazität. Die maximale Sauerstoffaufnahme des Blutes verringert sich um ca. 40 %, da Lungenfunktion und Aufnahmekapazität des Blutes und Pumpleistung des Herzens nachlassen. Die Lungenfunktion wird durch Alterungsprozesse im elastischen und kollagenen Bindegewebe beeinträchtigt, was zu einer Erhöhung des statischen Lungenvolumens und einer Verminderung der Ventilationskapazität führt (vgl. Klein et al., 1988). Der Sauerstoffverbrauch fällt pro Kilogramm Körpergewicht und Minute nach dem 30. Lebensjahr langsam, aber fast linear ab (vgl. Gerok und Brandtstädter, 1992). Diese Veränderungen bedeuten eine starke Einschränkung der Leistungsreserven.

Verdauungssystem

Die Menge verschiedener Verdauungssäfte, z.B. des Speichels, des Magensafts und der Bauchspeicheldrüsensekrete nehmen ab. Es findet eine Rückbildung der Schleimhaut statt. Der Reflex zur Darmentleerung wird schwächer. Zum biologischen Altern gehört bei vielen Menschen ein Nachlassen der Darmtätigkeit, was bei älteren Menschen zu Verstopfung führt (Müller-Lissner, 1994). Im Alter treten häufig Obstipationen (Verstopfungen) auf, die jedoch nicht nur durch physiologische Veränderungen des Verdauungstraktes, sondern auch auf mangelnde Körperbewegung und ungenügende Flüssigkeitsaufnahme zurückzuführen sind. Die Sekretions- und Resorptionsleistung des Magen-Darm-Trakts vermindert sich.

Niere und Blase

Im Alter kommt es vermehrt zum Nachlassen der Nierenfunktion durch den Rückgang von Nephronen. Das Fassungsvermögen der Harnblase nimmt im Alter ab; die Muskelspannung der Blasenwand erhöht sich. Die Folge ist häufigeres Wasserlassen bei beeinträchtigter Blasenentleerung durch nachlassende Kraft des Blasenschließmuskels, Schwäche der Beckenbodenmuskulatur bei Frauen und Prostatavergrößerung bei Männern. Etwa ein Drittel der über 65-jährigen Frauen und Männer leiden unter Inkontinenz.

Geschlechtsorgane

Bei der Frau hat die Postmenopause vielfältige Auswirkungen. Organische Veränderungen betreffen vor allem die Rückbildung der Gebärmutter und der Scheidenschleimhaut, wodurch es zur Trockenheit der Scheide und der äußeren Genitalien führen kann. Vegetative Auswirkungen der Hormonumstellung äußern sich z. B. in Hitzewallungen, Herzklopfen und psychischen Problemen.

Bei Männern stellt sich eine Abnahme des Geschlechtshormons Testosteron mit Zunahme der weiblichen Sexualhormone ein, was eine der Ursachen für die Prostatavergrößerung darstellt. Reaktionsbereitschaft der Geschlechtsorgane und sexueller Betätigungsdrang lassen mit zunehmendem Alter nach.

Das biologische Altern findet im Allgemeinen genauso statt wie bei der Gesamtbevölkerung (vgl. Stöppler & Milz, 2007). Einige Personengruppen mit bestimmten Ursachen der geistigen Behinderung wie Down- oder Williams-Syndrom zeigen, wenn sie älter werden, spezifische Merkmale, die als Anzeichen eines frühzeitigen Alterns gedeutet werden. Wie in Kapitel 7 näher erläutert, sind viele der beschriebenen Symptome als Anzeichen von Störungen im Immunsystem oder – wie bei erwachsenen Menschen mit Down-Syndrom – durch eine Alzheimer-Erkrankung zu erklären (▶ Kap. 7).

4.2 Psychologisches Altern

Auch das Gehirn wird als Organ vom biologischen Altern betroffen. Im Gehirn ist zum einen ein Verlust an Neuronen zu verzeichnen und zum anderen nimmt die Interaktion zwischen den Zellen durch einen Rezeptorverlust für verschiedene Signalmoleküle ab. Diese erschwerte Kommunikation zwischen den Zellen betrifft auch andere Organe (vgl. Danner et al., 1994, S. 200). Mit zunehmendem Lebensalter kommt es zu einer Vielzahl von morphologischen Veränderungen im Gehirn, z. B. zu einer zahlenmäßigen Abnahme der Nervenzellen, Pigmenteinlagerungen in den Zellen, zu einer Verschmälerung der Hirnwindungen und zu einer faserigen Verdickung der Hirnhäute, die auch psychische Konsequenzen haben. Das Hirngewicht sinkt; beim 75-Jährigen erfolgt eine Abnahme des Gewichtes gegenüber einem 30-Jährigen von durchschnittlich 56 %.

Die Konsequenzen können grob in die Kategorien kognitiv und emotional unterteilt werden. Unter kognitive Konsequenzen fallen auch intellektuelle Fähigkeiten. Dabei lassen sich sowohl altersstabile als auch altersabhängige intellektuelle Fähigkeiten feststellen.

Unterschieden wird zwischen flüssigen (fluiden) und kristallinen Funktionen.

»Unter fluider Intelligenz versteht man die stark biologisch determinierte Fähigkeit, figurale Zusammenhänge zu erkennen und abstrakte Schlussfolgerungen bei Aufgaben zu ziehen, die in ihrem Inhalt relativ bildungsunabhängig sind. Mit kristalliner Intelligenz bezeichnet man jene kognitiven Kompetenzen, die notwendig sind, um stark wissensabhängige Aufgaben zu lösen.« (Weinert, 1992, S. 192)

Zu den kristallinen Funktionen gehören bildungs- und übungsabhängige Fähigkeiten, wie z. B. der Wortschatz und Fähigkeiten, die sich mehr auf Allgemeinwissen und Lösungsstrategien beziehen (vgl. Thomae, 1988, S. 11). Die flüssigen Funktionen sind abhängig von der Geschwindigkeit der Informationsverarbeitung und des Denkens. Während sich die kristalline Intelligenz als relativ altersunabhängig erweist und sich kristalline Funktionen durch geistiges Training bis ins hohe Alter steigern, zeigt sich bei Aufgaben, die die fluide Intelligenz betreffen, eine Verlangsamung der Leistungen, insbesondere bei der Bewältigung von komplexen und unbekannten Aufgaben (vgl. Bartels, 1982, S. 306). Ebenso lässt im Alter in der Regel das Kurzzeitgedächtnis nach (vgl. Weinert, 1994, S. 196).

Die Ergebnisse der gerontologischen Forschung in Bezug auf kognitive Prozesse sind keineswegs nur aus einer biologisch-reduktionistischen Sicht heraus zu interpretieren. Eher ist es das komplexe Zusammenspiel von biologischen Prozessen, das konstante, aber variationsreiche Bestehen von Stimulanzen und Herausforderungen in der sozialen Umgebung und die Fähigkeiten des Copings des Einzelnen (wobei auch Interesse und Motivation eine wichtige Rolle spielen), wodurch Resultate über intellektuelle Fähigkeiten im hohen Alter erklärt werden können. So scheint die intellektuelle Leistung bis ungefähr zum 70. Lebensjahr insgesamt relativ stabil zu sein. Auf Gruppenniveau sind erst ab diesem Alter die Gewinne intellektueller Fähigkeiten geringer als die Verluste (Schaie, 1988, nach Staudinger, 1992). Auch in einer anderen Untersuchung fand man gleichartige Ergebnisse nach dem 70. Lebensjahr. Die Gruppenergebnisse nach Alter verschleiern jedoch große individuelle Unterschiede. So haben in dieser Untersuchung einige Personen der Altersgruppe der 70- bis 80-Jährigen die schlechtesten Werte und einige Personen, die über 95 Jahre alt waren, die besten, einschließlich einer 103-Jährigen (Smith & Baltes, 1993, nach Künzel-Schön, 2000).

Es hat sich gezeigt, dass es durchaus möglich ist, die Leistungen des Gedächtnisses und der flüssigen Funktionen durch entsprechende Trainingsprogramme zu steigern.

Wichtig für die Bewältigung von Intelligenzaufgaben scheint u. a. auch die Annahme, dass im Laufe des Lebens Expertenwissen erworben wird. Damit sind bestimmte Kenntnisse gemeint, die das Wissen organisieren und die Fähigkeit, sein eigenes Verhalten angemessen zu steuern (vgl. Weinert, 1994, S. 194). Diese Fähigkeit kann bei einem 80-Jährigen mehr als bei einem 60-Jährigen vorhanden sein. Kognitive Leistungen im Alter werden vor allem auch durch individuelle und soziale Lebensbedingungen, wie z. B. Schulbildung, Sozialschicht, Berufsanforderungen, Anregungsgehalt der Umgebung und Gesundheit beeinflusst (vgl. Lehr, 1988).

Auch die subjektive Bewertung und das Erleben des Alterns sind bedeutsam für den Alterungsprozess und -verlauf. Subjektive Faktoren, die das Altern beeinflussen, sind z. B. die Biografie des Betroffenen, die gegenwärtige Situation und die Zukunftserwartungen.

Einheitliche psychische Veränderungen im Alter gibt es nicht. Psychisches Befinden und Persönlichkeit sind eher von Charaktereigenschaften, Gesundheit und sozialen Faktoren als vom Lebensalter abhängig. Die Bewältigung körperlicher Einschränkungen, die sich aus der biologischen Alterung des Organismus ergeben und zu Problemen führen können, stellt einen wesentlichen Faktor für erfolgreiches Altern dar.

Neben Entwicklungen und Veränderungen der Psyche kann es auch psychische Erkrankungen im Alter geben (vgl. Künzel-Schön, 2000). Ein großes Problem bei der Präsentation der Prävalenzraten in den Untersuchungen ist die sehr unterschiedliche Definition einer psychischen Störung. Je mehr Spielraum die Definition in der diagnostischen Beschreibung und Interpretation lässt, desto höhere Prävalenzraten psychischer Störungen kann man erwarten. Auch können unterschiedliche Methoden der Stichprobenerhebung in unterschiedlichen Bevölkerungsgruppen eine Varianz der Ergebnisse in den Untersuchungen bewirken.

»Mehrere Untersuchungen zeigen, dass etwa ein Viertel der über 65-Jährigen unter psychischen Veränderungen irgendwelcher Art leidet« (Häfner, 1986). Allerdings weisen Dilling et al. (1989, nach Häfner, 1992) darauf hin, dass die Prävalenz bei den über 65-Jährigen nicht höher sei als bei den über 20- bis 44-Jährigen. Eine durchschnittliche Zunahme psychischer Veränderungen ist erst im hohen Alter zu verzeichnen (vgl. Häfner, 1992). Dieser Anstieg ist jedoch ausschließlich bei den organisch bedingten Veränderungen zu beobachten (vgl. Häfner, 1986). Es treten insbesondere primäre degenerative Demenz (Alzheimer Krankheit) und die vaskuläre Demenz auf.

Auch was die kognitiven Möglichkeiten von Menschen mit geistiger Behinderung betrifft, kann man nicht von einem grundsätzlich anderen Altern ausgehen. Jedoch fällt es Menschen mit geistiger Behinderung häufig schwer, zu begreifen, was mit ihrem Körper passiert, warum sie beispielsweise zunehmend mehr Pausen benötigen. Skiba (2006) spricht in diesem Zusammenhang von einer »Altersgleichgültigkeit« bei Menschen mit geistiger Behinderung. Das kann daran liegen, dass das Alter für viele Menschen kaum fühlbar ist und eine Reflexion über das Befinden oft ausbleibt (Skiba, 2006, S. 45). Daraus kann abgeleitet werden, dass Menschen mit geistiger Behinderung nicht ausreichend über den biologischen und psychologischen Veränderungsprozess im Alter informiert sind oder eine Vorbereitung auf diesen Prozess oft gar nicht stattfindet (Schuppener, 2004, S. 36). Erschwerend kommt hinzu, dass Kommunikationsbarrieren und Einschränkungen der Selbstwahrnehmung dazu führen können, dass Funktionsstörungen im psychischen, wie im physischen Bereich gar nicht oder zu spät festgestellt werden. Häufig werden Anzeichen von Gesundheitsproblemen seitens der Angehörigen oder der Betreuer unbedacht auf die geistige Behinderung der Menschen zurückgeführt (Ding et al., 2004). Dieses Phänomen wird in der professionellen Diagnostik mit dem Begriff »Overshadowing« beschrieben.

De Ruiter (1990) konstatiert in seiner Untersuchung in einer niederländischen Vollzeiteinrichtung einige psychische Veränderungen wie Abnahme des Einprägungs-, Reaktions- und Begriffsvermögens und zunehmende Desorientierung und Verwirrtheit. Als besonders belastend stellten sich Veränderungen und Funktionsverluste des Körpers und der Eintritt in den Ruhestand heraus. Haveman et al. (1997) zeigten auf, dass Gedächtnisfunktionen von Menschen mit geistiger Behinderung ohne Down-Syndrom im Alter stabil bleiben und eine Abnahme der Orientierungsfähigkeit erst ab dem 70. Lebensjahr erfolgt. Was die intellektuellen Fähigkeiten betrifft, zeigt sich in zwei anderen Studien bei Erwachsenen mit geistiger Behinderung (ohne Down-Syndrom), dass diese ungefähr bis zum 65. Lebensjahr stabil bleiben (vgl. Fisher & Zeaman, 1970; Waltz et al., 1986). Dagegen können bei Menschen mit Down-Syndrom in diesem Bereich bereits im Alter von 40 bis 55 Jahren starke Beeinträchtigungen (Haveman et al., 1997) auftreten. Tsao et al. (2015) untersuchten altersbedingte Veränderungen der kognitiven Funktionen und des Anpassungsverhaltens bei demenzfreien Erwachsenen im Alter zwischen 20 und 69 Jahren. Die Resultate zeigen einen Rückgang der sozialen und kognitiven Fähigkeiten mit zunehmendem Alter. Auch fanden sie heraus, dass der Rückgang der fluiden Intelligenz zwischen 20 und 69 Jahren alles andere als linear ist. Ab einem Alter von etwa 40 Jahren ist ein signifikanter Rückgang der Werte zu verzeichnen, der den Beginn einer beschleunigten Alterung kennzeichnet. In Bezug auf das Anpassungsverhalten zeigt sich ein Rückgang in der Motorik, der Sozialisation und dem Alltag. Die Fähigkeiten der Kommunikation bleiben stabil. Obwohl sich die Leistungen in Bezug auf Motorik und Sozialisation stetig verschlechtern, gehen die Fähigkeiten des täglichen Lebens ab 40 Jahren stark zurück. Diese Daten stimmen mit den Ergebnissen von Zigman et al. (1987) überein, die beschreiben, dass Fähigkeiten in diesem Bereich bei Erwachsenen mit Down-Syndrom extrem altersempfindlich sind. Es scheint, dass die sensibelsten Manifestationen der Regression bei Menschen mit Down-Syndrom in Verhaltensdomänen zu finden sind, die mit Aktivitäten des täglichen Lebens zusammenhängen. Diese Beobachtung lässt sich mit anfänglich geringen Kenntnissen der kognitiven Fähigkeiten oder der Sprache erklären. In Bezug auf Verhaltensstörungen wurde kein altersbedingter Anstieg der Prävalenz von psychiatrischen Störungen in der Stichprobe von Erwachsenen mit Down-Syndrom, die frei von Demenz waren, gefunden. Diese Daten bestätigen die Ergebnisse anderer Studien (Beciani et al., 2011; Mantry et al., 2008; Patti & Tsiouris, 2006) und zeigen, dass typisches Altern bei Erwachsenen mit Down-Syndrom nicht durch das Auftreten von psychiatrischen Problemen gekennzeichnet ist, sondern eher durch einen Rückgang der kognitiven Funktionen und der sozialen Anpassungsfähigkeit.

Die Prävalenz psychischer Störungen ist bei älteren Menschen mit geistiger Behinderung etwas höher als in der Gesamtbevölkerung (Ding-Greiner & Kruse, 2004, S. 523).

Jedoch ist bei der Interpretation der Daten Vorsicht geboten. Aus den Übersichtsstudien von Zigman et al. (1991) und Day & Jancar (1994) zu diesem Thema wird deutlich, dass die Resultate ein unvollständiges und wenig konsistentes Bild der psychischen Probleme älterer Menschen mit geistiger Behinderung geben. Es gibt kaum Studien über den Verlauf und das Auftreten neuer psychischer Probleme (Inzidenz). Viele Studien beschränken sich auf Personen in großen Wohneinrichtungen. Auch sind die Kriterien einer psychiatrischen Diagnose sehr unterschiedlich oder variieren in Zeit und Ort oder nach der Art der Datenerfassung (z. B. bestehende ärztliche Diagnose, Fallregister, Screening einer aselektiven Stichprobe oder einer definierten Population). Die Grenzen zwischen einer Verhaltensauffälligkeit und einer psychischen Störung sind nicht immer deutlich und lassen einen subjektiven Ermessensspielraum zu (vgl. Haveman et al., 1993). Da vielfach eine aktive verbale Kommunikation bei alten und jungen Menschen mit geistiger Behinderung fehlt, werden viele psychische Störungen nicht, zu spät oder falsch diagnostiziert.

Eine häufig beobachtbare psychische Veränderung im Alter ist die Zunahme von Stereotypien (ständiges Wiederholen von Äußerungen oder Bewegungsabläufen) bei der Bewältigung von Alltagssituationen. Diese wurde vor allem bei Menschen mit Down-Syndrom festgestellt (vgl. Eisenring, 1987; Haveman & Schrijnemaekers, 1995). Diese können u. a. durch eingeschränkte Coping-Möglichkeiten in Krisensituationen entstehen, die aus den häufig eingeschränkten »verbal-kognitiven Verarbeitungsmechanismen resultieren« (vgl. Weber, 1997). Auch das geringe Differenzierungsvermögen im affektiven Bereich führt zu einer erhöhten Anfälligkeit für psychische Auffälligkeiten.

In fast allen Studien werden bei Menschen mit geistiger Behinderung höhere Prävalenzraten von psychischen Störungen im Vergleich mit älteren Menschen in der Gesamtbevölkerung gefunden (Haveman, 1995; Chance, 2005). So fanden Patell et al. (1993) bei 8,6 % der älteren (50+) Menschen mit geistiger Behinderung in einer englischen Region psychische Störungen (vor allem Depression und Angststörung) und bei 11,4 % der Personen mit Demenzerkrankungen. Mit zunehmendem Alter (65+) werden in anderen Untersuchungen in Großbritannien bei Menschen mit geistiger Behinderung höhere Prävalenzraten (ca. 20 %) psychischer Störungen gefunden (Bland et al., 2003; Cooper 1999; Day & Jancar, 1994). Dabei geht es vor allem um Depressionen und Ängste.

Auch Day (1985) und James (1986) beschreiben viele Fälle von Depressionen und Angststörungen bei älteren Menschen mit geistiger Behinderung, die durch körperliche Krankheit, Verlust von Körperkraft und Mobilität sowie durch den Verlust eines Familienmitgliedes oder Freundes zu erklären sind.

Einige Studien, die sich auf psychiatrische Diagnosen bei älteren Menschen mit geistiger Behinderung richten, legen nahe, dass im Alter das Risiko für allgemeine psychiatrische Morbidität, Demenz, Angststörung und Depression etwas erhöht ist (Cooper, 1997a, b; Deb et al., 2001). Auch in einer groß angelegten Studie in Schweden (Axmon et al., 2017) hatten ältere Menschen mit geistiger Behinderung höhere Wahrscheinlichkeiten auf mindestens eine psychiatrische Diagnose als Gleichaltrige in der Allgemeinbevölkerung, die stationär oder ambulant behandelt wurden. Die größte Diskrepanz zwischen den beiden Kohorten bestand bei psychotischen Störungen. Im untersuchten Zeitraum (11 Jahre) kamen bei Menschen mit geistiger Behinderung zehnmal häufiger psychotische Störungen vor als bei der Allgemeinbevölkerung. Die einzige diagnostische Kategorie in der Allgemeinbevölkerung mit einer höheren Wahrscheinlichkeit waren Störungen im Zusammenhang mit Alkohol-/Drogenmissbrauch.

4.3 Soziologisches Altern

Die Soziologie setzt sich unter anderem mit der Frage nach sozialen Positionen von Menschen im Alter auseinander. Jedes Individuum nimmt im Laufe seines Lebens unterschiedliche Positionen ein. Diese werden erworben sowie zugeschrieben und von der Person selbst und seiner Umwelt zusammengefügt. Dazu gehören unter anderem beispielsweise eine Familien-, eine Berufs-, eine Alters- und Geschlechtsposition, mit der jeweils eine bestimmte Rolle verbunden ist. Die Rolle bestimmt die Erwartungen und Aufgaben, die an die jeweilige Position herangetragen werden (Skiba, 2006, S. 163).

Thomae (1968) geht davon aus, dass primär soziale Einflüsse den Alterungsprozess beeinflussen. Aus soziologischer Sicht ist der Aspekt der Geburtskohorte von großer Bedeutung. So ist die Generationszugehörigkeit für verschiedene Leistungen im Alter bedeutsamer als das chronologische Alter. Anzunehmen ist, dass z. B. Ereignisse wie Naturkatastrophen oder Kriege, Ernährungsgewohnheiten, das jeweilige Gesundheits- und Erziehungssystem, Familienstrukturen, Krisen (wie die Corona-Parandemie) etc. den Kohorteneffekt beeinflussen (vgl. Filipp & Schmidt, 1995, S. 442). Aber auch Werte, Kulturinteressen, Musik und Kommunikationsmittel, mit der die neue Generation aufgewachsen ist, unterscheiden sich von der vorigen. Die »neuen Alten« sind aufgewachsen in einer Zeit der Liberalisierung und Individualisierung.

> »Es beginnt sich eine immer größer werdende Personengruppe der älteren Menschen mit neuen Verhaltenseinstellungen zu entwickeln. Für sie gilt: ›Lebensqualität ist nicht das, was mir geboten wird, sondern das, was ich daraus mache. Infolge der Individualisierung wird die Eigenverantwortlichkeit betont‹ (Schramek, 2002, S. 57)« (Buchka, 2003, S. 117).

Religion und Altern ist ein weiteres wichtiges kultursoziologisches Thema. Nicht nur bei den Jüngeren, auch bei der älteren Generation kann eine wachsende Tendenz der Säkularisierung festgestellt werden. Für viele ältere Menschen hat die Religionszugehörigkeit jedoch noch immer eine große Bedeutung. Sie prägt das Erleben des Alterns und ist für viele Lebensbereiche relevant. So bekommt z. B. das chronologische Altern eine ganz andere Wertigkeit und Bedeutung, wenn Verlusterfahrungen (Sterben des Partners, eigene Krankheit) an ein Gottvertrauen und den Glauben an ein Leben nach dem Tod gekoppelt sind.

Es ist kaum bekannt, welche Konsequenzen das religiöse Altern oder das Fehlen des religiösen Alterns für Menschen mit geistiger Behinderung hat. Auch gibt es keine Daten, ob in dieser Hinsicht Unterschiede auf der Ost-West- (neue versus alte Bundesländer) oder Nord-Süd-Achse (evangelisch versus katholisch) bestehen. Die Bedeutung der Deinstitutionalisierung traditioneller Werte durch Reinstitutionalisierung ist ein relevantes Thema für die Gerontosoziologie, hat aber bis jetzt kaum das Interesse der sonderpädagogischen Soziologie geweckt.

Neben dem Rollenwechsel findet im Alter auch eine »Veränderung des Gewichts der verschiedenen Vergesellschaftsformen« statt (vgl. Kohli, 1994, S. 256). Durch den Eintritt in den Ruhestand verliert die Arbeit an Bedeutung; es kommt zu einer Verlagerung des Schwerpunkts hin zu anderen Vergesellschaftungsformen wie Familie, Verwandtschaft, Freizeit und sozialen Netzwerken außerhalb der Familie. Durch den o. a. Trend der Singularisierung steigt das Risiko, im Alter nicht mehr auf primäre soziale Beziehungen zurückgreifen zu können (vgl. Trost & Metzler, 1995, S. 23). Hierdurch gewinnen andere soziale Bindungen wie Vereine, Freunde etc. an Bedeutung.

Ein weiterer wichtiger Aspekt aus soziologischer Sicht stellt das Altersbild in der Gesellschaft dar, das überwiegend negativ behaftet ist, denn Altern wird als Zeit des Abbaus, des Abstiegs, des Verlustes gesehen. Dieser Prozess wird von Thomae (1988) mit dem Begriff des »Ageism« beschrieben, der die stigmatisierende systematische Vorurteilsbildung und Diskriminierung aufgrund des »Altseins« meint.

Weitere bedeutsame soziologische Aspekte sind die altersspezifischen Rollen mit ihren altersspezifischen Merkmalen. So spricht man nach Thieme (2008) von soziologischem oder sozialem Altern, »wenn es um den unterschiedlichen Grad der Teilhabe am gesellschaftlichen Leben oder den Rückzug aus sozialen Rollen (z. B. der Erwerbstätigkeit) und gesellschaftlich geprägten Verhaltensmustern (z. B. nach dem Auszug der Kinder aus der gemeinsamen Wohnung) geht« (ebd., S. 34). Unter Zuhilfenahme des chronologischen Alters werden Rollenzuschreibungen und Erwartungen bestimmt. Alternde Menschen unterliegen oft Vorurteilen, z. B. beim Arbeitgeber. Abnahme der Arbeitsproduktivität, Verringerung des persönlichen Engagements im Arbeitsleben, um nur einige zu nennen, sind Befürchtungen der Arbeitgeber. Ergebnisse von empirischen Studien widerlegen diese Befürchtungen zumindest teilweise. Es zeigen sich lediglich Einbußen in der Produktivität (vgl. Backes 2003, S. 55). Dabei ist das Alter von Rollenverlusten gekennzeichnet; diese werden nicht nur von außen an das Individuum herangetragen, sondern alte Menschen haben auch selbst das Bedürfnis, sich von sozialen Rollen zurückzuziehen. Diese Aussage liegt der Disengagement-Theorie nach Cumming & Henry (1961) zugrunde. Demgegenüber geht die Aktivitätstheorie davon aus, dass alte Menschen weiterhin das Bedürfnis haben, aktiv zu bleiben und soziale Rollen auszufüllen, um eventuelle Verluste durch Berufsaufgabe zu kompensieren (vgl. Kohli, 1994, S. 235). Sicherlich haben beide Theorien ihre Berechtigung, gelten aber nicht in ihrer jeweiligen Absolutheit (vgl. von Rosenstiel, 1994, S. 241) und vor allem nicht bei Menschen mit geistiger Behinderung.

Das Bild des Alters unterliegt einem ständigen und ausgeprägten Wandel. Das Alter wird nicht mehr ausschließlich unter den Aspekten von Abbauprozessen subsumiert, sondern Senioren erleben aktuell eine aktive Zeit und genießen vielfältige Teilhabe am gesellschaftlichen und kulturellen Leben. Diese neue soziale Alterskultur (vgl. Buchka 2003, S. 33) gewinnt zunehmend an Bedeutung, führt aber auch zu großen Unterschieden. Ältere Menschen ohne entsprechende körperliche, geistige und finanzielle Ressourcen, wie z. B. Menschen mit geistiger Behinderung im Alter, treffen auf Barrieren der gesellschaftlichen Teilhabe.

Versucht man, den Adressatenkreis der Soziologie einzuengen auf »alte Menschen mit geistiger Behinderung« ist es keinesfalls einfach – ohne willkürlich zu sein –, relevante Themengebiete von der allgemeinen Soziologie abzugrenzen. Die soziale Wirklichkeit dieser Personengruppe kann durch verschiedene theoretische Modelle beschrieben und erklärt werden und die Beschäftigung mit dem Teilbereich der Soziologie des Alterns bedeutet nicht, dass andere Teilbereiche wie die Soziologie der Freizeit (▶ Kap. 10) und des Wohnens (▶ Kap. 8) oder sogar die Familiensoziologie damit ausgegrenzt werden. Auch ist es wichtig, Werte, Normen, soziale Erwartungen von und gegenüber älteren Menschen mit geistiger Behinderung, ihre soziale Position und Möglichkeiten der gesellschaftlichen Teilhabe, im spezifischen sozial-historischen und strukturellen Kontext einer Gesellschaft zu analysieren (vgl. Stöppler & Wacker, 2004).

Wie auch in der Gesamtbevölkerung verliert der Mensch mit geistiger Behinderung im Alter einige seiner Positionen. Die Berufsposition, die in seinem Leben häufig eine herausragende Stellung einnimmt (▶ Kap. 7), fällt mit dem Übergang in den Ruhestand weg. Da der Arbeitsplatz für viele Menschen mit geistiger Behinderung ein wichtiger Ort der sozialen Kontakte ist, kann es zusätzlich zum Verlust von Freundschaftspositionen kommen (▶ Kap. 9). Das ohnehin kleine soziale Netzwerk dieser Personengruppe droht im Alter noch geringer zu werden.

Moss et al. (1993) weisen auf die unterschiedlichen sozialen Strukturen und Auffassungen bei der Begleitung von älteren Menschen mit geistiger Behinderung in neun verschiedenen Ländern hin. Bei dem asiatischen Modell (Indonesien, Japan, Singapur, Hong Kong) gibt es eine lange Geschichte und Tradition der Familienhilfe durch die erweiterte (extended) Familie. Von jüngeren Paaren wird erwartet, dass sie für ihre älteren Angehörigen sorgen, ob sie nun behindert sind oder nicht. Um diese Funktion zu erfüllen, bekommen sie soziale Unterstützung. Durch diese Tendenz in urbanen und ruralen Gebieten, aber auch verstärkt durch Mobilität, Migration und Lockerung von Familienbanden, gibt es auch in diesen Ländern weniger informelle Unterstützer im Familienkreis. Generell haben diese Länder keine Institutionsgeschichte von großen Wohneinrichtungen und der Drang zur Deinstitutionalisierung und Enthospitalisierung ist darum gering (vgl. Moss et al., 1993, S. 85).

Alte Menschen mit geistiger Behinderung sind in zweifacher Hinsicht stigmatisiert. Sowohl die geistige Behinderung als auch das Alter werden sozial abgewertet und abgelehnt (vgl. Wieland, 1991, S. 14), was mit dem Begriff des »double jeopardy« beschrieben werden kann (vgl. Thomae, 1982, S. 45). Soziale Abwertung wird auch durch die Verweigerung der Erwachsenenrolle für Menschen mit geistiger Behinderung erfahren. Menschen mit geistiger Behinderung werden oft als ewige Kinder gesehen und behandelt; die Betroffenen verinnerlichen diese Zuschreibungen in ihr Selbstbild, verhalten sich entsprechend und beeinflussen so ihr eigenes Erscheinungsbild.

Es gibt einige zentrale Zielvorstellungen, in die zunehmend auch die Hilfen für ältere Menschen mit geistiger Behinderung eingeplant werden, z. B. Normalisierung, Selbstbestimmung und Inklusion. Es ist nicht sinnvoll, in diesem Kontext von Paradigmen zu sprechen, da die Konzepte eine gemeinsame Wurzel haben. Wenn in der Soziologie der Behinderten von sozialer Integration gesprochen wird, »dann ist damit gemeint, dass behinderte Menschen unabhängig von Art und Schweregrad ihrer Behinderung in allen Lebensbereichen grundsätzlich die gleichen Zutritts- und Teilhabechancen haben sollen wie nichtbehinderte

Menschen« (Cloerkes, 1997, S. 194). Werte, die für nichtbehinderte Bürger hinsichtlich Wohnen, Arbeit, Freizeit, Sexualität usw. schon lange als normal gelten, werden mehr und mehr auch für Menschen mit geistiger Behinderung als gültig anerkannt. Dies hat auch direkte Implikationen für Praxis und Forschung hinsichtlich der Lebenssituation alter Personen mit geistiger Behinderung. Lange Zeit wurde die Begleitung geprägt durch Ausschluss aus der Öffentlichkeit, durch Segregation und Spezialisierung. Die Werte und Zielsetzungen der jetzigen Betreuung sind dagegen eher geprägt durch die Prinzipien der Integration und Normalisierung. Die kritische Funktion der Wissenschaft ist es, zu untersuchen, wieweit Pläne (»de jure«) von der Praxis (»de facto«) entfernt sind. Die geographische Integration (das Wohnen in gemeindenahen offenen Wohnungen) ist eine wichtige, aber nicht alleinige Voraussetzung für funktionelle (Rollengestaltung ähnlich wie bei anderen Bürgern) und soziale Integration (Akzeptanz und positive Bewertung von persönlichem Kontakt).

Im Folgenden sollen die bedeutsamsten, soziologisch begründeten, gerontologischen Konzepte erläutert und auf ihre Relevanz für Menschen mit geistiger Behinderung analysiert werden.

4.3.1 Aktivitätstheorie

Die Aktivitätstheorie besagt, dass Menschen sich nicht zurückziehen wollen, wenn sie älter werden. Vielmehr haben Untersuchungen gezeigt, dass sie aktiv sein müssen, um eine hohe Lebenszufriedenheit zu erreichen (Carstensen, 1991; Johnson & Barer, 1992). Die Theorie geht davon aus, dass aktive ältere Erwachsene besser angepasst und zufriedener sind als weniger aktive. Dies entspricht mehr der gesellschaftlichen Betonung von Engagement in Arbeit und produktiven Aktivitäten. Diese Sichtweise des Alterns birgt jedoch auch Probleme. Es wird davon ausgegangen, dass die Menschen die Kontrolle über ihre soziale Situation haben, was angesichts des Rückgangs des sozioökonomischen Status, den Menschen im Ruhestand häufig haben, nicht immer zutrifft. Viele Menschen finden auch keinen akzeptablen Ersatz für die Verluste (finanzielle, berufliche usw.), die sie mit zunehmendem Alter erleiden.

Für Vertreter dieser Theorie stellt Aktivität die Grundvoraussetzung für Lebenszufriedenheit und erfolgreiches Altern dar. Der mit der Entberuflichung verbundene Funktionsverlust soll durch Aktivität in verbleibenden Lebensbereichen ausgeglichen und bewältigt werden (vgl. Backes & Clemens, 1998, S. 115; Gregor, 1995). Prämisse ist, dass Menschen im Alter dieselben psychischen und sozialen Bedürfnisse wie im mittleren Lebensalter aufweisen. Der Verlust an Rollen, Kontakten und Funktionen wird durch zusätzliche Kontakte und Beschäftigungen kompensiert. Jeder unfreiwillige Rückzug aus sozialen Rollen und Aufgaben wird aus Sicht der alten Menschen mit gesellschaftlichen Zwängen begründet. Ausgrenzungsprozesse begünstigen physische und psychische Abbauprozesse und eine weitere Reduzierung des sozialen Netzwerkes (vgl. Backes & Clemens, 1998, S. 116).

Die Resultate der Generali Altersstudie 2013 unterstützen teilweise die Annahmen der Aktivitätstheorie: 45 % der 65- bis 85-Jährigen engagieren sich bürgerschaftlich in verschiedenen gesellschaftlichen Bereichen (z. B. in Kirche, Freizeit und Geselligkeit, Sport und Bewegung, Kultur und Musik, sozialer Bereich) und können sich sogar vorstellen, dieses Engagement noch weiter zu steigern. Sie unterstreichen damit die Auffassung, dass Ältere noch eine Mitverantwortung für gesellschaftliche Entwicklungen und Lebensbedingungen tragen möchten (vgl. Köcher & Bruttel, 2012, S. 341). Die Autoren fanden heraus, dass das jeweilige Engagement eng mit der gesundheitlichen Situation der Person zusammenhängt: Je gesünder die älteren Menschen sind, desto aktiver ist ihr Engagement (vgl. Köcher & Brüttel, 2012, S. 350). »Die Bedeutung der eigenen gesundheitlichen Konstitution als Schlüsselfaktor für ein aktives Leben und die gesellschaftliche Teilhabe« (ebd., S. 350) spielt also eine entscheidende Rolle.

Die Aktivitätstheorie, die Aktivität als relevanten Garant für zufriedenes und erfolgreiches Altern einschätzt, ist für Menschen mit geistiger Behinderung jedoch eher kritisch zu betrachten. Ältere Menschen mit geistiger Behinderung stellen noch weniger eine homogene Gruppe dar als Gleichaltrige in der Gesamtgesellschaft. Durch erlernte Hilflosigkeit, kognitive, psychische und emotionale Probleme hat nicht jeder in dieser Zielgruppe die Möglichkeit und den Willen, durch Aktivitäten den Alterungsprozess zu verlangsamen. Bedingt durch ihre Lebens- und Wohnsituation und Beeinträchtigungen sind sie oftmals nicht in der Lage, die Phase des Alters aktiv und ohne ein erhebliches Maß an fremder Hilfe zu gestalten. Auch mit der Unterstützung anderer Personen ist die von dieser Theorie geforderte Aktivität nicht immer erreichbar.

4.3.2 Loslösungstheorie (Disengagementtheorie)

Die Loslösungstheorie wurde Anfang der 1960er Jahre von Cumming und Henry (1961) nach dem struktur-funktionalistischen Modell Talcot Parsons entwickelt. Basierend auf dem Defizitmodell des Alters wird Loslösung als Voraussetzung für erfolgreiches Altern angesehen, wobei der Verlust von Kontakten und Aktivitäten positiv zu sehen ist. Es versucht die Mikroebene des persönlichen Erlebens und Verhaltens im Alter mit gesellschaftlichen Aspekten zu verknüpfen (Wahl & Heyl, 2004, S. 130). Loslösung (Disengagement) entsteht aufgrund gesellschaftlicher und auch individueller Interessen; der Rückzug erscheint als unvermeidbarer Prozess, in dem Beziehungen gelöst und verändert werden. Altern wird als biologischer und nicht korrigierbarer, hinzunehmender Prozess gesehen, der zur Verminderung von geistigen, körperlichen und seelischen Kräften führt. Diese Verminderungen führen zu einem sozialen Rückzug aus unterschiedlichen Lebensbereichen, der von der Gesellschaft erwartet und durch den Einsatz jüngerer Menschen kompensiert wird. Loslösung wird auch als Bedürfnis älterer Menschen betrachtet, der gewünscht und als Ruhe- und Selbstentfaltungsbedürfnis akzeptiert wird.

Die Loslösungstheorie (Cumming & Henry, 1961) geht also davon aus, dass mit zunehmendem Alter ein gegenseitiger Rückzug eintritt: Die Person zieht sich aus der Gesellschaft zurück und die Gesellschaft zieht sich von der Person zurück. Der Ruhestand wird als ein Beispiel für die Loslösungstheorie gesehen.

Die Art des Ausscheidens aus dem sozialen Bezugssystem der Arbeitswelt ist hierbei von zentraler Bedeutung. Ausgangspunkt der Loslösungstheorie ist eine von der betroffenen Person ungewollte Berentung, die mit der vermeintlichen, mit dem Alter sinkenden Leistungsstärke und Handlungsfähigkeit begründet wird (vgl. Backes & Clemens, 2013, S. 128). Diese Sichtweise unterscheidet sich deutlich von der Perspektive der Aktivitätstheorie. So schreiben Backes und Clemens (2013): »Das Aktivitätskonzept unterliegt zumindest in seinen Annahmen nicht den Stereotypisierungen von Alter als einem Abbau von Fähigkeiten und reduziertem Bedürfnis nach Betätigungen, sondern weist darauf hin, dass solche reduzierten Aktivitäten und Interessen oft erst durch gesellschaftlich herabgesetzte Möglichkeiten entstehen« (Backes & Clemens, 2013, S. 130).

Die Loslösungstheorie ist heute nicht weit verbreitet und hat im Laufe der Jahre viel Kritik erhalten. Es wird davon ausgegangen, dass sich die Menschen von der Arbeit zurückziehen und ihre Interaktion mit der Gesellschaft verringern möchten, was nicht immer der Fall ist (Cumming, 1963). Ein Hauptkritikpunkt an der Loslösungstheorie ist die Betrachtung des Ruhestandes als »bloße Restzeit« (Kohli, 1994, S. 236) des Lebens. Die Tatsache, dass die Menschen mit oder ohne Behinderungen immer älter werden und die Lebenserwartung steigt, hat die Lebensphase des Ruhestandes einen weitaus größeren quantitativen und qualitativen Stellenwert für die Menschen gegeben. Die »Wartezeit« ist zu lang, um diese Periode auf eine Wartezeit auf den Tod zu reduzieren (vgl. Kohli, 1994, 236). Ebenfalls kritisch zu betrachten bleibt die Annahme, dass der Rückzug und das Disengagement einen natürlichen Prozess darstellen, auf den die alten bzw. alternden Menschen zielführend hinarbeiten.

Bei der Bewertung dieses Ansatzes für die Zielgruppe der älteren Menschen mit geistiger Behinderung ist zunächst die angebliche Übereinstimmung von individuellen Bedürfnissen und gesellschaftlichen Erwartungen kritisch zu bewerten (vgl. Wahl & Heyl, 2004, S. 122). Menschen mit geistiger Behinderung erfahren in der Regel lebenslang Ausgrenzungen aus dem gesellschaftlichen Leben. Für diesen Personenkreis ist es kaum möglich, sich den Erwartungen und dem Druck zu widersetzen. Reduktion des sozialen Netzwerkes ist für niemanden wünschenswert, da soziale Kontakte von existentieller Wichtigkeit sind.

4.3.3 Kontinuitätshypothese

Eine ausschließliche Generalisierung der beiden vorausgehenden Theorien ist wenig sinnvoll (Komp, 2006). Vielmehr müssen Faktoren wie Gesundheit, Fähigkeiten, Kompetenzen, Persönlichkeit, Umwelt und bisheriger Lebensstil berücksichtigt werden. So würde die erste Theorie einen Aktionismus geradezu herausfordern und nur den als zufriedenen Menschen ansehen, der über einen hohen Anteil an Aktivitäten und über zahlreiche Sozialkontakte verfügt. Bei der Betonung der Theorie des Rückzuges wäre nur der nach innen gekehrte Mensch zufrieden und würde somit die vielfältigen Angebote der Alten- und Behindertenhilfe in Frage stellen.

Die Kontinuitätstheorie kann inhaltlich als Synthese aus Aktivitäts- und Loslösungstheorie verstanden werden. Sie geht davon aus, dass weder nur Aktivität noch ausschließlich Rückzug bei der Bewältigung des Alterungsprozesses hilfreich sind, sondern die Möglichkeit, alte Interessen, Gewohnheiten und Aufgaben beizubehalten. Dabei sind Diskontinuitäten zwischen mittlerem und höherem Erwachsenenalter, verursacht z. B. durch den Tod von Angehörigen, Wohnortwechsel, nachlassenden Gesundheitszustand oder Reduktion des sozialen Netzwerkes, negativ zu bewerten. Die Kontinuitätstheorie geht davon aus, dass Menschen ihren früheren Lebensstil fortsetzen, wenn sie älter werden. Atchley (1999) berichtet, dass »die Kontinuitätstheorie sich mit der Konstruktion und Verwendung von Erhaltens-Mustern befasst, die dazu dienen, das Leben zu verbessern und sich an Veränderungen anzupassen« (ebd., S. 7). Menschen verlassen sich auf die Verwendung bekannter Denk- und Verhaltensmuster, wenn sie sich an Veränderungen anpassen, die mit dem Alter eintreten. Lebensumstände (z. B. mangelnde Finanzen, schlechte Gesundheit, Witwenschaft) können Menschen jedoch daran hindern, ihren vorherigen Lebensstil aufrechtzuerhalten.

Die Kontinuitätshypothese berücksichtigt zwar individuelle Differenzen des Aktivitätsgrades, Interessen und Gewohnheiten, sieht aber die Kontinuität im Lebenslauf als wichtigen Garanten für zufriedenes Altern an. In der starken Betonung der Vermeidung von Diskontinuitäten kann Kritik an der Theorie formuliert werden. Die angeführten Diskontinuitäten stehen in Abhängigkeit zu verschiedenen anderen Faktoren wie Einkommen, Gesundheitszustand, soziale Beziehungen und Freizeitgestaltung. Individuelle Problematiken werden in der Kontinuitätstheorie zwar erfasst, jedoch nicht in Verbindung mit sozial ungleichen und altersbedingten Lebensphasen gesetzt (vgl. Backes & Clemens, 2013, S. 138). Für Menschen mit geistiger Behinderung ist auch diese Theorie nicht hinreichend differenziert. Kontinuität im Lebenslauf ist für Menschen mit geistiger Behinderung kaum zu erreichen, da gerade ihre Lebensverläufe von ständigen Diskontinuitäten geprägt sind. Institutionelle Vorgänge, wie z. B. Berufsaustritt oder Wohnortwechsel, machen es dem alten Menschen mit geistiger Behinderung unmöglich, Kontinuität aufrechtzuerhalten.

4.3.4 Kompetenzmodell

Das Kompetenzmodell postuliert, dass Entwicklung über die gesamte Lebensspanne gleichzeitig die Aspekte Wachstum oder Gewinn und Abbau oder Verlust enthält. Baltes & Baltes (1990) entwickelten das Modell der »Selektiven Optimierung durch Kompensation«. Grundlage dieser Theorie ist die Annahme, dass die Funktionen und Wertigkeiten, die soziale Beziehungen im Lebenslauf einnehmen, Veränderungen unterworfen sind. Im Alter gewinnen emotionale Kontakte an Relevanz, im Jugendalter waren es vielmehr instrumentelle Kontakte. Eine Erweiterung der sozialen Kontakte ist im Alter nicht nötig, da der Verlust von sozialen Kontakten durch die emotionale Qualität bestehender Kontakte kompensiert werden kann. Alte Menschen streben in individuell spezifischen Kontakten eine Optimierung ihrer Handlungsmöglichkeiten und Erwerb bzw. Verbesserung von Kompetenzen an, mit Hilfe derer sie die Verluste, die sie in anderen Bereichen erleben, ausgleichen können.

Das Interesse an dieser Sichtweise ist in den letzten Jahren gestiegen, da nicht die Defizite des älteren Menschen im Mittelpunkt stehen, sondern die persönlichen Fähigkeiten und Ressourcen hervorgehoben werden. Der Ansatz öffnet den Blick auf die Bedingungen des erfolgreichen Alterns und schafft die Voraussetzung, um mit gezielten Angeboten, »nicht primär dem Leben mehr Jahre, sondern den Jahren mehr Leben zu geben« (Schelling, 1999). Die besondere Aussagekraft des Kompetenzmodells liegt darin, »dass auf dem Hintergrund eines positiven Menschenbildes die Förderung und Unterstützung einer subjektiv bedeutsamen, bedürfnisorientierten, selbstbestimmten und sinnerfüllten Daseinsgestaltung bis ins höchste Alter hinein, ja bis zum Ende eines individuellen Lebens niemals aufgegeben wird« (Theunissen, 2002, S. 42). In einem Kompetenzmodell des Alterns ist es eine zentrale Aufgabe der pädagogischen Begleitung von Personen mit geistiger Behinderung, Selbstbestimmung und Teilhabe erfahrbar zu machen, und insgesamt zur Umsetzung eines auf Stärken ausgerichteten Modells zu gelangen. Als ›Experten in eigener Sache‹ können sie diesen Lebensabschnitt aktiv selbst- und mitgestalten. »Hierzu können speziell Methoden der Persönlichen Zukunftsplanung einen wertvollen Beitrag liefern, indem sie eine konkrete Planung der Alterszukunft vor dem Hintergrund individueller Kompetenzen und Vorstellungen der Betroffenen ermöglichen« (Schuppener 2004, S. 54).

Da Altern jedoch bei Menschen mit und ohne Behinderung einen Prozess darstellt, der durch individuelle Handlungsmöglichkeiten, Persönlichkeitsfaktoren und durch den jeweiligen Lebenshintergrund geprägt ist, weisen alle aufgeführten Theorien in ihren Erklärungsansätzen Grenzen auf. Deshalb sollten die Theorien nicht separat voneinander betrachtet werden, sondern ergänzend und in Kombination.

Eine allein- und uneingeschränkt gültige Theorie erfolgreichen Alterns kann es dementsprechend nicht geben (vgl. ebd., S. 139). Hinsichtlich sonderpädagogischer Bemühungen sollte primär die »konkrete Gestaltung der letzten Lebensphase von geistig behinderten Menschen, die notwendige Unterstützung und Begleitung unter Wahrung von Würde und Selbstbestimmung« (Jeltsch-Schudel 2011, S. 51) im Vordergrund stehen, um jeder Person ein möglichst zufriedenstellendes und erfolgreiches Altern ermöglichen zu können.

4.3.5 Lebenslaufperspektive

Der Lebenslauf eines Menschen hat sowohl eine individuelle Dimension als auch eine Dimension auf Makroebene. Ein Lebenslaufmodell sollte das Mikroniveau, den Menschen mit geistiger Behinderung selbst, mit den individuellen psychischen, körperlichen und sozialen Anpassungen und Veränderungen beim Älterwerden, immer einbeziehen. Auf individuellem Niveau können mindestens zwei Phasen unterschieden werden, nämlich:

- Entwicklungsphase (Reifung und Erziehung; Bildung und Zunahme der Autonomie)

- Altersphase (Reifung und/oder Abnahme der Autonomie durch körperliche Gebrechlichkeit)

Ein umfassendes Lebenslaufmodell umschließt jedoch auch das Makroniveau der sozialen Auffassungen, Normen und Werte über Altern, geistige Behinderung, Integration und Normalisierung in einer Gesellschaft. So könnte eine umfassende Frage lauten: Welche Konsequenzen haben gesellschaftliche, kulturelle, politische, marktwirtschaftliche und wissenschaftliche Entwicklungen für das Ansehen und die Begleitung des Menschen mit geistiger Behinderung während seines Lebens?

Ein sozial-gerontologisches Lebenslaufmodell sollte jedoch auch das Mesosystem einschließen, nämlich die Beziehungen des Menschen mit geistiger Behinderung mit seiner direkten materiellen und immateriellen Umwelt, die physische und soziale Umgebung, z. B. die Familie, die Schule, die Wohngruppe, die Werkstätte, die Tagesstätte. Das Mesoniveau ist von großer Bedeutung für die Position und Aktivitäten der Person mit geistiger Behinderung in den Bereichen Erwachsenenbildung, Förderung, Arbeit, Freizeit, Wohnen, Begleitung, Pflege und Versorgung. Der Mensch mit geistiger Behinderung wird auf diesem Niveau seine Kontakte und sozialen Beziehungen finden müssen, seinen Platz in einem sozialen Netz. Es wird deutlich, dass sich in der Arbeit mit dem behinderten Menschen verschiedene Disziplinen den Entwicklungsaspekten zuwenden.

Die Lebenslaufperspektive und -forschung ist folglich interdisziplinär und hat Vertreter in der Psychologie, Pädagogik und in der Soziologie.

Einer der zentralen Grundsätze der heutigen Auffassung der Lebenslaufperspektive ist, dass es keine einzelne oder spezifische Periode im Leben eines Menschen gibt, die den kontinuierlichen Prozess der menschlichen Entwicklung insgesamt prägt.

In der Gerontologie wird der Alterungsprozess und die Altersphase als Teil des Lebenslaufs verstanden, in dem die Eckpfeiler des aktiven Alterns und der Gesundheit bereits in frühen Lebensphasen gelegt werden (Elder & Giele, 2009). Obwohl es im Alter möglicherweise mehr eingreifende Ereignisse gibt (z. B. Tod von Angehörigen oder Beginn der Demenz), prägen vor allem biografische Ereignisse der Kindheit, Jugend und des Erwachsenenalters die »dritte« und »vierte« Phase im Leben.

Gerade das Akzentuieren einer bestimmten Entwicklungsphase und das Verleugnen einer späteren wird oft zum Problem bei Menschen mit geistiger Behinderung. Schaut man sich Biografien von Menschen mit geistiger Behinderung an, dann wird deutlich, wie abhängig solche Phaseneinteilungen von dem Bildungswillen und der aktiven Gestaltung des Lebens durch die Mitwelt ist. Auch bei älteren Menschen trifft man noch oft auf Bemerkungen wie »Es bleiben doch immer Kinder« oder »Erwachsen werden sie nie«. Wie kann man den Menschen mit Behinderung altersgemäß und mit Respekt begleiten, wenn man ihm oder ihr die Zwischenphasen des Lebenslaufs leugnet und damit abnimmt?

Die psychologische Altersforschung (Lehr, 1980; Baltes & Baltes, 1990) hat auch für die Gestaltung der Erwachsenenbildung in der Geistigbehindertenpädagogik zur Folge, dass menschliche Entwicklung als ein lebenslanger Prozess betrachtet wird (Rapp & Strubel, 1992; Speck, 1983; Theunissen, 1993). Kognitive, emotionale und soziale Entwicklung endet nicht im Erwachsenenalter oder wird sogar rückläufig, sondern ist bei einer fördernden und stimulanzreichen Umgebung ein kontinuierlich fortschreitender Prozess bis ins hohe Alter. Auch im hohen Alter haben ältere Menschen mit geistiger Behinderung den Willen und die Fähigkeit, für sie wichtige und interessante Sachverhalte zu lernen (vgl. Haveman et al., 2000).

Lernerfahrungen in der Kindheit und Rollenerfahrungen des Jugendlichen haben einen großen Einfluss auf die Entwicklung des einzelnen Menschen; was jedoch nicht bedeutet, dass diese Einflüsse wichtiger und stärker sind als die Erfahrungen der Altersphase. Nach Theunissen (1997) ist die Lebenslaufperspektive, der »life span developmental approach« (Baltes, 1980; 1990), ein Bezugsrahmen für Interventionen, »die den geistig behinderten Menschen auch im fortgeschrittenen Alter in seinem Personsein, in seiner Würde, in seinen Möglichkeiten, in seiner Befindlichkeit und mit seinen Bedürfnissen als ein auf Autonomie hin angelegtes, aktives und kompetentes Wesen ernst nehmen« (Theunissen, 1997, S. 133). Der Einzigartigkeit jedes Menschen im Lebenslauf wird letztlich nur die Biografie gerecht. Die Aufarbeitung der eigenen Biografie hat vor allem für ältere Menschen mit geistiger Behinderung und ihre Begleitung wichtige Funktionen. Das bedeutet nicht, dass die Vergangenheit wichtiger ist als die Gegenwart oder die Zukunft.

In der sonderpädagogischen Arbeit hat die Lebensgeschichte eine doppelte Funktion (vgl. Bertling & Schwab, 1995). Auf der einen Seite geht es darum, den Menschen durch die Begegnung mit seiner Geschichte besser zu verstehen. Die andere Funktion ist, mit dem behinderten Menschen an dessen Lebensgeschichte zu arbeiten und sie voranzubringen. Beides ist schwierig – das Verstehen wie auch das »Daran-Denken«.

Der Lebenslauf und die erzählte Lebensgeschichte sind zwei verschiedene Aspekte. Erstere ist eine objektivierte chronologische Darstellung wichtiger und bedeutungsvoller Erfahrungen im eigenen Leben. Die Lebensgeschichte jedoch besteht aus einer mehr oder weniger geordneten Aufreihung von Geschehnissen und Erlebnissen, allerdings reduziert zu dem, woran wir uns noch erinnern. Es sind keine Videofilme, die früher aufgenommen und jetzt auf Abruf abgedreht werden, sondern Fragmente, die emotional gefärbt und durch spätere persönliche Erfahrungen mitgestaltet sind. Es wird immer ein Lebensgefühl im Alter geben, ein Basisgefühl im heutigen Erleben, das auf Vergangenem beruht, auch wenn die Vergangenheit dem Menschen nicht mehr bewusst ist. Für viele Menschen, auch für Menschen mit geistiger Behinderung, hat die Lebensgeschichte so viel Einfluss auf das Lebensgefühl, dass dadurch die Zukunftserwartungen und die Zukunftsperspektive bestimmt werden. Es ist diese persönliche Geschichte, die es verständlich machen kann, warum der eine Senior noch joggt und auf Festen sein Tanzbein schwingt, während ein Gleichaltriger nicht von seinem Stuhl loskommt, lieber allein ist und wenig Initiative zeigt. Es ist auch die individuelle Biografie, die erklären kann, warum einige ältere Menschen mit einer geistigen Behinderung eine Depression entwickeln und andere Menschen in derselben Situation nicht.

Nicht nur erbliche und konstitutionell bedingte Unterschiede in der körperlichen, motorischen, kognitiven, emotionalen und sensorischen Entwicklung, sondern auch wesentliche Unterschiede im Lebenslauf machen ältere Menschen mit geistiger Behinderung zu dem, was sie sind: Menschen mit einer großen Verschiedenheit in individuellen Merkmalen und Charakterzügen. Die Heterogenität und die Vielfalt der Unterschiede fallen auf. Es handelt sich keineswegs um eine homogene Gruppe, wie sie oft verstanden wird. Die Zuordnung zu einem bestimmten IQ-Bereich und statistische Mittelwerte verschleiern vielfältige Ausprägungen des Älterwerdens, die unendlich vielen Varianten, die aus der Biogenese, der früheren Entwicklung und dem Lebenslauf zu erklären sind (vgl. Lehr, 1980). Hinter jedem Menschen steckt eine Geschichte, die zu erforschen ist; nicht nur um den Lebenslauf kennenzulernen, sondern auch um das Verhalten im Kontext der persönlichen Entwicklung und der sozialen Umstände erklären zu können. Nicht jeder Mensch ist sich des eigenen Lebenslaufs in derselben Weise bewusst. Auch gibt es verschiedene Stadien und Momente im Leben, in denen sich Menschen auf einer anderen Art und mit unterschiedlicher Intensität ihrer eigenen Lebensgeschichte bewusst sind.

Nach Timmers-Huigens (1995) ist die Lebensgeschichte und die Weise, mit der Menschen die Lebensgeschichte interpretieren, unter anderem abhängig von:

- der momentanen Situation;
- der Stimmung und Atmosphäre der Situation;
- der Länge der Lebensgeschichte;
- der »stressful life events«, der intensiv froh oder traurig erlebten Momente in der Lebensgeschichte;
- der Art, wie man gelernt hat, die Geschehnisse im Leben zu interpretieren und zu deuten.

Mit Letzterem ist gemeint: das Total der sinnlichen, kognitiven, emotionalen und sozialen Prozesse der Auseinandersetzung einer Person mit ihrer Welt beim unabschließbaren Versuch, den Erfahrungen einen Sinn abzuringen, der das Ganze zusammenhalten könnte. Dieses Vermögen des Menschen, nicht nur in guten, sondern auch in widrigen und aussichtslosen Umständen, Sinnhaftigkeit im eigenen Leben entdecken zu können, bezeichnet Antonovsky (1979; 1987) in seinem Salutogenese-Modell als »Sense of Coherence«.

Dieses »Deuten« und »Interpretieren« wird unter anderem geformt durch:

- die Kultur und Gesellschaft, in der man lebt;
- die Lebensphilosophie, den Glauben, die Lebensvision und das Lebensgefühl, mit dem man aufgewachsen ist;
- die Art und Weise, wie Mitmenschen (Vorbilder wie Eltern, Lehrer, Idole und andere wichtige Personen im eigenen Leben) mit wichtigen Lebensgeschehnissen umgehen;
- die Fähigkeit, sich an Geschehnisse zu erinnern (Gedächtnis);
- die Art, wie man in der Vergangenheit Geschehnisse erlebt und verarbeitet hat;

- die Hilfen und Stützen im sozialen Umfeld bei der Verarbeitung der Geschehnisse (Timmers-Huigen, 1995, S. 361f.).

4.3.6 Periodeneffekte

Viele der heutigen alten Menschen mit geistiger Behinderung gingen nicht zur Schule, weil es bis in die 1960er Jahre keine Schulpflicht gab, und blieben bei den Eltern, bis diese sie wegen eigener Altersprobleme oder weil ein Partner starb, nicht mehr begleiten konnten. Andere wurden schon in sehr jungem Alter, manchmal schon als 2- bis 6-jährige Kinder, in Großeinrichtungen aufgenommen. Dies wurde den Eltern empfohlen oder die Eltern konnten oder wollten nicht mehr für die Pflege und Begleitung des Kindes aufkommen. Neben diesen Anstalten gab es in den 1950er Jahren kaum Alternativen.

Viele der heutigen älteren Menschen mit geistiger Behinderung haben Invalidität und gesundheitliche Schäden durch medizinische Unterversorgung erfahren und sich in psychiatrischen Kliniken, Pflegeheimen und Großwohneinrichtungen einer oft rigiden und unpersönlichen Erziehung und Verwahrung unterwerfen müssen. Das Leben in der Wohneinrichtung war oft ein schlechtes Abbild der Normen und Werte, die damals in der Gesellschaft vorherrschten, mit einer starken sozialen Stratifikation in soziale Klassen sowie Frauen- und Männer-Abteilungen. Auch waren die Kontaktmöglichkeiten durch den intramuralen Aufenthalt zur Gesellschaft draußen, nämlich zu Familie, Freunden, Bekannten und anderen, sehr reduziert. Man lebte ein separiertes, sozial isoliertes Leben, in dem Fremdbestimmung zur Tagesordnung gehörte.

Vor dem Zweiten Weltkrieg wurden in den damaligen Hilfsschulen Kinder aufgenommen, die wir heute als geistig- oder lernbehindert bezeichnen würden und von denen heute nur noch wenige leben. Aufgrund der großen Unterschiede in den Lernbeeinträchtigungen waren die Mitarbeiter der Hilfsschulen oftmals überfordert und konnten die Kinder nicht gezielt fördern (Speck, 1979). Man bevorzugte den leistungsorientierten Unterricht, wobei Schüler mit geistiger Behinderung zwangsläufig ins Hintertreffen gerieten und langsam zum »Ballast« wurden. Ab 1933 begann man damit, die Sammelklassen aufzulösen, sodass Schüler mit geistiger Behinderung verstärkt aus dem Schulwesen verdrängt wurden. Mit dem § 11 des Reichsschulpflichtgesetzes von 1938 schloss man diese Kinder schließlich als »bildungsunfähig« aus den staatlichen Schulen aus (vgl. Mühl, 1984; Speck, 1979).

Während des Nationalsozialismus war die Existenz von Menschen mit geistiger Behinderung nicht nur bedroht – systematisch wurde ihnen als »Ballastexistenzen« das Recht auf Leben abgesprochen. Auch nach dem Zusammenbruch des »Dritten Reiches« hatte der Krieg einschneidende und lang andauernde Konsequenzen. Die ersten Jahre nach Kriegsende waren geprägt durch die Folgen des Krieges: Der Wiederaufbau der zerstörten Städte, die Sicherung der eigenen Existenz und wirtschaftliche Interessen bestimmten in dieser schwierigen Zeit das Handeln und Denken der meisten Menschen (vgl. Craig, 1983). An Unterstützung sowie schulische Förderung von Kindern mit geistiger Behinderung, war in dieser Situation nicht zu denken.

Aber auch in den 1950er Jahren, der Zeit des wirtschaftlichen Aufschwungs Deutschlands, erhielten Familien mit Kindern mit geistiger Behinderung keine staatliche Hilfe (vgl. Craig, 1983). Menschen mit geistiger Behinderung besaßen kein Anrecht auf Bildung und hatten somit auch keine Aussicht auf eine berufliche Ausbildung. Wie in den meisten Bundesländern, existierte auch in Rheinland-Pfalz weiterhin der § 11 des Reichsschulpflichtgesetzes vom 6. Juli 1938, der die »Schulbefreiung von geistig behinderten Kindern und Jugendlichen im schulpflichtigen Alter« vorsah (vgl. Bach, 1979; Mühl, 1984). Ein Großteil der betroffenen Familien musste ihre behinderten Kinder zu Hause versorgen. Die meisten waren dadurch sehr großen Belastungen ausgesetzt. Eltern konnten lediglich versuchen, das Kind in einem Heim, beispielsweise der Diakonie oder der Caritas, unterzubringen. Jedoch reichten die hier vorhandenen Plätze bei Weitem nicht aus. Außerdem bedeutete die Heimunterbringung eine weitgehende Trennung vom Kind (vgl. Urban & Fröhlich, 2000, S. 17f.).

4.3.7 Institutionalisierungseffekte

Andere Kinder und Jugendliche mit geistiger Behinderung wurden nach dem Zweiten Weltkrieg durch das Fehlen von Alternativen in psychiatrischen Kliniken oder Einrichtungen für geistig Behinderte aufgenommen. Stärker noch als in Deutschland waren in den Niederlanden religiöse Orden und Glaubensrichtungen für die Begleitung und Pflege verantwortlich. Klijn (1995) untersuchte die Lebensgeschichten von geistig behinderten Bewohnern in der Periode 1879 bis 1952 zweier großer katholischer Einrichtungen im Süden der Niederlande, nämlich St. Anna (Frauen) und St. Joseph (Männer) im Dorf Heel (Limburg). Durch eine sorgfältige Studie der noch vorhandenen Dokumente individueller Lebensgeschichten, schildert sie das Alltagsleben und strukturelle wie auch kulturelle Bedingungen. Obwohl es einschneidende Unterschiede im historischen Vergleich zwischen den beiden Ländern Deutschland und Niederlande gibt (z. B. die systematische Vernichtung der Menschen in der Periode 1939–1945 in Deutschland), zeigen sich in der Organisationsentwicklung sehr viele Parallelen. Auch in Deutschland war die Periode nach dem Zweiten Weltkrieg durch die Gratwanderung des Versorgungssystems für Menschen mit geistiger Behinderung zwischen Caritas und Psychiatrie beeinflusst. Strukturelle und kulturelle Charakteristika dieser Umwelt beeinflussten Wertvorstellungen, Lebensstil, Lebensanschauung, Interessen wie Desinteressen und das Verhalten vieler Menschen in der Jugend und im Erwachsenenalter, wodurch nun das Leben älterer Menschen mit geistiger Behinderung geprägt ist.

Viele Werte und Strukturen der Begleitung in Einrichtungen sind durch die in dieser Zeit und in dieser Gesellschaft dominanten Ideologien zu erklären. Das Klassensystem und der Unterschied zwischen arm und reich äußerten sich als soziale Klassen-Abteilungen auch innerhalb dieser Einrichtung. Ein harter Arbeitstag (Brot nach Arbeit) und eine strenge Erziehung im Glauben waren wichtige Prinzipien in dieser Zeit.

Einige der genannten Aspekte erinnern auch an das Konzept der »Totalen Institution« (Goffman, 1961). Eines der Wesensmerkmale einer totalen Institution ist, dass die Möglichkeit, an verschiedenen Orten zu schlafen, zu arbeiten und sich zu erholen, aufgehoben ist. Alles findet am selben Ort unter der Verantwortlichkeit derselben Autorität statt.

> »Darüber hinaus läuft jeder Abschnitt des Tagesablaufes ihrer Mitglieder in der unmittelbaren Gegenwart einer großen Zahl anderer ab, die alle in der gleichen Weise behandelt werden und alles untereinander tun müssen. Schließlich ist der Tagesablauf genau eingeteilt, wobei die eine Tätigkeit zu einer festgesetzten Zeit von der nächsten abgelöst wird und die ganze Folge des Handelns durch ein System expliziter formaler Regeln von einer Gruppe von Funktionären von oben her bestimmt wird« (ebd., S. 24).

Die Kluft zwischen der kontrollierten Gruppe (Insassen) und dem Aufsichtspersonal war groß. Die Insassen lebten hauptsächlich sozial isoliert hinter Mauern. Langjährige Bloßstellung von Menschen durch solche Systeme – ohne die Möglichkeit zu haben, alternative Lebenswelten kennenzulernen – prägte den Menschen. Bertling & Schwab (1995) beschreiben einige Konsequenzen.

> »Heute noch erzählen alte Bewohner und Ordensschwestern vom früheren Alltagsleben in den Einrichtungen, von der Arbeit im Garten, in der Landwirtschaft, vom gegenseitigen Helfen in den großen Gruppen. Das war eine Notwendigkeit, weil über viele Jahre ausschließlich wenige Ordensleute die Pflege der behinderten Menschen übernahmen. Mithilfe, feste Regeln für Alltage und Festtage bestimmten den Tagesablauf und Jahreslauf. Sie boten Orientierung und festen Halt im Leben. Wenn wir genau hinschauen, können wir bei unseren alten Bewohnern heute noch das Orientieren und Festhalten an bestimmte Regeln beobachten« (ebd., S. 216).

Viele ältere Menschen mit geistiger Behinderung wurden als Kinder in diese Einrichtungen aufgenommen, wurden verwahrt und gepflegt, aber nicht gefördert, weil sie aufgrund ihrer Behinderung als »bildungsunfähig« galten. In ihren Entwicklungschancen ist diese Gruppe von Menschen kaum zu vergleichen mit den Geburtskohorten der letzten 30 Jahre, die vorschulisch, schulisch, im Arbeitsbereich und der Erwachsenenbildung gefördert wurden.

Auch Menschen mit geistiger Behinderung in höherem Alter haben plastische und adaptive Fähigkeiten, um sich veränderten Umständen anzupassen. Es ist jedoch grundsätzlich zu erwarten, dass viele dieser Menschen durch Lücken in der Förderung, Verwahrlosung von Fähigkeiten und durch Ausschluss von der Öffentlichkeit Periodeneffekte zeigen.

4.3.8 Aktives Altern für Menschen mit geistiger Behinderung

Über die Gültigkeit und Wirksamkeit des Konzeptes »Aktives Altern« gibt es wenig Forschung. »Aktives Alterns« ist ein wichtiges Thema der Forschung in Australien (Bigby et al., 2004). So wird dort die Notwendigkeit gesehen, das Tempo und die passive Teilnahme an der Tagesunterstützung im Alter von Menschen und die formalen programmatischen Anforderungen zu ändern. Seltzer und Krauss (1987) untersuchten in den USA die Tagesprogramme von älteren Menschen in den USA und stellten fest, dass viele Programme gezielt nur Optionen für Personen anbieten, die ein langsameres Tempo und geringere Arbeitstage beinhalteten. Bigby et al. (2004) meinen, dass dies ein begrenztes Verständnis der Institutionen und Mitarbeiter widergibt. Stattdessen sollte man Menschen mit geistiger Behinderung anregen und fördern, um ein gesundes und aktives Altern zu leben, bei dem die Aufrechterhaltung von Fähigkeiten, die Entwicklung von Interessen und sinnvolle Freizeit- und Arbeitsrollen im Vordergrund stehen.

Andere Studien (z. B. Buys et al., 2008) untersuchten die Perspektiven alternder Menschen mit geistiger Behinderung und konzentrierten sich auf Themen wie das Erhalten von Fähigkeiten, das aktive Einbeziehen in gesamtgesellschaftliche Aktivitäten und das Erhalten von Lernmöglichkeiten.

Buys et al. (2008) stellten fest, dass ältere Erwachsene mit geistiger Behinderung mehr Entscheidungsbefugnis in Bezug auf ihr eigenes Leben wünschen. In der Lage zu sein, ihre täglichen Aktivitäten zu wählen und dass diese produktiv sind und zur Gemeinschaft beitragen, sind wichtige Komponenten für ihre Lebensqualität. Die Fortsetzung der »Teilnahme an produktiven Aktivitäten nach eigenem Ermessen« ist ein wesentlicher Bestandteil des erfolgreichen Alterns (Bigby, 2002). Wenn Menschen mit geistiger Behinderung selbst über ihre Sicht auf das Älterwerden befragt werden, stellen sie sich eine schlechtere Gesundheit, mehr Probleme mit bestimmten Fähigkeiten oder Aktivitäten, die Beendigung der Arbeit und Veränderungen im sozialen Leben als Merkmale des Alters fest (Erickson et al., 1989). Studien, in denen danach gefragt wurde, was ihnen wichtig ist, wenn sie älter werden, zeigen, dass sie sozial aktiv bleiben möchten, auch wenn sie älter werden und aufhören mit der Arbeit und Tagesaktivitäten (Mahon & Mactavish, 2000; Bigby, 1997). Menschen möchten auch an dem Ort alt werden, an dem sie schon immer gelebt haben oder wo sie Menschen kennen. Ihr soziales Netzwerk ist klein und es ist wichtig, den Bekannten und Freunden nahe zu sein (Shaw et al., 2011; Bigby, 2008). Richter et al. (2010) stellten fest, dass alternde Erwachsene mit geistiger Behinderung sich über aktive Tage freuten, sie sich jedoch besonders freuten, wenn ihre Aktivitäten einen Zweck hatten und sie das Gefühl hatten, etwas zur Gesellschaft beizutragen.

Einer der wichtigsten Bestandteile einer sinnvollen täglichen Aktivität für alternde Erwachsene mit geistiger Behinderung ist der soziale Aspekt. Menschen mit geistiger Behinderung haben in der Regel kleinere soziale Netzwerke als Menschen ohne Behinderung (Lippold & Burns, 2009). Informelle, unbezahlte Gemeinschaftsbeziehungen sind häufig aufgrund von Kommunikationseinschränkungen, physischer Isolation von der Gemeinschaft insgesamt oder von Fehlwahrnehmungen anderer Personen nicht verfügbar (Crawford, 2004). Daher ist es für Mitarbeiter und andere Begleiter wichtig, die Aufrechterhaltung und das Wachstum von Freundschaftsnetzwerken zu fördern (Hogg et al., 2000). Die Teilnahme an Aktivitäten und Veranstaltungen wie an religiösen Versammlungen, soziale Freizeitgruppen (Tanz, Kunst, Singen), Konzerte, Erwachsenenbildung usw.) und bezahlter Beschäftigung trägt zum Ausbau der begrenzten sozialen Netzwerke alternder Erwachsener mit geistiger Behinderung bei (Buys et al., 2008; Judge et al., 2010) und verringert die soziale Isolation.

Das Konzept des aktiven Alterns hat auch Auswirkungen auf die körperliche und geistige Gesundheit. Geselligkeit und Aktivität tragen zu mehr Gesundheit und Langlebigkeit bei (World Health Organization, 2000a). Schlechte Gesundheit stellt ein Hindernis für die Eingliederung in die Gesellschaft dar. Alternde Erwachsene mit schlechter körperlicher Verfassung sind häufig nicht in der Lage, an sozialen Aktivitäten ihrer Wahl teilzunehmen. Auch verstärkt eine Verschlechterung der körperlichen Gesundheit die bereits vorhandenen negativen Stereotypen über Menschen mit geistiger Behinderung. Ein Selbstvertreter der Zielgruppe formuliert dies so: »Wenn sich die Gesundheit verschlechtert, beginnen die Menschen, uns anders zu sehen, weil sie glauben, dass wir nicht auf uns selbst aufpassen können« (Crawford, 2004, S. 25).

4.4 Pädagogisches Handlungswissen

4.4.1 Biologisches Altern

Älteren und alten Menschen mit geistiger Behinderung ist es oft nicht möglich, Symptome des Abbaus körperlicher Fähigkeiten zu bemerken und selbst zu äußern.

Von Menschen mit schwerer geistiger Behinderung können Beschwerden, selbst gravierende Beeinträchtigungen wie Atemnot und Schmerzen, häufig sprachlich nicht geäußert werden. Somit manifestieren sich viele Erkrankungen bei Menschen mit einer geistigen Behinderung durch allgemeine Symptome und Funktionsverluste, die zunächst nicht an spezifische Erkrankungen denken lassen: Nahrungsverweigerung, Antriebsverlust, Sturz, allgemeine Schwäche, Rückzugstendenzen, Einnässen, Verhaltensauffälligkeiten und psychische Störungen (vgl. Brucker, 1998).

Eine weitere Schwierigkeit beim Erkennen von Krankheitssymptomen ist, dass Mitarbeiter sich manchmal nicht mit den gesundheitlichen Problemen des Bewohners auskennen. Ursachen hierfür können sein:

- Unvollkommenheiten in der Dokumentation
- Kommunikationsbarrieren mit den Eltern
- vielfache Verlegung und Verbleib in verschiedenen Einrichtungen
- häufiger Wechsel des Personals
- fehlende Kommunikation zwischen Arzt und Begleiter
- nicht vorhandene Medien der Unterstützten Kommunikation
- Fehlen einer adäquaten ärztlichen Versorgung.

Eine andere Erklärung bilden Defizite in der Ausbildung der Betreuer, um erste Signale richtig zu interpretieren und ärztlich untersuchen zu lassen.

Ein weiteres Problem bei alten Menschen mit einer geistigen Behinderung ist, dass Eltern oder Familienmitglieder oft nicht (mehr) vorhanden sind, um Betreuer über die Krankheitsgeschichte, den Verlauf, die Symptomatik und die Behandlung zu informieren (vgl. Stöppler, 2009).

Sehen und Hören

Ältere Erwachsene mit einer geistigen Behinderung sind nur selten imstande, Veränderungen sensorischer Eindrücke zu melden und sind sich oft nicht bewusst oder fähig zu verstehen, wie diese Sinnesverluste ihre Fähigkeit, mit der Umgebung zu interagieren, negativ beeinflussen.

Wenn diese Verluste nicht rechtzeitig erkannt und durch Hilfen kompensiert werden, kann dies zu funktionellem Stillstand oder Rückentwicklung führen; in einigen Fällen sogar zur sozialen Isolation und Depression.

Sowohl für die Funktion des Sehens als auch des Hörens sind regelmäßige (jährliche) Gesundheitsuntersuchungen nötig. Da diese sensorischen Möglichkeiten sehr wichtig für die persönliche und soziale Situation und die Qualität des Lebens in den Bereichen der Freizeit, des Wohnens und der Arbeit sind, werden national und international visuelle und auditive Screeningprotokolle für Menschen mit geistiger Behinderung entwickelt.

Außer den regelmäßigen Untersuchungen des Auges sollte in der alltäglichen pädagogischen Begleitung auf Handlungen geachtet werden, die Indikatoren für Augenprobleme sein können wie z. B. schielen, blinzeln, sich auf die Augen schlagen, Zusammenkneifen der Augen, Reiben der Augen, Schließen oder Bedecken eines Auges, sehr nahe am Fernseher sitzen oder Objekte näher ins Gesichtsfeld bringen.

Wenn eine Augenoperation nicht indiziert ist, gibt es viele Unterstützungsmöglichkeiten, um das Sehen zu optimieren. So kann die visuelle Funktion verbessert werden durch

- helle Farben für den Raum und für Gegenstände (rot, gelb, orange),
- kontrastierende Farben,
- mehr Licht in den Raum zu lassen, aber manchmal auch gedämpftes Licht,
- Nachtlichter zur Orientierung,
- große und fette Buchstaben bei wichtigen Alltagshilfen,
- Vermeiden von grellem Licht durch Sonnenschein und Spiegel,
- Zentrieren von Licht auf Gegenstände und Funktionsflächen, die gerade gebraucht und benutzt werden.

Im Alter können hohe Töne oft Schwierigkeiten bereiten, man kann bei Hintergrundlärm kaum die Stimmen der sprechenden Personen wahrnehmen. Um sozialer Separation als Folge vorzubeugen, sollte man die Hörfunktionen regelmäßig überprüfen und auf erste Anzeichen von Hörproblemen, wie z. B. Fernseher sehr laut stellen, lautes Sprechen, Rückzug aus sozialen Situationen etc., achten.

Auch kann die Hörfunktion bei Altersschwerhörigkeit durch ein Hörgerät korrigiert und verbessert werden, wenn dieses durch den Betroffenen akzeptiert wird. Aber auch wenn dies nicht der Fall sein sollte, können noch immer die Umgebungsumstände verändert werden, z. B. durch

- Mindern des Hintergrundlärms,
- Ansehen der Person beim Sprechen,

- in das »bessere« Ohr sprechen,
- deutliches Artikulieren, langsam und mit tieferer Stimme sprechen,
- Unterhaltung an ruhigen Orten,
- mehr Zeit geben, das Gesprochene zu verstehen.

Wenn ältere Leute Schwierigkeiten haben, Laute zu unterscheiden, führt lautes Rufen eher zu weiterem Nicht-Verstehen.

Für Hörprobleme gibt es auch weniger tiefgreifende Ursachen und Lösungen, wie Verstopfung des Ohres und Reinigung von Ohrenschmalz.

Muskulatur

Angepasste, aber regelmäßige Körperübungen sind überaus wichtig, um die Mobilität von älteren Menschen mit geistiger Behinderung zu erhalten. Auch bei körperlichen chronischen Erkrankungen wie Arthritis, kann die Stärkung der Muskeln eine wichtige Rolle spielen, um die Gelenke zu schützen. Dabei kommt hinzu, dass Körperübungen die Kraft und Balance des Menschen verbessern, wodurch das Risiko eines Sturzes verringert wird. Physiotherapie ist eine ausgezeichnete Möglichkeit, um geeignete Übungsprogramme zu planen und auszuführen, wenn bereits Körperbehinderungen bestehen.

Dagegen können schon kleinere Perioden der Bettruhe durch Unfall und Krankheit den Blutkreislauf schwächen und zu Muskelschwund führen. Bettlägerigkeit sollte daher – wenn möglich – vermieden werden. Wenn längerer Bettverbleib unvermeidlich ist, können Körperübungen im Bett und Rollstuhl einem Rückgang der Muskelkraft und dem Verlust funktioneller Fertig- und Fähigkeiten vorbeugen.

Darm

Viele Menschen mit geistiger Behinderung haben durch jahrelange Schwierigkeiten beim Stuhlgang und durch geringe Bewegung Darm- und Verstopfungsprobleme. Es besteht die Gefahr, dass sich Betreuer der Ernsthaftigkeit des Zustandes nicht bewusst sind, insbesondere dann, wenn die Personen eigenständig zur Toilette gehen können. Verstopfung kann sich z. B. in der Verschlechterung der körperlichen Gesundheit und in auffälligem Verhalten äußern. Zu beachten ist, dass auch einige Medikamente Verstopfungen verursachen können. Dazu gehören antidepressive und antipsychotische Medikamente sowie anticholinergische Medizin wie Antihistamine in Erkältungs- und Allergiemitteln.

Medikamente

Das Risiko von Nebenwirkungen der Arzneimittel nimmt im Alter zu. Gebrauch, Effekte und Nebenwirkungen bei älteren Menschen mit geistiger Behinderung müssen daher häufig und gründlich beurteilt werden. Dosierungen müssen ärztlich kontrolliert und ggf. neu indiziert werden. Jeder Arzt sollte alle Medikamente kennen, die diese Person einnimmt. Medikamente, die keinen Nutzen (mehr) haben oder sogar contra-indiziert sind, sollten abgesetzt werden.

4.4.2 Psychologisches Altern

Ab einem bestimmten Alter nehmen bei Menschen mit geistiger Behinderung – wie in der Allgemeinbevölkerung – die kognitiven Leistungen ab. Um den Abbau kognitiver Kompetenzen aufzuhalten bzw. die Leistung zu verbessern, sollte ein entsprechendes Training mit älteren Menschen stattfinden. Dabei gilt es, sowohl das kristalline Wissen (Allgemeinwissen; sozialisiertes und gelerntes Wissen) als auch das fluide Wissen (z. B. Schlussfolgerungen ziehen; Beziehungen und Relationen entdecken), zu trainieren.

Stanjek (2001) schlägt die Übung senso-motorischer, kognitiver, psychischer und sozialer Kompetenzen vor. Weiterhin bieten sich Spiele (bekannte Gesellschaftsspiele wie Halma, Mensch-ärgere-dich-nicht) und Gedächtnistraining (Ergänzen von Sprichwörtern wie »Wer andern eine Grube gräbt, ...«, Kim-Spiele, Begriffe-Such-Spiele) und Gesprächskreise (Alltagsgeschehen etc.) an.

4.4.3 Lebenslaufperspektive

Betreuer sollten möglichst umfassende Informationen über die Biografie der zu Betreuenden haben, nämlich Informationen über

- Familie,
- Freunde,
- Nachbarschaft,
- Institutionen etc.

Zudem sollten viele Gelegenheiten geboten werden, die eigene Lebensbiografie zu ergründen und mitzuteilen. Zentrale Schaltstellen und -themen, wie z. B. Tod, Verlust von Freunden und Angehörigen, körperliche Alterserscheinungen, Ruhestand, Partnerschaft und Freundschaften, sollten angesprochen werden.

In der pädagogischen Arbeit ist es empfehlenswert, auf eventuelle gemeinsame Lebenserfahrungen der zu Betreuenden zurückzugreifen. Gemeinsamkeiten der Generation können durch Informationen über die jeweilige Zeitepoche (Schlagertexte, Hits, Tänze, Fernsehen, Mode etc.) herausgefiltert und gemeinsam besprochen werden.

4.4.4 Gesundheitsbildung

Gemäß dem Motto »Bildung ist die beste Medizin« ist es – zusammenfassend für alle in diesem Kapitel aufgezeigten Dimensionen des Alterns – von zentraler Bedeutung, ältere Menschen mit geistiger Behinderung durch adäquate Maßnahmen der Gesundheitsbildung, Möglichkeiten der Teilhabe an Gesundheit aufzuzeigen. Dazu gehören u. a. Aspekte der

- gesunden Ernährung (vgl. Kremer, 2019),
- Bewegungsförderung (vgl. Stöppler & Schuck, 2019; Schuck, 2019; Remark & Tillmann, 2019) und
- Zahngesundheit (vgl. Knaup, 2019).

Ein umfassendes Konzept der Gesundheitsförderung für Frauen mit geistiger Behinderung zeigt Klamp-Gretschel (2019) auf.

5 Gesundheit und Krankheit

5.1 Krankheiten des Alters in der Gesamtbevölkerung

Der Alternsprozess ist in der Gesamtbevölkerung ab dem 28. Lebensjahr der größte Risikofaktor für Erkrankung und Tod (Weyerer et al., 2008, S. 109). Mit großer interindividueller Varianz nimmt mit zunehmendem Alter das Risiko für Krankheit, Multimorbidität und Sterben weiter zu.

Bei alten Menschen mit oder ohne lebenslange Behinderungen ist es manchmal schwierig, Krankheiten bzw. pathologisch-physiologische Verläufe, von normalen Altersveränderungen zu unterscheiden. Viele körperliche Veränderungen im Alter verringern Leistungsreserven der Organe, des Immunsystems, der Muskeln, usw. und resultieren in einer schlechteren Anpassung an ungünstige Umweltbedingungen. Man wird anfälliger für Krankheiten und Frakturen, akute Erkrankungen werden schneller chronisch und der Krankheitsverlauf dauert länger. Diese schleichenden Übergänge zwischen Altersveränderungen und Krankheit gibt es auch bei der Sinneswahrnehmung. Wie in Kapitel 4.1.3 erläutert, sind bei den Sinnesorganen vor allem Augen und Ohren von Altersveränderungen betroffen.

Körperliche Krankheit im Alter (zusammen mit den Folgeerscheinungen, den Funktionseinbußen und sozialen Konsequenzen) können die psychische Gesundheit beeinflussen (wie beispielsweise bei einer Beckenfraktur nach dem Sturz einer alleinstehenden Person mit möglichen Konsequenzen, wie z. B. geringe Mobilität, Einsamkeit und Depressionen). Aber auch umgekehrt können psychische Erkrankungen Konsequenzen für die körperliche Gesundheit haben. So können verminderter Antrieb und Bewegungsmangel bei langanhaltenden Depressionen im Alter zur Entwicklung von körperlichen und funktionalen Einschränkungen führen. Epilepsie kann Bisswunden im Mundbereich, Frakturen oder in extremen Fällen den Tod des Betroffenen zur Folge haben.

Ältere Menschen können von denselben körperlichen Erkrankungen betroffen sein wie jüngere auch, nur kommen sie bei Jüngeren seltener vor oder haben weniger ernste Folgen. Krankheiten im Alter können nach Ding-Greiner & Lang (2004) in drei Gruppen eingeteilt werden:

Altersabhängige und altersbegleitende Erkrankungen sind Erkrankungen, die mit dem Alternsprozess eng verbunden sind, wie z. B. Arteriosklerose, Arthrosen der großen Gelenke, Osteoporose, Lungenemphysem. Es handelt sich bei diesen Veränderungen teilweise um physiologische Alternsvorgänge, die ein bestimmtes Ausmaß überschritten haben und als Krankheit in Erscheinung treten.

Typische Alterskrankheiten sind Erkrankungen deren Inzidenz mit dem Alter zunimmt. Dazu gehören die Demenz vom Alzheimer-Typ, die Erhöhung vor allem des systolischen Blutdrucks auf pathologische Werte, Krebserkrankungen und Veränderungen des Immunsystems, die beispielsweise zu einer Fehlregulierung von Proliferation und Differenzierung bei der Bildung von Blutzellen führen können.

Krankheiten im Alter sind Erkrankungen, die für einen jüngeren Organismus keinerlei ernsthafte Konsequenzen gehabt hätten, beim älteren Individuum jedoch auf Grund der eingeschränkten Organreserven zum Tode führen können. Dazu gehören in erster Linie Infektionen der Atmungsorgane wie Bronchopneumonien, Influenza und Unfälle (Ding-Greiner & Lang, 2004, in Weyerer et al., 2008, S. 109) oder auch COVID 19 (Coronavirus SARS-CoV-2).

Zu den häufigsten körperlichen Erkrankungen, die insbesondere im Alter auftreten, gehören:

- Erkrankungen des Herz-, Kreislauf- und Gefäßsystems (z. B. periphere arterielle Verschlusskrankheit, koronare Herzerkrankungen, Ateriosklerose, Hypertonie, zerebrovaskuläre Insuffizienz)
- Krankheiten des Skeletts, der Muskeln und des Bindegewebes (z. B. Arthrose Hüft-/Kniegelenke, Osteoporose, Frakturen)
- Erkrankungen der Atmungsorgane (z. B. chronische Emphysembronchitis, Lungenentzündung)
- Stoffwechselerkrankungen (z. B. Diabetes mellitus)
- Krankheiten des Nervensystems und der Sinnesorgane (z. B. Alzheimer-Demenz, Parkinson-Krankheit, Schwerhörigkeit, Glaukom)
- Tumorerkrankungen (z. B. des Darms, der Prostata)
- Blutfett/Cholesterinerhöhung
- Harnsäureerhöhung (Gicht)
- Schilddrüsenerkrankung (vgl. Robert Koch Institut, 2003)

Multimorbidität, definiert als das gleichzeitige Vorhandensein von zwei oder mehreren Krankheiten bei einer Person, zeigt eine steigende Tendenz mit zunehmendem Lebensalter. So waren bei einer Untersuchung von Weltz et al. (1986) 5,6 % der Untersuchten über 65-Jährigen gesund, 22 % hatten 1 bis 2 Erkrankungen, 32 % hatten 3 bis 4, 19,4 % hatten 5 bis 6 und 20,6 % hatten über 6 Erkrankungen.

5.2 Krankheiten des Alters bei Menschen mit geistiger Behinderung

Die in Kapitel 4.1 beschriebenen biologischen Alternsprozesse und möglichen Beschwerden können auch bei Menschen mit geistiger Behinderung auftreten, denn sie altern im Prinzip nicht anders als die Gesamtbevölkerung (vgl. Bartels, 1989; Pfaff, 1989; Haveman, 1990). Es findet ein normaler körperlicher Alterungsprozess statt, der aber individuell unterschiedlich verläuft.

Krankheiten treten jedoch bei Menschen mit geistiger Behinderung im Vergleich mit der allgemeinen Bevölkerung häufiger auf; dies gilt vor allem für chronische Erkrankungen bei älteren Menschen mit geistiger Behinderung (Haveman et al., 2009; 2010; 2019). Höhere Inzidenz- und Prävalenzraten spiegeln eine Kombination von Faktoren wider, einschließlich: genetischer Prädispositionen für bestimmte Gesundheitszustände; ungünstiger sozialer Umstände, die typischerweise von Personen mit geistiger Behinderung erlebt werden; Zurückhaltung oder Unfähigkeit, um generische und spezielle Gesundheitsdienste zu nutzen; Ausschluss von Sensibilisierungskampagnen für die öffentliche Gesundheit; und Wohn- und Arbeitsumstände, die Inaktivität und eine ungesunde Lebensweise fördern oder Instand halten. Dass die hohe Prävalenz und Inzidenz von Krankheit und Multimorbidität nicht gleich zu setzen ist mit dem Konsum medizinischer Dienstleistungen, zeigt eine schwedische Studie eindrucksvoll auf (Sandberg et al., 2016). Die Teilnehmer an dieser Untersuchung waren eine Gruppe von Personen mit geistiger Behinderung (N = 7936) im Alter von 55 Jahren und älter im Jahr 2012 und eine gleich große Stichprobe der Allgemeinbevölkerung (N = 7936), deren Geburtsjahr und Geschlecht übereinstimmten. Die Teilnehmer wurden in Altersgruppen von 5-Jahres-Intervallen eingeteilt. Daten zur stationären und ambulanten Versorgung wurden im schwedischen Patientenregister erfasst. Die Ergebnisse der vorliegenden Studie zeigen, dass Menschen mit geistiger Behinderung ein anderes Nutzungsmuster der Gesundheitsdienste aufweisen und die Inanspruchnahme der Gesundheitsversorgung mit zunehmendem Alter im Vergleich zur Allgemeinbevölkerung abnimmt. Im Allgemeinen beziehen jüngere Menschen mit geistiger Behinderung im Vergleich zu den gleichen Altersgruppen in der Allgemeinbevölkerung mehr Gesundheitsleistungen in Bezug auf stationäre Behandlungen und ambulante Pflegebesuche. Dies ist nicht überraschend, da Menschen mit geistiger Behinderung häufiger an vielen Krankheiten leiden, die mit vielen geplanten und ungeplanten Arztbesuchen zur ambulanten Versorgung oder Krankenhauseinweisung einhergehen. Komplexere Krankheitsbilder bei Personen mit geistiger Behinderung können auch ein Grund für den längeren Aufenthalt bei Personen mit mindestens einer stationären Registrierung als in der Allgemeinbevölkerung sein. In den ältesten Altersgruppen nahmen im Vergleich zur Allgemeinbevölkerung weniger Menschen in der Gruppe der geistigen Behinderung die Gesundheitsdienstleistungen in Anspruch. Alle vier untersuchten Formen der Inanspruchnahme des Gesundheitswesens zeigten einen geringeren Gebrauch im Vergleich mit den ältesten Altersgruppen in der Gesamtbevölkerung. Dieses Muster steht im Einklang mit einer Studie aus Norwegen (Skorpen et al., 2016), aus der hervorgeht, dass Menschen mit geistiger Behinderung häufiger in einem jüngeren Alter und seltener im Alter in ein Krankenhaus eingeliefert wurden. Wenn alte Menschen mit geistiger Behinderung ausreichend überwacht und begleitet werden, sollte dies vernünftigerweise zu einem hohen Maß an geplanter Gesundheitsversorgung führen, insbesondere in Anbetracht ihrer im Vergleich zur Allgemeinbevölkerung verminderten Gesundheit. Eine systematische Ungleichheit durch fehlendes proaktives Screening, Unterdiagnostik und Unterbehandlung bei älteren Menschen mit geistiger Behinderung ist nicht auszuschließen.

5.2.1 Gesundheitsrisiken des Lebensstils

Zu den häufigsten gesundheitlichen Risiken des Lebensstils gehören in den Industrieländern das aktive und passive Rauchen, Alkohol- und Drogenkonsum und ein übermäßiges Gewicht durch einseitige Ernährung und geringe körperliche Aktivität. Diese Risikofaktoren gelten auch für Personen mit geistiger Behinderung (Wilkinson et al., 2007). Die POMONA-Stichproben für 14 EU-Mitgliedstaaten zeigen einige altersrelatierte Trends bezüglich Lebensstil-Risikofaktoren für Menschen mit geistiger Behinderung.

Der Anteil der täglichen Raucher in der POMONA-Studie ist mit 6,0% im Vergleich zur allgemeinen erwachsenen Bevölkerung in EU-Ländern relativ niedrig (▶ Tab. 5.1). Das tägliche Rauchen war jedoch bei älteren Personen mit geistiger Behinderung (65 Jahre und älter: 10,9%) im Vergleich zu jüngeren Erwachsenen häufiger. Auch die Anzahl der gerauchten Zigaretten war bei Personen der ältesten Altersgruppe am höchsten. 7,1% der Senioren rauchten täglich mehr als 20 Zigaretten. Kohorteneffekte könnten eine der Erklärungen für dieses Ergebnis sein.

Während Tabakkonsum bei Erwachsenen mit schwerer bis mäßiger geistiger Behinderung relativ selten ist, weisen Erwachsene in gemeindeintegrierten Wohnformen, insbesondere Menschen mit leichter oder mäßiger geistiger Behinderung, höhere Raten auf (Gale et al., 2009; Steinberg et al., 2009). Die Nikotinabhängigkeit könnte begonnen haben, als die heutigen älteren Menschen noch Bewohner von Großeinrichtungen waren, Tabakgebrauch »normal« war und Zigaretten als »Belohnung« gegeben wurden. Problematisch sind auch Übergewicht und gleichzeitiges Rauchen oder Passivrauchen, da dies mit höheren Asthma-Raten in Verbindung gebracht wird (Gale et al., 2009).

Besonders seit dem breit angelegten Ausbau ambulanter Betreuungsformen häufen sich Hinweise, dass in weniger intensiv betreuten Wohnformen das Risiko übermäßigen Alkoholkonsums erhöht ist (vgl. Beer, 2004; 2008). Nach Kottnik (2003, S. 1) »lassen sich bei Menschen, die im ambulant betreuten Wohnen leben, Vereinsamungstendenzen, Verwahrlosungen und vor allem Suchtgefahren erkennen«. Mögliche Faktoren, die einen erhöhten Alkoholkonsum bewirken können, sind: die geringere soziale Kontrolle durch eine eingeschränkte Präsenz von Betreuungspersonen, Vereinsamung, Kontakt mit nichtbehinderter Menschen mit

Tab. 5.1: Lebensstil-Risikofaktoren bei Personen mit geistiger Behinderung (N=1814) nach Alter (%), Ergebnisse der Europäischen Pomona-Studie (Haveman, 2011).

Alter (Jahre)	18–34	35–54	55–64	65+	Total
Rauchen					
Nein	91.5	90.0	90.4	85.1	90.1
Ab und zu	3.7	4.3	3.0	4.0	3.9
Täglich	4.8	5.7	6.6	10.9	6.0
Alkoholkonsum					
Nie	71.2	61.5	60.5	60.0	64.6
Weniger als zweimal die Woche	23.0	26.1	29.1	27.0	25.6
1–2 Tage in der Woche	4.0	8.5	4.1	10.0	6.3
3–6 Tage in der Woche	0.7	1.8	2.6	3.0	1.6
Jeden Tag	1.2	2.2	3.6	0.0	1.9
Körperliche Aktivität					
V.a. sitzend oder liegend	52.4	49.0	53.3	60.9	51.8
Leichte Aktivitäten 4 Stunden in der Woche	36.8	45.4	42.8	37.0	41.4
Gartenarbeit, Jogging, Freizeitsport 4 Stunden in der Woche	9.0	5.0	2.8	1.1	5.7
Training Wettkampfsport mehr als einmal in der Woche	1.8	0.6	1.1	1.1	1.1

hohem Alkoholgebrauch. Der Konsum von Alkohol ist bisher im Vergleich mit der Gesamtbevölkerung jedoch eher gering. Fast zwei Drittel der erwachsenen Bevölkerung mit geistiger Behinderung in der POMONA-Studie trinkt keinen Alkohol, 30,6% konsumieren ein oder zwei und 4,5% drei oder mehr Gläser pro Tag. Dabei gibt es einige altersspezifische Unterschiede. Überwiegend ältere Personen (55–64, >65 Jahre) trinken an fünf oder mehr Tagen in der Woche alkoholische Getränke im Vergleich zu den Jüngeren. Starkes Trinken (drei oder mehr Gläser pro Tag) ist jedoch bei Jüngeren (18–34: 4,4%; 35–54: 6,0%) häufiger als bei Älteren (55–64: 1,5%; 65+: 2,0%) vorzufinden. Diese Alterstrends im Alkoholkonsum wurden auch in anderen Untersuchungen bestätigt (Emerson, 2005; Braunschweig et al., 2004; Draheim et al., 2002; Fernhall & Pitetti, 2001; Graham & Reid, 2000). Übermäßiger Alkoholkonsum zeigt sich eher bei Menschen mit einer Lernbehinderung, wofür vor allem soziale Faktoren verantwortlich gemacht werden (Erfahrungen von Diskriminierung, Krisen in der Identitätsentwicklung).

Adipositas stellt ein ernstes Problem mit den damit verbundenen Gesundheitsrisiken dar. Faktoren, die dazu beitragen, sind: eine verhältnismäßig hohe Kalorienaufnahme, geringe körperliche Aktivität und Bewegung, Einnahme von

Psychopharmaka, eine begrenzte Verfügbarkeit geeigneter Freizeiteinrichtungen in der Gemeinde, ein Mangel an qualifiziertem Personal und Tagesaktivitäten, mangelnde Beratung über die Ernährung und den Lebensstil sowie in einigen Fällen eine genetische Veranlagung. Niedrige körperliche Aktivität in Kombination mit energiereichen Diäten spielen wahrscheinlich eine wichtige Rolle bei der Entwicklung von Fettleibigkeit, Herz-Kreislauf-Erkrankungen, Typ-2-Diabetes, Verstopfung, Inkontinenz und Arthritis bei Erwachsenen mit geistiger Behinderung.

Übergewicht (BMI 25,5–30) und Adipositas (BMI> 30; WHO, 2003) erhöhen das Risiko für kardiovaskuläre, pulmonale, metabolische und neoplastische Erkrankungen, Osteoarthritis, beeinträchtigte Fruchtbarkeit und Schwangerschaftskomplikationen, Anästhetika und Operationen (Haslam et al., 2006). Draheim et al. (2002b) fanden heraus, dass Personen mit geistiger Behinderung, die übergewichtig oder fettleibig, sind, drei- bis zehnmal häufiger erhöhte biologische Risikofaktoren wie Hypertonie, Hypertriglyceridämie, Hyperinsulinämie und niedrige Cholesterinspiegel (gute Lipoproteine) auftreten als nicht fettleibige bzw. nicht übergewichtige Personen. Länger anhaltende Fettleibigkeit kann zu Diabetes mellitus (Zuckerkrankheit) und Bluthochdruck führen. Die Rate von Übergewicht und Adipositas ist bei Erwachsenen mit geistiger Behinderung in vielen Industrieländern höher im Vergleich zur Allgemeinbevölkerung (Haveman et al., 2010). Stanish und Draheim (2005c) berichten zum Beispiel, dass fast 80% der Erwachsenen mit leichter bis mäßiger geistiger Behinderung in den USA, tendenziell übergewichtig oder fettleibig waren (einschließlich 45% fettleibig und 8% krankhaft fettleibig). Auch in den Niederlanden kamen Übergewicht und Fettleibigkeit bei älteren Menschen mit geistiger Behinderung häufig vor, vor allem mehr Fettleibigkeit (46-48%), gemessen am Taillenumfang (De Winter et al., 2012a). Frauen, Menschen mit Down-Syndrom, Menschen in einem höheren Alter, mit weniger schwere geistige Behinderung, mit der Diagnose Autismus, die körperlich inaktiv sind, atypischen Gebrauch von Antipsychotika machen, sowie auch Menschen, die in der Lage sind, unabhängig zu essen, selbst Mahlzeiten zubereiten und Lebensmittel einzukaufen, waren signifikant stärker gefährdet, übergewichtig oder fettleibig zu sein. Bhaumik et al. (2008) berichten jedoch für England, dass die Unterschiede im Körpergewicht zwischen dem Menschen mit geistiger Behinderung und der allgemeinen Bevölkerung nicht im Hinblick auf Fettleibigkeit festgestellt wurden, sondern in der Untergewichtskategorie.

Aus der Analyse von acht Studien zur körperlichen Aktivität von Erwachsenen mit geistiger Behinderung in den USA schlussfolgern Stanish et al. (2006), dass weniger als ein Drittel dieser Personen ausreichend körperliche Aktivität ausübt (30 Minuten mäßiger bis kräftiger Aktivität an allen oder den meisten Tagen der Woche oder 10.000 Schritten pro Tag), um gesundheitliche Vorteile zu erzielen. Andere Forscher berichten ähnliche Ergebnisse mit dem Kriterium von mindestens 12 Perioden von 20 Minuten mäßiger bis kräftiger Aktivität während vier Wochen (Emerson, 2005; Robertson et al., 2000). Der Anteil der Teilnehmer, die dieses Kriterium erfüllten, lag zwischen 4 und 20% (Stanish et al., 2006). Umfangreiche körperliche Aktivität und körperliche Bewegung werden jedoch bei Erwachsenen, die kaum laufen können (z. B. Menschen mit Blindheit, Menschen mit zerebralen Lähmungen) und Personen, die dauerhaft auf die Verwendung von Rollstühlen angewiesen sind, sehr begrenzt bleiben.

Podgorsky und Kollegen (2004) zeigen in einer Pilotstudie zur Intervention bei körperlichen Aktivitäten bei älteren Erwachsenen mit geistiger Behinderung, dass es möglich ist, körperliche Aktivität bei einer Gruppe von älteren Erwachsenen mit mit relativ schweren kognitiven und körperlichen Funktionsstörungen einzuführen. Die Ergebnisse zeigen, dass 92% der Teilnehmer in mindestens einem Bereich der körperlichen Funktionsfähigkeit eine Verbesserung erfuhren.

Die steigende Lebenserwartung von Personen mit geistiger Behinderung bedeutet jedoch auch, dass bei vielen Menschen Gesundheitsprobleme sichtbar werden, die im früheren Alter und mit höheren Raten auftreten als in der allgemeinen Bevölkerung. Zu diesen gesundheitlichen Problemen zählen: Einschränkungen der Mobilität, Veränderungen des Knochengerüsts, Über- oder Unterernährung, Zahnprobleme, Seh-/Hörstörungen, Herz-Kreislauf-Gesundheitsrisiken, Bluthochdruck, Typ-II-Diabetes, Demenz und Depression (Humphries et al., 2009; Haveman et al., 2010; Willgoss et al., 2010). Dieses höhere Risiko für die Entwicklung von Krankheiten in jüngeren Jahren ist auf den Zusammenfluss biologischer Faktoren zurückzuführen, die mit Syndromen und damit verbundenen Entwicklungsstörungen zusammenhängen, aber auch mit dem Zugang zu einer angemessenen Gesundheitsversorgung sowie mit Lebensstil und Probleme mit der sozialen Umwelt. Zu den sozialen Determinanten der Gesundheit sind Armut, soziale Ausgrenzung und Diskriminierung während des gesamten Lebens zu zählen.

5.2.2 Sehen

Bei Menschen mit geistiger Behinderung gibt es Funktionsverluste des Sehens, die im Alter nicht gehäufter als in der allgemeinen Bevölkerung auftreten. Einige dieser Veränderungen sind:

- Verlust von Sehschärfe, weil die Linse dichter und getrübter wird.
- Verlust der Fähigkeit, Gegenstände von Nahem zu betrachten (Presbyopie), da die Linse zunehmend unbeugsam und fest wird. Menschen werden kurzsichtig und benötigen Bifokalbrillen.
- Es wird schwieriger, Blau-, Grün- und Violett-Nuancen zu unterscheiden, weil die Linse gelblicher wird, was die Wahrnehmung der Farbe beeinträchtigt.
- Verlust des peripheren Sehens, weil sich die Retina (Netzhaut) verändert.
- Das Sehen im Dunkeln wird schwieriger, da die Pupille mit zunehmendem Alter kleiner wird.
- Die Fähigkeit verringert sich, das Auge an grelles Licht anzupassen.
- Es entstehen Krankheiten des Auges (z. B. Katarakt, Keratokonus, Blepharitis, Glaukom, diabetische Retinopathie).

Sehprobleme, wie Refraktionsanomalien, Strabismus, Katarakt und Keratokonus, kommen bei Menschen mit geistiger Behinderung häufiger vor als bei Menschen ohne geistige Behinderung (Kapell et al., 1998; Carvill, 2001; Warburg, 2001a). In einer US-Studie fanden Kapell et al. (1998) heraus, dass 9 bis 16 % der 45- bis 64-jährigen und 17 bis 50 % der 65- bis 74-jährigen Menschen mit geistiger Behinderung Sehprobleme hatten.

Die meistvorkommende Ursache einer verminderten Sehkraft bei Menschen mit und ohne geistige Behinderung sind Refraktionsanomalien, inkl. Hyperopie (Weitsichtigkeit), Myopie (Kurzsichtigkeit) und Astigmatismus. Während 4 bis 25 % der US-Bevölkerung Sehprobleme des Typs Refraktionsanomalien hat, wird für 27 bis 52 % der Menschen mit geistiger Behinderung in den USA und Kanada berichtet, dass diese Korrekturen der Refraktionsanomalien benötigen (USDHHS, 2000; Friedman et al., 2002; Congdon et al., 2003; The Eye Diseases, 2004a; USPSTF, 2004). Van Splunder et al. (2003a) untersuchten eine Stichprobe von 900 Personen mit geistiger Behinderung in niederländischen Wohneinrichtungen. 153 der 374 Personen (41 %) hatten ungeeignete Sehhilfen für Refraktionsanomalien und 41 der 221 Personen (19 %) ohne jegliche Sehhilfen konnten durch angemessene Interventionen besser sehen.

Während in der Gesamtbevölkerung die Prävalenzrate für Strabismus von 0,3 bis 10 % variiert, wurden für Menschen mit geistiger Behinderung Prozentsätze von 4 bis 45 % ermittelt (Buch et al., 2001; van Splunder et al., 2003a, 2003b, 2004; Woodhouse et al., 2003).

Auch die Prävalenz von Katarakt (Trübung der Linse oder des Auges, der Kapsel oder beidem) und Keratokonus (Schwellung oder Beschädigung der Cornea) ist bei Menschen mit geistiger Behinderung im Vergleich zur Gesamtbevölkerung größer (Warburg, 2001b; Friedman et al., 2002; Congdon et al., 2003; Foran et al., 2003; Kerr et al., 2003; Kleinstein et al. 2003; van Splunder et al. 2003b, 2004; The Eye Diseases 2004b). Daten aus Großbritannien schätzen die Prävalenzrate für Katarakt auf 28 % der Menschen mit geistiger Behinderung (Kerr et al., 2003), während in einer niederländischen Studie bei Menschen mit geistiger Behinderung in Wohneinrichtungen, die älter als 60 Jahre waren, mit 69 % der Bewohner mit Katarakt ein wesentlich höherer Prozentsatz gefunden wurde (Evenhuis, 1995).

Die Prävalenzraten für Keratokonus sind bei Menschen mit geistiger Behinderung im Vergleich mit der Bevölkerung höher (1 bis 19 % gegenüber weniger als 1 %), wobei diese Erkrankung am Auge häufiger bei Männern als bei Frauen vorkommt (Warburg, 2001b; van Splunder et al., 2004). Diese hohen Prozentsätze bei Menschen mit geistiger Behinderung werden teilweise durch die Beziehung zwischen Katarakt, Keratokonus und Down-Syndrom verursacht. Bei Menschen mit Down-Syndrom treten Augenprobleme im Allgemeinen in jüngerem Alter auf als in der Gesamtbevölkerung.

Bei älteren Menschen mit geistiger Behinderung sind Augenprobleme nicht nur häufiger, sie sind vielfach auch ernster und komplexer durch Augenschäden, die in der frühen Kindheit oder im Jugendalter (Evenhuis et al., 2000; IASSID, 2002) und durch andere Sinnes- oder Körperbehinderungen entstanden sind. Diese IASSID-Publikation mit Gesundheitsrichtlinien verweist ausdrücklich auf Konsequenzen des Katarakts und des Keratokonus für die Gesundheit, des Copings und für die Gestaltung der Umgebung für ältere Menschen mit geistiger

Behinderung, da sich die seit der Jugend bestehende Problematik des Sehens kumulativ verschlechtert.

Viele ältere Personen mit geistiger Behinderung und lebenslangen Sehproblemen sind während ihres Lebens in Einrichtungen und bei der Familie zu schlecht vorbereitet, um adäquat mit ihren Sehproblemen umzugehen (French, 2007). Aber nicht nur die Personen selbst, auch andere, die im täglichen Kontakt mit Menschen mit geistiger Behinderung stehen, wie Angehörige und Mitarbeiter, sind oft nicht ausreichend sensibel, erfahren und informiert, um signifikante Minderungen des Sehvermögens zu erkennen und effektive Hilfen einzurufen. In Großbritannien beurteilten Pflegekräfte und Mitarbeiter das Sehvermögen bei 49 % ihrer Klienten als »völlig normal«, während weniger als 1 % nach ophthalmologischer Untersuchung als »normal sehend« eingeschätzt wurde (Kerr et al., 2003).

Die Prävalenz von Augenproblemen ist besonders bei Personen mit schwerer und tiefer geistiger Behinderung sehr hoch (Van den Broek et al., 2006). Als Reaktion auf die hohen Prozentsätze von Augenproblemen, die vor dem Screening nicht bekannt waren, schlagen Van Splunder et al. (2006) vor, alle Personen mit schwerer und schwersten Behinderungen, aber auch ältere Menschen mit Down-Syndrom als sehbehindert zu betrachten, bis das Gegenteil bewiesen ist.

Für Erwachsene mit geistiger Behinderung wird ein routinemäßiges Screening auf Altersverluste des Sehens ab dem Alter von 45 Jahren und anschließend im 5-Jahres-Zyklus empfohlen (Evenhuis & Nagtzaam, 1998). Wenn möglich, sollte dies durch mit dieser Zielgruppe erfahrene Ophthalmologen geschehen. Spezielle Untersuchungen auf Alterskonsequenzen des Sehens werden bei Menschen mit Down-Syndrom ab dem Alter von 30 Jahren angeraten (IASSID, 2002).

5.2.3 Hören

Die Prävalenz einer Hörbehinderung bei Menschen mit geistiger Behinderung ist wesentlich höher als die der Gesamtbevölkerung (Evenhuis et al., 2001; Beange et al. 2000; Van Schrojenstein Lantman-De Valk et al., 2000). Viele Hörstörungen sind verursacht durch chronische Mittelohrentzündungen und Ohrenschmalz, das den Hörgang blockiert; weiterhin gibt es sensoneurale und kombinierte Fälle von Hörverlusten. Vor allem bei Menschen mit Down-Syndrom kommen sehr viele Hörprobleme vor (Meuwese-Jongejeugd et al., 2006; Shott et al., 2001; Roizen, 1996).

Wie die aufgezeigten Sehprobleme, nehmen die Hörprobleme im Alter ebenso stark zu (Merrick et al., 2004; Janicki et al., 2002). Presbyakusis (Altersschwerhörigkeit) tritt in der allgemeinen Bevölkerung bei ca. 60 % der Personen im Alter über 65 Jahren auf (vgl. Adlin, 1993). Auch bei älteren Personen mit geistiger Behinderung kommen mehr Hörschwierigkeiten vor, als bei jüngeren (vgl. Janicki & Jacobson, 1986; Maaskant & Haveman, 1988).

Altersschwerhörigkeit äußert sich im Verlust des Hörens hoher Töne. Das Resultat ist schlechtes Hören bei Lärm im Hintergrund oder bei schnellem Sprechen. Bei vielen Menschen mit Down-Syndrom besteht in der Kindheit die Gefahr einer Mittelohrentzündung und eines dadurch bedingten Hörverlusts. Außerdem sind Personen mit Down-Syndrom ebenfalls relativ häufig von Altersschwerhörigkeit betroffen, teilweise bereits ab dem 20. Lebensjahr.

Für die Bewohner von besonderen Wohnformen wird das Vorhandensein von Hörproblemen auf 24 bis 42 % geschätzt (Wilson & Haire, 1990; Beange et al., 1995; Mul et al., 1997; Veraart et al., 1998).

Analog zu den Sehproblemen übertrifft der altersbedingte Hörverlust bei Menschen mit Down-Syndrom wesentlich den altersbedingten Hörverlust bei Menschen mit anderer Ursache der geistigen Behinderung und erreicht nach dem 60. Lebensjahr beinahe 100 % dieser Personengruppe (Meuwese-Jongejeugd et al., 2006).

Einer der markantesten Aspekte in Studien über Störungen der Sinneswahrnehmung bei Menschen mit geistiger Behinderung ist eine veränderte Selbstwahrnehmung. Sogar schwere Formen von Seh- und Hörstörungen werden durch Betroffene nicht als Veränderung wahrgenommen, sondern akzeptiert und Betreuern und Familienangehörigen nicht mitgeteilt, auch wenn verbale Kommunikation möglich wäre. Vielfach wird der Verlust von Möglichkeiten der Sinneswahrnehmung auch nicht von Betreuern und Familienangehörigen erkannt und interpretiert. Inaktivität, Abnahme des Sprechens, Irritation, Inflexibilität, autistisches Verhalten, Verweigerung des Laufens oder selbstverletzendes Verhalten können Handlungsinterpretationen sein, die das wesentliche Phänomen, nämlich Probleme der Sinneswahrnehmung, verhüllen. Die Folge ist, dass die Seh- und Hörprobleme nicht oder zu spät durch den Arzt diagnostiziert werden und durch inadäquate Behandlung einen chronischen Verlauf nehmen.

Aber auch von Mitarbeitern, die im direkten Kontakt mit Menschen mit geistiger Behinderung stehen, werden Hörbehinderungen oft nicht erkannt oder vernachlässigt. In einer Studie in Großbritannien berichteten Mitarbeiter für 74 % ihrer Klienten, dass diese vortrefflich hören können. Bei einer Untersuchung des Hörvermögens stellte sich jedoch heraus, dass nur 11 % dieser Personen gut hörten, 61 % hatten einen geringen, 15 % einen mäßigen bis schweren und 13 % einen sehr schweren Hörverlust (Kerr et al., 2003). Im selben Jahr wurden von Aerts-Neggers et al. (2003) 185 Klienten von drei niederländischen Werkstätten für Menschen mit geistiger Behinderung auf ihr Hörvermögen überprüft. Mehr als die Hälfte dieser Arbeitnehmer hatte Hörprobleme. Risikogruppen für Hörprobleme waren Menschen mit Down-Syndrom und Menschen, die älter als 60 Jahre waren. Viele dieser Probleme waren den Mitarbeitern und der Familie nicht bekannt. Einige Jahre zuvor berichteten Mul et al. (1997), wiederum in den Niederlanden, dass 83 der 206 untersuchten Personen mit geistiger Behinderung in Hausarztpraxen erhebliche Hörprobleme haben (49 %). In 80 % der Fälle war diese Diagnose den Hausärzten, der Familie und den Mitarbeitern im Wohnbereich nicht bekannt.

Ein routinemäßiges Screening für altersbedingte Hörverluste wird für alle Erwachsenen mit geistiger Behinderung ab einem Alter von 45 Jahren und anschließend in 5-Jahres-Abständen empfohlen (Evenhuis & Nagtzaam, 1998). Wenn möglich sollte dies durch einen mit dieser Zielgruppe erfahrenen Audiologen geschehen. Für Menschen mit Down-Syndrom wird während der ganzen Lebensspanne eine dreijährliche Untersuchung des Hörvermögens empfohlen (IASSID, 2002).

5.2.4 Stütz- und Bewegungsapparat

Von Altersveränderungen des Bewegungsapparates sind vor allem die Muskulatur und das Skelett betroffen. Im höheren Lebensalter nimmt die Muskelmasse sehr schnell ab; mit der Abnahme erfolgt der Ersatz durch Fettgewebe. Muskelkraft, Ausdauer, Dehnbarkeit und Reißfestigkeit von Muskeln, Sehnen und Bändern nehmen zudem ab.

Vonken et al. (2006) untersuchten muskuloskeletale Krankheiten bei 403 Menschen in einer niederländischen Wohneinrichtung für Menschen mit geistiger Behinderung. In dieser Studie wurde eine Prävalenzrate von 6 % angeborener muskuloskeletaler Krankheiten errechnet, mit einer höheren Prävalenz für Menschen mit schwerer und sehr schwerer geistiger Behinderung. Der Prozentsatz erworbener muskuloskeletaler Krankheiten war mit 20 % bei Menschen mit geistiger Behinderung weit größer. Das Risiko einer angeborenen muskuloskeletalen Krankheit, aber im Allgemeinen auch erworbener muskuloskeletaler Krankheit, stieg nicht mit dem Alter. Arthrose kam jedoch mehr bei älteren (50+), als bei jüngeren erwachsenen Menschen (30 bis 49 Jahre) vor.

Ab dem 40. Lebensjahr beginnt in der Gesamtbevölkerung und in der Regel auch bei Menschen mit geistiger Behinderung die Rückbildung des Knochengewebes, auch Osteoporose genannt, die bei Frauen aufgrund der Verringerung des Östrogens nach der Menopause ausgeprägter auftritt als bei Männern und ein Risikofaktor für Frakturen im Alter darstellt. Durch den geringen Wassergehalt der Zellen wird das Knorpelgewebe unelastisch und kann sich den täglichen Belastungen schlechter anpassen.

Im Alter und in der Postmenopause der Frau, aber auch bei bewegungsarmen oder gelähmten Personen sowie bei Personen mit antiepileptischer Medikation (vgl. IASSID/WHO, 1999), geht langsam die Knochendichte zurück, wodurch im Laufe einiger Jahre dünnere und porösere Knochen entstehen, die zerbrechlicher sind als normale Knochen. Typische degenerative Erkrankungen des Bewegungsapparates sind Arthrosen der verschiedenen Gelenke, z. B. Hüft- und Kniegelenke, und degenerative Wirbelsäulenveränderungen, z. B. Skoliosen und Spondylolysen.

Knochenmasseverlust in der Postmenopause ist verantwortlich für ungefähr 15 % der Handgelenksbrüche bei Frauen und für 25 bis 40 % der Spina-Frakturen. Die meist ernsten Komplikationen der Osteoporose sind Frakturen der Hüfte, die bei 15 % der älteren Frauen auftreten.

Einige Untersuchungen berichten, dass Osteoporose und damit zusammenhängende Knochenbrüche bei Menschen mit geistiger Behinderung im Vergleich zu der Gesamtbevölkerung häufiger auftreten (Lesley et al, 2008; Van Schrojenstein Lantman-De Valk et al., 2000; Beange & Lennox, 1998; Center et al., 1998; Lohiya et al., 1999). So fanden Lohiya et al. (1999) heraus, dass Knochenbrüche 1,7- bis 3,5-mal häufiger vorkamen und Van Schrojenstein Lantman-De Valk et al. (2000) ermittelten ein dreimal häufigeres Auftreten im Vergleich zur Gesamtbevölkerung. Faktoren, die oft mit Osteoporose in Verbindung gebracht werden, sind: kleine Körpergröße, Hypogonadismus und Down-Syndrom (Guijarro et al., 2008; Angelopolou et al., 2000), und Kombinationen dieser Faktoren (Center et al., 2004; Nevill et al., 2002; Melton et al., 2000).

Glick et al. (2005) heben hervor, dass das Erkennen von Knochenbrüchen bei Menschen mit geistiger Behinderung verspätet stattfindet. Es geht dabei vielfach um Menschen mit schwersten kognitiven und körperlichen Behinderungen, die sich auch bei Schmerzen verbal nicht oder kaum äußern können.

5.2.5 Herz- und Kreislaufsystem

Wie in Kap. 4.1.4 beschrieben, kommt es mit fortschreitendem Alter zu Veränderungen der Herz-Kreislauf-Funktion. Hohe Blutdruckwerte kommen durch einseitige Ernährung und wenig Bewegung im Vergleich mit früher häufig vor. Auch Menschen mit geistiger Behinderung können durch Adipositas und Inaktivität mit hohen Blutdruckwerten konfrontiert werden, wie in einer US-Studie (Bhaumik et al., 2008) gefunden wurde.

Studien zu hohem Blutdruck lassen vermuten, dass sich die Gesamtprävalenz von hohen Blutdruckwerten zwischen Menschen mit geistiger Behinderung und Gleichaltrigen in der Bevölkerung nicht stark unterscheidet (Janicki et al., 2002; Merrick et al., 2004; Henderson et al., 2008; Gustavson et al., 2005; Van de Louw et al., 2009). Vielleicht wäre es wichtiger, die Varianz und die Ursachen beim Auftreten hoher Blutdruckwerte zu analysieren. Nicht nur nach Ätiologie, sondern auch nach anderen Merkmalen gibt es Unterschiede innerhalb der Gruppe von Menschen mit geistiger Behinderung. So zeigte eine umfangreiche Studie (Starr et al., 2004) eine negative Korrelation zwischen Schweregrad der geistigen Behinderung und Blutdruck (je schwerer die geistige Behinderung, desto niedriger der Blutdruckwert). Bei Menschen mit Williams- und Turner-Syndrom werden – im Vergleich mit der Gesamtbevölkerung – höhere Blutdruckwerte gefunden (O'Brien, 2008), bei Menschen mit Down-Syndrom jedoch eher niedrigere (Kapell, 1998; Morisson, 1996; Van de Louw et al., 2009).

Die Verhaltensrisiken für kardiovaskuläre Erkrankungen für Menschen mit geistiger Behinderung (Wilkinson et al., 2007) sind vergleichbar mit denen in der Gesamtbevölkerung und betreffen das Rauchen (McGillycuddy, 2006), die Ernährung (Draheim et al., 2002b, 2007; Braunschweig et al., 2004) sowie körperliche Bewegung und Aktivität (Draheim et al., 2002b, 2002c, 2003; Temple & Walkley, 2003; Frey, 2004; Stanish & Draheim, 2005, 2006a).

Kardiovaskuläre Erkrankungen sind in den westlichen Industrienationen die häufigste Todesursache für Menschen mit und ohne Behinderungen. Die Resultate der finnischen Studie (Patja et al., 2001) zeigen keine großen Unterschiede der kardiovaskulären Mortalität zwischen Menschen mit geistiger Behinderung und der restlichen Bevölkerung. Zum gleichen Resultat kommen epidemiologische Untersuchungen in den USA (Strauss et al., 1998; Janicki et al., 1999; Esbensen et al. 2007). Vermutet wird, dass es in den Altersklassen bis zu 40 Jahren höhere Sterberaten für Menschen mit geistiger Behinderung gibt. In anderen Untersuchungen wurde festgestellt, dass angeborene Herzfehler eine wichtige Todesursache vor dem 40. Lebensjahr für Menschen mit Fragilen-X-, Down- und Rubinstein-Taybi-Syndrom sind (Barnard et al., 2002).

Mit dem Älterwerden der Menschen mit geistiger Behinderung wird in verschiedenen Ländern, z. B. in den USA (Cooper, 1998; Janicki et al., 2002; Henderson et al., 2008), in Israel (Merrick et al., 2004), in den Niederlanden (Van den Akker et al., 2006) und in Taiwan (Wang et al., 2007) auch eine Zunahme von kardiovaskulären Erkrankungen festgestellt.

5.2.6 Atmung/Apnoe

Die Leistung des Atmungssystems nimmt im Alter ab (vgl. Kap. 4.1.5). Dies gilt für Menschen ohne und mit geistiger Behinderung. In der Gesamtbevölkerung nimmt vor allem die Schlafapnoe mit dem Alter zu. Eine Schlafapnoe wurde bei 60 % der älteren Erwachsenen, die Schlafprobleme hatten (vgl. Roehrs et al., 1985) und bei 24 % der älteren Erwachsenen in einer Zufallsstichprobe (vgl. Ancoli-Israel, 1987) diagnostiziert.

Da Personen mit Down-Syndrom viele Risikofaktoren für eine Schlafapnoe haben, kann eine höhere Prävalenzrate bei zunehmendem Alter dieser Personengruppe angenommen werden. Einige Faktoren, die eine Schlafapnoe bei Personen mit Down-Syndrom häufiger bedingen, sind u. a.: kleinere obere Luftwege, erhöhter Speichelfluss, Übergewicht, generalisierte Hypotonie, die einen Kollaps der Atemwege bei der Einatmung verursachen kann, Hypotonie der Zunge und – durch häufige Infektionen – vergrößerte Mandeln. Schlafapnoe wurde sowohl bei Kindern als auch bei Erwachsenen mit Down-Syndrom vermehrt festgestellt (vgl. Hultchrantz & Svanholm, 1991; Marcus et al., 1991; Telakivi et al., 1987). Ausführliche Forschungsstudien sind in diesem Bereich jedoch nur spärlich vorhanden. Unbehandelt kann die Schlafapnoe zu Lungen- und Herzkrankheiten führen.

5.2.7 Verdauungssystem

Gastrointestinale und Essprobleme kommen bei Erwachsenen mit geistiger Behinderung oft vor. Die geäußerten Symptome unterscheiden sich vielfach von denen in der Allgemeinbevölkerung und können Änderungen im Verhalten oder Gewicht umfassen. Viele ältere Menschen mit geistiger Behinderung verblieben oder verbleiben in großen Wohneinrichtungen und sind dadurch einem größeren Risiko für Hepatitis B, Tuberkulose und Helicobacter-Infektionen ausgesetzt. In vielen Studien wurden hohe Prävalenzraten für Helicobacter pylori (HP)-Infektionen bei Menschen mit geistiger Behinderung in Wohneinrichtungen (Clarke et al, 2008; Kennedy, 2002; Morad et al, 2002), im Vergleich zu Menschen mit geistiger Behinderung, die nie in Einrichtungen wohnten (Wallace et al, 2002), gefunden.

In einer kanadischen Studie (Kennedy, 2002) fand man heraus, dass 80 % der Teilnehmer, die jemals in einer größeren Wohneinrichtung aufgenommen waren, an einer HP-Infektion (Helicobacter pylori) litten. Dies war drei- bis viermal soviel wie bei Probanden, die nie in großen Wohneinrichtungen wohnten. Ein Anteil von 59 % von HP-Infektionen wurde in einer englischen Studie gefunden, an der Menschen mit geistiger Behinderung und psychiatrische Patienten aus der Klinik teilnahmen (Clarke et al., 2008). Die statistische Analyse hinsichtlich des Aufenthalts zeigte, dass 22 % der Personen mit einer Verweildauer von weniger als vier Jahren positiv auf den Antibody Test reagierten, im Vergleich zu 84 % der Menschen, die länger als vier Jahre aufgenommen wurden. Eine Behandlung führte zum Rückgang der HP-Infektion bei elf der zwölf Menschen, die an dem Test teilnahmen.

Andere Studien zeigten ähnliche Ergebnisse: Wallace et al. (2002) berichten über HP-Infektionen bei 87 % der Bewohner mit geistiger Behinderung in Einrichtungen in Australien, 77 % für Personen, die in Einrichtungen verblieben, und 44 %, die niemals aufgenommen wurden. Böhmer et al. (1997) melden eine HP Infektionsrate von 87 % bei 338 untersuchten Personen mit geistiger Behinderung in Wohneinrichtungen in den Niederlanden und fanden höhere Raten bei Männern, Personen mit langer Verweildauer und hohem Schweregrad der geistigen Behinderung. Morad et al. (2002) gaben eine Schätzung der HP-Prävalenz für Menschen mit geistiger Behinderung in Wohneinrichtungen in Israel von 77 %.

Die hohe Auftretenshäufigkeit von HP ist beunruhigend. Viele Personen mit geistiger Behinderung sind infiziert und einige von ihnen können an ernsten Folgeerscheinungen erkranken, wie z. B. an Magengeschwüren und -krebs (Beange & Lennox, 1998). Duff et al. (2001) überprüften die tödlich ausgegangenen Krebsfälle in den Einrichtungen für Menschen mit geistiger Behinderung der Stoke Park Group in England und fanden heraus, dass es sich bei 48 % der Fälle um Magenkrebs handelte, weitere 25 Bewohner starben an perforierten Magengeschwüren. Die Autoren stellen die Hypothese auf, dass eine HP-Infektion möglicherweise eine Erklärung dafür bieten könnte. HP wird als die wichtigste Ursache von Gastritis angesehen und einer HP-Kolonisation des Magens folgen beinahe unvermeidlich histologische Anzeichen einer Entzündung. Es wird heute angenommen, dass chronische Gastritis Zellabnormalitäten (Metaplasie) und Magenkrebs entstehen lassen kann.

Obwohl eine effektive Behandlung von HP-Infektionen möglich ist, ist die Wiederauftretensrate hoch. Wallace et al. (2004) testeten 28 Erwachsene mit geistiger Behinderung, nachdem vor 36 Monaten die HP-Behandlung erfolgreich abgeschlossen war, und fanden eine Rezidivrate von 21 % (7 % pro Jahr).

Die oben genannten Prävalenzraten für Menschen mit geistiger Behinderung sind höher als in der Gesamtbevölkerung. Aber auch in der allgemeinen Bevölkerung kommen HP-Infektionen bis zu 50 % (Goodwin et al., 1997) vor. In einer Studie in den USA wurde eine Inzidenzrate von HP von 1,4 % pro Jahr ermittelt, resultierend in einer Prävalenzrate von 24,5 % der Erwachsenen im Alter von 21 bis 23 Jahren (Malaty et al., 2002).

Gastro-ösophageale Refluxkrankheit (GÖRK) tritt in der Gesamtbevölkerung bei 5 bis 7 % auf (IFFGD, 2003), stellt aber bei Menschen mit geistiger Behinderung ein wesentlich größeres und häufiger auftretendes Problem dar. Es wird leicht übersehen und unterschätzt (Evenhuis et al., 2000; Böhmer et al., 1999,

2000) – sowohl bei Menschen, die in Einrichtungen als auch denen, die in der Familie leben (Tracy & Wallace, 2001). GÖRK ist eine Erkrankung, die durch häufigen Rückfluss des Mageninhalts in die Speiseröhre gekennzeichnet ist. In einem späteren Stadium resultiert daraus eine Entzündung in der Speiseröhre. Häufig auftretende Symptome in der Gesamtbevölkerung sind (Forister et al., 2002):

- Sodbrennen   70 bis 85 %
- Regurgitation   60 %
- Dysphagie   15 bis 20 %
- Angina-ähnliche Schmerzen 33 %
- Bronchospasmus   15 bis 20 %

Komplikationen bei der GÖRK können sein: Blutungen im Magen-Darm-Kanal, Aspirationspneunomie (Lungenentzündung durch Verschlucken), Stenosen (Verengung) und Barrett-Ösophagus (eine Art Missbildung durch Narbenbildung infolge ständiger Säureeinwirkung auf den unteren Abschnitt der Speiseröhre) (Gimbel, 2002, S. 82).

Die Auftretenshäufigkeit von GÖRK und Refluxösophagitis bei Menschen, die in Einrichtungen leben, ist sehr hoch, vor allem bei Menschen mit spezifischen Risikofaktoren. In einer niederländischen Wohneinrichtung hatten etwa ein Drittel der Bewohner eine Refluxösophagitis (Böhmer et al., 1999). In anderen Studien (Böhmer et al., 2000; Tracy & Wallace, 2001) wurden noch höhere Werte gefunden (40–50 %). Risikofaktoren, die die Wahrscheinlichkeit des Auftretens erhöhen, sind: geringe Körperbewegung, Skoliose, Spastizität (unwillkürliche Verkrampfung der Muskulatur), Einnahme von Anti-Epileptika und schwere geistige Behinderung (IQ<35). Häufig vorkommende Anzeichen von GÖRK bei Menschen mit geistiger Behinderung sind: Erbrechen, Hämatemesis (Bluterbrechen), Regurgitation, Nahrungsverweigerung, häufige Lungenentzündung, Rumination (Heraufholen von Mageninhalt, erneutes Kauen und Schlucken) und Verhaltensauffälligkeiten wie selbstverletzendes Verhalten, Aggression, Angst, Schreiperioden, Rastlosigkeit und depressive Symptome.

In den Canadian Consensus-Richtlinien (Sullivan et al., 2011, Übers. v. Verf.) werden einige Empfehlungen für die Begleitung von GÖRK bei Erwachsenen mit geistiger Behinderung gegeben:

> »(a) Jährliches Screening nach Erscheinungsformen der GÖRK und entsprechende Behandlung des Problems. Wenn Medikamente gegeben werden, die GÖRK verschlimmern können, sollte man häufiger auf verwandte Symptome achten.
>   b. Wenn es ungeklärte gastrointestinale Befunde oder Änderungen im Verhalten oder Gewicht gibt, sollte man nach Verstopfung, GÖRK, Ulkuserkrankung und Pica (Essen von unverdaulichen Materialien) als mögliche Ursache suchen.
>   c. Screening auf H-pylori-Infektion bei symptomatischen Erwachsenen mit geistiger Behinderung oder asymptomatischen, die in Anstalten oder Wohnheimen gelebt haben. Man sollte die Wiederholung des Tests in regelmäßigen Abständen (z. B. 3-5 Jahre) überwägen.
>   d. Je nach Indikation, Verfügbarkeit und Verträglichkeit sollte man Harnstoff-Atemtests, Antigenuntersuchungen im Stuhl oder serologische Tests überwägen.« (S. 544)

Im Alter treten häufig Obstipationen (Stuhlverstopfungen) auf, die jedoch nicht nur durch physiologische Veränderungen des Verdauungstraktes (vgl. Kap. 4.1.6), sondern auch auf mangelnde Körperbewegung und ungenügende Flüssigkeitsaufnahme zurückzuführen sind.

Als Definition einer Obstipation werden in der Fachliteratur häufig folgende Kriterien genannt (Böhmer et al., 2001):

- Darmentleerung weniger als dreimal in der Woche.
- Notwendigkeit, mehr als dreimal wöchentlich Abführmittel zu verwenden.

Erwachsene Menschen mit geistiger Behinderung sind im Vergleich zur Gesamtbevölkerung häufiger von Verstopfungen betroffen (Lembo & Camillari, 2003; Talley et al., 2003). Verstopfung kann bei ernster Vernachlässigung zum Ileus (Darmverschluss) führen und damit lebensbedrohlich werden.

Van Winckel et al. (1999) beschreiben den Gebrauch von Laxantien (Abführmittel) in einer Zufallsstichprobe von 420 Personen (mittleres Alter 29 Jahre, Variationsbreite 2 bis 72 Jahre) in 21 Wohneinrichtungen in Belgien. Sie fanden einen regelmäßigen Gebrauch von Laxantien durch 26,4 % der Bewohner und einen gelegentlichen Einsatz von 2 %. Böhmer et al. (2001) analysierten das Vorkommen von Verstopfungen in einer Zufallsstichprobe von 215 Personen mit geistiger Behinderung in vier Wohneinrichtungen in den Niederlanden. Die Betreuer registrierten den Einsatz von Laxantien über einen Zeitraum von sechs Monaten. Die Autoren berechneten, dass 69,3 % (mittleres Alter 31,8 Jahre, Variationsbreite 6 bis 77 Jahre) während dieser Periode Verstopfungen hatten. Im Vergleich mit der Gruppe ohne Verstopfung konnten in dieser Studie die folgenden Risikofaktoren für Verstopfung benannt werden: keine körperliche Bewegung, Spastizität, Anti-Epileptika, Benzodiazepine, Protonenpumpenhemmer und schwere geistige Behinderung (<30).

Van Winckel et al. (1999) und Böhmer et al. (2001) schlussfolgern, dass der Alternsprozess an sich kein Risikofaktor für das Auftreten von Verstopfungen ist, sondern eher Konsequenzen, die in der Regel mit dem Prozess des Alterns einhergehen, wie z. B. geringere Bewegung, neurologische Veränderungen (Wahrnehmungsstörungen im Bereich des autonomen Darmnervensystems) und der Konsum bestimmter Medikamente (Neuroleptika, Mittel gegen Epilepsie und Parkinson-Krankheit).

5.2.8 Niere und Blase

Wie in Kap. 4.1.7 dargestellt, leiden etwa ein Drittel der über 65-jährigen Frauen und Männer unter Inkontinenz.

Wenn Menschen mit geistiger Behinderung eine Urin-Inkontinenz haben, wird dies oft als ein Verhaltensproblem angesehen oder als eine Verschlechterung der Körperfunktionen aufgrund des Alterns. Urin-Inkontinenz ist jedoch nicht Teil des »normalen« Alterns, sondern hat in den meisten Fällen eine behandelbare Ursache. Die Urin-Inkontinenz kann in vier Gruppen unterteilt werden:

- *Drang-Inkontinenz:* Viele Menschen entwickeln im Laufe des Alterungsprozesses eine erhöhte Blasenspannung, die Drang-Inkontinenz verursachen kann. In diesem Zustand ist die Blase hyperaktiv oder zieht sich oft zusammen. Dies vermindert die Fähigkeit, den Urin für eine längere Zeit zu halten und es entsteht der Drang, oft kleine Mengen zu urinieren. Die Person ist sich meist bewusst, dass sie zur Toilette muss, schafft es aber nicht rechtzeitig. Diese Form der Inkontinenz kann mit Medikamenten und Übungsprogrammen behandelt werden.
- *Stress-Inkontinenz:* Stress-Inkontinenz tritt gewöhnlich bei Frauen mit einer Entspannung des Unterbeckenmuskels durch eine altersbezogene Verminderung des Östrogens auf. Die Inkontinenz ist in diesem Fall gewöhnlich am stärksten bei plötzlichem Husten oder Lachen, ist jedoch unproblematisch, wenn die Person nachts im Bett liegt. Auch diese Inkontinenz kann mit Medikamenten behandelt werden.
- *Überlauf-Inkontinenz:* Überlauf-Inkontinenz tritt bei einem Hindernis des Urinflusses aus der Blase auf. Bei Männern wird dies gewöhnlich durch eine Vergrößerung der Prostata verursacht. Bei Frauen kann dies durch eine Verstopfung, die Druck auf die Blase ausübt, oder durch einen Beckentumor auftreten.
- *Hypotonische Blase:* Bei einer hypotonischen Blase liegt die Muskelspannung der Blase unter der Norm, meistens durch neurogene Ursachen. Inkontinenz tritt auf, da die Blase nicht fähig ist zu kontraktieren und sich effektiv zu leeren. Meistens ist dies die Konsequenz einer neurologischen Beschädigung.

Insgesamt resultiert eine schlechte Kontrolle über die Darm- und Blasenfunktion während des Alterungsprozesses sowohl aus zentralen und peripheren neurologischen Ursachen als auch aus Folgeerscheinungen nach einer Entbindung und Adipositas. Wie bei vielen körperlichen Funktionsproblemen hat Urin- und Stuhl-Inkontinenz biologische, Verhaltens- und soziale Dimensionen. So ist bekannt, dass viele junge Menschen mit geistiger Behinderung Inkontinenzprobleme haben, vor allem Menschen mit geistiger Behinderung mit Spastizität und Spina Bifida. Andere Menschen mit geistiger Behinderung werden, wie ihre Altersgenossen in der Gesamtbevölkerung, inkontinent, wenn sie schwergewichtig werden oder wenn sie an einer Demenzerkrankung leiden. In der Fachliteratur wird Inkontinenz im Alter bei Menschen mit geistiger Behinderung im Vergleich mit der Gesamtbevölkerung nicht als ein größeres Problem gesehen.

5.2.9 Schilddrüse

Schilddrüsenerkrankungen kommen bei Menschen mit geistiger Behinderung relativ häufig vor. In einer Untersuchung in Sydney (Australien) wurden bei 12 % der Menschen mit geistiger Behinderung eine Schilddrüsenerkrankung (Hyper- oder Hypothyreose) festgestellt. Dieser Prozentsatz ist im Vergleich zu 0,1 % der australischen Bevölkerung hoch (Beange et al., 1995). Zigman et al. (2004) haben spezifisch auch Schilddrüsenerkrankungen bei alten Menschen mit geistiger Behinderung in der Stadt New York untersucht. Bei den 65- bis 74-Jährigen fanden sie 11,9 % und bei den Menschen mit geistiger Behinderung, die älter als 75 Jahre waren, 15,5 % Schilddrüsenerkrankungen. Die Prozentsätze waren damit im Vergleich wesentlich höher als bei den Altersgenossen in der Gesamtbevölkerung (5,0 % bzw. 4,5 %). Hyperthyreose kann eine Ursache von Verhaltensproblemen sein, kommt aber beim Down-Syndrom relativ selten vor.

Hypothyreose (Unterfunktion bis Funktionsausfall der Schilddrüse) tritt jedoch bei 20–30 % der Personen mit Down-Syndrom auf (vgl. Baxter et al., 1975). Symptome der Hypothyreose sind z. B. Lethargie, Müdigkeit, Verwirrtheit, Verstopfung, trockene Haut und Depression. Bei Nichtbehandlung kann dies zu Halluzinationen und Koma führen. Personen mit Down-Syndrom sollten jährlich auf Schilddrüsenerkrankungen getestet werden, da sie im Erwachsenenalter einem erhöhten Risiko ausgesetzt sind (vgl. Hughes et al., 1982; Kinnell et al., 1987; Percy et al., 1990; Van Schrojenstein Lantman-De Valk et al., 1996) und die Krankheit gut zu behandeln ist. In den kanadischen Richtlinien für die Primärversorgung (Sullivan et al., 2011, S. 546) wird für Personen mit Down-Syndrom empfohlen, die Schilddrüsenfunktion regelmäßig zu überwachen und insbesondere Patienten mit Symptomen bzw. erhöhtem Risiko (z. B. Down-Syndrom) regelmäßig (alle ein bis fünf Jahre) zu untersuchen.

5.2.10 Immunsystem

Sowohl das angeborene als auch das erworbene Immunsystem bei Menschen mit Down-Syndrom unterliegen dem vorzeitigen Altern (Nespoli, 1993) mit ähnlichen Anzeichen der Immunschwäche wie in der Allgemeinbevölkerung (Burkle, 2007; Effros, 2005). Veränderungen des Immunsystems, die in der allgemeinen Bevölkerung erst im hohen Alter auftreten, werden bei Menschen mit Down-Syndrom in einem viel früheren Alter entdeckt (vgl. Rabinowe et al., 1989). Sowohl Thyreoiditis, Zöliakie als auch Diabetes mellitus treten wesentlich häufiger auf bei Menschen mit Down-Syndrom als in der allgemeinen Bevölkerung (Cohen, 2006; Kinik, 2006; Hansson, 2005). Da viele Menschen mit Down-Syndrom Hepatitis B-Antigen (HbsAG)-Träger sind, wurden viele immunologische Studien gerade bei dieser Gruppe durchgeführt. Die hohe Frequenz von thyroiden Auto-Antistoffen bei Menschen mit Down-Syndrom stärkt die Hypothese, dass die Auto-Immunität eine Rolle bei der hohen Prävalenz von Hypothyriodismus bei Menschen mit Down-Syndrom spielt. Auch ist bekannt, dass es bei Menschen mit Down-Syndrom eine veränderte T-Zell-Aktivität und Tumormarkerwerte gibt (Prada, 2005; Oda, 1993; Ugazio, 1990). Die Inzidenzraten für Leukämie bei Menschen mit Down-Syndrom sind signifikant höher als bei der Allgemeinbevölkerung (Sullivan, 2007; Boker, 2002).

Ein wichtiger Grund für die hohe Sterblichkeit von Personen mit Down-Syndrom sind und waren Infektionskrankheiten. Die Umschreibung des »frühzeitigen Alterns« von Menschen mit Down-Syndrom ist sowohl auf das frühzeitige Auftreten der Alzheimer-Demenz als auch auf frühzeitiges biologisches Altern in

Bezug auf das Immunsystem zurückzuführen (vgl. Levin et al., 1975; Whittingham et al., 1977).

5.2.11 Hepatitis

Der Einsatz des Hepatitis B-Impfstoffes Anfang der 1980er Jahre war ein Wendepunkt in der Begleitung von Menschen mit geistiger Behinderung. Risikofaktoren einer Hepatitis B-Infektion sind: männliches Geschlecht, Down-Syndrom und in einer größeren Einrichtung wohnend. Von den neun Untersuchungen zu dem erhöhten Risiko für Personen mit Down-Syndrom und Hepatitis B gab es nur eine Studie, in der diese Personen nicht übermäßig gefährdet waren (vgl. Van Schrojenstein Lantman-De Valk et al., 1996). In den übrigen Studien variierten die Odds Ratio-Werte von 2,1 bis 8,7. Hepatitis A scheint bei Menschen mit Down-Syndrom nicht öfter vorzukommen als bei anderen Menschen mit geistiger Behinderung (vgl. Renner et al., 1985).

5.2.12 Krebs

Jede zehnte Person mit geistiger Behinderung stirbt an Krebs (Hollins et al., 1998). Krebs wird aufgrund der steigenden Lebenserwartung von Personen mit geistiger Behinderung häufiger (Hogg & Tuffrey-Wijne, 2008; Maaskant et al., 2002), jedoch mit etwa derselben Rate wie in der Allgemeinbevölkerung. Das Krebsprofil für Menschen mit geistiger Behinderung unterscheidet sich geringfügig, die Häufigkeit von gastrointestinalen Krebserkrankungen ist jedoch überdurchschnittlich hoch (Hogg & Tuffrey-Wijne, 2008). Menschen mit Down-Syndrom haben ein signifikant erhöhtes Risiko für Leukämie und ein geringeres Risiko für viele solide Tumore, einschließlich eines geringeren Brustkrebsrisikos (Satgé & Vekemans, 2011). Krebsvorsorgeuntersuchungen sind ein wesentlicher Aspekt der Prävention. Erwachsene mit geistiger Behinderung nehmen jedoch weniger Teil an präventiven Screening-Programmen wie zervikalem Screening, Brustuntersuchung, Mammographie und digitaler Rektaluntersuchung als andere Personen in der Bevölkerung. Sie neigen auch weniger dazu, sich selbst zu untersuchen, Anomalien festzustellen, und diese zu melden.

In den Konsensrichtlinien für Allgemeinmediziner in Kanada werden einige Vorschläge für das Krebs-Screening bei Erwachsenen mit geistiger Behinderung gemacht (Sullivan et al., 2011, Übers. v. Verf.):

»a. Man sollte regelmäßig zervikale Vorsorgeuntersuchungen für Frauen durchführen, die sexuell aktiv sind.
 b. Es wird empfohlen jährlich eine Brust-Untersuchung, einschließlich Mammographie, durchzuführen für Frauen mit geistiger Behinderung zwischen 50 und 69 Jahren.
 c. Eine jährliche Hodenuntersuchung für alle Männer mit geistiger Behinderung wird empfohlen.
 d. Jährliches Screening auf Prostatakrebs mit digitaler Rektaluntersuchung wird ab dem 45. Lebensjahr empfohlen für alle Männer mit geistiger Behinderung.
 e. Eine Vorsorgeuntersuchung auf Darmkrebs sollte regelmäßig erfolgen bei allen Menschen mit geistiger Behinderung älter als 50 Jahre.« (S. 547)

5.2.13 Epilepsie

In der Allgemeinbevölkerung ist Epilepsie nach Schlaganfall die zweithäufigste schwere chronisch-neurologische Erkrankung (Prasher & Kerr, 2008). Die International League Against Epilepsy (2014) definiert Epilepsie als eine Erkrankung des Gehirns, die durch eine der folgenden Bedingungen definiert wird: (a) mindestens zwei nicht provozierte (oder reflexartige) Anfälle, die im Abstand von mehr als 24 Stunden auftreten; (b) ein nicht provozierter (oder reflexartiger) Anfall und eine Wahrscheinlichkeit weiterer Anfälle ähnlich dem allgemeinen Risiko eines erneuten Auftretens (mindestens 60%) nach zwei nicht provozierten Anfällen, die in den nächsten zehn Jahren auftreten; (c) Diagnose eines Epilepsiesyndroms. Die Kombination von Epilepsie und geistige Behinderung stellt die Person und das soziale Umfeld vor besondere Herausforderungen.

Epilepsie bei älteren Menschen mit geistiger Behinderung kommt sowohl in der Praxis von Hausärzten, im ambulanten Bereich als auch in institutionellen Einrichtungen vor. Die Prävalenz der Epilepsie bei Personen mit geistiger Behinderung ist mindestens zwanzigmal höher als in der Allgemeinbevölkerung, wobei Anfälle im Allgemeinen mehrfach und resistent gegen eine medikamentöse Behandlung sind (Amiet et al., 2008; Matthews et al., 2008). Dies gilt insbesondere für Personen mit einer schweren und tiefen geistigen Behinderung. Unkontrollierte Epilepsie kann schwerwiegende negative Auswirkungen auf die Lebensqualität und die Mortalität haben (Kerr et al., 2001).

Zu den Folgen von Epilepsie zählen plötzlicher unerwarteter Tod, Traumata durch Stürze, die zu Frakturen und Weichteilverletzungen führen, Einweisung in ein Krankenhaus, Auswirkungen auf Lernen und Entwicklung (IASSID, 2002) und auf das soziale Leben (McGrother et al. 2006; Baxter, 1999). Bewusstseinsverlust bei Anfällen kann zu Verbrennungen und Ertrinken führen. Die Epilepsie hat nicht nur eingreifende Folgen für die Person, auch die Belastung der Betreuer ist stark erhöht (Wilson, 1998). Eine unzureichende Dosierung von Antikonvulsiva verringert die Wachsamkeit (Van Schrojenstein Lantman-de Valk, 2005) und langfristige Verwendung kann Osteoporose verursachen – ein zusätzliches Risiko für Frakturen (Wagemans et al., 1998; Jancar & Jancar, 1998). Bei Menschen mit Down-Syndrom können sich mit zunehmendem Alter Anfälle entwickeln, als Vorläufer oder als Folge der Manifestation von Demenz (Collacott, 1993, ▶ Kap. 6).

5.2.14 Multimorbidität und Polypharmazie

Multimorbidität kann als zwei oder mehr Erkrankungen definiert werden, die zusammen bei Individuen auftreten (Kadam et al., 2007). Multimorbität ist in der klinischen Praxis mehr die Regel als die Ausnahme, und nimmt mit zunehmendem Alter zu (Fortin et al., 2005; Van den Akker et al., 1998; Kirchberger et al., 2012). In einer kanadischen Studie (Fortin et al., 2005) betrug die Prävalenz von zwei oder mehr chronischen Erkrankungen bei Personen im Alter von 45 bis 64 Jahren bzw. 65 Jahren und älter 95% bzw. 99% bei Frauen und 89% bzw. 97 %

bei Männern. Ähnlich hohe Anteile an Multimorbidität in der Allgemeinbevölkerung fanden Britt et al. (2008) in Australien und Marengoni et al. (2008a, b) in Schweden. In der zuletzt genannten Studie waren kardiovaskuläre und psychische Erkrankungen die häufigsten chronischen Erkrankungen. Fortgeschrittenes Alter, weibliches Geschlecht und niedrigeres Bildungsniveau waren unabhängig voneinander mit einem um mehr als 50% erhöhten Multimorbiditätsrisiko verbunden.

Wie in der Allgemeinbevölkerung ist die Multimorbidität bei älteren Menschen mit geistiger Behinderung hoch. Hermans und Evenhuis (2014) untersuchten die Vorkommensrate (Prävalenz), assoziierte Faktoren und die Zusammenstellung der Multimorbidität bei älteren Erwachsenen mit geistiger Behinderung in niederländischen Wohnheimen (≥ 50 Jahre; N = 1047). Multimorbidität kam in 80% der Fälle vor und stieg mit dem Alter und dem Schweregrad der geistigen Behinderung. 47% der Stichprobe hatten vier oder mehr Erkrankungen. Die schwer erkrankte Gruppe war älter, eher erheblich geistig behindert und mit Down-Syndrom diagnostiziert. Eine mögliche Erklärung für die Unterschiede zwischen die Prävalenzraten und Muster der Multimorbidität von Personen mit geistiger Behinderung und der Allgemeinbevölkerung ist das frühere Auftreten einiger Krankheiten und Begleiterkrankungen wie Epilepsie, psychische Erkrankungen und Magen-Darm-Erkrankungen. Bei älteren Menschen mit geistiger Behinderung werden bei stationärer wie auch ambulanter fachärztlicher Behandlung mehr psychiatrische Diagnosen gestellt als bei Gleichaltrigen in der Allgemeinbevölkerung (Axmon et al., 2017).

Die Komplexität des Multimorbiditätsmusters und die angemessene medizinische Versorgung bei zwei oder mehr chronischen Erkrankungen wird bei Personen mit geistiger Behinderung durch die Vielfalt syndromspezifischer Alterungsprobleme weiter verstärkt. Bei älteren Erwachsenen mit Down-Syndrom tritt beispielsweise ein beschleunigtes Altern auf, dass durch erhöhte Kataraktraten, Hörverlust, Hypothyreose, Osteoporose, Epilepsie, Schlafapnoe und ein genetisch erhöhtes Risiko für die Entwicklung von Alzheimer-Demenz (DAT) gekennzeichnet ist. Ältere Erwachsene mit Zerebralparese (die häufig mit geistiger Behinderung einhergeht) haben ein höheres Risiko für eine beschleunigte Alterung des Bewegungsapparates, was häufig zu Beweglichkeitsverlust, Osteoporose, chronischer Müdigkeit und chronischen Schmerzen führt. Alterungsbedingte Probleme wurden auch bei Personen mit Prader-Willi-Syndrom, Williams-Syndrom und Fragiles-X-Syndrom festgestellt (Janicki et al, 2008).

Die Messung und der Vergleich von Multimorbidität bei älteren Menschen mit und ohne geistiger Behinderung in der irischen Bevölkerung war eines der Ziele der IDS-Tilda-Langzeitstudie (Trinity College Dublin, 2016). In einer Stichprobe wurden Daten von 753 Personen mit geistiger Behinderung mit einem Alter über 40 Jahren erhoben, ungefähr 9% der Bevölkerung mit geistiger Behinderung in diesem Land und in diesem Alter. Informationen über das Vorhandensein von 12 chronischen Krankheiten wurden in persönlichen Interviews mit Personen mit geistiger Behinderung und/oder ihren Bezugspersonen erhoben und mithilfe eines standardisierten Protokolls analysiert. Die acht meist vorkommenden Krankheitskategorien waren: Augenerkrankung (51%), psychische Erkrankungen (48%), neurologische Erkrankungen (36% wovon 31% Epilepsie), Magen-Darm-Erkrankungen (27%), endokrine Erkrankungen (22%), Gelenkerkrankungen (21%), Hypertonie (Bluthochdruck,15%), Herzkrankheiten (12%). Die höchste gemeinsame Rate chronischer Erkrankungen, die in der Stichprobe vorkam, war sieben, die mittlere Anzahl (Median) waren zwei. Multimorbidität, in dieser Studie definiert als zwei oder mehr chronische Gesundheitsprobleme, lag bei 71% der Stichprobe vor. Frauen hatten ein höheres Multimorbiditätsisiko. Augenkrankheiten und psychische Erkrankungen waren häufiger mit einem zweiten Gesundheitsproblem verbunden, und das Muster der häufigsten Multimorbidität war die psychische/neurologische Pathologie. Die Multimorbidität stieg von 63% bei den 40- bis 49-Jährigen auf 72% bei den 50- bis 65-Jährigen und 86% bei den über 65-Jährigen. Die Prävalenz von Augenerkrankungen, psychische Erkrankungen, endokrine Erkrankungen, Gelenkerkrankungen, Bluthochdruck, Krebs und Schlaganfall stieg signifikant mit dem Alter (McCarron et al., 2013; Trinity College Dublin, 2016). Dies sind Minimalschätzungen der Multimorbidität, da diese Studie sich auf 12 chronische Krankheiten begrenzte.

Art und Prävalenz von Erkrankungen unterscheiden sich auch stark bei Personen mit leichter, mittlerer oder schwerer geistiger Behinderung. In diesem Zusammenhang ist eine niederländische Studie (van Timmeren et al., 2017) von Interesse, in der die Multimorbidität von Personen mit schwerer und tiefgreifender geistiger Behinderung analysiert wurde. Die häufigste Kombination von zwei körperlichen Erkrankungen bei dieser Zielgruppe umfasst Sehstörungen, Verstopfung, Epilepsie, Spastizität und Skoliose. Diese fünf Erkrankungen traten bei 37% der Teilnehmer als Multimorbiditätskombination auf. Bei 56% der Teilnehmer zeigte sich eine Multimorbiditätskombination bestehend aus vier Erkrankungen, nämlich Verstopfung, Sehstörungen, Epilepsie und Spastizität.

Polypharmazie ist mit den Konzepten Multimorbidität und chronische Erkrankungen eng verbunden. Durch Multimorbidität sind viele ältere Menschen mit geistiger Behinderung gezwungen, mehrere Medikamente über einen längeren Zeitraum in ihrem Leben einzunehmen (Beange et al., 1995; Reiss & Aman, 1997). Weiterhin ist es durch die Entstehung altersbedingter Krankheiten oft notwendig, neue Arzneimittel zu verschreiben, wodurch die Gefahr einer Wechselwirkung, also einer »Interaktion« mit anderen Arzneimitteln, die längerfristig konsumiert werden, besteht. Auch bei Menschen mit geistiger Behinderung sind es vor allem ältere Menschen, die die meisten Medikamente einnehmen (vgl. Van Schrojenstein Lantman-De Valk et al., 1995).

In sehr wenigen Studien wurden jedoch empirische Zusammenhänge zwischen spezifischer Multimorbidität und Mehrfach-Medikamenten-Therapie (Polypharmazie) untersucht (Doos et al., 2014). Dies gilt auch für die Situation älterer Erwachsenen mit geistiger Behinderung. Die Kombination von psychischen Störungen, neurologischen und physischen Erkrankungen erhöht die Wahrscheinlichkeit einer Polypharmazie bei Menschen mit geistiger Behinderung (Robertson et al., 2000b). Die zunehmende Wahl für eine Deinstitutionalisierung der Großwohnheime und Integration in die Gemeinschaft bedeutet auch, dass verschiedene Spezialisten kontaktiert und mehr Gesundheitsdienste in Anspruch genommen werden. Dieser Trend kann zu einer Fragmentierung des Verschreibens von Medikamenten, der Koordination und Kontrolle der Interaktion von Medikamenten und zu einer Verringerung des Fachwissens in Bezug auf die besonderen Probleme von Menschen mit geistiger Behinderung während des Alters führen.

Informationen über Polypharmazie im Zusammenhang mit älteren Personen mit geistiger Behinderung sind jedoch immer noch rar (Haveman et al., 2010; Stortz et al., 2014). In einer irischen Studie (IDS-TILDA) berichteten 90% der Teilnehmer, dass sie Arzneimittel einnahmen. Polypharmazie (5–9 Medikamente) wurde bei 31% der Teilnehmer und übermäßige Polypharmazie (mehr als 10 Arzneimittel) bei 20% beobachtet (O'Dwyer et al., 2016). Die Häufigkeit der verschriebenen Medikamente entsprach der Häufigkeit der berichteten chronischen Erkrankungen. Sechs der am häufigsten berichteten Medikamentengruppen waren Medikamente gegen psychische Erkrankungen und Epilepsie. Fast zwei Drittel (65%) der übermäßigen Polypharmazie-Gruppe und über die Hälfte (55%) der Personen mit Polypharmazie berichteten über ein oder mehrere Antipsychotika, verglichen mit 26% ohne Polypharmazie. Antiepileptika waren die am zweithäufigsten gemeldete Medikamentengruppe (39%) und machten 63% der übermäßigen Polypharmazie, 54% der Polypharmazie, aber nur 17% der Gruppe ohne Polypharmazie aus. Die Einnahme von Anxiolytika in der Gruppe mit übermäßiger Polypharmazie war im Vergleich zur Gruppe ohne Polypharmazie 16-mal so hoch. Antipsychotische Medikamente erhöhen das Risiko eines metabolischen Syndroms und können andere schwerwiegende Nebenwirkungen haben (z. B. Akathisie, Herzleitungsprobleme, Schluckbeschwerden, Darmfunktionsstörung). Es wird daher empfohlen, Antipsychotika nur bei eindeutiger Diagnose einer psychotischen Störung, bspw. Schiziphrenie, einzusetzen, Einsatz und Dosis regelmäßig zu prüfen und ggf. anzupassen, die Nebenwirkungen dieser Medikamente zu überwachen und zudem die Betroffenen sowie ihre Bezugspersonen anzuregen und zu unterstützen, auf gesunde Ernährung und regelmäßige Bewegung zu achten (Sullivan et al., 2011, S. 548).

Die Multimorbidität und Polypharmazie bei älteren Menschen mit geistiger Behinderung ist im Vergleich zu jüngeren Menschen mit geistiger Behinderung und der Allgemeinbevölkerung viel höher (O'Dwyer et al., 2016; Doan et al., 2013; Lunsky et al., 2013). Ältere Erwachsene mit geistiger Behinderung benötigen einen umfassenden und entwicklungsorientierten Ansatz in Bezug auf Multimorbidität und Polypharmazie, da viele von ihnen lebenslange körperliche Beeinträchtigungen, Krankheiten und psychische Probleme haben.

Eine systematische Überprüfung der Angemessenheit des Medikamentengebrauchs ist unerlässlich, da bei Polypharmazie alternde Menschen mit geistiger Behinderung ein hohes Risiko auf Nebenwirkungen haben. Es ist wichtig zu klären, wie der Medikamentengebrauch geschieht, ob die Person imstande ist, die Medikamentenfolge nach Zeitpunkt und Dosierung einzuhalten und welche Unterstützung der Medikamenteneinnahme erforderlich ist. Hilfreiche Anregungen finden sich in den kanadischen Konsensrichtlinien für die ärztliche Begleitung von Erwachsenen mit geistiger Behinderung (Sullivan et al., 2011, S. 544).

5.3 Gesundheitsversorgung

Die Gesundheitsziele für Erwachsene mit geistiger Behinderung sind vergleichbar mit denen der Allgemeinbevölkerung: Aufrechterhaltung oder Verbesserung der Teilhabe an der Gesellschaft, Förderung einer guten Lebensqualität (so definiert von der Person selbst und der Familie) und Förderung des Wohlbefindens. Das gegenwärtige Wissen liefert keine bestimmte Altersgruppe oder Altersgrenze, die den »geriatrischen« Erwachsenen mit geistiger Behinderung eindeutig definiert. Die Definition älterer Menschen mit geistiger Behinderung nach dem funktionalen Alter könnte viel hilfreicher sein als die Verwendung des »chronischen Alters« als Referenzkonzept.

Bei älteren Menschen mit geistiger Behinderung gibt es gravierende Unterschiede in der Gesundheit im Vergleich mit Gleichaltrigen in der Allgemeinbevölkerung. Diese Unterschiede werden vor allem verursacht durch genetische Veranlagung zu bestimmten Erkrankungen; ungünstige soziale Lebensumstände (z. B. Armut); finanzielle, physische und sozial-personelle Barrieren bei der Inanspruchnahme allgemeiner und spezieller Gesundheitsdienste; Ausschluss von Sensibilisierungskampagnen, mangelnde Voruntersuchungen für die Gesundheit sowie Wohnverhältnisse und Betreuung, die Inaktivität und schlechte Lebensweise eher fördern (Haveman et al., 2009).

Tatsächlich sind Personen mit geistiger Behinderung mit zunehmendem Alter viel heterogener als Personen in der Allgemeinbevölkerung. Bestimmte Erkrankungen stehen in starkem Zusammenhang mit der Ursache und dem Schweregrad der geistigen Behinderung. Gesundheitsförderungsprogramme und die Beachtung von Präventionsmaßnahmen für Dienstleistungserbringer können dabei helfen, den Gesundheitsbedarf von Personen mit geistiger Behinderung zu decken.

Im Vergleich zur Allgemeinbevölkerung konsultieren ältere Menschen mit geistiger Behinderung seltener Ärzte Dazu tragen mehrere Barrieren bei:

- Mangel an Hausärzten, die sachkundig sind und Erfahrung mit Menschen mit geistiger Behinderung haben;
- Zugänglichkeit der Hausarztpraxis (z. B. Hindernisse vor und im Gebäude, Beschilderung und Innenraum);
- psychische Probleme und Verhaltensauffälligkeiten, die sich negativ auf die Kooperation mit dem Arzt und anderes Personal bei Tests, Injektionen, Konsultationen usw. auswirken (z. B. Autismus, stereotypes Verhalten, Verkrampfung, Weinen, Schreien);
- Kommunikationsprobleme, die die Interaktion zwischen Arzt und Patient erschweren (z. B. Art der Sprache und Sensitivität des Arztes, Sprachkenntnisse des Patienten);
- körperliche Behinderungen für soziale Interaktion mit Personal in der Arztpraxis (z. B. Blindheit, Taubheit, Zerebralparese);
- physische Umgebungsaspekte, die eine sensorische Herausforderung bilden (z. B. Beleuchtung, Geräusche, Gerüche, Temperatur);

- soziale Umweltfaktoren (z. B. volle und geräuschvolle Hausarztpraxis, Zeitmangel von Arzt und Pflegekräfte).

Folgende Tabelle zeigt die vielfältigen Barrieren in der Gesundheit bei Menschen mit geistiger Behinderung:

Tab. 5.2: Barrieren in der Gesundheit (Stöppler/Klamp-Gretschel, 2019, S. 20)

Barrieren	Beispiele
Infrastruktur	erschwerter Zugang zum Gesundheitswesen, z. B. durch nicht barrierefreie Arztpraxen, Kliniken, Therapieeinrichtungen, Behandlungsstühlen, (z. B. bei zahnärztlicher oder gynäkologischer Behandlung); fehlende oder mangelnde Qualitätsstandards
Health literacy (Fähigkeit, grundlegende Gesundheitsinformationen zu erhalten, zu verarbeiten und zu verstehen)	Fehlende Kenntnisse über die im Gesundheitsbereich verfügbaren Ressourcen
Mobilität	Abhängigkeit von Begleitpersonen und Fahrdiensten
Kommunikation	Schwierigkeiten in der Darstellung der Symptome und Schmerzen gegenüber Betreuern und Ärzten sowie Beeinträchtigungen im Lesen, z. B. von Beipackzetteln und Therapieinformationen
Medizinisches Personal	Mangel an Fachwissen über geistige Behinderung (z. B. über Kommunikations- und Verhaltensprobleme), Bedarf an zusätzlicher Zeit und Ressourcen
Bildung	eingeschränkte oder ungenaue Kenntnisse über den Körper sowie über Beziehungen zwischen Lebensstilfaktoren, wie z. B. Ernährung, Bewegung, Schwierigkeit, Körpersignale zu erkennen, ärztliche Hilfe in Anspruch zu nehmen und Informationen umfassend zu verstehen

Im Erwachsenenalter existiert in vielen Fällen keine flächendeckende medizinische Versorgung. Diese aber ist Voraussetzung für gemeindeintegriertes Wohnen von Erwachsenen mit geistiger Behinderung. International zeichnet sich mittlerweile deutlich ab, dass kleine gemeindeintegrierte Wohnformen Gesundheitsrisiken bergen, wenn die medizinische Versorgung vor Ort unzureichend ist. Auch Strukturen und Maßnahmen der Finanzierung können eine Rolle spielen für eine medizinische Unterversorgung bei Menschen mit geistiger Behinderung. Brühl (2009) weist darauf hin, dass Menschen mit geistiger Behinderung durch aktuelle Regelungen in der Gesundheitspolitik und die finanzielle Lage der Gesundheitskassen strukturell benachteiligt werden, auch im Bereich der Prävention: »Die Umwandlung von Vorsorgeleistungen zu sogenannten individuellen Gesundheitsleistungen (IGeL-Leistungen), die der Versicherte selbst zu tragen hat, führt dazu, dass Menschen mit geistiger (mehrfacher) Behinderung und niedrigem Einkommen diese Leistungen nicht in Anspruch nehmen können.« (ebd., S. 6)

Das medizinische Sorge- und Pflegemodell in vielen europäischen Ländern zeigt ein dreigeteiltes Angebot für ältere Menschen mit geistiger Behinderung: (a) allgemeine Gesundheitsdienste, (b) geriatrische Gesundheitsdienste für Personen älter als 60 oder 65 Jahre, und (c) spezialisierte medizinische Dienste für Erwachsene mit geistiger Behinderung. Die Komplexität multipler Morbiditäten bei alternden Erwachsenen mit geistiger Behinderung ist eines der Argumente für die Überweisung an Fachärzte und die Bereitstellung multidisziplinärer Teams für Menschen mit geistiger Behinderung (Strydom et al., 2010). So skizziert Martin (2009) zwei Modelle von speziell ausgebildeten Fachärzten für Medizin bei Menschen mit geistiger Behinderung (ähnlich dem niederländischen Modell) und das Modell der Spezialisierung von Hausärzten und Fachärzten durch Spezialkenntnisse in den Bereichen Neurologie und Psychiatrie und eine Phase von drei Jahren Berufspraxis in einer Einrichtung für Menschen mit Behinderungen (ähnlich dem finnischen Modell). Die Bundesarbeitsgemeinschaft der Ärzte für Menschen mit geistiger und mehrfacher Behinderung hat ein Curriculum für einen Grundkurs »Medizin für Menschen mit geistiger oder mehrfacher Behinderung« mit Zertifikat entwickelt, der von der Bundesärztekammer begleitet wird (ebd.).

6 Demenz (Alzheimer-Erkrankung)

In den westlichen Industrieländern wird in verschiedenen epidemiologischen Studien eine Prävalenzrate von 5 bis 8% der über 65-jährigen Bevölkerung ermittelt. Bei mittelschweren und schweren Formen einer Demenzerkrankung, die professionelle Hilfen erfordern, liegen die Prävalenzraten zwischen 6 und 8% (Weyerer & Bickel, 2007, S. 63). Wenn auch die leichteren Stadien einbezogen werden, erreichen die Prävalenzschätzungen Werte von ca. 10%.

Dies bedeutet, dass im Jahr 2010 weltweit 36 Millionen Menschen an Demenz leiden und 115 Millionen bis 2050 (Mihailidis et al., 2012). Bei Menschen mit geistiger Behinderung liegen die Prävalenzraten höher.

Wegen der großen Geburtskohorten nach dem Zweiten Weltkrieg, der steigenden Lebenserwartung und als daraus resultierender Konsequenz die starke Zunahme Hochbetagter in der Bevölkerung, steigt auch das Risiko, an einer Demenz sowie der Alzheimer-Demenz zu erkranken (Jellinger, 2006).

Noch in den frühen 1980er Jahren galt die Alzheimer-Krankheit als unvermeidliche Folge des Alters mit Down-Syndrom. Mehrere aktuelle epidemiologische Studien zeigen jedoch eindeutig, dass nicht alle Mitglieder dieser Risikopopulation Symptome einer Demenz vom Alzheimer-Typ aufweisen (Zigman, 2013; Zigman & Lott, 2007).

Eine Demenz des Alzheimer-Typs (DAT) ist eine progressive, degenerative Atrophie des Gehirns, die mit einem Verlust vieler Millionen Gehirnzellen einhergeht und die definitiv erst post mortem festzustellen ist. Während des degenerativen Prozesses treten schwerwiegende Störungen des sozialen Lebens auf (vgl. Storm, 1995). Sie ist insbesondere gekennzeichnet durch eine graduelle Unregelmäßigkeit der Gehirnfunktion, die mit der Zeit zunimmt (vgl. auch ARC, 1998). Charakteristisch für sie sind der Schwund von Nervenzellen in Stirn- und Schläfenlappen sowie der Fund von Neurofibrillenknäuel, Plaques mit Amyloidkern im Gehirn und ein Mangel an Überträgerstoffen zur Reizfortleitung im zentralen Nervensystem.

Diese Anomalien müssen auch heute noch festgestellt werden, um die Alzheimer-Krankheit zweifelsfrei diagnostizieren zu können. Darüber hinaus geben aber auch makroskopische Auffälligkeiten Hinweise auf das mögliche Vorliegen einer Demenz vom Alzheimer-Typ (DAT): Die Gehirne von DAT-Patienten sind bis zu 20% leichter als die von gesunden Menschen (Vorderwülbecke, 2005, S. 8). Sie zeigen eine Verschmälerung der Hirnwindungen (Gyri) und eine entsprechende Verbreiterung der Furchen (Sulci) zwischen den Hirnwindungen. Die Hirnrinde wird während des Krankheitsverlaufs schmaler, die Ventrikel sind aufgeweitet und die subkortikale Substanz des Striatums und des Thalamusgebiets nimmt ab (vgl. z. B. Krämer, 1996).

Ätiologisch wird zwischen der sporadischen (ca. 90 %) und der familiären Form (ca. 10 %) der Alzheimer-Krankheit differenziert. Zum sporadischen Formenkreis werden zahlreiche ätiologisch relevante Faktoren z. Zt. intensiv diskutiert (z. B. Stoffwechselfaktoren, genetische Einflüsse, eine infektiöse Genese, neurotoxische Prozesse). Bei ihnen allen kann aber bislang noch keine sichere Beziehung zu den neuropathologischen Abläufen im Gehirn hergestellt werden.

6.1 Ätiologie

Neben dem Fetalen Alkoholsyndrom (FAS) ist Down-Syndrom (DS) die häufigste Ursache einer geistigen Behinderung. In einer meta-epidemiologischen Studie von De Graaf, Vis und Haveman (2013) wurde die Prävalenz von DS in Irland auf 13,1 pro 10.000, in den Niederlanden auf 7,7 pro 10.000 und in England/Wales auf 6,1 pro 10.000 Einwohner geschätzt. Das Syndrom betrifft weltweit 5,8 Millionen Menschen.

Warum aber sind so viele Menschen mit Down-Syndrom in einem relativ jungen chronologischen Alter von der Demenz betroffen? Diese Frage ist ebenfalls noch nicht hinreichend geklärt. Die Tatsache, dass das Down-Syndrom durch Vererbung von drei Kopien des Chromosoms 21 (Trisomie 21) an Stelle von zwei Kopien entsteht, hat ein reges Forschungsinteresse an dem genetischen Material des Chromosoms 21, das diese altersbezogenen Gehirnveränderungen bedingen könnte, hervorgerufen. Die genetische Forschung hat dabei zu der Entdeckung geführt, dass das Gen, welches das »Amyloid Precursor Protein« (APP) produziert, auf dem Chromosom 21 liegt. Dadurch kommt dieses Gen bei Menschen mit Down-Syndrom auch in dreifacher Ausführung vor. Bei Menschen ohne Down-Syndrom hängen jedoch Mutationen an diesem Gen offensichtlich auch mit einer seltenen Form einer Alzheimer-Erkrankung in jungem Alter zusammen. Für Menschen mit Down-Syndrom gibt es deshalb die Arbeitshypothese, dass eine übermäßige Amyloid-Produktion die Hauptursache ist, aber dies ist noch keineswegs bewiesen.

Abgrenzung von anderen Krankheiten

Die Symptome einer Demenz vom Alzheimer-Typ (DAT) können auch durch andere Krankheiten hervorgerufen werden. Einige dieser Krankheiten haben bei adäquater Behandlung aber durchaus eine gute Prognose und müssen bei einer Differentialdiagnose – bevor die Diagnose DAT gestellt wird – immer ausgeschlossen werden. Diese speziellen Erkrankungen sind: vaskuläre Demenz, Parkinson-Krankheit, Depression, Human Immunodeficiency Virus (HIV), Schilddrüsenunterfunktion (Hypothyreose), Alkohol-Demenz, Vitaminmangel (Vitamin B12, Folsäure), Sauerstoffmangel, Schädelhirntrauma, Hörverlust, Stressreaktion und Medikamentenvergiftungen.

6.2 Diagnose Alzheimer-Syndrom

Der Anfang und Verlauf der Demenz werden in eine Anzahl kleinerer Stadien eingeteilt, um den Prozess und den Wandel der Krankheit in der Vielfältigkeit ihrer Merkmale und Symptome zu unterscheiden. Für die Prozessdiagnostik erscheint für diese Zielgruppe ein 3-Phasen-Modell geeignet (Janicki et al., 1997; Crapper-McLachlan et al. 1984; Dalton & Janicki, 1998).

Tab. 6.1: Drei-Phasen-Modell des Prozesses und der Funktion der Diagnose von Demenz (Dalton & Janicki, 1998, S. 12).

Stadium	Verhalten	Status der Diagnose	Art der Intervention	Zeitdauer
Frühes Stadium	Anfangsmerkmale (Kurzzeitgedächtnis beeinträchtigt, Sprachstörungen, Arbeitsverhalten reduziert)	Anfangsdiagnose als Arbeitshypothese	Kompensatorische Unterstützung	1–5 Jahre (geringer bei Menschen mit Down-Syndrom)
Mittleres Stadium	Verstärkte Verluste und Regression (deutliche Verluste in der expressiven Sprache; beim Sprachverständnis; bei der Orientierung in Raum, Zeit und sozialer Interaktion; Kurzzeitgedächtnis; in den Aktivitäten des täglichen Lebens; Persönlichkeitsveränderungen)	Bestätigungsdiagnose (Wahrscheinlichkeitsdiagnose)	Direkte Aufsicht, Tagesaktivitäten Validation	5–15 Jahre (geringer bei Menschen mit Down-Syndrom)
Spätes Stadium	Großer oder vollständiger Verlust von Funktionen und basalen Fertigkeiten; Lang- und Kurzzeitgedächtnis; Gleichgewicht; Gehvermögen	Sicherheit erst nach Autopsie	Völlige Aufsicht und Pflege; Gefahr von Infektionen (z B. Pneumonie); zuletzt: völlige Pflegeabhängigkeit	3–5 Jahre (geringer bei Menschen mit Down-Syndrom)

Das »National Institute of Neurological and Communicative Disorder and Stroke« (NINCDS) und die »Alzheimer's Disease and Related Disorders Association« (ADRDA) unterscheiden zwischen einer möglichen, einer wahrscheinlichen und einer mit Sicherheit zutreffenden Diagnose (McKhann et al., 1984). Diese Differenzierung hinsichtlich der Sicherheit der Diagnosestellung ist vor allem für die Zielgruppe älterer Menschen mit Down-Syndrom wichtig, da die Validität der Diagnose durch Kommunikationsprobleme und der Schwierigkeiten im Gebrauch von standardisierten Testverfahren in besonderer Weise gefährdet ist. Eine Demenz vom Alzheimer-Typ ist anzunehmen, wenn klinische Symptome beobachtet werden und sich mindestens zwei Hirnfunktionen (z. B. Gedächtnis, Sprache, Denken) deutlich verschlechtert haben.

Um zu einer möglichen oder wahrscheinlichen Diagnose zu kommen und andere Störungen auszuschließen, sind umfassende medizinische, neurologische und psychologische Untersuchungen notwendig, denn eine Demenz vom Alzheimer-Typ ist immer eine Ausschlussdiagnose. Eine Untersuchung sollte sich auf folgende Dimensionen beziehen:

Körperliche und geistige Verfassung

Es ist bei dieser Untersuchung von großer Bedeutung, dass Angehörige und/oder Betreuer zum anamnestischen Gespräch hinzugezogen werden, um über die Gesamtentwicklung des Klienten und über spezielle Schwierigkeiten in jüngster Vergangenheit, besonders im alltagspraktischen Bereich, zu berichten.

Prüfung von Gedächtnis, Denken, Sprache und Aufmerksamkeit

Anhand von standardisierten Tests, z. B. dem »Mini-Mental-Status-Test«, können Defizite in diesen Bereichen festgestellt werden. Allerdings setzen derartige Testinstrumentarien ein bestimmtes kognitives Niveau voraus, sodass Einschätzungsinstrumente, wie z. B. der Hamburg-Wechsler-Intelligenztest für Erwachsene (HAWIE-III), bereits schon bei Personen mit leichter geistiger Behinderung nicht ohne Weiteres anzuwenden sind. Es ist daher sinnvoll, einen im Umgang mit diesem Personenkreis erfahrenen Psychologen zu konsultieren.

Körperliche Untersuchung

Eine körperliche Untersuchung muss durchgeführt werden, um andere Erkrankungen auszuschließen, wie beispielsweise eine Schilddrüsenunterfunktion, die bei Personen mit Down-Syndrom überproportional häufig vorkommt, und auch Krankheiten, die einer Demenz vom Alzheimer-Typ ähneln.

Laboruntersuchungen

Um mögliche entzündliche Erkrankungen, hormonale Störungen und Vitaminmangelzustände zu erkennen, müssen Blut- und Urinuntersuchungen durchgeführt werden.

Untersuchungen des Gehirns

Durch eine Kernspintomographie (MRT) wird die Gehirnstruktur detailliert dargestellt. Eine Baseline-Messung im Alter von ca. 30 Jahren ist anzuraten, um für spätere Untersuchungen Vergleichswerte zu haben. Wenn diese Untersuchung bei Verdacht auf Alzheimer-Krankheit später wiederholt wird, können durch den Vergleich Gehirnveränderungen erkannt werden. Wegen der hohen Kosten dieses Vorgehens ist allerdings nicht zu erwarten, dass sich dieser Standard in der Regel umsetzen lassen wird.

Anhand einer Computertomographie (CT) können Durchblutungsstörungen oder Tumore im Gehirn ausgeschlossen werden. Mit Hilfe einer Single-Photon-Emission-Computed-Tomographie (SPECT) kann die Durchblutung des Gehirns gemessen werden. Die Durchblutung und der Zuckerstoffwechsel sind im Gehirn von Alzheimer-Patienten in bestimmten Arealen verringert, weil die Nervenzellen dort in ihrer Funktion beeinträchtigt sind.

Anhand dieser unterschiedlichen Diagnoseverfahren ist in der Bevölkerung allgemein eine 80- bis 90-prozentige Sicherheit bei der Diagnose einer Demenz vom Alzheimer-Typ zu erreichen. Die Sensibilität und Spezifität dieser diagnostischen Verfahren für Menschen mit geistiger Behinderung ist jedoch noch nicht genauer bekannt.

6.3 Diagnose der Alzheimer-Krankheit bei Menschen mit geistiger Behinderung

Die Diagnose einer Demenz vom Alzheimer-Typ ist bei Personen mit geistiger Behinderung grundsätzlich besonders schwierig zu stellen. In vielen Fällen ist keine Person vorhanden, die den betreffenden Menschen lange genug kennt, um einen Abbau der Leistungsfähigkeit oder andere Persönlichkeitsveränderungen schnell und sicher zu bemerken. Wenn die Person des Weiteren im lebenspraktischen Bereich nicht und/oder auch anderweitig wenig gefordert wird, bleibt der Abbau lebenspraktischer und hygienischer Fertigkeiten zunächst leicht unbemerkt (vgl. Holland et al., 1998). Eine rigide Übernahme täglicher lebenspraktischer Handlungsabläufe durch das Personal kann allerdings ebenfalls zu einer Inaktivität und Passivität führen, die dann irrtümlich der Person des behinderten Menschen zugeschrieben wird. Viele Angehörige und Mitarbeiter von Behinderteneinrichtungen sind nicht genügend über die Merkmale der Demenz vom Alzheimer-Typ bei dieser Personengruppe informiert. Die ersten Symptome werden somit nicht gleich erkannt, eine mögliche Demenz wird dann erst spät in Betracht gezogen, wodurch eine Diagnosestellung verzögert wird.

Zwei Klassifikationssysteme konkurrieren bisher weltweit um die Formulierung der diagnostischen Kriterien im Gesundheitsbereich:

ICD-11 (International Classification of Mental and Behavioural Disorders) (World Health Organisation WHO, 2018)
und DSM-V (Diagnostic and Statistical Manual of Mental Disorders) (American Psychiatric Association APA, 2013).

Für beide Klassifikationsmodelle gilt, dass die allgemeinen Kriterien für eine Demenz erfüllt und andere Ursachen für die rapide Abnahme der kognitiven Funktionen ausgeschlossen sein müssen; d.h., solange eine DAT, wie zuvor beschrieben, nur postmortal durch eine Hirnautopsie eindeutig festgestellt werden kann, bleibt sie eine Ausschlussdiagnose ohne einen relevanten eindeutigen biologischen Marker (vgl. Zaudig et al., 2000).

Bei der Personengruppe der Menschen mit geistiger Behinderung steht *nicht* die *beeinträchtigte Leistungsfähigkeit* an sich im Vordergrund, sondern die beobachtbare *Verschlechterung* derselben (vgl. American Association for Mental Retardation – International Association for the Scientific Study of Intellectual Disabilities – AAMR-IASSID, 1995).

Kognition und Gedächtnis

Beide Klassifikationssysteme setzen Gedächtnisstörungen bei Demenzen voraus. Eine beobachtbare Verschlechterung der Gedächtnisleistung zeigt sich bei Menschen mit geistiger Behinderung allerdings auf einem anderen Level als bei nichtbehinderten Menschen. Während sich erste Anzeichen einer Demenz in der Durchschnittsbevölkerung sehr diffizil bei der mangelnden Integration neuer Informationen in das Langzeitgedächtnis zeigen, müssen die Symptome bei ohnehin kognitiv beeinträchtigten Personen sehr grob sein, um überhaupt aufzufallen. Am ehesten zeigen sich diese Gedächtnisausfälle in zunehmend fehlerbehafteten Verrichtungen des alltäglichen Lebens.

Bei Personen mit leichter bis mittlerer intellektueller Beeinträchtigung (IQ 40–70) wird die Abnahme der Gedächtnisleistung in drei unterschiedlichen Ausmaßen beschrieben. Von leichten Gedächtnisstörungen wird dann gesprochen, wenn die Betroffenen z.B. soziale Verabredungen (zu Ausflügen oder zu Treffen mit Freunden) vergessen, wenn sie gewohnheitsmäßig abgelegte Gegenstände nicht wiederfinden oder wenn sie Hausarbeiten oder andere Pflichten vergessen, selbst wenn sie von Familienmitgliedern und Betreuern daran erinnert werden. Mittlere Gedächtnisstörungen liegen dann vor, wenn betroffene Personen z.B. abends nicht mehr sagen können, was sie tagsüber gemacht haben, was sie gegessen haben oder wo sie gewesen sind, aber auch dann, wenn sie sich nicht mehr in der unmittelbaren Nachbarschaft orientieren können oder wenn sie nicht mehr nach Hause finden. Um schwere Gedächtnisstörungen handelt es sich dann, wenn die Menschen mit Behinderung eine ständige umfangreichere Unterstützung dazu benötigen, sich an Schritte zu erinnern, die notwendig sind, um bestimmte Aufgaben zu bewältigen oder wenn sie immer weniger dazu in der Lage sind, sich an ihre Familie oder an Freunde zu erinnern. Liegt dagegen eine schwere intellektuelle Beeinträchtigung vor (IQ < 40), sind die Gedächtnisverluste wegen der meist vorliegenden erheblichen verbalen Einschränkung nur sehr schwer zu erfassen. Dokumentiert werden können Gedächtnisstörungen dann eher über Beobachtungs- und nonverbale Testverfahren. Aufschluss geben aber auch oft die regelmäßigen Betreuungs- und/oder Entwicklungsberichte der Unterstützungspersonen, die in der Regel eine Abnahme basaler alltäglicher Fähigkeiten verzeichnen.

Abnahme anderer kognitiver Leistungen

Anhaltspunkte für die Verschlechterung anderer kognitiver Funktionen liefert z. B. die Abnahme des abstrakten logischen Denkvermögens (insbesondere urteilen, planen und organisieren, in Abläufen denken). Diese Verschlechterung kann sich überdeutlich bei nicht routinemäßigen Handlungsabfolgen (z. B. Einkaufen oder komplette Mahlzeitenvorbereitung) zeigen. Fundamentalere Defizite werden deutlich, wenn automatisierte, also routinierte Handlungsabläufe nicht mehr funktionieren, z. B. sich ankleiden, sich waschen und zur Toilette gehen, den Tisch decken, Hände schütteln bei Begrüßungen.

Verhaltensstörungen

Im DSM-V werden zur Demenzdiagnose zugehörige Verhaltensstörungen nicht genannt. Anders ist es in der ICD-11. Hier werden explizit das Vorliegen einer Störung der Affektkontrolle, des Antriebs oder deviantes Sozialverhalten als Charakteristika von Demenzprozessen gefordert. In der Ausprägung von Verhaltensstörungen bei Vorliegen einer Demenz wurden durch Cooper & Prasher (1998) Unterschiede bei Menschen mit Down-Syndrom und Menschen mit einer anderen Ursache der geistigen Behinderung gefunden. So waren die demenzerkrankten Menschen mit Down-Syndrom rastloser (21 %), unkooperativer (58 %), schlechter gelaunt (47 %), hatten akustische Halluzinationen (32 %) und einen gestörten Schlafrhythmus (53 %), während demenzerkrankte Menschen mit anderen Ursachen der geistigen Behinderung ein viel aggressiveres Verhalten (62 %) zeigten.

Beginn der Erkrankung

Beide Klassifikationssysteme differenzieren zwar zwischen frühem (Lebensalter unter 65 Jahre) und spätem (Lebensalter ab 65 Jahre) Krankheitsbeginn, die

ICD-11 weist jedoch jeweils zusätzliche Kriterien auf. Für den frühen Beginn sind bei ihr plötzlicher Beginn und schnelle Progredienz oder zusätzlich eine Aphasie, Agraphie, Alexie, Akalkulie oder Apraxie gefordert. Die diagnostischen Kriterien für Demenz unterscheiden sich in beiden Systemen also erheblich, insbesondere in den frühen Stadien der Demenz (vgl. Zaudig et al., 2000).

6.4 Prävalenz

Die noch immer steigende Lebenserwartung der Gesamtbevölkerung bedeutet, dass es in Deutschland immer mehr Fälle einer dementiellen Erkrankung gibt. Dies gilt auch für Menschen mit geistiger Behinderung, vor allem bei Menschen mit Down-Syndrom. Deren Lebenserwartung hat in den letzten Jahrzehnten drastisch zugenommen. In einer schwedischen Studie wurde die durchschnittliche Lebenserwartung von Personen mit Down-Syndrom auf 60 Jahre geschätzt (Englund et al., 2013).

Schätzungen zufolge steigt die Prävalenz der Demenz bei Erwachsenen mit Down-Syndrom unter 40 Jahren von 8,9% auf 17,7% bei Erwachsenen zwischen 50 und 54 Jahren und auf 32,1% bei Erwachsenen zwischen 55 und 59 Jahren (Coppus et al., 2006). Jenseits des 60. Lebensjahres weisen etwa 50 bis 60% der Erwachsenen mit Down-Syndrom Demenz auf (Holland et al., 2000; Zigman et al., 1997; Zigman et al., 1996). In einer Übersichtsstudie von Ciprirani et al. (2018) wurde festgestellt, dass praktisch alle Menschen mit Down-Syndrom im Alter von 35 bis 40 Jahren wichtige neuropathologische Veränderungen zeigen, die für die Alzheimer-Krankheit charakteristisch sind, – aber nur ein Teil von ihnen zeigt klinische Anzeichen einer Demenz, normalerweise im Alter von etwa 50 Jahren.

Das Vorliegen eines Down-Syndroms wirkt sich verschärfend aus, auch im Vergleich zu anderen Personen mit geistiger Behinderung: Während in der Durchschnittsbevölkerung das Gesamtrisiko bei den über 65-Jährigen bei 10 bis 11% liegt und ebenfalls bei 10% bei den 65-Jährigen mit einer geistigen Behinderung (Haveman et al., 1989), steigt dieser Prozentsatz bei Personen mit Down-Syndrom in dieser Altersgruppe auf 75% (vgl. AAMR-IASSID, 1995; Meins, 1995) an. Es sind jedoch nur wenige Personen, die zwischen dem 30. und 40. Lebensjahr erkranken (vgl. Holland et al., 1998).

Da das Alter für das Erkrankungsrisiko eine wesentliche Rolle spielt, ist es aufschlussreich, altersspezifische Risikoangaben für die Gesamtbevölkerung, für Personen mit Down-Syndrom und anderen Ursachen der geistigen Behinderung zu betrachten. Abbildung 6.1 zeigt das Alter verschiedener Gruppen bei Ausbruch der Demenz und die hohen Prävalenzraten bei Personen mit Down-Syndrom. Die Ergebnisse weisen darauf hin, dass Menschen mit Down-Syndrom nicht nur erheblich häufiger, sondern durchschnittlich auch 20 bis 30 Jahre früher von einer Demenz betroffen sind als nichtbehinderte Menschen (▶ Abb. 6.1).

Eine solche Zunahme der Demenzerkrankung bei Menschen mit Down-Syndrom hat sich international in verschiedenen bevölkerungsbasierten Prävalenzuntersuchungen bestätigt (Lai & Williams 1989; Schupf et al. 1989; Franceschi et al. 1990; Haveman et al. 1994; Prasher 1995; Johannsen et al. 1996; Visser et al. 1997; Holland et al. 1998; Oliver et al. 1998; Sekijima et al. 1998; Tyrrell et al., 2001). In einer niederländischen Studie von Coppus et al. (2006) wurden vergleichbare altersgebundene Prävalenzraten der Demenz für Menschen mit Down-Syndrom gefunden, nämlich von 8,9% in der Alterskategorie von 45 – 49 Jahren auf 32,1% in der Alterskategorie von 55–59 Jahren, stieg jedoch nicht an über dem Alter von 60 Jahren.

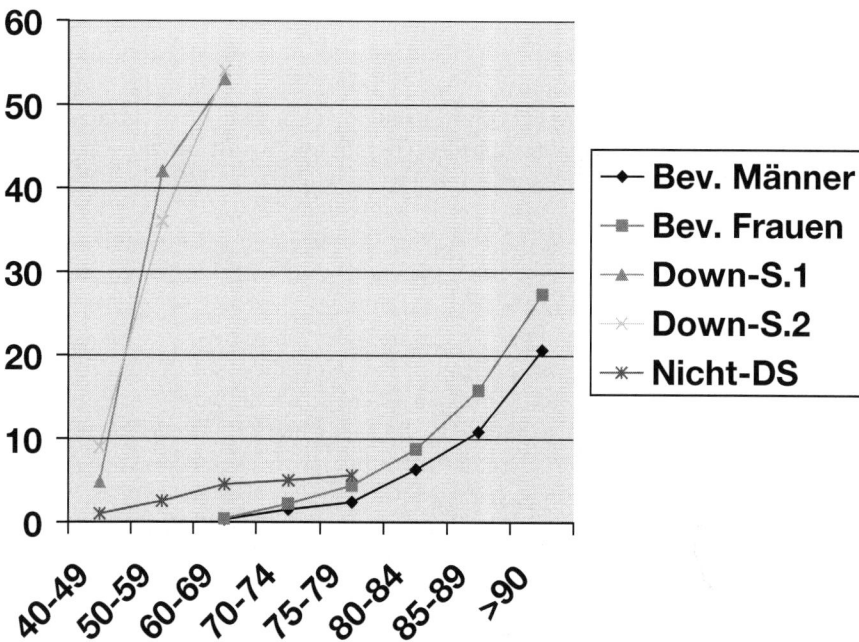

Abb. 6.1: Mittlere Prävalenzraten der Alzheimer-Demenz in % nach Altersgruppe für Menschen mit geistiger Behinderung (nicht-Down-Syndrom, Haveman, 1995, für 40–65 Jahre; Zigman et al., 2004, für 65+ und 75+), mit Down-Syndrom (DS1: Haveman, 1995; DS2: Holland, 2001) und in der Bevölkerung für Frauen und Männer (Mittelwerte Lobo et al., 2000; Hy & Keller, 2000, in: Weyerer & Bickel, 2007).

Die bis jetzt methodologisch am meisten überzeugende Studie zur Einschätzung von Prävalenzraten der Demenz bei Menschen mit geistiger Behinderung wurde von Zigman et al. (2004) durchgeführt. Er und seine Kollegen schätzen die Prävalenz der Alzheimer-Demenz bei Menschen mit geistiger Behinderung (nicht Down-Syndrom) auf 4,2 % bzw. 5,6 % älter als 65 Jahre bzw. älter als 75 Jahre. Dies sind Prozentsätze für Alzheimer-Demenz, die sich altersspezifisch nicht wesentlich von der Demenz-Prävalenz in der US-Bevölkerung unterscheiden.

Auch bei einigen anderen Syndromen kommt »Demenz« gehäuft vor. Dazu gehören das Cockayne-Syndrom, das Rett-Syndrom, das San-Filippo-Syndrom und eventuell das Williams-Syndrom.

6.5 Verlauf

Da ihr Beginn schwer feststellbar ist, lässt sich die Dauer der Demenzerkrankung sowohl in der Gesamtbevölkerung (Füsgen, 2001, S. 41) als auch besonders bei Menschen mit geistiger Behinderung nur schwer bestimmen. Meist tritt der Tod nach etwa 10 bis 12 Jahren nach Beginn der Symptomatik ein, wobei ein frühes Auftreten in jüngerem Lebensalter eine schnellere Progression bewirkt (Gerber & Kropp, 2007, S. 374). Durch die mit der Demenz einhergehende Schwächung des Immunsystems verläuft die Krankheit indirekt tödlich, indem die Betroffenen beispielsweise an einer Lungenentzündung erkranken (Heston & White, 1993, S. 23).

6.6 Testverfahren

Um das Ausmaß der Leistungseinschränkungen in den Bereichen Kognition, Gedächtnis, Sprache und Wahrnehmung zu beurteilen, werden üblicherweise psychologische Testverfahren angewendet, wie das *Nürnberger-Alters-Inventar*, der *Syndrom-Kurztest* und der *Demenz-Test* (Denzler et al., 1989, S. 117–118). Unter den am häufigsten verwendeten Testverfahren sind der Mini-Mental-Status-Test (MMS) (vgl. Krämer, 1996) und der Zahlen-Verbindungs-Test (ZVT) (vgl. ebd.), die deshalb hier kurz vorgestellt werden sollen. Allen Tests ist jedoch gemeinsam, dass sie ein Zahlen- und Sprachverständnis voraussetzen, das Menschen mit geistiger Behinderung oftmals nicht erfüllen. Ebenfalls sind behinderungsbedingte Mängel in der räumlichen und zeitlichen Orientierung sowie in der Aufmerksamkeitsspanne Ausschlusskriterien für die Anwendbarkeit der Tests. Menschen mit einer mittleren geistigen Behinderung scheitern jedoch bereits oft schon an den Voraussetzungen der standardisierten Testverfahren, ohne dass sie eine dementielle Krankheit aufweisen (vgl. ebd.).

Der *Mini-Mental-Status* (MMS) ist ein Kurztest, mit dem Merk- und Erinnerungsfähigkeit, Orientierung, Konzentration und Sprachverständnis überprüft werden können. Es ist bei Menschen mit geistiger Behinderung jedoch nur beschränkt einsetzbar. Um in den einzelnen Sektoren der Primärsymptomatik der

DAT, wie Gedächtnisstörungen, Orientierungsstörungen, Wortfindungsstörungen, Sprachstörungen, Störungen des Erkennens und der Wahrnehmung, Aufmerksamkeits- und Antriebsstörungen, spezifische Denkstörungen, motorische Störungen und Apraxien, den Leistungsabfall messen zu können, müssen herkömmliche, ohnehin in der Intelligenz- und Entwicklungsdiagnostik bei geistiger Behinderung verwendete Tests zusätzlich herangezogen werden.

Um eine verlässliche Basis für eine Längsschnittbeobachtung zu haben, ist es zwingend notwendig, Menschen mit Down-Syndrom bereits vor ihrem 40. Lebensjahr und Menschen mit einer anderen geistigen Behinderung vor ihrem 50. Lebensjahr zu testen. Je nach Alter und Risikogruppe sollten die Tests nach dem 40. Lebensjahr alle zwei bis drei Jahre und – falls ein Verdacht auf Demenz besteht – so schnell wie möglich als Screening wiederholt werden.

Als kurzer »Routinecheck« sind die folgenden zwei Testinstrumentarien empfehlenswert:

Tab. 6.2: Screening-Verfahren für dementielle Prozesse.

Für Menschen mit Down-Syndrom	
Testverfahren	**Testbereiche**
Dementia Scale for Down Syndrome (DSDS) (Gedye, 1995)	Alltagskognition, emotionale und motivationale Veränderungen, Kurz- und Langzeitgedächtnis, Orientierung, Sprache, passives Sprachverständnis, Dyspraxien, Feinmotorik, alltagspraktische Fähigkeiten, Affektivität, Aktivität und Interessen, Verhaltensauffälligkeiten, Neigung zu epileptischen Anfällen
Für Menschen mit anderer Ursache der geistigen Behinderung	
Testverfahren	**Testbereiche**
Dementia Questionnaire for Mentally Retarded Persons (DMR) (Evenhuis et al., 1990; Evenhuis, 1992, 1996; Prasher, 1997)	Alltagskognition, emotionale und motivationale Veränderungen, Kurz- und Langzeitgedächtnis, Orientierung, Sprache, praktische Fähigkeiten, Affektivität, Verhaltensauffälligkeiten, Aktivitäten und Interessen

Die Dementia Questionaire (DQ, Evenhuis, 1996; Evenhuis et al., 1990) ist ein standardisiertes, auf Informationen von Begleitpersonen basierendes Verfahren für die Einschätzung einer Demenz bei Menschen mit geistiger Behinderung. Es besteht aus 50 Items in 8 Subskalen: Kurzzeit-Gedächtnis; Langzeit-Gedächtnis; räumliche und zeitliche Orientierung; Sprache; praktische Fähig- und Fertigkeiten; Stimmung; Aktivität und Interesse sowie Verhaltenssauffälligkeiten.

Zigman et al. (2004) melden eine Test-Retest Reliabilität von 0,93 für Sum of Cognitive Scores und 0,92 für die Kombination von Sum of Cognitive und Social Scores.

Die Dementia Scale for Down Syndrome (DSDS, Gedye, 1995) wurde entwickelt, um den Rückgang kognitiver Leistungen von Erwachsenen mit geistiger Behinderung, insbesondere von Menschen mit schweren Behinderungen, einschätzen zu können. Informanten bei dieser Einschätzung sind Begleitpersonen (Familienmitglieder oder Betreuer), die die betreffende Person gut kennen.

In einer Studie von Deb und Branganza (1999) wurden bei 63 Personen mit Down-Syndrom im Alter von 35 bis 72 Jahren sowohl die DQ wie auch die DSDS abgenommen. Für die DSDS wurde eine Spezifitätsrate von 0,89 und eine Sensitivitätsrate von 0,85 errechnet. Für die DQ waren sowohl die Sensitivität und die Spezifität 0,92. In einer anderen Studie (Shultz et al., 2004) wurden wiederum beide Instrumente (DQ und DSDS) auf ihre Validität getestet bei 38 Personen im Alter von 45 bis 74 Jahren, davon 26 Personen mit Down-Syndrom. Die Sensitivität der DQ bzw. DSDS in dieser Studie war 0,65 bzw. 0,65 und die Spezifität 0,93 bzw. 1,0.

Laut einer Befragung von Psychologen in Großbritannien (Auty & Scior, 2008) gebraucht die Mehrheit den DSDS (Evenhuis, 1995) und weniger den DQ (Gedye, 1995) zur Einschätzung einer Demenz bei Menschen mit geistiger Behinderung. Strydom und Hassiotis (2003) kommen zum gleichen Ergebnis. In den Fokusgruppen der Untersuchung von Auty und Scior (2008) äußerten sich die klinischen Psychologen jedoch frustriert darüber, dass es sehr schwer sei, verlässliche Informanten zu finden, also Betreuer oder Familienmitglieder, die die Person lange genug kennen und ausreichend geschult sind, um Anzeichen von Demenz in dieser Klientengruppe frühzeitig zu erkennen.

6.7 Medikamentöse Therapie

Es gibt zahlreiche Medikamente, die versuchen, den Verlauf der Alzheimer-Erkrankung zu stoppen, bis jetzt konnte jedoch noch keine Behandlung gefunden werden, die den Sterbensprozess der Gehirnzellen beenden kann (McGuire & Chicoine, 2008, S. 365). Von einem Durchbruch und effektiver Therapie oder sogar Primärprävention der Erkrankung kann bis jetzt kaum gesprochen werden.

Die Forschungsergebnisse zu Antidemenz-Medikamenten bei Menschen mit geistiger Behinderung sind derzeit spärlich und bestehen aus kleinen Studien und Fallberichten zu Nebenwirkungen (Courtenay et al., 2010). Die meisten Daten beziehen sich auf Studien bei Menschen mit Down-Syndrom. Pueschel (2006) berichtete bei 40 Menschen mit Down-Syndrom ohne Demenz, dass keine Veränderung der kognitiven Funktion unter Verwendung von Acetyl-L-Carnitin stattfand. Johnson et al. (2003) untersuchten Donepezil, um die kognitive Funktion bei Menschen mit Down-Syndrom ohne Demenz zu verbessern. Sie berichteten von einer Verbesserung der Sprachfunktion, jedoch nicht für andere kognitive Funktionen oder Verhaltensweisen. Die Langzeitanwendung von Cholinesterasehemmern ist bei gesunden Erwachsenen aufgrund ihrer Nebenwirkungen schwierig beizubehalten oder zu rechtfertigen. Courtenay, Jokinen und Strydom (2010) schließen dann auch bei ihrer Analyse der vorhandenen Fachliteratur zum Thema »Antidemenzmittel bei Menschen mit geistiger Behinderung«, dass die Beweiskraft dieser Studien aufgrund ihrer geringen Anzahl und relativ kurzen Dauer begrenzt ist. »Das Vorschreiben von demenzrelatierten Arzneimitteln bei Menschen mit Demenz in der Allgemeinbevölkerung ist eine Standardpraxis mit einer guten Evidenzbasis. Entsprechende Belege für ihre Anwendung bei Personen mit geistiger Behinderung sind jedoch nicht so stark und stützen sich auf kleine Studien und Fallberichte, insbesondere bei Personen mit Down-Syndrom« (ebd., S. 31).

6.8 Psychologische und pädagogische Maßnahmen

Die Begleitung von Menschen mit geistiger Behinderung und einer Demenzerkrankung bedeutet Teamwork und interdisziplinäre Zusammenarbeit der Medizin (Geriatrie, Neurologie, Hausarzt), Psychologie und Pädagogik. Es gibt sehr unterschiedliche Formen der Begleitung: variierend von sehr intensiv bis inzidentell/zurückhaltend, von klinischer Therapie zur sozialen Maßnahme, vom Erlernen von Neuem bis zum Erhalt des Bestehenden, von Umweltmaßnahmen bis zu individueller Förderung. Die Anzahl und Art der Interventionen ist vielseitig: Psychotherapie, kognitive Trainingsprogramme, Realitätsorientierungstraining, Validation, Erinnerungstherapie, Personenzentrierter Ansatz, Reminiszenz-Therapie, Selbst-Erhaltungs-Therapie, Musik- und Maltherapie (Gutzmann & Zank, 2005, S. 120–134) sind nur ein kleiner Ausschnitt der Möglichkeiten. Was für die Interventionen bei Demenz im Allgemeinen gilt, nämlich, dass die Maßnahmen vielfach nicht auf Adäquanz und Effektivität empirisch und vergleichend untersucht worden sind, gilt im Besonderen für die soziale und psychologische Interventionsforschung bei Menschen mit Demenz und geistiger Behinderung. Die Forschungstradition zu dieser Fragestellung ist gering (Prasher, 2005, S. 93).

Interessant und zukunftsträchtig bei der Planung von Hilfen bei Menschen mit Demenzerkrankungen sind vor allem Kommunikationsansätze und sozialökologische Interventionen.

6.9 Sozial-ökologische Intervention

Durch zahlreiche kognitive und körperliche Veränderungen sind Personen mit Demenzerkrankung stärker als gesunde Personen auf eine beschützende materielle und soziale Umwelt angewiesen, die sie nicht überfordert und dennoch eine größtmögliche Selbstständigkeit bietet (Trilling et al., 2001; Gutzmann & Zank, 2005). Die sozial-ökologische Intervention richtet den Blick auf die Bedeutung der Umweltbedingungen für die Aufrechterhaltung des psychophysiologischen Wohlbefindens der älteren Menschen (Wahl, 2000). Veränderungen des Wohnumfeldes sollten sich auf ein Minimum beschränken, da die erkrankte Person nur schwer neue Informationen verarbeiten kann. Eine langsame, auf den Betroffenen zugeschnittene Anpassung gibt Struktur, Sicherheit und kann die Sinne adäquat stimulieren (Powell, 2007, S. 74). Räume sind so zu gestalten, dass sich der Betroffene auch in der jeweiligen Einrichtung, in der er lebt, zu Hause fühlt, was durch das Mitbringen eigener Möbel oder Bilder erleichtert wird. Die räumliche Orientierung kann durch Kennzeichnung (z. B. Farbmarkierungen, Piktogramme, Bilder oder Linien) erleichtert werden. Soziale Interaktionen durch Kontakt zu anderen Bewohnern, zur Familie, aber auch zu Tieren verbessert die Lebensqualität erheblich. Eine positive Gestaltung der sozialen Umgebung vermittelt das Gefühl von Sicherheit und Geborgenheit bei Personen mit einer Demenzerkrankung.

In einer Übersicht fassen Lawton und Mitarbeiter (1997) die wichtigsten Gesichtspunkte für Menschen mit einer Demenzerkrankung zusammen. Diese Prinzipien sind auch für den Umgang mit demenzerkrankten Menschen mit geistiger Behinderung ausgezeichnet geeignet: Unterstützung von Übersichtlichkeit, Funktionsfähigkeit und Kompetenzerhaltung, maximale Bewegungsfreiheit, Vermittlung von Sicherheit und Geborgenheit, Stimulation, Gewährleistung von Kontinuität des bisherigen Lebens, physikalische Umweltfaktoren, Unterstützung von Orientierung, Förderung sozialer Interaktionen, Ermöglichen von Erfahrungen mit Tieren und ein Angebot von Rückzugsmöglichkeiten (Lawton et al., 1997, in Gutzmann & Zank, 2005, S. 135). Was ist im Einzelnen mit diesen Anforderungen gemeint?

Übersichtlichkeit bezieht sich auf die Raumgröße, die weder unüberschaubar groß sein darf (Krankensäle) noch zu klein, um Beziehungen mit Mitbewohnern und Personal zu ermöglichen. Der Raum soll einen schützenden Charakter haben. Die Forderung der Unterstützung von Funktionsfähigkeit und Kompetenzerhaltung, aber auch die der Bewegungsfreiheit, bezieht sich auf den freien Zugang zu den Räumen und möglichst auch einen (gesicherten) Garten, damit dem Bewegungsdrang der Bewohner entsprochen wird. Etwaige Barrieren z. B. durch komplizierte Türklinken sollten beseitigt werden. Darüber hinaus sollte versucht werden, Geborgenheit zu vermitteln. Der Kranke sollte auch in einem Wohn- oder Pflegeheim das Gefühl haben, zu Hause zu sein. Dies bedeutet, dass alle Räume betreten und die sich darin befindlichen Dinge genutzt werden dürfen. Weiterhin sollten die Räume, Flure, Gartenanlagen usw. Anregungen bieten, beispielsweise können Glaswände zwischen Aufenthaltsräumen und Fluren, leise Musik oder verschiedene Pflanzen stimulierend wirken. Die Kontinuität zum bisherigen Leben sollte durch eigene Möbel, Bilder und Kleidung bewahrt werden. Physikalische Umweltbedingungen beziehen sich z. B. auf Beleuchtung, dezente Musik, Temperatur, die eine möglichst angenehme Atmosphäre unterstützen sollten. Die Orientierung wird durch eindeutige Kennzeichnung verschiedener Raumarten (Toiletten, Küche, Wohn- und Schlafzimmer) erreicht. Bei der Innengestaltung sollte nicht der neueste Stand der Technik oder Innenarchitektur benutzt werden, sondern vertraute, eher altmodische Lichtschalter, Armaturen oder Toilettenspülungen.

Sehr wichtig ist die Förderung sozialer Interaktionen sowohl zwischen den Heimbewohnern als auch zwischen den Angehörigen und den Heimbewohnern, u. a. durch die Bereitstellung von Übernachtungsgelegenheiten für die Angehörigen.

So wichtig die beschriebenen räumlich-dinglichen Komponenten auch sind, entscheidend für das Wohlbefinden der Menschen mit einer Demenzerkrankung ist die soziale Umgebung. Die Ausfallerscheinung der Krankheit bewirkt schon zu Beginn eine Verunsicherung. Bei fortschreitendem Krankheitsverlauf kann dies bei einigen Menschen Angst oder sogar Panik hervorrufen. Viele Menschen mit geistiger Behinderung, die erst ein gutes Sprachverständnis hatten und nach einiger Zeit keine Sprache mehr verstehen und keine Gesichter erkennen (auch nicht der nächsten Angehörigen), fühlen sich existentiell bedroht und hoffnungslos allein.

Die einzige Chance zur Abhilfe und Befriedigung grundlegender Bedürfnisse liegt in der Gestaltung der sozialen Umgebung. Dem Menschen mit so vielen funktionalen Verlusten kann zumindest teilweise Sicherheit und Geborgenheit durch die ständige Anwesenheit verständnisvoller und kompetenter Bezugspersonen vermittelt werden. Die Zugehörigkeit zu einer Gruppe (z. B. im Betreuten Wohnen, in Heimen, in einer Tagespflegestätte) kann soziale Kontakte, Gespräche, gemeinsame Aktivitäten, körperliche Nähe und Zärtlichkeit ermöglichen. Weiterhin kann bei manchen Kranken das Selbstwertgefühl durch behutsamen Umgang gestärkt werden (vgl. Stöppler, 2004b).

Ein Patentrezept zur Überwindung der Kommunikationsschwierigkeiten im Umgang mit Menschen mit geistiger Behinderung und Demenzerkrankung existiert nicht und wird es auch in der Zukunft nicht geben. Dazu sind die individuellen Verläufe und Erscheinungsformen der Demenzerkrankung, aber auch die Interventionsansätze in ihrer Zielrichtung und Methodik, zu unterschiedlich. Es gibt jedoch einige Richtlinien zur Kommunikation, die sich in der Praxis bewährt haben.

Eine Orientierungshilfe bietet das ABC-Motto (Powell, 2007; Böhme, 2008), das aus drei Punkten besteht, aus denen sich hilfreiche Kommunikationsformen ableiten lassen:

Vermeide Konfrontation (**A**void confrontation). Vermeiden Sie es, den Menschen ständig mit seinen Fehlern zu konfrontieren. Dadurch entsteht meistens nur eine schlechte Atmosphäre und ist nicht konstruktiv für weitere Interaktionen.
Handle zweckmäßig (**B**e practical). Versuchen Sie kritische Situationen vorauszusehen und ihnen direkt entgegenzuwirken. Meist finden sich praktische Lösungen bei der Vermeidung solcher Situationen.
Formuliere die Gefühle des Klienten und spende Trost, falls er ärgerlich, traurig oder ängstlich ist (**C**larify the feelings and Comfort). Formulieren Sie die Gefühle der Person mit einer Demenzerkrankung, verdeutlichen Sie diese für sie, damit sie weiß, dass Sie sie verstanden haben, und handeln Sie danach (Information, Angstreduktion, Trost).

Für erfahrenere Begleiter und Betreuer von Menschen mit Schwerst- und Schwerstmehrfachbehinderung bietet diese Ebene der Kommunikation und die obengenannten Tipps nichts Neues. Sie sind gewohnt, Wünsche und Reaktionen aus Lauten, Mimik und Körperhaltung abzuleiten. Auch bei Menschen mit geistiger Behinderung und Demenzerkrankung sind sie der andere Pol. Wenn der Sender aktiv ist, die Signale jedoch nicht gedeutet oder der Empfänger ausgeschaltet ist, dann kann auch keine kommunikative Situation entstehen.

Für die direkte praktische Arbeit mit demenzkranken Menschen mit geistiger Behinderung werden von verschiedenen Autoren (Buijssen, 1997, 2003; McCallion, 2000; Theunissen, 2002) einige Vorschläge gemacht (▶ Kap. 3.6, ▶ Kap. 4.4, ▶ Kap. 6.10, ▶ Kap. 7.4, ▶ Kap. 8.4, ▶ Kap. 9.7, ▶ Kap. 10.7, ▶ Kap. 13.6). Es sind Tipps für die Interaktion und Kommunikation mit Menschen mit einer Demenzerkrankung. Sie können hilfreich sein bei einigen Personen mit geistiger Behinderung in bestimmten Phasen der Demenzerkrankung, sind aber kein »Generalschlüssel« für den optimalen Umgang mit allen an einer Demenz erkrankten Personen.

6.10 Pädagogisches Handlungswissen

Für die direkte praktische Arbeit mit demenzkranken Menschen mit geistiger Behinderung werden von verschiedenen Autoren (Buijssen, 1997, 2003; McCallion, 2000; Theunissen, 2002) einige Vorschläge gemacht. Es sind Tipps zur Interaktion und Kommunikation mit Menschen mit einer Demenzerkrankung. Bei einigen Personen mit geistiger Behinderung in bestimmten Phasen der Demenzerkrankung können sie hilfreich sein, bilden aber keinen »Generalschlüssel« für optimalen Umgang mit allen demenzkranken Personen. Pitsch & Thümmel (2020) geben eine breite Übersicht über Interaktionskonzepte und -formen für eine professionelle Lebensbegleitung bei Menschen mit geistiger Behinderung und Demenzerkrankung.

Hören und Aufmerksamkeit:

- Überprüfen Sie mögliche Seh- oder Hörstörungen.
- Bleiben Sie bei der Kommunikation im Blickfeld des betroffenen Bewohners (sprechen Sie nur, wenn er sie sehen kann).
- Sehen Sie die Person direkt an und vergewissern Sie sich seiner Aufmerksamkeit, bevor Sie anfangen zu sprechen.
- Vermeiden Sie Hintergrundgeräusche oder Ablenkungen.
- Konzentrieren Sie die Aufmerksamkeit des dementen Bewohners nicht gleichzeitig auf mehrere Dinge.
- Schreien hilft nicht.

Verständnis:

- Versuchen Sie mit Berührung zu zeigen, was Sie sagen wollen.
- Sprechen Sie möglichst in kurzen, deutlichen Sätzen.
- Stellen Sie einfache Fragen, die eine »Ja«- oder »Nein«-Antwort ermöglichen.
- Gebrauchen Sie konkrete und bekannte Wörter.
- Geben Sie der Person Zeit zum Verstehen, Nachdenken und Antworten: Was Sie für eine unangemessene Pause halten, kann für einen dementen Menschen die notwendige Zeit zur Konzentration und Formulierung einer Antwort sein.
- Wiederholen Sie Gesagtes in derselben einfachen Art und Weise.
- Unterteilen Sie die Aufgabe in einige einfache Schritte.
- Versuchen Sie anhand von Mimik und Gestik zu erkennen, ob der Bewohner Sie verstanden hat.
- Machen Sie die Handlung vor, um die Sie bitten.
- Bitten Sie um eine Handlung oder Tätigkeit erst kurz bevor diese ausgeführt werden soll.
- Fangen Sie das Gespräch mit orientierender Information an.
- Achten Sie darauf, wie Sie sich selbst in dieser Situation präsentieren.

Nicht »überfragen«:

- Vermeiden Sie Fragen, die sich auf die jüngste Vergangenheit beziehen; sprechen Sie vielmehr über Dinge, die der betroffene Mensch in der Situation wahrnehmen kann oder über Ereignisse aus der Vergangenheit (verwenden Sie dazu unterschiedliche Gedächtnisstützen).
- Fordern Sie keine neuen, komplexen Handlungen, sondern üben und unterstützen Sie die Aktivitäten, zu denen die Person fähig ist.
- In einigen Situationen ist es weniger wichtig, was erzählt wird, entscheidend ist vielmehr, einem Menschen durch Anwesenheit und Nähe Aufmerksamkeit und Zuwendung entgegenzubringen.

Vermeiden von frustrierenden und beängstigenden Situationen:

- Versuchen Sie sich auf Fertigkeiten, Aktivitäten und Aufgaben zu richten, die die Person kann.
- Geben Sie Wahlmöglichkeiten.
- Korrigieren Sie so unauffällig wie möglich und vermeiden Sie grundsätzlich strafende Worte.
- Vermeiden Sie Gespräche über Themen, die dem betroffenen Menschen Angst einflößen bzw. Worte, die eine Verunsicherung auslösen können.
- Vermeiden Sie, in der Gegenwart des dementen Menschen mit einer anderen Person über ihn in der dritten Person zu reden, vermeiden Sie zu flüstern.

Angemessener Ton und Haltung:

- Versuchen Sie eine ruhige, sanfte, natürliche Annäherung; gebrauchen Sie einen nicht fordernden Gesprächsstil.
- Sprechen Sie auf eine angenehme und teilnahmsvolle Art.
- Sprechen Sie den betroffenen Menschen als erwachsene Persönlichkeit an. Berücksichtigen Sie seine Vergangenheit und Erfahrungen.
- Beziehen Sie den Betroffenen so oft wie möglich in Entscheidungen ein bzw. bieten Sie eine Auswahl an.

Hilfe bei Ausdrucksschwierigkeiten:

- Behaupten Sie nicht, etwas verstanden zu haben, wenn dies nicht der Fall ist, sondern versuchen Sie, das bisher Verstandene zu wiederholen bzw. fragen Sie nach, ob das, was Sie verstanden haben, dem Gesagten entspricht.
- Versuchen Sie bei Wortfindungsstörungen, das gesuchte Wort zu ergänzen oder zu umschreiben.
- Versuchen Sie, Gesten oder andere nonverbale Signale zu verstehen.
- Versuchen Sie im Sinne einer Validation, die Gefühle oder Bedürfnisse, die sich hinter Äußerungen verbergen, zu erkennen und ihre Reaktionen an diese Gefühlslage anzupassen.

7 Der Übergang von der Arbeit in den Ruhestand

7.1 Bedeutung der Arbeit

Der Übergang in den Ruhestand und das Rentenalter stellt eine neue Herausforderung für alle Beteiligten, Institutionen und Professionen der Behindertenhilfe und die älteren Menschen mit geistiger Behinderung dar. Während man bei Menschen ohne Behinderungen heute vielfach vom sogenannten »Unruhestand« spricht, stellt der Übergang in den Ruhestand für Menschen mit Behinderungen eine besonders belastende Situation dar, die ein sehr hohes Maß an Neuorientierung erfordert (vgl. Stöppler, 2017, S. 121). Die neuen Herausforderungen werden u. a. bei der Betrachtung der Bedeutung der Arbeit deutlich.

Jahoda (1983, S. 136) nennt als grundlegende Aspekte von Arbeit unter anderem den durch die Arbeit strukturiert erlebten Tag, das Erleben des sozialen Eingebundenseins und den für die Identitätserklärung wichtigen sozialen Status, der durch Arbeit zugewiesen wird. Um die Bedeutung von Arbeit näher zu beschreiben, hat Jahoda (1983) einige Strukturmerkmale von Arbeit unterschieden, die sie als »Kategorien der Erfahrung« bezeichnet.

In Anlehnung an diese Ausführungen formulieren Semmer und Udris (2004, S. 159) fünf psychosoziale Funktionen von Erwerbsarbeit:

- Aktivität und Kompetenz
- Zeitstrukturierung
- Kooperation und Kontakt
- Soziale Anerkennung
- Persönliche Identität.

Mit dem Funktionsbereich »Aktivität und Kompetenz« wird deutlich, dass jede Art von Arbeit aktives sowie kompetentes Handeln erfordert. In der Ausführung von Arbeitsaufträgen kann das Individuum fachkundige Kenntnisse in die Praxis umsetzen und gleichzeitig seinen Erfahrungs- und Qualifikationshorizont ausweiten.

Der Funktionsbereich »Zeitstrukturierung« beinhaltet, dass Arbeit den Tag, die Woche, das Jahr, sogar das ganze Leben strukturiert. Der Arbeitstag hat in der Regel einen festen Anfang und ein Ende, festgelegt durch Arbeitsbeginn, Pausen und Feierabend. Erst durch die Arbeitszeit entsteht das Gefühl für Freizeit, Urlaub, Pensionierung und Rente.

Arbeitsprozesse werden nicht von einem Individuum allein durchgeführt. Die meisten beruflichen Tätigkeiten verlangen ein hohes Maß an Zusammenarbeit und Abstimmung mit anderen Menschen. Semmer und Udris (2004) benennen diesen Funktionsbereich mit »Kooperation und Kontakt«. Soziale Tugenden wie z. B. Pünktlichkeit, Zuverlässigkeit und Teamgeist bilden eine wichtige Basis für eine gelungene Kooperation. Arbeit erfordert und fördert zudem kommunikative Fähigkeiten zwischen den beteiligten Individuen. Durch die Weitergabe von berufsbezogenen Erfahrungen und Absprachen sowie dem privaten Austausch, wird Arbeit zu einem wesentlichen sozialen Kontaktfeld.

Eine weitere wichtige Funktion von Arbeit liegt in der »Sozialen Anerkennung«. Das Ausfüllen der Rolle eines Berufstätigen erlaubt nicht nur die Erfahrung, kompetent zu handeln, sondern auch das Gefühl, einen wichtigen gesellschaftlichen Beitrag zu leisten. Diese Anerkennung stärkt wiederum das Selbstwertgefühl und die Identität des Menschen.

Der Aspekt der »Persönlichen Identität« wird im letzten Funktionsbereich von Erwerbsarbeit aufgegriffen. Durch die jeweilige Berufsrolle und die damit verbundenen Kompetenzen erlebt sich das Individuum als produktives Wesen und kann sich dadurch selbst verwirklichen (ebd., S. 159).

Obwohl Menschen mit geistiger Behinderung in der Regel durch die Arbeit kein Einkommen erzielen, das ihren Lebensunterhalt sichert, ist es für diesen Personenkreis – wie für die Gesamtbevölkerung – ein zentraler Bestandteil der Lebensgestaltung, einer Arbeit nachzugehen. Durch die Arbeitstätigkeit erfährt der Mensch mit geistiger Behinderung »in aller Regel ein sinnvolles Entfalten der eigenen beruflichen Gestaltungskräfte, das Erleben von Leistung und Nützlich sein, eine Stärkung des eigenen Selbst- und Lebensgefühls und als Teilhaben an einem wichtigen Lebensbereich das Erleben von sozialer Zugehörigkeit« (Bell et al., 1988, nach Speck, 2004, S. 340; vgl. auch Stöppler, 2017, S.105).

Das soziale Netzwerk von Menschen mit geistiger Behinderung besteht vorwiegend aus Kontakten zur Familie, zu Mitbewohnern und Arbeitskollegen sowie zu Mitarbeitern der jeweiligen Einrichtungen (Hollander & Mair, 2006, S. 61). Sowohl die Beschäftigung in der Gemeinschaft als auch in der Werkstätte sind ein Weg zum Aufbau von Beziehungen und zum Wohlbefinden. Verschiedene Untersuchungen haben die bedeutsamen Bindungen dokumentiert, die zwischen Arbeitern in Werkstätten für behinderte Menschen (WfbM) gewachsen sind (z. B. Hall & Kramer, 2009; Timmons, Hall, Bose, Wolfe & Winsor, 2011). In diesen Umgebungen können Beziehungen organisch wachsen und sogar zu einem Faktor für die Entscheidung von Einzelpersonen werden, außerhalb der Einrichtung zu arbeiten (Hall & Kramer, 2009). Die Herausforderung für die Beschäftigungsverhältnisse in der Gemeinschaft besteht darin, gegenseitige, für beide Seiten vorteilhafte Freundschaften zu entwickeln, zu denen jeder Partner beitragen kann, während es dennoch konsequente Unterstützung bietet. Der Arbeitsplatz bietet demnach einen wichtigen Ort der sozialen Kontakte für Menschen mit geistiger Behinderung.

Der Prozess der Pensionierung beinhaltet den Übergang von der Rolle eines Arbeitenden an einem Arbeitsplatz, eine Rolle, die er oder sie gegen Bezahlung erfüllt, zu einer Rolle als nicht mehr Angestellter. Atchley (1988) betont, dass das Ausscheiden aus dem Arbeitsleben eher etwas mit der Stelle und der Anstellung zu tun hat, als mit der Arbeit. So »arbeiten« Menschen auch nach der Pensionierung zum Beispiel in und an ihrem Haus weiter oder erfüllen ehrenamtliche Tätigkeiten. In diesem Sinne hören Menschen nie auf, zu arbeiten oder sich zu beschäftigen; vielmehr hören sie auf, zu ihrem bezahlten Arbeitsplatz zu gehen. Es besteht auch allgemeine Übereinstimmung darüber, dass Menschen am Ende ihrer Arbeitsjahre ein Recht auf Freizeit haben (vgl. Rix, 1990).

7.2 Arbeitsstätten für Menschen mit Behinderungen

Die Werkstatt für behinderte Menschen (WfbM) ist eine Einrichtung der beruflichen Rehabilitation. Sie bietet Personen, die nach § 136 Sozialgesetzbuch (SGB) IX wegen Art und Schwere der Behinderung nicht, noch nicht oder noch nicht wieder auf dem allgemeinen Arbeitsmarkt beschäftigt werden können, eine geeignete berufliche Bildung, einen Arbeitsplatz oder aber die Möglichkeit, eine angemessene Tätigkeit auszuüben. In Deutschland gibt es aktuell ca. 719 anerkannte Werkstätten für behinderte Menschen mit ca. 284.000 Arbeitsplätzen für Menschen mit Behinderungen. Weit über 90% der Schüler treten nach der Schule ein Arbeitsverhältnis in der WfbM an und verbleiben oftmals nach Absolvierung des Berufsbildungsbereiches auch dort (vgl. Stöppler 2017, S. 112). Die Aufgabenbereiche der WfbM gliedern sich in das Eingangsverfahren, den Berufsbildungsbereich und den Arbeitsbereich (§§ 3, 4, 5 WVO). Alle drei Bereiche finden Unterstützung in verschiedenen begleitenden Diensten. Sie haben die Aufgabe, den Beschäftigten in seinem Rehabilitationsprozess medizinisch, pädagogisch, sozial, psychologisch, pflegerisch und therapeutisch zu begleiten.

Die Finanzierung der Werkstatt für behinderte Menschen ist gestaffelt. Die Kosten für das Eingangsverfahren und den Berufsbildungsbereich trägt in der Regel die Bundesagentur für Arbeit – zum Teil können auch andere Rehaträger wie z. B. die Sozialversicherung (in Form von Rentenversicherung oder der gesetzlichen Unfallversicherung) zuständig sein. Der überörtliche Sozialhilfeträger (Landschaftsverband, Landessozialamt) übernimmt die Kosten für den Arbeitsbereich der WfbM. Die Beschäftigten sind während ihrer Zeit in der Werkstatt unfall-, kranken-, pflege- und rentenversichert. Die Arbeitslosenversicherung entfällt in diesem Fall. Nach 20 Jahren Berufstätigkeit steht den Beschäftigten eine Erwerbsunfähigkeitsrente (EU-Rente § 43 Absatz 6 SGB VI), die mit dem 65. Lebensjahr in eine Regelaltersrente umgewandelt wird, beziehungsweise eine Altersrente für Schwerbehinderte zu (§ 37 SGB VI).

Bei Bezug der stationären Eingliederungshilfe wird die Zahlung komplett vom zuständigen Sozialhilfeträger beansprucht. Von ihr bleiben keine Zahlungen für den Rentner übrig (Wacker, 2004, S. 10), sodass er im Ruhestand kein ausreichendes Einkommen hat. Im Rahmen der Werkstattarbeit ist es nicht möglich, bestimmte finanzielle Altersvorsorgen zu treffen, sodass der alte Mensch mit geistiger Behinderung in der Regel über keine weitere Alterssicherung als die Regelaltersrente verfügt.

Die WfbM werden sich in naher Zukunft einer immer größer werdenden Zahl von älteren Menschen mit Behinderung stellen müssen. Im Jahr 2010 prognostizierte Diekmann, dass 2020 »die 50–59-Jährigen die stärkste Altersgruppe bilden« (Diekmann et al., 2010, S. 54). Nach seinen Hochrechnungen wird der Anteil der 60- bis 64-Jährigen unter allen WfbM-Beschäftigten im Jahr 2030 auf 13% ansteigen.

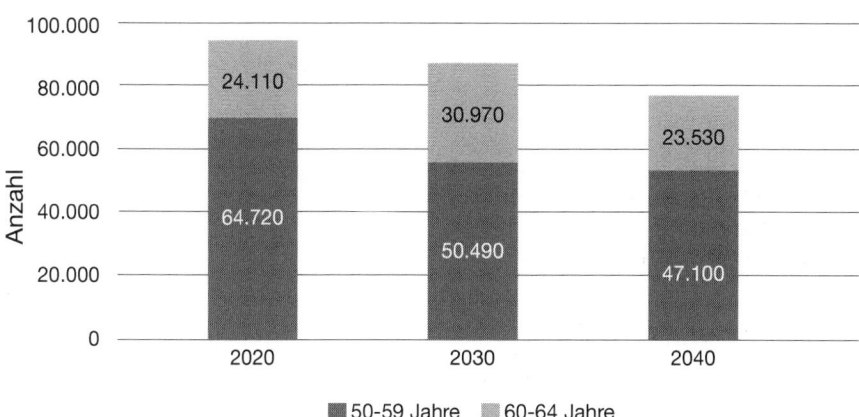

Abb. 7.1: Schätzung der über 50-jährigen Erwachsenen mit geistiger Behinderung in Werkstätten für behinderte Menschen in der BRD 2020, 2030 und 2040 (Zahlenbasis bei Diekmann et al. 2010, S. 54–56, in Anlehnung an Pitsch & Thümmel, 2017, S. 48).

Die Eingliederungshilfe für Menschen mit Behinderungen bestätigen in ihrem Jahresbericht 2018 Diekmanns Aussage. »Die Gruppe der 50- bis unter 60-Jährigen stellt seit 2015 die größte Altersklasse dar (2018: 26,5 %). Insgesamt sind 34 % der Werkstattbeschäftigten 50 Jahre und älter (2017: 33,2 Prozent) (BAGÜS 2020, S. 33).

Mit dem Austritt aus der WfbM und dem Eintritt in den Ruhestand vieler Menschen mit geistiger Behinderung in den kommenden Jahren stehen auch die Wohneinrichtungen vor großen Veränderungen. Immer mehr Bewohner werden durch das Ausscheiden aus dem Beruf auch tagsüber Hilfestellung und Anleitung in ihrer Freizeit und bei der Strukturierung ihres Alltags benötigen. Früher konzentrierte sich die Betreuung und personale Planung in den Wohneinrichtungen vor allem auf Aufgaben, die morgens, abends und an den Wochenenden anfielen.

Auch die Zahl der älteren Menschen, die tagesstrukturierende Angebote brauchen, wird entsprechend steigen.

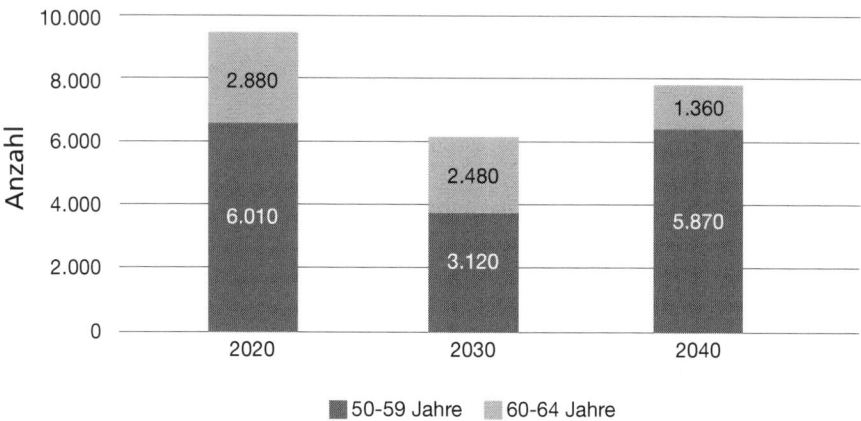

Abb. 7.2: Personen mit geistiger Behinderung von 50 bis 64 Jahren in tagesstrukturierenden Maßnahmen (Schätzung nach Diekmann et al. 2010, S. 57–59, in Anlehnung an Pitsch & Thümmel, 2017, S. 52).

7.3 Ruhestand

Mit zunehmendem Alter nimmt die Teilnahme an beruflichen Tätigkeiten im Allgemeinen ab. Für manche ist dies eine willkommene Abwechslung – eine Entscheidung, die die Person trifft, plant und sich darauf freut, sie zu genießen. Für andere kann dieser Rückgang der Beschäftigung auf das Einsetzen von Krankheit oder chronischen Behinderungen, den Verlust von Arbeitsplätzen aufgrund schlechter wirtschaftlicher Bedingungen, Technologien, die ihren Arbeitsplatz ersetzen, oder sogar auf Diskriminierung aufgrund des Alters zurückzuführen sein. Da der Ausstieg aus dem Erwerbsleben nicht freiwillig erfolgt, ist die Anpassung an den Ruhestand für die letztgenannte Gruppe schwieriger.

Die Entwicklung der Industriegesellschaften führte zum »Rentenprinzip«, wonach die Arbeitnehmer in einem bestimmten Alter aus dem Erwerbsleben ausscheiden würden (Myles, 1984). Aber viele Menschen sind gegen dieses Prinzip, insbesondere, wenn sie gesund und körperlich und geistig in der Lage sind, ihre Arbeit fortzusetzen.

Menschen betrachten den Ruhestand heute im Allgemeinen auf drei verschiedene Arten: a) Sie wollen nicht in den Ruhestand gehen; b) sie freuen sich auf den Ruhestand oder c) sie wollen schrittweise von der Arbeit in den Ruhestand übergehen. Die erste Gruppe besteht im Allgemeinen aus nicht behinderten Personen, die aus ihrer Arbeit einen Sinn für Wert und Zweck ableiten. Sie wollen so lange weiterarbeiten, wie sie körperlich und geistig dazu in der Lage sind. Untersuchungen zeigen, dass viele Menschen mit der Fortsetzung ihrer Arbeit im Alter zufrieden sind (Pitt-Catsouphes & Smyer, 2005). Die zweite Gruppe hat vielleicht auch ein starkes Gefühl für den Wert ihrer Arbeit, aber diese Personen haben andere Interessen oder Karrieren, die sie gerne verfolgen würden. Sie können den Ruhestand als Gelegenheit sehen, diese anderen Bereiche zu erkunden. Mitglieder der dritten Gruppe ziehen es vor, schrittweise in den Ruhestand zu gehen, anstatt abrupt von Vollzeitarbeit zu Vollzeitnichtarbeit überzugehen. Ein solcher Übergang kann zwei oder drei Jahre Teilzeitarbeit vor der Pensionierung umfassen.

Die meisten Menschen mit Behinderung haben erst am Ende der 1970er Jahre, nach Enthospitalisierung und Aufbau der WfbM erfahren, was strukturierte Arbeit ist. Vor dieser Zeit arbeiteten viele in den Großeinrichtungen, im Haushalt, in der Küche, im Garten oder in der Landwirtschaft. Andere hatten wegen ihren Körper- oder Sinnesbehinderungen kaum sinnvolle Beschäftigung. Auch Personen, die ihr Elternhaus nie verlassen hatten, kannten keine strukturierte Arbeit.

Die Arbeitsgeschichte der heutigen alten Menschen mit geistiger Behinderung, die vor dem Ausscheiden aus dem Arbeitsprozess stehen, weist also große Unterschiede zu den Arbeitserfahrungen der allgemeinen Bevölkerung auf. Alte Menschen mit geistiger Behinderung könnte man sogar in vielen Fällen nicht nur zu den Unter- oder Nichtbeschäftigten, sondern auch zu den Unterprivilegierten rechnen, die aus der verrichteten Arbeit keine finanziellen Rechte ableiten können.

Für Menschen mit einer geistigen Behinderung ist das Ausscheiden aus der WfbM ein besonders großer Lebenseinschnitt, da sie in der Regel nicht auf eine eigene Familie und einen Freundes- und Bekanntenkreis außerhalb des Wohn- und Werkstattumfeldes zurückgreifen können (Baur, 2001, S. 11). Judge et al. (2010) stellten fest, dass ältere Erwachsene mit geistiger Behinderung häufig auf ein Gefühl des bevorstehenden Exils hinweisen, wenn sich der Ruhestand nähert. Der Verlust von Freundschaften und Aktivitäten, verbunden mit dem Gefühl, nur wenig Kontrolle über Veränderungen im Leben zu haben, lässt den Ruhestandsprozess für sie sehr unangenehm erscheinen. Der Mensch mit geistiger Behinderung wird aus einer Vielzahl sozialer Kontakte entlassen, ohne dass sich daraus sofort neue, als positiv empfundene Rollenmuster entwickeln würden. So besteht bei vielen zukünftigen Rentnern nicht nur die Sorge um das Geld, sondern vor allem um den Verlust bedeutsamer Kontakte. Tätigkeiten, die einen Großteil des Tages ausgefüllt haben, sind auf einmal nicht mehr gegeben (Hustede et al., 2004, S. 136). Der Verlust des vertrauten Alltags, der gewohnten Tagesstruktur, einer sinnreichen Tätigkeit und des Zugehörigkeitsgefühls zur Arbeitswelt können ohne adäquate Vorbereitung und Unterstützung für den Personenkreis der Menschen mit geistiger Behinderung eine besondere psychische Belastung darstellen. Sinkendes Selbstwertgefühl, Frustration und innere Leere können die Folgen sein. Der Übergang in den Ruhestand kann ohne sorgfältige Planung schnell zu einer Lebenskrise führen (ebd., S. 131).

Gusset-Bährer (2006) unterscheidet nach Shaw et al. (1998) drei Phasen bei dem geplanten Übergang von Menschen mit geistiger Behinderung in den Ruhestand:

Die Phase der Planung oder Antizipation des Ruhestands, die bereits im frühen Erwachsenenalter beginnen kann, bei dem Erlernen von Interessen und Hobbys oder wenn es um die langfristige Planung der Finanzierung des Lebens im Ruhestand geht. Personen, die sich mit dem bevorstehenden Ruhestand auseinandersetzen und sich kognitiv, emotional und verhaltensbezogen darauf vorbereiten, scheint es deutlich leichter zu fallen, sich in der neuen Lebensphase zurechtzufinden (ebd., S. 70). Älteren Menschen mit geistiger Behinderung sollte dabei über Angebote der Erwachsenenbildung ermöglicht werden, sich über ihren neuen Lebensabschnitt zu informieren, Pläne zu machen sowie mitzubestimmen und mitzugestalten (Sterns et al., 2000; Haveman, 1999a). Fünf Aspekte spielen nach Gusset-Bährer (2006b) in dieser Phase eine wichtige Rolle:

- die Vermittlung von Informationen zum Ruhestand (z. B. um Ängste und Befürchtungen abzubauen, neue Möglichkeiten zu eröffnen und zu konkretisieren);
- die Vermittlung von Perspektiven (Schaffen von neuen Zeit- und Handlungsräumen);
- das Erhalten und Aufzeigen von Kontinuität (Vertrautes und Gewohntes beibehalten),
- die Vermittlung von Kompetenzen (zu einer selbstbestimmten Gestaltung des Ruhestands);
- das Eingehen auf zentrale Themen des Alterns (z. B. Freizeit, Wohnen, körperliche Veränderungsprozesse), wobei Methoden oder Programme wie »Persönliche Zukunftsplanung« (Doose, 2004) oder »Selbstbestimmt Älterwerden – Ein Lehrgang für Menschen mit geistiger Behinderung zur Vorbereitung auf Alter und Ruhestand« (Haveman et al., 2000; Haveman & Heller, 2019) hilfreich sein können.

Der Entscheidungsprozess für den Eintritt in den Ruhestand, der alle Handlungen und Betrachtungen unmittelbar vor dem Ausscheiden aus dem Erwerbsleben umfasst. Werden Menschen mit geistiger Behinderung in den Entscheidungsprozess eingebunden, so kann ein Gefühl von subjektiver Kontrolle entstehen, was zu einer besseren Bewältigung des Übergangs in den Ruhestand beitragen kann.

Die Anpassung an den Ruhestand, die alle Handlungen einschließt, die unternommen werden, um ein angenehmes und zufriedenstellendes Leben im Ruhestand führen zu können (Gusset-Bährer, 2006, S. 74). Für die Schaffung einer individuellen, sinnerfüllten Lebensgestaltung werden folgende Ziele anvisiert (Schelbert & Winter, 2001; Sozialministerium Baden-Württemberg, 1999):

- Bereitstellung von Angeboten, anregende Beschäftigung, Förderung und Freizeitgestaltung;
- Gestaltung einer Tagesstruktur;
- Schaffung von Hilfen zur Alltagsbewältigung;
- Ermöglichung der Teilhabe am Leben in der Gemeinschaft;
- Schaffung einer sicheren Umgebung/Geborgenheit;
- Förderung größtmöglicher Selbstständigkeit bei der Lebensgestaltung;

- Ermöglichung von Selbstbestimmung, Lebenszufriedenheit und Lebensfreude;
- Erhalten, Entfaltung und Weiterentwicklung von Fähigkeiten (körperlich, geistig, sozial);
- Erhalt der vertrauten Umgebung und des sozialen Umfelds;
- Ermöglichung der Pflege sozialer Kontakte;
- Ermöglichung von Erlebnissen und Erfahrungen;
- Ermöglichung von Bewegung, aber auch Schaffen von Ruhe und Rückzugsmöglichkeiten;
- Erleichterung von Orientierung in Raum und Zeit;
- Förderung zur Erhaltung bzw. Entfaltung der Persönlichkeit und der Identität (Selbstverwirklichung);
- Ermöglichung der Auseinandersetzung mit der eigenen Biografie, dem Älterwerden und den damit zusammenhängenden Veränderungen;
- Ermöglichung von körperlichem und psychosozialem Wohlbefinden;
- Anregungen, auch eigenen Interessen und Hobbys nachzugehen;
- Unterstützung bei der Bewältigung von altersbedingtem Nachlassen der körperlichen und geistigen Kräfte, von Krankheit, Sterben und Tod.

Das Ausscheiden aus dem Arbeitsleben sollte aber nicht ausschließlich mit negativen Aspekten und Risiken verbunden werden. Die Gesellschaft betrachtet den Ruhestand zunehmend als eine Zeit für produktive, sozial bedeutsame Freizeitaktivitäten (Einulf, 2009). Wie ältere Erwachsene ohne Behinderung versuchen auch ältere Erwachsene mit geistiger Behinderung Möglichkeiten für Gesundheit, Teilhabe und Sicherheit zu optimieren, um die Lebensqualität zu verbessern (World Health Organization, 2002). Die Aufrechterhaltung eines aktiven und aussagekräftigen Ruhestandstages ist von entscheidender Bedeutung für diesen Prozess. Anstatt sich täglich von strukturierten Aktivitäten zu einem ruhigen, langsamen Leben zurückzuziehen, möchten viele Erwachsene mit geistiger Behinderung weiterhin ein aktives, produktives Leben führen und an ihren Gemeinschaften teilnehmen und dazu beitragen (Buys et al., 2008). Die Aufrechterhaltung einer sinnvollen Aktivität fördert ein höheres Selbstwertgefühl und Selbstbestimmung bei alternden Erwachsenen mit geistiger Behinderung (▶ Kap. 4.3.8).

Der Wegfall der Arbeit bietet auch neue Chancen und ist ein Zugewinn an frei verfügbarer Zeit, in der man verstärkt seinen persönlichen Interessen nachgehen kann (▶ Kap. 10). Demzufolge ist eine individuelle Betrachtung in Bezug auf die Gestaltung des Übergangs in den Ruhestand unerlässlich (Baur, 2001, S. 35). Es sollte darauf geachtet werden, dass die Menschen sich auf das Ausscheiden aus der Werkstatt vorbereiten können und der Übergang in die nachberufliche Zeit gleitend erfolgt (Kruse, 2006, S. 125). Um dieses zu erreichen, stehen verschiedene organisatorische Methoden zur Verfügung.

Reduzierte Arbeitszeiten

Die Einführung von flexiblen Arbeitszeiten ist ein mögliches Instrument, den Übergang von einer Vollzeit-Beschäftigung zum Ruhestand fließender zu gestalten. Arbeitsreduzierung ist zudem als sinnvoll zu betrachten, wenn der Beschäftigte durch die verlängerte Pause seine Arbeitsfähigkeit erhalten kann. Die Arbeitsreduzierung dient somit nicht nur der Vorbereitung auf den Ruhestand, sondern auch dazu, eine gewisse Kompetenzerhaltung zu ermöglichen, sodass sie als humane Gestaltungsmaßnahme für die letzten Berufsjahre bezeichnet werden kann (Jehr, 1998, S. 256). Je nach individuellem Leistungsvermögen können verschiedene Arten der Teilzeitbeschäftigung umgesetzt werden. Es bieten sich folgende Möglichkeiten an (Schmidt-Thimme, 1994):

- ein späterer Arbeitsbeginn oder früheres Arbeitsende
- verlängerte und/oder zusätzliche Pausen
- einzelne freie Nachmittage
- ein oder mehrere freie Tage im Monat
- Halbtagsbeschäftigung (ebd., S. 25).

Der § 6 Abs. 1 der WVO stellt die verordnungsrechtliche Grundlage für kürzere Beschäftigungszeiten in der WfbM dar: »Einzelnen Beschäftigten ist eine kürzere Beschäftigungszeit zu ermöglichen, wenn es wegen Art und Schwere der Behinderung notwendig erscheint.«

Um eine Teilzeitbeschäftigung von Werkstattbeschäftigten zu realisieren, sind einige organisatorische Fragen im Vorfeld zu klären. Dazu gehören die Abstimmung mit den Wohn- bzw. Elternhäusern sowie die Organisation von Fahrdiensten und sonstigen Versorgungsformen. Weitere Maßnahmen können die Einrichtung separater Arbeitsgruppen für Vor-Ruheständler sowie ein bewusstes Einstellen auf reduzierte Produktivität ohne Leistungs- und Zeitdruck sein (BV Lebenshilfe, 2015, S. 8).

Spezielle Arbeitsgruppen

In einigen Werkstätten wurden Arbeitsgruppen für Menschen mit geistiger Behinderung gegründet, die aufgrund von altersbedingtem Leistungsabbau den Ansprüchen in einer Produktionsgruppe nicht mehr gerecht werden können. Ziel einer Arbeitsgruppe speziell für angehende Rentner ist es, die Beschäftigten auf das Ausscheiden aus dem Arbeitsleben vorzubereiten und ihren besonderen Bedürfnissen aufgrund des individuellen Alterungsprozesses gerecht zu werden. Lebenspraktische Tätigkeiten und Fertigkeiten sollen möglichst aufrechterhalten werden. Neben den Tätigkeiten aus den Arbeitsbereichen, die in einem zeitlich begrenzten Rahmen ausgeführt werden, können kreative Angebote, Bewegungs- und Entspannungsangebote gemacht werden. Wacker (2001, S. 84) weist bei der Bildung von separaten Gruppen auf die Gefahr der Isolation der Beschäftigten vom restlichen Werkstattbetrieb hin.

Bildungsangebote zur Vorbereitung

Menschen mit geistiger Behinderung haben nur eingeschränkte Möglichkeiten sich selbst über den Ruhestand zu informieren. Deshalb scheint es besonders sinnvoll, angemessene Bildungsangebote zur Vorbereitung auf den Ruhestand bereitzustellen. Das Ziel derartiger Bildungsangebote besteht vor allem darin, Menschen mit geistiger Behinderung die Gelegenheit zu bieten, sich über ihren Lebensabschnitt nach der Arbeit zu informieren, auszutauschen sowie (mit-)zubestimmen und (mit-)zugestalten.

In Form von regelmäßig stattfinden Gesprächskreisen in der WfbM oder im Wohnheim können verschiedene Bildungsinhalte zum Thema *Vorbereitung auf den zukünftigen Ruhestand* behandelt werden. Aber auch außerhalb der Lebensbereiche Arbeit und Wohnen können vereinzelte Bildungsangebote zur Vorbereitung auf den Ruhestand besucht werden. Die Lebenshilfe bietet zum Beispiel in ihrem Bildungsprogramm Wochenendkurse an zum Thema »Bald Rentner! – Was kommt, wenn die Arbeit geht?« (Lebenshilfe, 2008, S. 18). Darüber hinaus bietet beispielsweise die evangelische Familienbildungsstätte Münster ein vielseitiges Programm für ältere Menschen mit geistiger Behinderung an. Neben den Seniorentreffs und dem Kochen für Ältere bietet die Bildungsstätte auch einige Kurse speziell zur Vorbereitung auf den Ruhestand an (Evangelische Familienbildungsstätte MS, 2004).

Im Rahmen der Erwachsenenbildung ist auf den von Haveman et al. (2019) bearbeiteten Lehrgang »Selbstbestimmt Älterwerden« als Option zur Vorbereitung auf den Ruhestand beziehungsweise zur Orientierung in der Lebensphase »Alter« hinzuweisen. Dieser Kurs orientiert sich an den Leitprinzipien des Empowerment und setzt den Schwerpunkt auf die Selbstbestimmung des eigenen Lebens (▶ Kap. 14).

7.4 Pädagogisches Handlungswissen

Die im Kapitel 7.2 genannten Kennzahlen der Eingliederungshilfe, die auf eine Änderung der Altersstruktur in den Werkstätten hinweisen, machen deutlich, dass zunehmend Menschen mit geistiger Behinderung auf den Ruhestand vorzubereiten sind. Der Übergang in den Ruhestand erfordert von den betroffenen Menschen ein hohes Maß an Anpassungsleistungen und Neuorientierung. Menschen mit geistiger Behinderung verlieren mit der Aufgabe der Berufstätigkeit häufig auch den größten Teil ihrer sozialen Kontakte. Sie verfügen ihr Leben lang über weniger Rollen als gleichaltrige nichtbehinderte Menschen, sodass für sie Übergänge und Krisen häufig zu Konflikten und Kontinuitätsbrüchen führen können.

Wichtig sind folgende Maßnahmen:

- Einteilung des Übergangs in kleine Schritte (Teilzeitarbeit, Arbeitszeitverkürzung etc.)
- Innehaben unterschiedlicher sozialer Rollen
- Erhaltung alter sozialer Beziehungen sowie Förderung von Neuen
- Aufrechterhaltung des Kontaktes zu den ehemaligen Kollegen
- Ermöglichen von Beziehungen zu Menschen außerhalb der Einrichtung
- Nach Möglichkeit Erhaltung des vertrauten Wohnumfeldes
- Förderung der Teilnahme am gesellschaftlichen, sozialen und kulturellen Leben
- Verstärkung und Ausbau offener Hilfen
- Stärkung der Kompetenzen zur Bewältigung der Anforderungen des Alters
- Kennenlernen verschiedener Aktivitäten außerhalb des Wohnheims.
- Optimierung der freien Zeitgestaltung
- Förderung der Gesundheit und Mobilität.
- Vermehrte Durchführung von Vorbereitungskursen, die auf die Situation im Ruhestand vorbereiten und den Betroffenen die Möglichkeit bieten, sich mit ihren Ängsten bezüglich dieser Lebensphase auseinanderzusetzen
- Schaffung neuer Tagesstrukturen für den Ruhestand
- Anbieten einer Wahlmöglichkeit zwischen altersheterogenen und -homogenen Wohngruppen.

Es ist notwendig, in allen Bereichen individuelle Lösungen gemeinsam mit den Betroffenen zu finden, die ihnen einen befriedigenden Übergang in den Ruhestand ermöglichen. Der Übergang in den Ruhestand ist flexibler zu gestalten.

Zur Vorbereitung auf den Ruhestand können Angebote von Altentagesstätten und -clubs, Volkshochschulkurse, gesellige Runden etc. einen wichtigen Beitrag leisten. Empfehlenswert sind weiterhin entsprechende Bildungsangebote, wie z. B. der Lehrgang »Selbstbestimmt Älterwerden« (▶ Kap. 14).

8 Wohnen

8.1 Bedeutung

Die UN-BRK fokussiert im Artikel 19 das Recht von Menschen mit Behinderung, selbstbestimmt über die Wohnform zu entscheiden.

Nicht nur im Bereich der Arbeit, auch im Wohnbereich, gibt es große Unterschiede zwischen Menschen mit und ohne geistiger Behinderung im Alter. Für beide Gruppierungen gilt, dass der Alltag vor allem aus Wohnalltag besteht. So verbringen ältere Menschen im Durchschnitt mehr als drei Viertel ihrer Zeit in ihrer Wohnung zu Hause (Küster, 1998) und dies gilt im selben Maße für alte Menschen mit geistiger Behinderung. Die Unterschiede werden jedoch deutlich, wenn wir uns dieses Zuhause für ältere Menschen mit geistiger Behinderung näher ansehen. Für ca. 95 % der über 65-Jährigen in Deutschland ist dieses Zuhause eine Privatwohnung (Schneekloth, 1997). Größtenteils handelt es sich dabei um Ein- (52,4 %) oder Zweipersonenhaushalte (43,1 %; StBA, 2001). Alte Menschen mit geistiger Behinderung verbleiben in der Regel jedoch zusammen mit vielen anderen Menschen mit Behinderung in besonderen Wohnformen, ehemals (bis zum 31.12.2019) als Wohnheime bezeichnet (Wacker et al., 1998).

Das Wohnen bekommt im Alter, insbesondere mit dem Ausstieg aus dem Berufsleben, eine besondere Rolle, da ein großer Teil des täglichen Lebens in den eigenen vier Wänden stattfindet. Hollander (2009, S. 45) spricht in diesem Kontext von einer Aufwertung der Wohnbedeutung. Angemessene Lebensbedingungen und eine anregende Wohnumgebung erscheinen unerlässlich für ein würdevolles Altern und den Erhalt der persönlichen Lebenszufriedenheit. Wohnen bedeutet nicht nur Unterbringung und Versorgung, sondern hat viel mit Geborgenheit, Selbstbestimmung sowie Privatheit und Gemeinschaft zu tun (Weinwurm-Krause, 1995). »Die Wohnung ist der Raum, der es ermöglicht, Individualität zu leben, schafft Privatheit, ist der Ort maximaler individueller Souveränität und persönlicher Integrität« (Wacker, 1998, S. 22). Im hohen Erwachsenenalter wird das Bedürfnis nach einer den eigenen Bedürfnissen entsprechenden Wohnform, in der man seinen Lebensabend verbringen möchte, verstärkt, da Menschen nach ihrer Pensionierung mehr Zeit in ihrer Wohnung verbringen (Furger & Kehl, 2006, S. 36). In den Konzepten der meisten Einrichtungen der Behindertenhilfe ist der Anspruch formuliert, Bewohner lebenslang zu begleiten, solange dies bedarfsgerecht und mit den vorhandenen Ressourcen leistbar ist (vgl. Büschgen, Averkamp & Kloster, 2009). Daraus resultiert im konkreten Einzelfall aber eine Reihe von Folgeproblemen, die einen einrichtungsübergreifenden Blick auf die Ressourcen des Umfeldes unabdingbar machen.

Bei Schwarte & Oberste-Ufer (1997) werden fünf grundlegende Wohnbedürfnisse herausgestellt, die auch für ältere Menschen mit geistiger Behinderung gelten (Theunissen 2010b, S. 59). Es handelt sich um Bedürfnisse nach Sicherheit und Schutz, Geborgenheit und Distanz, Beständigkeit und Vertrautheit, Kontakt und Kommunikation, Tätigkeit und Selbstdarstellung (ebd., S. 44).

So konstatiert beispielsweise Speck (1987): »Menschen mit geistiger Behinderung haben die gleichen Lebensgrundbedürfnisse und Rechte wie Menschen überhaupt« (ebd., S. 8) und folgert daraus: »Wenn also nach humanem Wohnen gefragt ist, dann kann es nicht um anderes gehen als um Gesichtspunkte, die schlechthin für humanes Leben und Wohnen der Menschen gelten ...« (ebd., S. 9).

Die Anerkennung der Bedürfnisse von Menschen mit geistiger Behinderung hielt erst in der modernen Behindertenhilfe Einzug. Mit dem Paradigmenwechsel (▶ Kap. 3.3) erfolgte eine stärkere Berücksichtigung der individuellen Wünsche auch im Bereich des Wohnens. Allerdings ist gegenwärtig das Wohnen von Menschen mit geistiger Behinderung noch häufig mit einer mangelnden Respektierung individueller Wünsche und erheblichen Beeinträchtigungen der Lebensqualität verbunden.

Auch bei der Wahl des Wohnortes und -umfeldes wird der Personenkreis der älter werdenden und alten Menschen oft benachteiligt. Ein Umzug aus dem bekannten Wohnumfeld und ein damit einhergehender Abbruch von Sozialbeziehungen kann eine gravierende Belastung für ältere Menschen mit geistiger Behinderung darstellen, da es ihnen in verstärktem Maße erschwert ist, in einer fremden Umgebung ein neues Zuhause zu finden (vgl. Hofmann, 1992, S. 10; Kräling, 1997, S. 159; Trappen, 1987, S. 23).

Möglichkeiten zur persönlichen Entscheidungsfreiheit und individuellen Lebensgestaltung werden im Bereich des Wohnens vielfach nicht zugestanden. Viele Menschen mit geistiger Behinderung sind im Alter auf das Wohnen in institutionalisierten Großeinrichtungen angewiesen, häufig die einzige Alternative zum Leben im Elternhaus. Der Nachteil dieser Wohnmöglichkeit ist darin zu sehen, dass stationäre Einrichtungen oft zu einem »starren Versorgungskonzept« neigen und persönliche Belange der Bewohner nicht berücksichtigen können.

8.2 Grundlegende Forderungen und Zielsetzungen

Für die Rechte und Bedürfnisse von Menschen mit geistiger Behinderung in jeder Altersphase setzen sich verschiedene Behindertenverbände und -organisationen ein. So hat insbesondere die Bundesvereinigung Lebenshilfe e. V. als Orientierungsrahmen und Richtschnur ein Grundsatzprogramm formuliert (vgl. Bundesvereinigung Lebenshilfe, 1990). Es enthält u. a. grundlegende Forderungen zum Lebensbereich Wohnen erwachsener und älterer Menschen mit geistiger Behinderung. Demnach sollen Menschen mit geistiger Behinderung die gleichen Grundbedürfnisse zuerkannt werden wie Nichtbehinderten. Sie sollen die Möglichkeit haben, so normal wie möglich in der Gemeinde mit differenzierter Infrastruktur in weitgehender Gemeinsamkeit mit ihren Mitmenschen zu leben und dazu alle benötigten Hilfen und Begleitung erhalten. Sie sollen unter Wohnbedingungen leben können, die nicht ausschließlich Unterkunft und Verpflegung bedeuten, sondern die ihnen das Gefühl vermitteln, zu Hause, geborgen, eingebunden, aber auch eigenständig und für sich zu sein. Es wird gefordert, dass jeder Einzelne – unabhängig vom Ausmaß und Grad seiner Behinderung – seine Wohnsituation so weit wie möglich nach seinen individuellen Bedürfnissen mitgestalten und möglichst selbst wählen kann. In allen ihn betreffenden Fragen zum Wohnen sollen ihm Mitsprache- und Entscheidungsrechte eingeräumt werden, sei es bei der Wahl der Wohnform, bei der Organisation des Zusammenlebens oder bei der Festlegung des Betreuungsbedarfs. Grundsätzlich sollen persönliche Wünsche und Bedürfnisse der Betroffenen ausschlaggebend sein (ebd., S. 7).

Im Grundsatzprogramm wird das Anrecht auf Wohnqualität sowie das Streben nach Eigenständigkeit und Selbstbestimmung auch im Alter herausgestellt und die dafür notwendige Unterstützung betont. Menschen mit geistiger Behinderung sollen ihren Lebensabend nach ihren Bedürfnissen gestalten und in Würde alt werden können. Daher soll die Konzeption und Wirklichkeit des Wohnens die besonderen Bedürfnisse und Anliegen der älter werdenden und älteren Menschen berücksichtigen. Es soll ihnen die Sicherheit gegeben werden, dass sie in ihrer vertrauten Wohnwelt verbleiben können, wenn sie dieses wünschen. Ebenso sollen ihnen auf Wunsch auch gemeindenahe Wohnangebote offenstehen, die sich in der Form ihrer Organisation, Ausstattung und Betreuung an den Bedürfnissen dieser Menschen orientieren (ebd., S. 60).

So wie zwischen den allgemeinen Wohnbedürfnissen von Menschen mit geistiger Behinderung und nichtbehinderten Menschen keine Unterschiede aufzuzeigen sind, wird davon ausgegangen, dass auch in der Lebensphase Alter Übereinstimmungen in den Grundbedürfnissen von Menschen mit geistiger Behinderung und Menschen ohne Behinderung vorliegen.

Alte Menschen haben generell das Anliegen

- »nicht isoliert zu werden,
- in vertrauter Umgebung unter Beibehaltung gewachsener sozialer Beziehungen zu leben,
- Hilfen bei der Tagesstrukturierung und der Gestaltung der Freizeit zu erfahren,
- im Kranken- oder Pflegefall von vertrauten Mitmenschen betreut zu werden, gegebenenfalls bis zum Sterbebeistand, und
- eine ausreichende wirtschaftliche Grundlage im Alter zu haben« (BMA, 1998, S. 110f.).

Ein Umzug im Alter stellt eine schwere Belastung dar, das Bedürfnis nach Kontinuität des Lebens ist als besonders wichtig anzusehen. Der Mensch mit geistiger

Behinderung »sollte dort leben und seinen Lebensabend verbringen können, wo er sich wohlfühlt und wo er sich zu Haus fühlt« (Sartorius, 1991, S. 53). Aufgrund des fortschreitenden Mobilitätsverlustes sowie einer stark verminderten Anpassungsfähigkeit im Alter wird das Herstellen neuer sozialer Beziehungen in einem veränderten Wohnumfeld als problematisch angesehen.

Im Alter rückt auch »das Bedürfnis nach Beschaulichkeit, Ruhe, Erinnerung und Aufarbeiten des bisherigen Lebens« (Bundesvereinigung Lebenshilfe, 1991, S. 62) zunehmend in den Vordergrund. Ältere Menschen benötigen daher einen individuellen Rückzugsraum und Privatsphäre, um sich Erholung zu verschaffen und sich mit ihrem Lebenslauf auseinandersetzen zu können. Der damit verbundenen Gefahr drohender Isolation sollte seitens der Mitarbeiter durch ein Angebot an tagesstrukturierenden Maßnahmen und durch Einbezug ins Alltagsgeschehen vorgebeugt werden. Um neu gewonnene Freiräume (z. B. durch Ausstieg aus dem Erwerbsleben) sinnvoll zu nutzen und Kompetenzen zu einer erfolgreichen Bewältigung der altersspezifischen Lebensumstände erlangen zu können, erscheint es besonders wichtig, älteren Menschen mit geistiger Behinderung darüber hinaus neue Erfahrungen zu ermöglichen und den Wohnalltag abwechslungsreich zu gestalten (vgl. Kräling, 1997, S. 159f.). Die angebotenen, tagesstrukturierenden Maßnahmen sollten dabei individuell auf die persönlichen Interessen, Wünsche und Bedürfnisse des älteren Menschen mit geistiger Behinderung ausgerichtet sein (vgl. Bundesvereinigung Lebenshilfe, 1991, S. 62; Sartorius, 1991, S. 53).

Zusammenfassend muss festgehalten werden, dass zwar von einer allgemeinen Vergleichbarkeit der Grundbedürfnisse von alten Menschen mit geistiger Behinderung und nichtbehinderter alter Menschen auszugehen ist, Kenntnisse über die altersspezifischen Lebenssituationen und Bedürfnislagen von Menschen mit geistiger Behinderung aber nur unzureichend vorhanden sind (vgl. Kräling, 1995b, S. 152; Wacker, 1993, S. 104; Theunissen 2010, S. 66). Sicher ist jedoch, dass Menschen mit geistiger Behinderung stärker auf Unterstützung und Hilfen zur Erfüllung ihrer Bedürfnisse im Lebensbereich Wohnen angewiesen sind als andere alte Menschen (vgl. Thomae, 1983, S. 59). Oftmals stellt sich ihr Leben noch als »Unterbringung« in Einrichtungen dar, die altersentsprechenden Belangen nicht gerecht werden kann und somit inakzeptable Einschränkungen in der Lebensqualität von älter werdenden und alten Menschen mit geistiger Behinderung zur Folge hat.

8.3 Aktuelle Wohnsituation

Normalisiertes Wohnen im Alter bedeutet, Wohnmöglichkeiten für Menschen mit geistiger Behinderung zu schaffen, die sich nach Gebäude, Wohnumfeld, Verkehrsinfrastruktur, Qualität, Innengestaltung und funktionalen Möglichkeiten nicht wesentlich vom Wohnen der älteren Menschen in der Gesamtbevölkerung unterscheiden.

Wahl & Heyl (2004) stellen sich die Frage: Was machen ältere Menschen in der Gesamtbevölkerung in ihrer Wohnung? Neben der Funktion des Schlafens fanden sie für die Wachzeit die folgenden empirischen Ergebnisse: »Das Tages-Durchschnittprofil der Teilnehmenden der Berliner Altersstudie weist neben etwa einem Drittel notwendiger Tätigkeiten wie Selbstpflege, Nahrungsaufnahme und Hausarbeiten, auch rund 38 % Freizeitaktivitäten und rund 7 % soziale Aktivitäten auf. Ruhephasen nehmen rund 19 % der Wachzeit ein. Etwa 80 % dieser alltäglichen Aktivitäten werden innerhalb der Wohnung durchgeführt« (Baltes, Maas, Wilms & Borchelt, 1996 zit. nach Wahl & Heyl, 2004, S. 186–187).

Die Tätigkeiten innerhalb des Wohnens, die Wohnwünsche wie auch die verbrachte Lebenszeit innerhalb einer Wohnung von alten Menschen mit und ohne geistiger Behinderung werden sich nicht stark unterscheiden.

Trotzdem sind die Konzipierung, Planung und Umsetzung von Angeboten des Betreuten Wohnens für Menschen mit geistiger Behinderung heute mit vielfältigen Fragezeichen versehen und tut sich noch immer schwer, nämlich durch:

- die prognostizierte Zunahme von Fallzahlen als Folge einer demographischen Entwicklung (längere Lebenserwartung) und »Normalisierung»,
- die Umgestaltung von Angeboten und weiter verbesserten Möglichkeiten der Teilhabe und der individuellen Gestaltung,
- die erheblichen finanziellen Probleme im Bereich der sozialen Sicherung generell und der Eingliederungshilfe für Menschen mit Behinderungen (Consens, 2005).

In einer Resolution der vier großen Fachverbände für die Begleitung von Menschen mit geistiger Behinderung am 5. Mai 2005 wurde die demographische und finanzielle Problematik prägnant dargestellt:

> »Unsere Gesellschaft hat eine besondere Verantwortung für schwer- und mehrfachbehinderte Menschen. Diese Verantwortung hat ihre historischen Wurzeln, denn es ist unvergessen und muss unvergessen bleiben, dass während des Regimes der Nationalsozialisten nahezu eine ganze Generation von Menschen mit geistiger Behinderung getötet worden ist.
>
> Als Folge dieser Verbrechen gab es im Nachkriegsdeutschland jahrzehntelang nur wenige alte geistig behinderte Menschen. Doch heute – fast 60 Jahre nach dem Ende des Zweiten Weltkriegs – müssen wir uns erstmals gemeinsam Gedanken darüber machen, wie der Lebensabend von alt werdenden Menschen mit geistiger Behinderung gestaltet werden kann. Die Zahl dieser Personen nimmt in den nächsten Jahren ständig zu! Diese Menschen können nicht mehr – wie es noch vor wenigen Jahren üblich war – in ihren Familien versorgt werden. Sie benötigen ambulante oder stationäre Hilfen.
>
> Gerade diese Personen sind lebenslang auf Eingliederungshilfe angewiesen, wenn vermieden werden soll, dass oft mühsam erlernte Fähigkeiten und Fertigkeiten im Alter verloren gehen.
>
> Angesichts der wachsenden Zahl alter Menschen, die schwer und mehrfach behindert sind, verwundert es nicht, dass schon bis etwa 2007 ein Kostenanstieg in der Eingliederungshilfe von etwa 2 Milliarden Euro prognostiziert wird. Diese Kostenentwicklung ist normal, denn wenn immer mehr Menschen auf Eingliederungshilfe angewiesen sind, steigt der finanzielle Aufwand«. So wird von der Politik gefordert, »dass auch alt gewor-

dene Menschen mit geistiger Behinderung ein würdevolles Leben garantiert werden kann, das Kontakte, menschliche Zuwendung, selbstbestimmtes Wohnen und individuelle Tagesgestaltung sowie wirtschaftliche Sicherheit und gesundheitliche Versorgung umfasst« (ebd.).

Trotz allgemeiner Normalisierungs-, Integrations- und Selbstbestimmungsbestrebungen sind viele erwachsene Menschen mit geistiger Behinderung, außer auf ihr Elternhaus als Wohnort, immer noch auf Großeinrichtungen (Heime und psychiatrische Kliniken) angewiesen. Auch noch im Jahre 2006 wurde davon ausgegangen, dass mehr als die Hälfte des Klientels in externen Großeinrichtungen untergebracht wurde, von denen nur 38 % ein eigenes Zimmer hatten. Ein hohes Maß an Selbstbestimmung und Privatsphäre war hier strukturbedingt nicht zu erreichen. Des Weiteren wurden individuelle Wünsche und Bedürfnisse oftmals gruppenbezogenen Anliegen unterworfen. Kleinere Wohngruppen, die hinsichtlich der Lebensführung mehr Gestaltungsmöglichkeiten und Teilhabe in gesellschaftliche Strukturen zulassen, waren größtenteils nur Menschen mit leichten geistigen Behinderungen vorbehalten (Seifert, 2006, zitiert nach Fornefeld, 2009, S. 180f.), die über ein höheres Maß an Selbstständigkeit verfügen. Das Angebot an gemeindeintegrierten Wohnplätzen für erwachsene Menschen mit geistiger Behinderung deckt bei Weitem nicht den vorhandenen Bedarf ab (vgl. BMJFFG, 1990, S. 23; Kräling, 1995, S. 24). Strubel (2004) geht davon aus, dass heute lediglich ein Viertel aller behinderten Heimbewohner – zumeist Menschen mit geistiger Behinderung – in Einrichtungen mit weniger als 50 Plätzen wohnen. Mehr als 30 % wohnen in Einrichtungen mit mehr als 200 Plätzen. Im Vergleich zu früher (Wacker et al., 1998) haben sich die Zahlenverhältnisse wenig verändert. Im Gegenteil, anstelle eines konsequenten Ausbaus differenzierter Wohnformen und ambulanter Dienste, findet weiterhin eine Zunahme von Heimunterbringungen für Menschen mit einer geistigen Behinderung statt. Nach Rohrmann (2004) ist die Zahl an Heimplätzen für behinderte Menschen in Deutschland zwischen 1991 und 2001 um 55 % von 103 519 auf 160 346 gestiegen und dies ist nicht nur durch die deutsche Wiedervereinigung zu erklären. Der deutliche Anstieg der Lebenserwartung von Menschen mit geistiger Behinderung, eine Lebensführung außerhalb des Elternhauses und der Aufholbedarf an adäquaten Wohneinrichtungen in den neuen Bundesländern könnten diese große Kapazitätserweiterung von Heimplätzen teilweise erklären. Von Bedeutung ist jedoch sicherlich auch, dass die passenden ambulanten Angebote, die eine heimatnahe Versorgung ermöglichen würden, oftmals nicht vorhanden sind.

Auf die gesetzlichen Grundlagen wird hier aufgrund der sich stetig wandelnden Gesetzeslage bzw. Vorgaben an dieser Stelle nicht eingegangen werden.

In Bezug auf kleine, gemeindeintegrierte und differenzierte Wohnformen mit ambulanten bzw. unterstützenden Diensten, liegt Deutschland im Vergleich zu anderen westlichen Industrienationen weit zurück. Zum Beispiel wohnen derzeit in den USA ca. 80 % aller erwachsenen Menschen mit geistiger Behinderung, die nicht bei Eltern oder Geschwistern verbleiben, in Wohneinrichtungen mit weniger als 16 Plätzen, davon wiederum leben 80 % in Häusern mit maximal 6 Plätzen (Lakin et al., 2000; Polister et al., 2002; Lakin et al., 2003, 2004).

8.3 Aktuelle Wohnsituation

Zahlen des Landschaftsverbandes Westfalen-Lippe weisen aus, dass 42 % aller Menschen mit einer geistigen Behinderung in stationären Wohnformen leben. Für die Gruppe der über 50-Jährigen sind es sogar 60 % (Thimm et al., 2018). Nach einer Übersicht der Bundesvereinigung Lebenshilfe e. V. sieht die Verteilung der ca. 235 000 in der Bundesrepublik Deutschland lebenden Erwachsenen mit geistiger Behinderung auf die verschiedenen Wohnformen wie folgt aus:

In den ca. 800 Wohneinrichtungen für Menschen mit geistiger Behinderung und den 201 Wohneinrichtungen für Menschen mit geistiger und körperlicher Behinderung, die an der bundesweiten Untersuchung im Forschungsprojekt »Möglichkeiten und Grenzen selbständiger Lebensführung in Einrichtungen« (Wacker et al., 1998) teilnahmen, verblieben 57 200 Personen. Von diesen Bewohnern hatten 11,3 % ein Alter von 55 bis 64 Jahren und 10,1 % war 65 Jahre und älter.

Im Vergleich mit den jüngeren Bewohnern verblieben mehr ältere Menschen in den großen Wohneinrichtungen mit mehr als 200 Betten. So wohnten 48,0 % der 55- bis 64-Jährigen und 55,3 % der Personen von 65 Jahren und älter in großen Wohneinrichtungen. Bei Jüngeren war dies nur ein Drittel.

Prinzipiell sind »community based living«-Konzepte dem Wohnen in größeren Einrichtungen außerhalb von Wohnkernen vorzuziehen. Eine höhere Qualität des Wohnens und die Begleitung in kleineren gemeindeintegrierten Gemeinschaften ist ohne viel höhere Kosten möglich (Mansell et al., 2007). Heime sind in der Perspektive von Lebensqualität und des »community based living« als Orte für dauerndes Wohnen ungeeignet und daher abzulehnen.

Festzustellen ist, dass trotz allgemeiner Normalisierungs-, Integrations- und Selbstbestimmungsbestrebungen viele ältere Menschen noch in Großeinrichtungen wohnen. Das Angebot an gemeindeintegrierten Wohnplätzen deckt bei Weitem nicht den vorhandenen Bedarf für ältere Menschen mit geistiger Behinderung ab. Seifert (1995) formuliert dies schärfer und spricht von »Fehlplatzierung«. Viele der erwachsenen Menschen mit geistiger Behinderung leben unter Bedingungen, die ihre elementaren Bedürfnisse unerfüllt lassen und zur Beeinträchtigung ihrer Entwicklung beitragen. So kommt Seifert anhand einer regionalen Untersuchung zu folgender Bestandsaufnahme:

> »Unzureichende Qualifikationen der Mitarbeiter/-innen und zum Teil desolate räumliche Bedingungen machen ein individuelles Eingehen auf die Personen mit geistiger Behinderung unmöglich. Das zu geringe Therapie- und Beschäftigungsangebot lässt Entwicklungspotential brachliegen« (Seifert, 1995, S. 83).

Es handelt sich hier nicht um eine einmalige Erfahrung, sondern um die Zusammenfassung einer umfangreichen Untersuchung.

Für Menschen mit geistiger Behinderung bestehen auch heute noch geringfügige oder fehlende Einflussmöglichkeiten im Hinblick auf Aufnahmeverfahren, Wohngruppenzusammensetzung, Mitbewohner- und Zimmerauswahl, Betreuungspersonen und Betreuungsleistungen oder auch im Hinblick auf alltägliche Dinge, z. B. Bekleidungsauswahl, Speiseplan, Freizeitgestaltung. So weist Wacker (1993) darauf hin, dass die Entscheidung, in ein Heim umzuziehen, weitgehend von anderen Personen getroffen wird und nicht vom älteren Menschen mit geistiger Behinderung selbst, obgleich von den Versorgungsträgern der Vorrang einer individuellen Wahl- und Entscheidungsmöglichkeit immer wieder betont wird.

Gesicherte statistische Daten zur aktuellen Lebenssituation von älteren Menschen mit geistiger Behinderung und zu ihrer Repräsentanz in den übrigen Wohneinrichtungen liegen in bundesweiter Gültigkeit zurzeit jedoch nicht vor. Bezugnehmend auf den Kennzahlenvergleich der überörtlichen Träger der Sozialhilfe (2014) stellen Schmuhl und Winkler (2018) jedoch Folgendes fest:

> »Trotz der Auffächerung der Wohnangebote leben – im Vergleich zwischen den verschiedenen Behinderungsformen – hierzulande noch immer verhältnismäßig viele Menschen mit geistiger Behinderung in stationären Einrichtungen. Ende 2014 lag der Anteil der Menschen mit geistiger Behinderung an der Gesamtzahl der Leistungsberechtigten im stationär betreuten Wohnen bei 64,2 Prozent, während auf Menschen mit seelischer Behinderung 27,3 Prozent, auf Menschen mit körperlicher Behinderung 8,5 Prozent entfielen. Der Anteil der Menschen mit geistiger Behinderung an der Gesamtzahl der Leistungsberechtigten im ambulant betreuten Wohnen belief sich zu diesem Zeitpunkt dagegen lediglich auf 25,3 Prozent, Menschen mit körperlichen Behinderungen kamen auf 4,1 Prozent, während Menschen mit seelischer Behinderung 70,6 Prozent der Leistungsberechtigten stellten« (Bundesvereinigung Lebenshilfe, 2018, S. 39).

8.3.1 Wohnen im Elternhaus

Da keine Meldepflicht besteht und die älteren Menschen mit geistiger Behinderung, die ganztags im Elternhaus (50–60 Jahre) oder bei Angehörigen (50+) leben, von Erhebungen in Behinderteninstitutionen nicht erfasst werden können, wird gerade bei diesem Personenkreis von einer hohen Dunkelziffer ausgegangen.

Ein Großteil älterer Menschen mit geistiger Behinderung lebt im Elternhaus und wird oft erst bei unlösbaren familiären Problemen – wie z. B. Tod der Eltern – in eine andere »Wohnsituation« überwiesen. In ausländischen Untersuchungen (Heller et al., 2007) wird deutlich, dass die größten Probleme der alten Eltern Zukunftsfragen betreffen, wenn sie nicht mehr leben. Wichtige Fragen dieser Eltern sind:

- Wo wird mein erwachsenes Kind wohnen?
- Wer wird der gesetzliche Vormund sein?
- Wer regelt die finanziellen Aspekte?
- Wer wird das Kind besuchen? Aber auch:
- Wie wird das Personal sich gegenüber dem Sohn oder der Tochter verhalten?

Bei all diesen Fragen zeigen die alten Eltern Ambivalenz, Angst und Frustration (vgl. Heller & Factor, 1991; Robert, 1988). Vor allem, wenn erwachsene Menschen mit geistiger Behinderung, die bei ihren alten Eltern leben, Verhaltensauffälligkeiten zeigen, äußert sich dies bei vielen Eltern nicht nur als erfahrene subjektive Belastung und Stress, sondern auch in Depressionen (Minnes et al., 2007).

Eine belgische Untersuchung (Van Walleghem & Serneels, 1993) bezog sich auf Eltern im Alter von 60 bis 84 Jahren, deren geistig behindertes »Kind« noch bei ihnen zu Hause wohnte. Als diese Eltern (N=40) über die zukünftige Lebenssituation ihres Kindes befragt wurden, beschrieben die Autoren die Reaktion der Eltern von »sich einige Sorgen machen« bis hin zur »panischen Angst«. Auch Heller & Factor (1991) berichten über Bemerkungen alter Eltern wie: »Ich wünsche mir, dass Gott mein Kind einige Minuten, bevor ich an der Reihe bin, zu sich nimmt«. Obwohl die Angst vor der Zukunft groß ist, führt sie oft nicht zu festen Absprachen oder festen Plänen für die weitere Betreuung und das Wohnen außerhalb der Familie. In der belgischen Studie (Van Walleghem & Serneels, 1993) zeigte ungefähr die Hälfte der Eltern passives Copingverhalten (problemvermeidendes Verhalten). Diese Eltern hatten keine Maßnahmen getroffen, um zukünftige Probleme in den Griff zu bekommen, und werden, wie sie sagen, dies auch nicht tun. Man verhält sich, als ob es keinerlei Probleme gibt oder geben kann oder erklärt anonyme Personen oder Instanzen für Entscheidungen verantwortlich, die nach ihrem Ableben getroffen werden müssen. So wird einerseits gesagt: *Sie* müssen dafür sorgen, dass er eine gute Begleitung bekommt, ohne näher zu erklären, welche Person oder Instanz mit *sie* gemeint ist. Eine andere Variante ist, die Planung der Zukunft und des Wohnens auf einen unbestimmten Zeitpunkt zu verschieben. »Wir können jetzt nichts tun, was wissen wir schon, was die Zukunft bringen wird?«

»Wishful thinking« ist eine andere Möglichkeit von passivem Copingverhalten: »Man weiß nie, vielleicht lebe ich länger als sie.« Andere Eltern finden Unterstützung durch Vertrauen in die Zukunft oder durch Gebet. Viele Eltern hoffen, aber trauen sich nicht immer zu sagen, dass ihr Kind nicht länger lebt als sie (vgl. ebd.). Und viele Personen leiden mit tiefen Gefühlen von Schuld unter diesem Gedanken. In Bezug auf zukünftiges Wohnen haben in den USA nur 25 % bis 45 % der älteren Familien feste Pläne für ihren erwachsenen Sohn oder ihre Tochter (vgl. Heller & Factor, 1991). Ein großes Problem in den USA, aber auch in Deutschland, sind die langen Wartelisten und -zeiten für geeignetere gemeindenahe Wohneinrichtungen. In den beiden Studien zeigt sich, dass 30–60 % dieser älteren Eltern möchten, dass der Übergang zum permanenten Wohnen außerhalb der Familie während ihres Lebens stattfindet. Die anderen Eltern äußern sich nicht oder warten lieber bis zu ihrem Lebensende.

Eine sehr reale Gefahr in letzterer Situation ist, dass beim Sterben oder Pflegefall des primären Betreuers ernste Krisensituationen auftreten und der Mensch mit der geistigen Behinderung in qualitativ minderwertige Wohnsituationen überwiesen wird.

Mit der steigenden Lebenserwartung der Menschen mit geistiger Behinderung wird auch die Rolle der Geschwister bei der Begleitung des erwachsenen behinderten Bruders oder der Schwester immer mehr untersucht (Hodapp & Urbano, 2007). Die Frage ist, wie die Betreuung und Begleitung eines 50- oder 60-jährigen Menschen mit geistiger Behinderung gewährleistet werden kann, wenn die Eltern selbst betreuungsbedürftig oder verstorben sind. Müssen sich die Geschwister auf eine Umsorge ihres Bruders/ihrer Schwester einstellen und ihren weiteren Lebenslauf neu planen, oder sollten sich vielmehr die zuständigen Einrichtungen und Institutionen zunehmend mit dieser Herausforderung auseinandersetzen? Mit dieser Frage der familiären und der öffentlichen Verantwortlichkeit hat sich die Gesellschaft bisher reichlich wenig beschäftigt (Heller & Caldwell, 2006; Hodapp, 2007).

Burtscher (2015) erprobte im Rahmen des Forschungsprojekts »Älter werdende Eltern und erwachsene Familienmitglieder mit Behinderung zu Hause. Innovative Beratungs- und Unterstützungsangebote im Ablösungsprozess« (ElFamBe) neue Beratungs- und Unterstützungsmöglichkeiten und formuliert u. a. folgende Empfehlungen: mehr Verständnis für die Eltern in Beratungskontexten entwickeln; Behindertenhilfe und Gesundheitsangebote abstimmen und verbinden; Freizeitangebote erweitern und verstärken sowie Wohnangebote weiterentwickeln, dezentral und in der Nähe der Herkunftsfamilie (Burtscher, 2015, S. 22–23). Auch Stamm (2009) empfiehlt auf Basis seines Projekts für einen altersangemessenen Ablösungsprozess mehr Beratungs- und Bildungsangebote für Menschen mit Behinderungen, z. B. Wohnschulen, Informationen über außerfamiliäre Lebensorte sowie Angebote, die den Sicherheitswünschen der Angehörigen entsprechen (vgl. Stamm, 2009, S. 262).

8.3.2 Wohnen in Einrichtungen des »geschlossenen« Bereichs

Als Alternative zum Leben in der Familie scheint für Menschen mit geistiger Behinderung im Alter oft nur die Unterbringung in Einrichtungen des »geschlossenen« Bereiches (Landeskrankenhäuser, Pflegeheime, Anstalten etc.) vorhanden zu sein. Gemeindenahes Wohnen von älteren Menschen mit geistiger Behinderung stellt hingegen noch eher eine Seltenheit dar. Nach einer Erhebung in gemeindenahen Wohneinrichtungen der Lebenshilfe lebt dort bisher eine geringe Anzahl von älteren Menschen (Kräling, 1993, S. 57). Eine vom Ministerium für Arbeit, Gesundheit und Sozialordnung des Landes Baden-Württemberg in Auftrag gegebene Studie von 1994 zur Situation von alten Menschen mit geistiger Behinderung in Werkstätten und Wohneinrichtungen belegt diese Annahme zumindest für das angeführte Bundesland:

> »Der prozentuale Anteil älterer Bewohnerinnen und Bewohner liegt in Heimen höher als in Wohnheimen: Während in Vollzeiteinrichtungen 1994 ein Anteil von 11,4 % Personen im Rentenalter, d. h. mit 65 Jahren oder älter lebt, liegt dieser Anteil in Wohnheimen lediglich bei 2,1 %« (Trost & Metzler, 1995, S. 89).

Es ist davon auszugehen, dass den vorangegangenen Aussagen auch in der Gegenwart ein bundesweiter Gültigkeitsanspruch zugeschrieben werden kann. Die Darstellung der momentanen Lebenssituation von älter werdenden und alten Menschen mit geistiger Behinderung ist häufig noch gekennzeichnet durch eine »Fehlplatzierung« in Vollzeiteinrichtungen (vgl. Bundesvereinigung Lebenshilfe, 1997, S. 11; Kräling, 1995a, S. 20; Seifert, 1995, S. 83; Wacker, 1993, S. 102).

Angesichts solcher Beschreibungen stellt sich die Frage, ob sich Wesentliches in der Betreuung dieser Menschen verändert hat, wenn man dies mit ihrer Situation vor ungefähr 50 Jahren vergleicht. Obwohl einige Autoren (vgl. Fraenkel, 1996; Theunissen, 1996) einige deutliche Parallelen aufzeigen, muss diese Frage im Allgemeinen verneint werden.

Die heutigen Lebens- und Wohnbedingungen in Großeinrichtungen, Kliniken und Heimen sind, von einigen Ausnahmen abgesehen, nicht mehr mit den inhumanen Zuständen des traditionellen Anstaltswesens vergleichbar, da sich in baulicher, personeller und konzeptioneller Hinsicht viele Veränderungen ergeben haben und sich damit auch eine Verbesserung im Hinblick auf die Wohnqualität eingestellt hat. Auch sollte man bedenken, dass das Konzept des lebenslangen Wohnens in gemeindeorientierten Wohnformen bis zum Versterben nur mit dem kostbaren Einsatz von baulichen, materiellen und personellen Veränderungen zu realisieren ist. Das Prinzip des Ageing-in-Place für Menschen mit geistiger Behinderung ist ein anzustrebendes Ideal, trotzdem gelingt es nicht immer. In den USA sind die meisten Wohnformen klein und gemeindeorientiert. Vielleicht ist dies auch der Grund, dass gerade am Lebensende bei ernsten Erkrankungen, wie z. B. Demenz, viele Überweisungen in Pflegeheime stattfinden. So scheint es bei älteren Erwachsenen mit Down-Syndrom und funktionellem Verfall häufig erforderlich zu sein, diese aus Gründen der medizinischen Notwendigkeit oder des Sicherheitsmanagements in eine andere Wohnumgebung zu übergeben. In einer Stichprobe von 211 Erwachsenen mit geistiger Behinderung über 50 Jahren konnten mindestens 25% der Erwachsenen mit Down-Syndrom im Vergleich zu nur 2% ohne Down-Syndrom in ihrem Gruppenhaus nicht mehr versorgt werden und wurden in eine Pflegeeinrichtung verlegt (Patti et al., 2005). Die Ergebnisse der Studie von Patti et al. (2005) deuten darauf hin, dass ältere Erwachsene mit Down-Syndrom am Lebensende häufiger die Pflege in einer Einrichtung des geschlossenen Bereichs (z. B. Pflegeheim) erhalten. Im Gegensatz dazu bleiben Erwachsene ohne Down-Syndrom in der gewohnten Wohneinrichtung. Leider wurden in der deutschen Fachliteratur keine Angaben zu diesem Phänomen gefunden.

Dennoch werden die Großeinrichtungen in der Fachliteratur massiv kritisiert. Es wird problematisiert, dass unter den gegenwärtigen Wohnverhältnissen, den Bedürfnissen, Interessen und dem Grundanspruch auf Autonomie und Selbstbestimmung von Menschen mit geistiger Behinderung vielfach nicht entsprochen wird. Die bundesweite Untersuchung von Wacker et al. (1998) dokumentiert dies in überzeugender Weise. Formen von Kontrollen, Abhängigkeiten und Fremdbestimmungen scheinen auch heute noch in Wohnsituationen, wo viele ältere Menschen mit geistiger Behinderung verbleiben, einen strukturellen Fortbestand zu haben.

Noch immer sind die Lebensumstände in Einrichtungen des geschlossenen Bereichs oft durch fehlende individuelle Entfaltungsmöglichkeiten und mangelnde Respektierung von privater Atmosphäre gekennzeichnet, da das Alltagsgeschehen vorwiegend von strukturellen Zwängen und Sicherstellung des organisatorischen Ablaufs bestimmt ist. Die Gegebenheiten der Wohnbedingungen in solchen Einrichtungen haben erhebliche Auswirkungen auf die Lebensqualität von Menschen mit geistiger Behinderung.

Strukturelle Grenzen von Selbstbestimmung und Lebensqualität sieht Bradl (1997, S. 365) in der Gegenwart vielfach in den institutionellen Denk-, Handlungs- und Beziehungssystemen begründet und fest verankert. Für Menschen mit geistiger Behinderung bestehen in Wohninstitutionen auch heute noch geringfügige oder fehlende Einflussmöglichkeiten im Hinblick auf Aufnahmeverfahren, Wohngruppenzusammensetzung, Mitbewohner- und Zimmerauswahl, Betreuungspersonen und Betreuungsleistungen wie auch im Hinblick auf alltägliche Dinge, z. B. Bekleidungsauswahl, Speiseplan, Freizeitgestaltung (vgl. Bradl, 1997, S. 366; Wacker et al., S. 1998). Auch Harnack (1997) kommt zu dem Ergebnis, dass Formen von Fremdbestimmung aufgrund institutioneller Abhängigkeiten in Wohneinrichtungen für die Wohnbedingungen vieler Menschen mit geistiger Behinderung lebenslang kennzeichnend und für die Konkretisierung von Selbstbestimmung weitgehend erschwerend sind (vgl. ebd., S. 51). Es gibt keinen Grund zu der Annahme, dass die Beschreibung der Wohnsituation weniger für ältere Menschen mit geistiger Behinderung zutreffen würde.

8.3.3 Formen des gemeindenahen Wohnens

Aus dem Vorhergehenden wird deutlich, dass die Verbesserung der Wohn- und Lebenssituation von älteren Menschen mit geistiger Behinderung unter den Leitzielen der Normalisierung, der Integration und der Selbstbestimmung vielfach eher anvisiertes Ziel als praktizierte Realität ist. Den Wünschen und individuellen Bedürfnissen der älteren Menschen mit geistiger Behinderung wird in gegenwärtigen Wohnsituationen noch nicht ausreichend entsprochen. Um behinderten Menschen die soziale Integration und ein selbstbestimmtes Leben zu ermöglichen, ist es notwendig, neben ausreichenden stationären Angeboten auch eine verlässliche Infrastruktur aus ambulanten Diensten und Hilfen sicherzustellen. Menschen mit geistiger Behinderung haben damit die Chance, außerhalb einer stationären Einrichtung ein möglichst selbstbestimmtes Leben in ihrer Heimatgemeinde zu führen, das sich weitgehend an der Lebenswelt nichtbehinderter Menschen orientiert und sie in ihrer Weiterentwicklung unterstützt. »Der Verbleib im Wohnort ist auch im Alter oder bei Demenz von großer Bedeutung, da gewohnte Umgebungen die Selbständigkeit und den Erhalt von Ressourcen und Fähigkeiten unterstützen« (Hasseler 2016, S. 76).

Tatsächlich ist ein Verbleiben der behinderten Menschen im örtlichen Bereich jedoch nur selten möglich, da entsprechende Angebote an ambulanten Wohnformen für geistig behinderte Menschen nicht ausreichen. Während die Zahl der stationären Plätze stetig zugenommen hat, kommen die notwendigen örtlichen ambulanten Angebote nicht nach. Die vorhandenen Plätze ambulanter Wohnformen sind zudem sehr ungleichmäßig über die Bundesländer verteilt. In einigen Gebieten fehlt ein Angebot für ambulantes Betreutes Wohnen noch völlig.

Neben der generellen Tendenz zur Deinstitutionalisierung von Großeinrichtungen und Schaffung von kleineren, gemeindeintegrierten Wohneinheiten lässt sich anhand der Fachliteratur auch eine Entwicklung hin zu geeigneten Wohnkonzepten für älter werdende und alte Menschen mit geistiger Behinderung erkennen. Ende der 70er, Anfang der 80er Jahre des letzten Jahrhunderts wurden sogenannte offene gemeindenahe Wohnformen geschaffen. Es handelt sich um kleinere pädagogisch betreute Wohnformen inmitten des Gemeinwesens (vgl. Kräling, 1997, S. 158). Mit diesen neuen Wohnmöglichkeiten sollte es Menschen mit geistiger Behinderung ermöglicht werden, eingebunden in der Gemeinde, das heißt inmitten von Wohngebieten, in günstiger Verkehrslage und in der Nachbarschaft mit Nichtbehinderten zu leben. Dem Begriff »gemeindeintegrierte Wohnformen« lassen sich gegenwärtig verschiedene Wohnmöglichkeiten zuordnen:

- Gruppengegliedertes Wohnen (z. B. Kleinstwohnheime, Wohnhäuser, Wohnstätten), mit maximal drei Gruppen von ca. 6 bis 8 Bewohnern,
- Gruppenwohnungen mit etwa 6 Bewohnern,
- Einzel- und Paarwohnungen mit organisatorischer Anbindung an gruppengegliederte Wohnformen,
- Ambulant betreute einrichtungsunabhängige Einzel-, Paarwohnungen und Wohngemeinschaften,
- Wohnfamilien.

Wesentlichen Anteil an der Durchsetzung von altersgerechten Wohnumgebungen trägt die Bundesvereinigung Lebenshilfe für Menschen mit geistiger Behinderung e. V., die in ihren Empfehlungen zum gemeindenahen Wohnen darauf hinweist, dass alle Bemühungen um eine gesellschaftliche Eingliederung darauf abzielen, »die Lebensbedingungen entsprechend den Ansprüchen und Bedürfnissen des Menschen mit geistiger Behinderung zu gestalten« (Bundesvereinigung Lebenshilfe, 1997, S. 4). Dies beinhaltet auch die Möglichkeit, durch unterschiedliche Organisationsformen »auf die individuellen Interessen, Behinderungsarten, Behinderungsgrade, Altersstufen und die sich verändernde Selbstständigkeit der Bewohner eingehen zu können« (ebd., S. 7). In das Gemeindegeschehen integrierte Wohnmöglichkeiten sind also auch für Menschen mit geistiger Behinderung in der Lebensphase Alter anzustreben, da sich in dieser Weise ein Wohnen von möglichst hoher Lebensqualität und unter »normalisierten« Bedingungen am wahrscheinlichsten realisieren lässt.

8.3.4 Gruppengegliedertes Wohnen in besonderen Wohnformen

Aus empirischen Untersuchungen zur Altersstruktur von Menschen mit geistiger Behinderung in Wohnheimen geht hervor, dass diese Wohnmöglichkeit bis in die 1980er Jahre hinein kaum von älteren Menschen mit geistiger Behinderung beansprucht wurde (vgl. Beerman & Reischuk, 1987, S. 88; Ern, 1992, S. 145; Hofmann, 1992, S. 11). Da bei der Gründung der Einrichtungen oftmals altershomogene Gruppen mit vorwiegend jüngeren Menschen gebildet wurden, sahen sich viele Wohnheime in letzter Zeit mit einer »kollektiven Alterung« ihrer Bewohnerschaft konfrontiert (vgl. Trost & Metzler, 1995, S. 78) und konnten dem überhöhten, altersbedingten Pflegebedarf zunächst nicht gerecht werden (vgl. de Ruiter, 1990, S. 33). Daraus resultierte oftmals die »Überweisung« von Bewohnern an vollstationäre Einrichtungen. Gegenwärtig werden Kleinstwohnheime dem Anspruch auf lebenslanges Wohnrecht vor allem durch zwei Möglichkeiten der Unterbringung gerecht: Ältere Menschen mit geistiger Behinderung leben entweder zusammen mit jüngeren Bewohnern in altersheterogenen Gruppen oder in speziellen »Seniorengruppen«, die innerhalb der Wohnstätte untergebracht sind und sich aus nahezu Gleichaltrigen zusammensetzen (vgl. Kräling, 1995b, S. 155f.; Trost & Metzler, 1995, S. 82). Das Wohnen in einer altersgemischten Wohngruppe stellt dabei für älter werdende und alte Menschen mit geistiger Behinderung zurzeit das am häufigsten praktizierte Modell dar.

Sowohl dem Wohnen in altersgemischten Gruppen als auch dem Zusammenleben von nahezu gleichaltrigen Menschen (Altenwohngruppen) können eventuelle Vor- und Nachteile zugesprochen werden. Befürworter altersheterogener Wohngruppen argumentieren, dass der Kontakt verschiedener Generationen innerhalb des Wohnbereiches gegenseitige Lernprozesse sowie Anregungen für die Lebensgestaltung älterer Menschen mit geistiger Behinderung beinhalten könne (vgl. Bader, 1986, S. 278; Bruckmüller, 1993, S. 72; Christ, 1987, S. 110; Kräling, 1993, S. 57). Auch Bleeksma steht dem Zusammenwohnen unterschiedlicher Altersgruppen eher positiv gegenüber:

> »Bewohner verschiedener Lebensaltersstufen können gut zusammen wohnen, solange die Befriedigung ihres Hilfebedarfs in einer Wohngruppe gewährleistet werden kann. Außer dem Leben in der Gruppe haben Menschen auch noch ihr tägliches Beschäftigungs- oder Arbeitsprogramm. Wenn in der Wohngruppe nicht alle Bedürfnisse abgedeckt werden können, kann das sonstige Tagesprogramm die nötige Ergänzung liefern« (Bleeksma, 1998, S. 123).

Da bestehende Altersdifferenzen den betroffenen Bewohnern selbst kaum aufzufallen scheinen (vgl. Wacker, 1999, S. 34), ist der Verbleib in der bisherigen, eventuell altersgemischten Wohngruppe zur Beibehaltung gewachsener sozialer Beziehungen im gewohnten Umfeld als durchaus vorteilhaft anzusehen (vgl. Niermann, 1988, S. 54; Sartorius, 1991, S. 53; Trost & Metzler, 1995, S. 82). Gleichzeitig kann das Miteinander in altersgemischten Wohngruppen, aufgrund unterschiedlicher altersspezifischer Gewohnheiten und Bedürfnisse, Anlass zu Generationskonflikten bieten und für ältere Bewohner Unruhe, Lärm und Hektik bedeuten (vgl. Arndt, 1991, S. 60).

Dem verstärkten Bedürfnis nach Ruhe und Privatsphäre scheint hingegen nach Ansicht verschiedener Autoren das Leben in Seniorenwohngruppen für ältere Menschen mit geistiger Behinderung eher Rechnung zu tragen (vgl. Buchner, 1993, S. 133f.; de Ruiter, 1990, S. 35; Masurek, 1987, S. 75; Redlich, 1992, S. 111; Trost & Metzler, 1995, S. 82). Auch hierbei wird jedoch vorwiegend die Meinung vertreten, dass spezielle Altenwohnungen nicht als »neue, externe Angebote« (Trost & Metzler, 1995, S. 82f.) anzusehen sind, sondern nach Möglichkeit innerhalb der vertrauten Wohnstätte eingerichtet werden sollten.

8.3.5 Besondere Wohnformen für Menschen mit geistiger Behinderung

Eine weitere Möglichkeit des gemeindenahen Wohnens für älter werdende und alte Menschen mit geistiger Behinderung stellt die Unterbringung in besonderen

Wohnformen, vormals Altenheimen, dar, die im Verbund mit anderen gemeindeintegrierten Wohnstätten stehen (vgl. Dürr, 1983, S. 63; Heister, 1991, S. 44; Kräling, 1995b, S. 154). Der Vorteil dieser Einrichtungen ist darin zu sehen, dass sie neben der Berücksichtigung individueller Bedürfnisse und einer altersgerechten pädagogischen Betreuung auch ein hohes Maß an medizinisch-pflegerischen Leistungen erbringen können, denen im fortschreitenden Alter sicher eine wichtige Bedeutung zukommt (vgl. Kräling, 1995b, S. 155; Niermann, 1988, S. 51). Insgesamt gesehen scheint dieser Wohnform in der gegenwärtigen Praxis jedoch noch nicht viel Aufmerksamkeit geschenkt worden zu sein (vgl. Trost & Metzler, 1995, S. 82) und Erfahrungen aus dem Ausland belegen, dass die Realisierung dieses Modells auch mit gewissen Problemen verbunden ist (vgl. Meulendijks, 1987, S. 124).

Das »Altenheim« für Menschen mit geistiger Behinderung ist mit den spezifischen Pflegeheimen die Endstation in einem separaten System von Hilfen (Sonderkindergarten bis Sonderaltenheim) und sollte als Institution kritisch, jedoch als *eine* mögliche Lösung angesehen werden. Die Erfahrungsberichte über diese – in Anzahl geringen – Einrichtungen sind überwiegend positiv (vgl. Haack, 1980, 1989; Niermann, 1988). Leider fehlen Ergebnisse von aktuelleren und systematischer evaluierenden Studien.

Die bestehende Alternative der Eingliederung von älteren Menschen mit geistiger Behinderung in Regelaltenheime für nichtbehinderte Menschen stößt bei Fachleuten durchgängig auf eine ablehnende Haltung, da eine behindertenspezifische Betreuung in solchen Einrichtungen eher nicht gewährleistet werden kann (vgl. Miller & Vinatzer, 1992, S. 57; Richartz, 1991, S. 67; Sartorius, 1991, S. 52; Trappen, 1987, S. 23). Da in gewöhnlichen Altenheimen vor allem die Pflegebedürftigkeit der Bewohner im Vordergrund steht, bestünde für Menschen mit geistiger Behinderung im Alter die Gefahr, einem »starren Versorgungskonzept« (Kräling, 1997, S. 159) und damit verbunden unmenschlichen Lebensbedingungen zu unterliegen.

8.3.6 Leben in der (ambulant) betreuten Wohngemeinschaft

Betreute Wohngemeinschaften oder auch Wohngruppen bieten in der Regel Lebensraum für maximal sechs Bewohner und können in organisatorischer Anbindung an ein Wohnheim angegliedert sein (vgl. Bundesvereinigung Lebenshilfe, 1997, S. 6; Masurek, 1987, S. 74; Trappen, 1983, S. 68). Diese Wohnform ist außerdem gekennzeichnet durch ein hohes Maß an Selbstversorgung im Bereich von alltäglichen Handlungen, wobei die Selbstständigkeitsentwicklung der Bewohner individuell gefördert wird (vgl. BMJFFG, 1990, S. 72). Zusammengefasst kann nach Carroll das Leben in einer Wohngruppe bedeuten:

- »mit vielleicht fünf oder sechs anderen Menschen zusammenzuleben;
- ein eigenes Zimmer zu haben;
- sich die Regeln zum Zusammenleben selber zu setzen;

- alltägliche Verrichtungen wie Kochen, Waschen, Einkaufen selbst mit in die Hand zu nehmen;
- mit den Betreuten vertraut zu sein;
- individuelle Kontakte nach außen zu haben;
- viele Entscheidungen selbst treffen zu können;
- kurz: so zu leben, wie viele es möchten« (Carroll, 1988, S. 3).

Betreute Gruppenwohnungen erheben daher generell den Anspruch, Menschen mit geistiger Behinderung ein weitestgehend selbstbestimmtes und selbstständiges Leben zu ermöglichen. Die nach Carroll dargestellten Möglichkeiten zur Realisierung einer möglichst individuellen Lebensführung sollten auch für das Wohnen von älter werdenden und alten Menschen mit geistiger Behinderung umgesetzt werden. Dieser Personenkreis findet jedoch bei der Konzeption von betreuten Wohngemeinschaften bislang eher selten Berücksichtigung (vgl. Bradl, 1983, S. 111; Thesing, 1990, S. 125). Spezielle Gruppenwohnungen für ältere Menschen mit geistiger Behinderung befinden sich sozusagen noch in der »Erprobungsphase«, wobei das Leben in dieser Wohnform den Anforderungen bezüglich der Entsprechung altersspezifischer Wohnbedürfnisse und Wohnbedingungen durchaus gerecht zu werden scheint. Die Erhöhung der Pflegebedürftigkeit mit zunehmendem Alter stellt bisher noch kein Hindernis bei der Zubilligung eines lebenslangen Wohnrechtes dar (vgl. Arndt, 1991, S. 62; Tietjen, 1991, S. 81).

Von Verlegungen und Umzügen von einer Außenwohngruppe in das Stammhaus beim Erreichen eines bestimmten chronologischen Alters ist stark abzuraten. Gerade bei Menschen mit geistiger Behinderung ist Alter einer der geringeren Faktoren für Pflegeabhängigkeit. Die biologischen Prozesse des Alterns verlaufen langsam und individuell sehr unterschiedlich. Durch »healthy survivor«-Effekte sind in Querschnittuntersuchungen ältere Menschen mit geistiger Behinderung (50+) oft mobiler und adaptiver im Vergleich zu jüngeren, wenn man den Einfluss anderer Faktoren nicht korrigiert.

Trotz des hohen Grades an Selbstbestimmung sollte das Wohnen von älter werdenden und alten Menschen mit geistiger Behinderung in betreuten Wohngruppen generell durch begleitende Hilfen unterstützt werden, die sich sowohl auf die Freizeitgestaltung, die Erhaltung einer größtmöglichen Selbstständigkeit im Alltag und auf die Bewältigung altersspezifischer Lebensumstände beziehen sollten. Einer erhöhten Pflegebedürftigkeit im Alter ist durch angemessene Versorgung Rechnung zu tragen. Dabei ist jedoch auch bei dieser Wohnmöglichkeit zu berücksichtigen, Menschen mit geistiger Behinderung im Alter nicht in spezielle »Sonderwohnformen« zu drängen, sondern sie in einer möglichst gemeindenahen Wohnumwelt anzusiedeln.

Ambulant betreute Wohngemeinschaften bilden einen Mittelweg zwischen institutionellen und häuslichen Wohnformen (vgl. Boitz-Gläßel et al., 2012, S. 1). Kerncharakteristika ambulant betreuter Wohngemeinschaften sind u. a. familiäre Strukturen, Mieterstatus, Selbstbestimmung, Pflege und Betreuung sowie Quartiersbezug (vgl. ebd.).

Dabei haben sich drei Organisationsformen entwickelt: das Braunschweiger Modell für Menschen mit psychischen Problemen und gesundheitlichen Risiken mit nur stundenweiser Betreuung), das Berliner Modell für Menschen, die einer Rund-um-die-Uhr-Betreuung brauchen, und das Bielefelder Modell für verschiedene Zielgruppen (vgl. ebd.).

8.3.7 Betreutes Wohnen in der Einzel- oder Paarwohnung

Im Hinblick auf ein möglichst selbstbestimmtes Leben wird von Menschen mit geistiger Behinderung häufig auch der Wunsch geäußert, selbstständig in einer eigenen Wohnung zu leben. Die Alternative des Wohnens in einer Einzel- oder Paarwohnung ist vor allem auf Menschen mit geistiger Behinderung ausgerichtet, die über einen hohen Grad an Selbstständigkeit und gut ausgebildete soziale Handlungskompetenzen verfügen. Finanziert wird das Wohnen in Einzel- oder Paarwohnungen durch den zuständigen örtlichen Sozialhilfeträger gemäß § 98 SGB XII, wobei zudem auch noch Leistungen nach dem Bundeswohngeldgesetz in Anspruch genommen werden können. Angebote zu einer ergänzenden Betreuung in diesen Einzelwohnbereichen können durch eine Einbindung in einen bestehenden Wohnstättenverbund oder durch verschiedene ambulante Hilfsdienste gewährleistet werden.

Grundsätzlich ist diese Form des Wohnens auch für älter werdende und alte Menschen mit geistiger Behinderung anzustreben, da auch diesem Personenkreis das Recht zugesichert werden sollte, möglichst lange unabhängig zu bleiben und über Inanspruchnahme von angebotenen, unterstützenden Maßnahmen selbstständig zu bestimmen. So sieht zum Beispiel Thomae die Möglichkeit, dass Menschen mit geistiger Behinderung der Verbleib in der elterlichen Wohnung – auch über den Tod der Angehörigen hinaus – angeboten werden könnte (vgl. Thomae, 1983, S. 57f.).

Um derartige Konzepte in die Praxis umzusetzen, bedarf es jedoch einer verstärkten Differenzierung bereits bestehender Hilfsangebote und einer Absicherung durch die jeweiligen Kostenträger. Da hinsichtlich dieser Forderung im Bereich des ambulant betreuten Wohnens für Menschen mit geistiger Behinderung ein erhöhter »Nachholbedarf« gegenüber dem Ausland besteht, haben heutzutage eher wenige Menschen mit geistiger Behinderung im Alter die Möglichkeit, in Einzel- oder Paarwohnungen zu leben. Wie Tietjen (1991) betont, ist dieser Umstand jedoch nicht auf das »Risiko für zunehmende Pflegebedürftigkeit im höheren Lebensalter« (ebd., 1991, S. 81) zurückzuführen, sondern resultiert eher aus einem Mangel an entsprechenden ambulanten Dienstleistungen.

8.3.8 Ageing in place

Es gab erhebliche Debatten darüber, ob das Zusammenleben und Altern von Menschen mit geistiger Behinderung und Demenz aufrechterhalten werden kann (McCallion & McCarron, 2004). Die Teilnehmenden an allen sechs Standorten schienen im Allgemeinen ein Modell der Alterung vor Ort zu befürworten, räumten jedoch auch ein, dass dies häufig nur schwer aufrechtzuerhalten war.

Dies ist in Übereinstimmung mit der Auffassung von Autoren wie Chaput (2002) und Forbat and Service (2005), die ebenfalls der Ansicht waren, dass Menschen mit Demenz dabei unterstützt werden sollten, in ihrem gewohnten Zuhause zu bleiben. Sie betonten, dass dies das Zuhause der Person sei und dass sie die Person möglichst zu Hause behalten wollen (»Alter an Ort und Stelle«), umgeben von Menschen, die ihm vertraut waren. In einer Untersuchung von Patti (2012) wurde festgestellt, dass die Bloßstellung an mehrfachen eingreifenden Lebensereignissen einen kumulativen Effekt über die Zeit hat und die Wahrscheinlichkeit von emotionalen Problemen und Verhaltensproblemen erhöht. Erwachsene Menschen mit Down-Syndrom zogen aufgrund der höheren Inzidenz von Funktionsstörungen und Demenz häufiger um als andere Erwachsene mit geistiger Behinderung (ebd., S. 7).

In einer irischen Untersuchung von McCarron et al. (2010) über die Einschätzung der Mitarbeiter zu Voraussetzungen für die Betreuung von Menschen mit geistiger Behinderung und fortgeschrittener Demenz am Lebensende, waren die Teilnehmenden der Ansicht, dass die Überweisung von diesen Personen in die Anstaltspflege sie von ihrem gewohnten Leben abschotten würde. Die Befragten äußerten aber auch die Besorgnis, dass viele der gemeindeintegrierten Wohneinrichtungen wo sie jetzt verbleiben, nicht ausgerichtet wären, um Menschen mit ernsten Gehproblemen und 24-Stunden-Pflegebedarf zu begleiten. Verwiesen wurde dabei auf die Gestaltung und Struktur des Gebäudes, aber auch auf Ausbildung und Umfang des Personals (ebd. S.149).

8.3.9 Quartiersbezogene Konzepte

Das Paradigma der Inklusion verstärkt die Bedeutung von sozialraum- und gemeindewesenorientierten Konzepten, die unter »Quartierskonzepte« zusammengefasst werden können. Charakteristikum dieser Konzepte ist die »Vernetzung von neuen Hilfsangeboten mit vorhandenen Strukturen im Sozialraum« (Graumann 2013, 153). Dem Wohnen im sozialen Nahraum, einem Quartier bzw. in einer Gemeinde kommt zukünftig sowohl in der Behinderten- als auch Altenhilfe eine zunehmend größere Bedeutung zu. Eine Bündelung von gemeinsamen Wohnbedürfnissen in einem quartiersbezogenen Ansatz kann die gesellschaftliche Partizipation von Senioren mit und ohne Behinderung stärken. Der quartiersbezogene Ansatz bietet große Potentiale für eine praktische Umsetzung der Kooperationen zwischen Behinderten- und Altenhilfe. Von beiden Seiten wird eine Deinstitutionalisierung angestrebt (Burckhard 2011, S. 12; Bundesvereinigung Lebenshilfe 2011, S.41). Wie bereits beschrieben, möchte der Großteil der Menschen im Alter in der gewohnten Umgebung bleiben; im sozialen Nahraum, in dem soziale Kontakte sowie Einrichtungen für die alltägliche Versorgungen erreichbar sind (vgl. Graumann 2013, S. 152).

Das Forschungsprojekt »Lebensqualität inklusiv(e) – Innovative Konzepte unterstützten Wohnens älter werdender Menschen mit Behinderung« zeigte auf, dass für einen Transfer von Quartierskonzepten der Altenhilfe verschiedene Anpassungen erforderlich sind, z.B. eine sogenannte »Inklusionskompetenz«

(Dieckmann et al., 2010, S. 25) vorhanden sein muss, um vor allem Berührungsängste zu vermeiden.

8.3.10 Alternative Wohnformen

Aktuell gibt es einige alternative Wohnformen für Menschen mit geistiger Behinderung und auch mit Demenz, für die sich die WG als Wohnform in allen Bundesländern etabliert hat (Ganß et al., 2012, S. 29). Zu nennen sind das Mehrgenerationenwohnen, in dem Menschen unterschiedlichen Alters zusammenleben, um sich gegenseitig zu unterstützen. Meistens bestehen diese Wohnprojekte aus mehreren Wohnhäusern mit Gemeinschaftsräumen und einem ambulanten Pflegedienst.

Gepflegtes Wohnen

In einem Umkreis von ca. 800 Metern leben mindestens fünf Menschen, die einer Rund-um-die-Uhr-Pflege bedürfen, mit öffentlich zugänglichen Wohncafé.

Wohnen in Vielfalt

Darunter versteht man Wohnprojekte z. B. für verschiedene Berufsgruppen (Musiker, Künstler etc.) oder homosexuelle Menschen (vgl. Ganß et al., 2012, S. 30f.).

8.4 Pädagogisches Handlungswissen

Wohnen sollte folgende Bedingungen erfüllen, damit Menschen mit geistiger Behinderung im Alter

- die Möglichkeit erhalten, den Grundbedürfnissen nachgehen zu können (Gewohnheiten, Hobbys).
- ihre Identität erhalten (gewohnte Umgebung, Freiheit, eigene Verfügbarkeit über Sachen), in Freundschaften einbezogen sein, sich einer Gruppe zugehörig und damit bestätigt fühlen.
- in das sie interessierende Zeitgeschehen einbezogen bleiben (durch Bilder, Gespräche).
- möglichst aktiv ihre Erfahrungswelt erweitern (durch Ausflüge, Begegnungen etc.) (vgl. Speck, 1983, S. 8f.).

Entscheidenden Einfluss auf die Lebensqualität hat die Zusammensetzung der Wohngruppen. Diese sollten nach dem Kriterium der Selbstbestimmung zusammengestellt werden. Es sollte den Mitgliedern möglich sein, Einfluss auf die Gruppenzusammenstellung zu nehmen.

Reglementierungen, die den Alltag betreffen, sollten aufgehoben werden, z. B. durch Gestaltung des eigenen Zimmers, Zugestehen von Privatsphäre und Verwaltung des eigenen Geldes.

Bezogen auf den Wohnbereich erscheint es auch notwendig, mehr Alternativen für ältere Menschen zu schaffen. So muss die Möglichkeit bestehen, auch im Alter mit erhöhter Hilfebedürftigkeit in entsprechend barrierefreien Wohneinrichtungen zu verbleiben, sodass ein altersbedingter Zwangsumzug vermieden werden kann. Es besteht die Notwendigkeit, Tagesstrukturen für den Ruhestand zu schaffen. Wichtig erscheint hierbei ein offenes Angebot, das den individuellen Bedürfnissen gerecht werden kann.

9 Soziale Netzwerke

Die Lebenswelt von Menschen ist wesentlich durch Art, Umfang und Qualität sozialer Beziehungen geprägt (vgl. Bundesministerium für Gesundheit, 1998, S. 243). Diese Beziehungen sind in unterschiedlicher Intensität reziprok. So stellen soziale Netzwerke für jeden Menschen eine wesentliche Voraussetzung für soziale Identität sowie biografische Kontinuität dar. Soziale Kontakte verhindern Isolation und fördern Gemeinschaft (vgl. Stöppler, 2017, S. 124).

Der stabile Kontakt zu Angehörigen, Freunden und Bekannten ist eine wesentliche Voraussetzung für biografische Kontinuität und soziale Identität. Des Weiteren können formelle und informelle Netzwerke unterschieden werden. Informelle Netzwerke setzen sich aus Verwandten, Freunden und Bekannten zusammen. Es geht dabei um »private und selbst gewählte Beziehungen, die auf Gegenseitigkeit beruhen« (Dworschak, 2004, S. 62). Im Wohnheim kann es in diesem Sinne ein informelles (z. B. Freunde), aber auch ein formelles Netzwerk geben (z. B. Betreuer).

Für Menschen mit geistiger Behinderung, die auf Unterstützung angewiesen sind, bilden Beziehungen zu anderen Menschen, wie z. B. das Eingebundensein in die Herkunftsfamilie, häufig den Garanten dafür, in ihrer vertrauten Lebensumwelt verbleiben zu können. Der Rückgang der Leistungsfähigkeit oder der Zusammenbruch sozialer Netzwerke, beispielsweise durch Krankheit oder Tod der Hauptpflegeperson, ist häufig der Grund für das Verlassen der vertrauten Umgebung und die Übersiedlung in eine besondere Wohnform. Dieses formelle soziale Netz übernimmt somit die Hilfeleistungen des informellen sozialen Netzwerks.

9.1 Angehörige

Eine Studie zur Inanspruchnahme sozialer Netzwerke im Alter (INA-Studie, Driller et al., 2008) kommt zu dem Ergebnis, dass soziale Beziehungen eine wichtige Ressource in Bezug auf die persönliche Entwicklung als auch auf die Lebenslage von Menschen mit geistiger Behinderung bis zu einem hohen Alter bilden. Vor allem die Familie nimmt bis zu der Überweisung eine zentrale Stellung in diesem sozialen Netzwerk ein. Im Alter verändert sich das familienbezogene soziale Netzwerk jedoch deutlich: »Menschen, die mit Behinderung altern – diese also nicht erst im Alter erwerben – ist es aber in den meisten Fällen nicht möglich, eine eigene Familie aufzubauen. In der Gesamtgruppe wird von den Angehörigen/gesetzlichen Betreuern lediglich von 10,6% berichtet, bei denen eine feste Partnerschaft besteht« (S.114). Etwa 55% der untersuchten Menschen mit geistiger Behinderung haben keine feste Partnerschaft. Ungefähr 15% verfügen über keine oder nur sehr geringe soziale Netzwerke v. Des Weiteren haben 10% der Menschen mit einer Behinderung nach eigener Aussage keine eigene Familie, 63% geben an keinen Vater mehr, 43% keine Mutter mehr zu haben. Von denjenigen, die angeben, Kontakt zu einer Familie zu haben, sagen 56%, dass sie die Angehörigen nur sehr selten sehen.

In Bezug auf Freunde und Bekannte haben in der INA-Studie lediglich 6% eine Angabe gemacht, und 11% der Angehörigen berichten, dass die Menschen mit Behinderungen überhaupt keine Freundinnen und Bekannten hätten. Mit zunehmendem Alter sinkt die Anzahl der Personen, die zum Netzwerk eines Menschen mit Behinderungen gehören, zusätzlich (ebd., S.115). In der Befragung der Angehörigen der Menschen mit Behinderungen zeichnet sich ab, dass eine Ausweitung aktueller Unterstützungsleistungen durch diese Angehörigen kaum möglich sein wird: »Durch eine Reduktion der informellen sozialen Netze im späteren Lebensalter fehlen diesen Menschen Unterstützungsressourcen – gerade aus der Herkunftsfamilie heraus« (ebd., S. 115).

Die Form der Behinderung nimmt Einfluss auf die Beschaffenheit der verwandtschaftlichen Netze. Menschen mit einer geistigen Behinderung ist es in der Regel erschwert, eine eigene Familie zu gründen. Sie sind daher in erster Linie auf ihre Herkunftsfamilien angewiesen.

Nach Verlassen des Elternhauses wird der Kontakt der Menschen mit geistiger Behinderung zu den Eltern weitgehend aufrechterhalten, während sich andere familiale Kontakte verringern und als weniger intensiv erlebt werden. Dies bestätigt sich auch in der INA-Studie (Driller et al., 2008, S.101). Bei der Befragung der Angehörigen und gesetzlichen Betreuer wurde nur von 6,2% der Bewohner berichtet, dass sie ein- bis mehrfach monatlich Kontakt zu anderen Verwandten haben. Wöchentlicher oder gar täglicher Kontakt besteht gar nicht. Zu Eltern besteht bei 33,5% und zu Geschwistern bei 31,4% ein ein- bis mehrfach monatlicher Kontakt.

Während noch zwei Drittel der Bewohner zwischen 18 und 30 Jahren Hilfe und Unterstützung von Familienangehörigen empfangen, sinkt der Anteil mit zunehmendem Alter. Die Personen älter als 60 Jahre erhalten nur noch zu 20,9% Hilfen von Familienmitgliedern (ebd., S.111).

Wenn den Eltern die Begleitung, der Besuch und der Kontakt durch Krankheit, Tod oder andere Umstände nicht mehr möglich ist, dann werden durch Geschwister elterliche Rollen übernommen.

Für erwachsene Menschen mit geistiger Behinderung von ungefähr 50 Jahren und älter sind es häufig die Geschwister, die die längste Beziehung auch für die Zukunft des behinderten Menschen bilden. Für den Fall, dass Geschwister vorhanden sind, sind diese etwa im Alter der im Wohnheim lebenden Menschen mit geistiger Behinderung und haben möglicherweise eine eigene Familie. Für Geschwister ist die Behinderung eines Bruders oder einer Schwester oft von Lebensbeginn an selbstverständlich. Die Bundesvereinigung Lebenshilfe Deutschland formuliert einige Fragen, die sich Geschwister stellen in Bezug auf das Altern des behinderten Bruders oder der behinderten Schwester (s. *www.lebenshilfe. de/informieren/familie/geschwister/*).

In den letzten drei Jahrzehnten gibt es Forschungsinitiativen, die auf ältere Eltern bezogen sind. Wenn man die elterlichen Aktivitäten über die gesamte Lebensspanne betrachtet, sieht man Unterschiede in Terminologie und Fokussierung. Die Studien, die sich mit Kindern und Jugendlichen beschäftigen, verweisen meistens auf die Elternrolle, während Studien über erwachsene Menschen mit Behinderung und ihre Eltern mehr die Begleiterrolle und das soziale Netz der Familie unter Einbezug der Geschwister beschreiben. Einige wenige Studien analysieren auch die Reziprozität in der Begleitung, wenn erwachsene Menschen mit Behinderung Unterstützungsaufgaben für ihre alten Eltern erfüllen (vgl. Heller & Factor, 1993).

Auch wenn Menschen mit geistiger Behinderung in Institutionen leben und dadurch nicht mehr auf die umfassende Hilfeleistung der Angehörigen angewiesen sind, bleiben sie dennoch Mitglieder eines Verwandtschaftssystems und nehmen sich auch als solche wahr. Die verwandtschaftlichen Systeme sind aber durch die institutionellen Rahmenbedingungen stark gefährdet. So wird in verschiedenen Studien (vgl. Anderson et al., 1992; De Kock et al., 1988; Lord & Pedlar, 1991; Malin, 1983) aufgezeigt, dass die Kontakthäufigkeit mit Familienmitgliedern für Menschen mit geistiger Behinderung in kleinen Wohneinrichtungen größer ist als für Bewohner von großen Wohnheimen. Andersons Untersuchung bezog sich auf ältere Menschen mit geistiger Behinderung. Sie erklärt die Unterschiede in Kontakthäufigkeit zwischen kleinen und großen Wohnformen durch die oft sehr isolierte Lage, weit weg von der Familie und der oft schlechten Erreichbarkeit. Liegt das Wohnheim z. B. nicht in der unmittelbaren Nähe des einstigen Wohnortes, ist ein hohes Maß an Mobilität auf Seiten des Bewohners und seiner Angehörigen notwendig, um den persönlichen Kontakt aufrechtzuerhalten. Ist diese nicht vorhanden, ist der persönliche Kontakt nur selten möglich oder es muss ganz auf ihn verzichtet werden (vgl. Bundesministerium für Gesundheit, 1998, S. 243ff.).

Jedoch lassen weder die formale Größe des familiären Netzwerks, noch die Kontakthäufigkeit zu den Angehörigen eindeutige Rückschlüsse auf den Grad der Unterstützung des familiären Netzes zu. Ausschlaggebend ist in diesem Zusammenhang die Qualität der Kontakte.

Kontakte zu Angehörigen sind jedoch – wie aufgezeigt – selten, häufig nicht einmal persönlich und finden nur zu besonderen Anlässen statt. Es kann sich daher kaum um intensive Beziehungen handeln. In einem Fall bestehen sogar massive Konflikte mit den Angehörigen, da sich die betroffene Person häufigere Kontakte wünscht. Diesen Wunsch äußerten auch die anderen befragten Personen.

Die Angehörigen der in besonderen Wohnformen lebenden älteren Menschen mit geistiger Behinderung stellen demnach häufig für diese keine Unterstützung mehr dar. Familiäre und verwandtschaftliche Beziehungen erlangen positive Bedeutung aber nur durch stabile und verlässliche Bindungen sowie durch entgegengebrachte Hilfe und Wertschätzung. Können solch positive Erfahrungen nicht gemacht werden, werden die Beziehungen zu Angehörigen als belastend und einschränkend wahrgenommen. Der Rahmen, indem biografische Kontinuität erfahren werden sollte (vgl. Bundesministerium für Gesundheit, 1998, S. 249f.), bleibt älteren im Wohnheim lebenden Menschen mit geistiger Behinderung durch die eigene Familie verwehrt. Es bleibt jedoch fraglich, ob unter den Bedingungen des institutionellen Lebens der Aufbau neuer sozialer Kontakte möglich ist, die von gleicher Intensität und Qualität wie die vorangegangenen sind. Es besteht die Gefahr, dass diese ohne Ersatz oder Ausgleich wegfallen.

Black et al. (1985) schließen aus den Resultaten ihrer Untersuchung, dass »out-of-home-placement«, das Wohnen außerhalb der Familie, bei folgenden Situationen wahrscheinlich wird:

- Gesundheitsprobleme des Menschen mit geistiger Behinderung oder der Eltern,
- empfundene Versorgungsbelastung der Mutter,
- wenig Gebrauch von familienunterstützenden Diensten,
- große Abhängigkeit des Kindes in der Versorgung,
- störendes Verhalten.

Heller & Factor (1991) fanden in ihrer Untersuchung entgegengesetzte Resultate: Je mehr Gebrauch von familienentlastenden Diensten (respite care), Tagesstätten, praktisch-sozialen und psychologischen Hilfen gemacht wurde, desto eher wählten die Eltern den permanenten Verbleib außerhalb der Familie. Die Autoren erklären dieses Ergebnis dadurch, dass der Gebrauch der familienunterstützenden Dienste diese Familien in näheren Kontakt mit Einrichtungen für permanentes Wohnen bringt. Es ist der erste Schritt zur Unterbringung des erwachsenen Menschen mit geistiger Behinderung in eine Wohneinrichtung.

Die Aufrechterhaltung der bestehenden Kontakte, auch nach dem Umzug in ein Wohnheim, ist durch die institutionelle Versorgung gefährdet. Je umfassender institutionelle Versorgung stattfindet, desto eher werden vorhandene soziale Kontakte reduziert. Die institutionelle Versorgung, die die primären sozialen Netzwerke entlasten soll, zerstört diese also ungewollt (vgl. ebd., S. 243).

9.2 Die Bedeutung sozialer Netzwerke in besonderen Wohnformen

In besonderen Wohnformen (vormals Wohnheim) lebende ältere Menschen mit geistiger Behinderung verfügen im Vergleich zum Bevölkerungsdurchschnitt über ein stark reduziertes (geringe Anzahl an Netzwerkmitgliedern) und instabiles (häufiges Lösen von Beziehungen innerhalb der Personengruppe der Menschen mit geistiger Behinderung) soziales Netzwerk.

Funktionsfähige soziale Netzwerke enthalten gewachsene Beziehungen, die bei der Bewältigung von Belastungen hilfreich sein können; sie bieten Schutz und beruhen auf Solidarität. Die Funktion sozialer Netzwerke lässt sich zusammenfassend mit dem Begriff soziale Unterstützung beschreiben, wobei jedoch nicht das gesamte Netzwerk, sondern nur ein Teil dessen die Unterstützung leistet.

Unterstützung benötigen vor allem Personen, die einer Vielzahl von Belastungen ausgesetzt sind. Dies ist für die in besonderen Wohnformen lebenden älteren Menschen mit geistiger Behinderung zutreffend. Durch das enge Zusammenleben einer Vielzahl erwachsener Menschen mit geistiger Behinderung innerhalb eines Hauses, erfahren sie täglich ein hohes Maß an Alltagsbelastungen (daily hazzles), wie z. B. laute Mitbewohner. Das fortgeschrittene Alter der Personengruppe lässt vermuten, dass sie bereits mit einigen belastenden Lebensereignissen, z. B. dem Tod der eigenen Eltern, konfrontiert wurden (stressful life events) und dieses verarbeiten mussten. Zu diesen beiden Arten der Belastung kommt die Dauerbelastung (life strain) des Umgangs mit der eigenen Behinderung (vgl. Erlemeier, 1995, S. 255).

Aufgrund der Vielzahl unterschiedlicher Belastungen, denen die in besonderen Wohnformen lebenden älteren Menschen mit geistiger Behinderung ausgesetzt sind, ist es für ihr Wohlbefinden und ihre Gesundheit von besonderer Wichtigkeit, auf ein ausreichend großes und stabiles Netzwerk zurückgreifen zu können. Die durch ein intaktes soziales Netzwerk geleistete Unterstützung, kann sich auf die belastende Situation ausgleichend oder zumindest mildernd auswirken.

Verfügt eine Person nur über ein sehr kleines Netzwerk, wie dies bei der betreffenden Personengruppe zumeist der Fall ist, so gibt es nur wenige Personen, die für die aufgezählten Formen der Unterstützung in Frage kommen. Da es sich bei diesen Unterstützungsleistungen zum Teil um sehr persönliche und intime Leistungen handeln kann, ist davon auszugehen, dass diese besonders durch die Angehörigen zu leisten wären. Zu diesen besteht aber nur in seltenen Fällen ein solch intensiver Kontakt, dass die gesamte Bandbreite der benötigten Unterstützungsleistungen abgedeckt werden könnte.

Je nach Alter, Dauer der Institutionalisierung, Abgelegenheit der Einrichtung und Kontaktfreudigkeit des Bewohners, der Angehörigen und des Personals, gibt es zwischen Einrichtungen und Bewohnern große Unterschiede in der Kontakt- und Besuchsfrequenz. So berichten Kearney et al. (1993) über 59 Personen, die in einer englischen Großeinrichtung wohnten und alle ein Alter von 65 Jahren überschritten hatten. Von diesen alten Menschen mit geistiger Behinderung hatte keiner mehr eine lebende Mutter oder einen lebenden Vater, aber zwei Drittel mindestens einen lebenden Bruder oder eine lebende Schwester. Drei Fünftel der Bewohner hatten keinen Kontakt mehr mit Angehörigen und drei Viertel bekamen in den letzten Jahren keine Besuche durch Angehörige oder besuchten keine Angehörigen, Verwandten, Freunde oder Bekannten außerhalb der Einrichtung. Für gemeindenahe Einrichtungen mit jüngeren Bewohnern und einer offenen und integrationsfreundlichen Orientierung werden die Prozentsätze wahrscheinlich ganz anders aussehen.

Gleiches gilt auch für die anderen Gruppen des sozialen Netzwerks, wie z. B. Partner, Mitbewohner, Freunde und Bekannte außerhalb der Wohneinrichtung und Mitarbeiter. In der Regel besteht zu keiner dieser Personengruppen ein ausreichend häufiger Kontakt oder eine enge und intensive Beziehung. Daher kann nicht davon ausgegangen werden, dass die Personen in der Lage wären, in diesen Beziehungen ausreichend Unterstützung zur Bewältigung der unterschiedlichen Belastungsformen zu finden.

Ein weiterer Grund für den stark reduzierten Umfang der sozialen Netzwerke im Wohnheim lebender älterer Menschen mit geistiger Behinderung – und damit auch Grund für die geringe Unterstützungsleistung – ist die Tatsache, dass die Unterstützung fast ausschließlich in eine Richtung läuft, nämlich aus dem Netzwerk heraus und zu den betroffenen Personen hin. Soziale Netzwerke funktionieren aber auf Dauer nur, wenn es sich um reziproke Beziehungen handelt, d. h. die Unterstützungsleistungen in beide Richtungen gleichermaßen laufen. Die Gründe können bei der Person selbst liegen oder bei der Familie. Auf die Frage in der INA-Studie an die Menschen mit Behinderung »Sehen Sie ihre Familie zu selten?« antworteten immerhin 46,2 % der Befragten mit »Ja« (Driller et al., 2008, S. 104).

Ein weiterer Faktor, der sich hemmend auf die Bewältigung von Belastungen auswirken kann, ist die Überbehütung der hilfebedürftigen Person, da auf diese Weise ihre Eigeninitiative und Entscheidungsfreiheit stark eingeschränkt werden (vgl. Schneider, 1995, S. 264). Besonders schwerwiegende Folgen für das Selbstwertgefühl eines Menschen und die Bewältigung seiner Belastungen sind zu erwarten, wenn ihm vermittelt wird, dass die unverzichtbare Unterstützung vom Wohlwollen anderer abhängig ist und zudem als Belastung empfunden wird.

Die Funktion, die ein intaktes soziales Netzwerk für seine Mitglieder übernimmt, wird dieser Personengruppe, wie bereits erwähnt, nur in sehr geringem Umfang zuteil. Ein informelles Netzwerk einer festen Partnerschaft ist nur wenigen älteren Menschen, die in besonderen Wohnformen leben, gegeben. So wird in der Befragung der Angehörigen oder der gesetzlichen Betreuer in der INA-Studie (Driller, 2008) über keinen verheirateten Bewohner berichtet. Für 5,2 % der Personen wird angegeben, dass sie geschieden und für 1,0 % dass sie verwitwet sind. Die übergroße Mehrheit (93,8 %) der älteren Personen ist ledig. Von 194 Personen leben nur vier mit einem Partner zusammen (ebd., S. 99). Die Angaben der Bewohner selbst machen deutlich, dass es in 63,3 % der Fälle die Väter sind, die als informelle Netzwerkpersonen am häufigsten fehlen, gefolgt von Partnern (55,2 %) und den Müttern (43,4 %). Jeweils weniger als ein Viertel der Bewohner sagt, dass es keine anderen Verwandten (24,7 %), keine Geschwister (18,8 %), keine Kollegen (13,7 %) und keine Freunde oder Bekannte (6,3 %) gibt (ebd., S. 100).

9.3 Partnerschaften

Für Menschen mit Behinderungen und vor allem für Menschen mit geistiger Behinderung gehören Partnerschaften nicht zum Lebensalltag. Die überwiegende Anzahl der Einrichtungen der Behindertenhilfe hat sich jedoch konzeptionell dazu verpflichtet, den Aufbau und die Aufrechterhaltung partnerschaftlicher und intimer Beziehungen zu unterstützen.

Auch Menschen mit geistiger Behinderung sexuelle Bedürfnisse zuzugestehen und die Befriedigung dieser als Rehabilitationsauftrag zu sehen, stößt häufig an die Grenzen des Verständnisses für die Situation von Menschen mit geistiger Behinderung (vgl. Schmetz & Stöppler, 2002).

Um das Aberkennen von Sexualität und entsprechender Bedürfnisse zu überwinden, benötigt man nicht nur eine professionelle Sichtweise und Haltung, sondern ebenso angemessene Rahmenbedingungen, die Privatheit und Intimität ermöglichen (vgl. Wacker, 2000).

Eine konsequente Umsetzung konzeptioneller Richtlinien zur Unterstützung intimer Beziehungen ist in den meisten Einrichtungen jedoch nicht zu beobachten. Es wird zwar vom überwiegenden Teil der Wohneinrichtungen angegeben, dass Partnerschaften und auch der Rückzug auf das eigene Zimmer möglich sind, die geringe Anzahl an Einzelzimmern führt jedoch dazu, dass Beziehungen öffentlich verhandelt werden müssen und daher einem hohen Grad an sozialer Kontrolle unterliegen (vgl. Bundesministerium für Gesundheit, 1998, S. 253).

Der Literatur ist zu entnehmen, dass sich lediglich etwa ein Viertel der befragten Personen, auch aufgrund der schwierigen Rahmenbedingungen, zurzeit in einer Partnerschaft befindet. Diese Verbindungen, die von gelegentlichen Kontakten bis hin zu Formen des engen Zusammenlebens reichen, werden häufig als Verlobungen bezeichnet (vgl. ebd.). Dies geschieht vermutlich, um ihnen einen offiziellen Anstrich zu verleihen, der diesen Verbindungen im Allgemeinen verwehrt bleibt.

9.4 Mitbewohner

Personen mit geistiger Behinderung verfügen in der Regel kaum über Kontakte zu nichtbehinderten Personen außerhalb der Wohneinrichtung. Daher gewinnen Beziehungen zu Personen innerhalb der Wohneinrichtung eine besondere Bedeutung.

Eine Personengruppe, zu der zwangsläufig ein regelmäßiger und häufiger Kontakt besteht, sind demnach die Mitbewohner und unter ihnen vor allem die Zimmernachbarn. Diese sind in den meisten Fällen vorhanden, da die vergleichsweise schlechte Ausstattung der Wohneinrichtungen für Menschen mit geistiger Behinderung es nur wenigen Personen ermöglicht, ein Einzelzimmer zu bewohnen (vgl. Wacker, 2000).

Auf ein gutes Verhältnis der Mitbewohner untereinander wird hingewiesen: Knapp die Hälfte der befragten Personen (47,6 %) gaben an, sich mit einigen Mitbewohnern gut und mit anderen weniger gut zu verstehen und nur ca. 3 % bezeichneten das Verhältnis untereinander als schlecht. Zwei Drittel der Bewohner gaben an, mindestens einen ihrer Mitbewohner besonders gern zu mögen.

Diese Beziehungen werden aber im Allgemeinen nicht als Freundschaften bezeichnet. Sie basieren häufig auf gegenseitigen Hilfeleistungen, dienen der Koalitionsbildung gegenüber anderen Heimbewohnern (vgl. Bundesministerium für Gesundheit, 1998, S. 259f.) und erweisen sich jedoch häufig als instabil und werden anscheinend ohne ersichtlichen Grund wieder gelöst. Es scheint sich also auch für ältere Menschen mit geistiger Behinderung zu bestätigen, wovon allgemein bei Personen mit geistiger Behinderung im Erwachsenenalter ausgegangen wird: Die Bewohner haben untereinander ein eher distanziertes Verhältnis. Dies führt zwar im Umgang miteinander zu einem hohen Maß an Toleranz (vgl. ebd., S. 260), es handelt sich aber nicht um Toleranz im eigentlichen Sinne, denn die Basis dieser Duldung ist nicht die Wertschätzung des anderen und seiner Bedürfnisse, sondern das Desinteresse an der anderen Person.

Freundschaften und Bekanntschaften innerhalb der Wohneinrichtung dienen den älteren Bewohnern auch häufig als Zusammenhalt gegenüber Mitbewohnern und Mitarbeitern. Diese Solidarität bleibt jedoch allzu oft auf gemeinsame Unternehmungen und Unterstützung im Alltag beschränkt, »...ohne die enge persönliche und vertraute Komponente, die Bekanntschaft von Freundschaft unterscheidet« (ebd., S. 262).

Spannungen und Missverständnisse, die sich, wenn sie ungeklärt bleiben, zu massiven Problemen auswachsen können, sind auch bei älteren Bewohnern an der Tagesordnung. Dies ist darauf zurückzuführen, dass es sich bei Wohngruppen und Hausgemeinschaften in der Regel um eine Zusammenstellung handelt, die nicht mit den Bewohnern abgestimmt ist (vgl. ebd., S. 260).

Der Lebensort Wohnheim und die ihm eigenen Rahmenbedingungen erschweren oder verunmöglichen das Schließen und Aufrechterhalten von Beziehungen. Das führt zwangsläufig zu Einzelgängertum und dazu, dass die Bewohner aneinander vorbei leben, wenn entsprechende beziehungsstiftende Interventionen ausbleiben. Ohne Anstöße und Unterstützung von außen werden sich kaum tragfähige soziale Beziehungen unter den Bewohnern ausbilden, die Halt und Geborgenheit vermitteln sowie Unterstützung in akuten Krisensituationen zur Verfügung stellen.

9.5 Mitarbeiter

Eine weitere wichtige Personengruppe bezüglich der sozialen Beziehungen von Heimbewohnern sind die betreuenden Mitarbeiter. Die Mitarbeiter der Wohneinrichtungen werden dem formellen sozialen Netzwerk einer Person zugeordnet. Bei Personen, deren Wohn- und Lebensort eine Institution ist, haben die Mitarbeiter einen großen Einfluss auf die Lebensgestaltung, da sie zu den Bewohnern im täglichen Kontakt stehen.

Dieser zwischenmenschliche Kontakt ist allerdings geprägt durch die Position, die Mitarbeiterschaft und Bewohnerschaft in der Wohneinrichtung innehaben.

Der Wohn- und Lebensort des Bewohners mit geistiger Behinderung ist gleichzeitig der Arbeitsplatz der verantwortlichen Betreuer. Der Mitarbeiter verlässt nach Dienstschluss den von beiden Gruppen in unterschiedlicher Weise genutzten Ort, während der Bewohner an ihm verbleibt.

Das Verhältnis zu den Mitarbeitern wird laut Literatur von knapp 60% der Bewohner als gut bezeichnet; fast 30% geben an, zu einigen ein gutes Verhältnis zu haben, 2,1% äußern sich negativ bezüglich des Verhältnisses zu den Mitarbeitern und gut 10% geben keine Auskunft. Es kann also von einem überwiegend guten Verhältnis zu den Mitarbeitern gesprochen werden. Dies bestätigt sich auch darin, dass 46,5% der Bewohner allen und 34,2% einigen Mitarbeitern vertrauen. Knapp 60% geben an, dass eine Betreuungsperson existiert, die besonders geschätzt wird (vgl. Bundesministerium für Gesundheit, 1998, S. 150f.).

Jedoch hat nicht die Häufigkeit der Kontakte oder die Anzahl der Kontaktpersonen den alleinigen Einfluss auf das Wohlbefinden einer Person, sondern entscheidend ist, unter welchen Bedingungen, zu welchem Zweck und mit welchem Grad an Vertrautheit eine Interaktion abläuft (vgl. Keupp, 1987, S. 28).

In quantitativer Hinsicht bestimmen zwar die sozialen Kontakte zu den Mitarbeitern den Alltag der Bewohner, die Quantität sagt jedoch nichts über die Qualität der Kontakte aus. Im Allgemeinen kann davon ausgegangen werden, dass informelle Hilfenetze formellen Hilfenetzen bei der Qualität und Intensität der Kontakte und damit auch bezüglich der emotionalen Unterstützung überlegen sind. Da der Kontakt zu den Angehörigen aus den bereits genannten Gründen in den meisten Fällen selten, unregelmäßig und wenig intensiv ist – dies trifft vor allem auf ältere Personen mit geistiger Behinderung zu –, werden an die Mitarbeiter auch Wünsche gerichtet, die üblicherweise ausschließlich an Angehörige gerichtet werden, wie z.B. intensive vertrauliche Gespräche, Geborgenheit, Zuwendung (vgl. Bundesministerium für Gesundheit, 1998, S. 156).

Komp (2006) fasst die Ergebnisse der Befragung von Mitarbeitern von Einrichtungen für ältere Menschen mit geistiger Behinderung zusammen. Es wird dabei u.a. deutlich, dass

- das Altersbild überwiegend negativ und defizitorientiert besetzt ist,
- die sozialen Netzwerke der Bewohner fast ausschließlich in den Kontakten zur Herkunftsfamilie bestehen,
- die Zufriedenheit der Bewohner durch mehr Zeit, Zuwendung und individuelle Einzelbegleitung der Betreuer erhöht werden kann,
- die Mitarbeiter den Veränderungsbedarf (baulich, strukturell, personell) sowie den theoretischen und praktischen Qualifizierungsbedarf sehen (ebd., S. 148).

Es kann also festgehalten werden, dass die Kontakte zu den Mitarbeitern der Wohneinrichtung zwar regelmäßig und häufig stattfinden, aber aufgrund der bestehenden Rahmenbedingungen nicht sehr intensiv sein können. Vor allem nicht so intensiv, wie sie sein müssten, um einen Ausgleich für die seltenen und unregelmäßigen Kontakte zu anderen Personengruppen des sozialen Netzwerkes zu bieten.

9.6 Freundschaften und Bekanntschaften außerhalb der Wohneinrichtung

Neben den Angehörigen können vor allem Freundschaften und Bekanntschaften zu Personen außerhalb der Wohneinrichtung eine Brücke zur Außenwelt darstellen und somit die soziale Integration der Person mit geistiger Behinderung unterstützen und zugleich individuelle Wertschätzung vermitteln (vgl. Bundesministerium für Gesundheit, 1998, S. 256; Ericsson et al., 1985; McConkey et al., 1983).

In den meisten Untersuchungen wird jedoch aufgezeigt, dass die Bewohner, die in Wohneinrichtungen leben, kaum Freunde ohne geistige Behinderung haben. In der Studie von Anderson et al. (1992) wurden die Kontakte von 370 älteren Menschen mit geistiger Behinderung, die in verschiedenen Einrichtungen wohnen, untereinander verglichen. Die Bewohner der großen Wohneinrichtungen hatten die wenigsten Freunde ohne geistige Behinderung. Mehr als die Hälfte dieser Bewohner (60 %) sagte sogar, keine Freunde außerhalb der Einrichtung zu haben. Dieser Prozentsatz ist wesentlich geringer für kleinere, mehr gemeindenahe Wohneinrichtungen, nämlich 37 %. Die Ergebnisse der Untersuchung von De Kock et al. (1988) schließen sich dem an. Ihre Evaluationsstudie zeigt, dass die Zahl der Freundschaften nach dem Umzug von einer großen Wohneinrichtung in kleine, dezentralisierte Wohneinheiten anstieg. Die wirkliche Anzahl der Freundschaften mit Menschen, die nicht geistig behindert waren, blieb jedoch verhältnismäßig gering.

Auch zwanzig Jahre danach wird in Deutschland bei der Befragung der Angehörigen und gesetzlichen Betreuer in der INA-Studie berichtet, dass nur 13,9 % der Menschen mit Behinderung täglichen Kontakt zu Freunden und Bekannten haben. 9,3 % haben ein- bis mehrfach wöchentlich und weitere 11,9 % ein- bis mehrfach monatlich Kontakt zu Freunden und Bekannten. Etwas weniger als die Hälfte (45,4 %) der Bewohner haben weniger als einmal monatlich oder nie Kontakt zu Personen, die als Freunde und Bekannte ausgewiesen werden könnten (Driller, 2008, S. 105).

Auch durch andere Studien wird die relativ geringe Anzahl von Freunden auch in kleinen Wohneinheiten für Menschen mit geistiger Behinderung gestützt (vgl. Jahoda et al., 1990; Malin, 1983). Die Bewohnerschaft von Wohnheimen hat den meisten Kontakt mit Mitbewohnern (Menschen mit geistiger Behinderung) und Mitarbeitern (vgl. Anderson et al., 1992; Malin, 1983; Schneider et al., 1992).

Der überwiegende Teil der Menschen mit geistiger Behinderung spürt deutlich, dass er anders ist als andere Menschen und dass diese Andersartigkeit negativ bewertet wird. Daher werden Beziehungen zu Personen ohne Behinderung außerhalb der Wohneinrichtung als etwas ganz Besonderes betrachtet (vgl. Kaminski, 1978, S. 128).

Form und Ausprägung der Behinderung bestimmen entscheidend mit, ob überhaupt Bekanntschaften oder Freundschaften zu Personen außerhalb der Wohneinrichtung geschlossen werden bzw. ob jemand bereit ist, eine Beziehung zu einer Person mit einer entsprechend niedrigen sozialen Position einzugehen. So haben unter den im Wohnheim lebenden Personen mit körperlichen Behinderungen 75 % Freunde und Bekannte außerhalb der Wohneinrichtung, unter den Personen mit geistiger Behinderung ist dies nur für 32,4 % aller Personen zutreffend (vgl. Bundesministerium für Gesundheit, 1998, S. 259). Die Tatsache, dass Kontakte bestehen, sagt allerdings noch nichts über ihre Quantität oder Qualität aus.

9.7 Pädagogisches Handlungswissen

Die wenigen und unbefriedigenden sozialen Kontakte älterer, in Wohnheimen lebender Menschen mit geistiger Behinderung führen zwangsläufig zu einer Verarmung sozialer Verhaltensweisen, die als Voraussetzung zur Schließung und Aufrechterhaltung sozialer Kontakte notwendig sind. Die betroffenen Personen geraten also durch die geringe Anzahl sozialer Kontakte und die Reduzierung sozialer Fähigkeiten in eine Art Teufelskreis. Sind die Fähigkeiten zum Auf- und Ausbau sozialer Kontakte erst verkümmert, ist es der betreffenden Person – auch wenn der Wunsch danach besteht – nicht mehr möglich, weitere Kontakte aufzunehmen oder bestehende Kontakte zu intensivieren. Sie ist dann auf die geringe Anzahl und Intensität bereits bestehender Kontakte angewiesen.

Dieser Gefahr kann nur entgegengewirkt werden, wenn im Alter Erhalt und Entstehungen von Bindungen favorisiert werden, die sich wiederum positiv auf die Fähigkeit auswirken, weitere soziale Beziehungen einzugehen und aufrecht zu erhalten.

Pädagogische Konsequenzen sollten das Ziel haben, Menschen mit geistiger Behinderung auch durch soziale Kontakte eine Teilhabe am gesellschaftlichen Leben zu ermöglichen.

Menschen mit geistiger Behinderung sollten…

- Unterstützung dabei erfahren, Menschen mit gleichen Interessen kennenzulernen.
- Bekanntschaften und Freundschaften außerhalb der Wohneinrichtung als Brücke zur Außenwelt ermöglicht werden.
- Kontaktmöglichkeiten außerhalb der eigenen Gruppe ermöglicht werden. Gelegenheiten dazu sind begleitete oder selbstständige Einkäufe, Freizeitaktivitäten außerhalb der Einrichtung, z. B. Besuch von Kneipen, Eisdielen, Schwimmbädern, öffentlichen Veranstaltungen, Sportvereinen oder Kirchengemeinden.
- Kontakte zu den ehemaligen Kollegen und Betreuern in der WfbM nach Möglichkeit aufrechterhalten. Ist dies nicht möglich, gilt es, Lösungen zu finden, um einen Verlust dieser Beziehungen aufzufangen.

- neue soziale Kontakte auch außerhalb des Hilfesystems ermöglicht werden (vgl. Mair/Offergeld 2014, S. 129).
- bei der Aufrechterhaltung von Freundschaften unterstützt werden, z. B. indem sie erfahren, dass Freundschaft auf Gegenseitigkeit beruht.

Des Weiteren sollte beim Verlassen der Wohneinrichtung darauf geachtet werden, dass dies nicht ausschließlich in großen Gruppen erfolgt. Wo die Möglichkeit und der Wunsch bestehen, die Bewohner einzeln oder in kleinen, auch unbegleiteten Gruppen gehen zu lassen, um die Auffälligkeit möglichst gering zu halten und eigene Erfahrungen zu ermöglichen, sollte dies auch geschehen. Menschen mit geistiger Behinderung sollen von der Gesellschaft möglichst nicht als eine Gruppe Anderer wahrgenommen werden, sondern sind durch das Auftreten in kleinen Gruppen oder als Einzelperson als Individuen hervorzuheben. Man sollte Partnerschaft und Freundschaft thematisieren und versuchen, die zur Pflege des sozialen Netzwerkes nötigen Kompetenzen zu vermitteln.

10 Freizeit

10.1 Zentrale Aspekte

Freizeit impliziert in der aktuellen Gesellschaft wie kein anderer Lebensbereich individuelle Entfaltungsmöglichkeiten für Selbstbestimmung und Teilhabe. Auch die UN-BRK fordert in Artikel 30 die Teilhabe an Freizeit, Sport und Kultur (vgl. Stöppler, 2017, S. 154).

In ihrer Freizeit haben ältere Menschen mit geistiger Behinderung grundsätzlich die gleichen Bedürfnisse wie gleichaltrige nichtbehinderte Menschen. Aufgrund von Art und Schweregrad der Behinderung werden Freizeitbedürfnisse jedoch sehr unterschiedlich zum Ausdruck gebracht. Menschen mit geistiger Behinderung haben wesentlich größere Defizite zu beklagen, deren Ursachen sie aufgrund ihres »Andersseins« oft nicht aktiv und energisch beheben können (Markowetz, 1997, S. 275). Da sie stark auf Hilfen, Betreuung, Pflege und Anleitung angewiesen sind, haben sie Einbußen in der Quantität sowie in der Qualität ihrer Freizeitbedürfnisse.

Freizeit ist nach Opaschowski (1976) die Zeit, die frei ist von Zwängen und Verpflichtungen jeder Art. Über diese Zeit kann der Einzelne frei verfügen. Der Freiheitsgrad der freien Zeit wird durch Aspekte wie Ort, Geld, Gelegenheit, Mobilität und Freizeitpartner bestimmt (vgl. Stöppler, 2002). Auch gesellschaftliche Normen und Regeln determinieren die Freiheit der freien Zeit. Man kann also erkennen, dass die freie Zeit nicht völlig autonom und verhaltensbeliebig gestaltet werden kann. Man sollte auch beachten, dass ältere Menschen mit anderen Lebensrealitäten konfrontiert werden als jüngere (vgl. Haveman, 1999a). Ein sozial-gerontologisches Modell muss den spezifischen Anforderungen dieser Altersphase Rechnung tragen. Eine andere und weiterreichende Form der Freizeitbeschäftigung gehört dazu. Die Verkürzung der Arbeitszeit von älteren Menschen in der WfbM oder das Ausscheiden aus dem Berufsleben bedeutet einen deutlichen Zuwachs an Freizeit – Freizeit, die so gestaltet werden sollte, dass sie zur individuellen Lebensfreude beiträgt.

Eine Entwicklung in der Freizeitbeschäftigung von Menschen mit geistiger Behinderung lässt sich erst seit den 1960er und 1970er Jahren feststellen. Die 70er Jahre sind demnach die eigentlichen Pionierjahre der Freizeitpädagogik für Menschen mit Behinderungen. In diesem Zeitraum entstanden spontane Initiativkreise, Clubs und Aktivitäten von Jugendgruppen, Sportvereinen und örtlichen Lebenshilfe-Vereinigungen, die sich der Entwicklung des Freizeitbereichs widmeten.

Für ein breites Verständnis des Freizeitverhaltens von älteren Menschen mit geistiger Behinderung muss man jedoch weiter zurück in die Vergangenheit gehen. Die neueren Modelle der Freizeitpädagogik in den 1960er und 1970er Jahren waren vor allem auf eine Minderheit von Kindern und Jugendlichen ausgerichtet. Die Erwachsenen und viele Kinder und Jugendliche in den Wohnheimen und Anstalten waren generell eingebunden in tagesstrukturierende Aktivitäten ihrer Wohnstätte.

Wenn man sich den Lebenslauf der älteren Generation von Menschen mit geistiger Behinderung anschaut, dann fällt auf, dass bei institutionalisierten Personen der Begriff der »freien Zeit« sehr relativ ist. Für Bewohner der Großwohnheime und der Anstalten war »freie Zeit« als »selbstbestimmte Zeit« nur spärlich vorhanden; Freiräume gab es kaum. In den geographisch und sozial isolierten Einrichtungen waren die meisten Aktivitäten fremdbestimmt – nicht nur die Arbeit, das Wohnen und die Therapie, sondern auch die Zeit in den Abendstunden und am Wochenende. Es gab auch keine gesonderten Lebensbereiche und Aktivitäten. Alles fand am selben Ort statt und dieselben Aktivitäten (wie z. B. Nähen, Gartenarbeit, Helfen im Haushalt) wurden mal Arbeit, mal Freizeit oder Tagesgestaltung genannt.

Das Dasein des behinderten Menschen war abgeschirmt und abgesondert von dem Leben nichtbehinderter Bürger. Dies gilt für das Anstaltsleben, aber auch für den Alltag der Kinder und Jugendlichen mit geistiger Behinderung in den Sonderschulen.

10.2 Ziele der Freizeitförderung

Die Ziele einer Freizeitgestaltung älterer Menschen mit geistiger Behinderung unterscheiden sich nicht wesentlich von denen jüngerer Menschen. Freizeit hat auch für ältere Menschen mit geistiger Behinderung die Aufgabe, Erholung, Entspannung und Vergnügen zu bieten. Als struktureller Bestandteil der Lebenszeit älterer Menschen geht ihre Bedeutung aber weit über Rekreation, Kompensation und Ermöglichung sozialer Beziehungen hinaus. Auch das Freizeitangebot für ältere Menschen mit geistiger Behinderung sollte reichhaltig an Wahlmöglichkeiten sein, die an den individuellen Interessen ausgerichtet sind.

Für Menschen mit geistiger Behinderung, die auf Grund ihrer Beeinträchtigung unzureichend in der Lage sind, entsprechende Aktionsmöglichkeiten der Freizeit für sich zu finden, ist es wichtig, dass Aktivitäten und Tätigkeiten angeboten werden, die bei ihren Interessen und Wünschen anschließen. Es sollten möglichst Angebote eröffnet werden, die in erster Linie Spaß machen und sich an den Bedürfnissen der älteren Menschen orientieren. Schelbert & Winter (2001) heben folgende grundsätzliche Bedürfnisse hervor:

- »Erhaltung der größtmöglichen Selbstständigkeit und Selbstbestimmung;
- Möglichkeiten, eigene Interessen wahrzunehmen;

- Möglichkeiten, mitmenschliche Beziehungen leben zu können;
- Erhaltung der Privatsphäre und Berücksichtigung des Ruhe- und Rückzugsbedürfnisses;
- Möglichkeiten, sinnvolle Tätigkeiten ausüben zu können;
- Möglichkeiten, am kulturellen Leben teilhaben zu können;
- Möglichkeiten, sich weiterbilden zu können« (ebd., S. 23).

Bei der Planung des Freizeitangebots sollten übrigens dieselben Prinzipien gelten, die Zielniok (1990) für den gesamten Personenkreis der Menschen mit geistiger Behinderung aufführt:

- Integration – Aufhebung gesellschaftlicher Isolation;
- Persönlichkeitsentfaltung – Erfahrungs- und Erlebnishorizont erweitern, Wecken von Interessen, Förderung von Selbstständigkeit und Selbstbewusstsein;
- Erholung und Kompensation – die Erneuerung verbrauchter Kräfte und Ausgleich zu monotoner und ermüdender Beanspruchung in Beruf und Werkstatt;
- Hilfen zur Freizeitgestaltung – Vermittlung von Freizeitfertigkeiten, Freizeitmöglichkeiten und Hilfen zur selbstständigen Auswahl zwischen Angeboten;
- Weiterbildung – Festigung und Erweiterung von Wissen und Können, soziales Lernen in Gruppen, Lösungshilfen von Erwachsenenproblemen;
- Familienentlastung – zeitweise Loslösung vom Elternhaus, Begegnungen und Erfahrungsaustausch, Familienurlaub (vgl. Zielniok, 1990, S. 23ff.).

In Form von regelmäßigen und längeren Ruhepausen wird die Erholung und Kompensation (Punkt 3) als Zielsetzung für ältere Menschen mit geistiger Behinderung bei der Planung des Freizeitangebotes besonders wichtig. Familienentlastung als Zielsetzung bei der Planung von Freizeitaktivitäten ist dagegen kaum relevant, da die Loslösung vom Elternhaus in der dritten Lebensphase in den meisten Fällen erfolgt ist.

10.3 Bewegung und Sport

Es gibt kaum Studien über körperliche Aktivitäten von älteren Menschen mit geistiger Behinderung in ihrer Freizeit und noch weniger über Unterschiede zwischen Vollzeiteinrichtungen und gemeindenahen Wohnheimen. Im Vergleich mit der allgemeinen Bevölkerung gibt es unterschiedliche Ergebnisse. Beange et al. (1995) fanden in ihrer Studie heraus, dass Erwachsene mit geistiger Behinderung weniger aktiv waren als ihre Altersgenossen in der allgemeinen australischen Bevölkerung. Draheim et al. (2002) hingegen konnten kaum Unterschiede hinsichtlich der körperlichen Aktivitäten während der Freizeit zwischen Menschen mit und ohne geistiger Behinderung in den Vereinigten Staaten feststellen.

Wie Trost & Metzler (1995) in Deutschland, fanden Rimmer et al. (1995) in den USA heraus, dass Menschen in Wohnheimen weniger körperliche Aktivitäten unternahmen als Altersgenossen in großen Einrichtungen.

In der europäischen POMONA-Studie (Haveman et al., 2011) zeigte sich, dass mehr als die Hälfte (51,8%) der Erwachsenen mit geistiger Behinderung keine oder nur wenige körperliche Aktivitäten ausführen, während die meisten anderen (41,4%) leichte Aktivitäten ausführen – etwa vier Stunden pro Woche. Personen ab 65 Jahren verbringen weniger Zeit und sind körperlich weniger in der Lage, härtere körperliche Aktivitäten (z. B. Gartenarbeit), Joggen, Freizeit- und Leistungssport zu betreiben als jüngere Personen. Das Alter scheint in der POMONA-Studie, aber auch in anderen Studien (Robertson et al., 2000; Emerson, 2005), negativ mit der Aktivität bei Erwachsenen mit geistiger Behinderung verbunden zu sein. In der Studie führte nur eine Minderheit (2,2%) der Personen ab 65 Jahren wöchentlich mehr als vier Stunden intensivere körperliche Aktivitäten aus. Mobilitätseinschränkungen und mangelnde Ausdauer im Alter könnten mögliche Erklärungen sein.

Die Bewegungsangebote können unterteilt werden in Aktivitäten während und außerhalb der Arbeitszeit. Während der Arbeitszeit wird meist nur ein sehr kleiner Teil der älteren Menschen mit geistiger Behinderung zu Bewegungsaktivitäten angeregt. Grund hierfür ist, dass in den Werkstätten Arbeit die zentrale Rolle spielt. Es bleibt bei Bewegungsaktivitäten in den Pausen. Vieles, was in den Werkstätten und im Wohnbereich stattfindet, ist therapeutisch definiert, wie z. B. Rhythmik, Gymnastik oder Wassergymnastik. Sie sind indiziert, medizinisch vorgeschrieben, aber nicht immer innerhalb einer Palette von Alternativen frei wählbar. Die Angebote sind rar, aufgrund von Raumausstattung und mangelndem Personal und dadurch nicht für alle Menschen mit geistiger Behinderung zugänglich.

Das Bewegungsspiel als Freizeitaktivität soll als Weg von der Bewegungsfähigkeit zur Bewegungsfreiheit verstanden werden, denn zunehmende oder bleibende Bewegungsfreiheit bedeutet auch Verfügbarkeit über sich selbst sowie mehr Unabhängigkeit und mehr Selbstbewusstsein. Das Gefühl, immer mehr in seinen Möglichkeiten eingeengt zu werden, weil der Körper den Anforderungen nicht mehr gewachsen ist, ist eine Erfahrung des biologischen Alterns. Durch spielerische Bewegung kann die Handlungsfähigkeit stabil bleiben oder sogar erweitert werden, was sich auf das Selbstwertgefühl auswirkt – gleichzeitig bietet es Chancen zu Erfolgserlebnissen auch im Alter (vgl. Bös, 1989).

Wenn man Spiel und Freizeit als selbstbestimmte Lebenszeit definiert, dann steht Spaß und Kompensation an erster Stelle und die gesundheitsfördernde Wirkung der körperlichen Aktivität erst an zweiter.

Wichtig ist es, Wahlmöglichkeiten zu schaffen, wodurch auch für ältere Menschen mit geistiger Behinderung körperlich aktive Freizeitbeschäftigung attraktiv gemacht wird. Wenn es solche Alternativen gibt, wird die Entscheidung für das körperlich aktive Spiel anstatt fernsehen vielleicht einfacher.

Bei aller körperlichen Bewegung und sportlichen Aktivitäten in der Freizeit für ältere Menschen mit geistiger Behinderung ist jedoch stets zu berücksichtigen, dass eine unsachgemäße Durchführung des Bewegungsangebots zu einer möglichen Destabilisierung, zu Fehlreaktionen, zum Auftreten von körperlichen Schäden oder zur Verstärkung von unerwünschten Verhaltensformen führen kann. Vorsichtsmaßnahmen sind gerade bei älteren Menschen bezüglich risikoreicher Aktivitäten zu treffen.

Die Körperbewegung in Spiel und Sport führt sowohl zur Verbesserung und Erhaltung der physischen Konstitution (Kraft, Ausdauer, Schnelligkeit und Beweglichkeit) als auch zur Verbesserung und Erhaltung von koordinativen Fähigkeiten (Wahrnehmung, Orientierung, Gleichgewicht, Reaktion und Rhythmisierung). In der Freizeit sollten attraktive Angebote gemacht werden, die Gesundheit, körperliche Haltung und Fitness fördern, um einen Ausgleich für die überwiegenden Sitzleistungen oder einseitigen Belastungen im Arbeits- und Wohnalltag bieten zu können (vgl. Bös, 1989).

Körperbewegung in Spiel und Sport stärken auch die Erlebnisfähigkeit (vgl. Bös, 1989). Ältere Menschen können durch solche Aktivitäten Körpererfahrungen für sich entdecken und erkennen, z.B. das Spüren von Bewegungsverlust, Anstrengung oder auch Müdigkeit. Durch Spiel und Sport kann auch die Gemeinschaftsfähigkeit weiter gestärkt werden. So werden in Sport- und Spielgruppen soziale Beziehungen geknüpft und können Erfahrungen von Partnerschaft und Gemeinschaft vertieft werden. Außerdem wird durch Bewegung in Spiel und Sport die Handlungsfähigkeit geübt. Wenn nicht schon früher vermittelt, lernen auch ältere Menschen mit geistiger Behinderung durch Anleitung zum eigenständigen sportlichen Handeln zu gelangen. Durch diese Handlungsfähigkeit lernen sie, kreative Fähigkeiten zu erkunden und zu fördern (vgl. ebd.).

In angepasster Form können auch ältere Menschen mit geistiger Behinderung an Sportspielen teilnehmen. Einige Beispiele für Angebote der spielerischen Bewegung oder Sport sind: Gruppengymnastik, Wandern/Spazieren gehen, Schwimmen, Angelsport, Geräteübungen im Fitnesscenter, Tanzen, Bowlen/Kegeln, Tischtennis, Veranstaltungen besuchen, Joggen, Rudern, Fahrrad fahren, Minigolf und Picknick. Weiterhin können zahlreiche Bewegungsspiele und Spiel- und Übungsformen angeboten werden.

Bei der Begleitung der Sportspiele und Bewegungsübungen gelten dieselben didaktischen Prinzipien für ältere Menschen, wie auch für jüngere Menschen mit geistiger Behinderung:

- ausreichend Zeit zum Üben;
- ausreichend Wiederholungen, um den Bewegungsablauf zu festigen;
- Vermeidung von Über- oder Unterforderung;
- genügend Zeit zum Ausprobieren und Experimentieren;
- Anwendung der Teillernmethode beim Erlernen komplexer Übungen;
- nur Korrektur von Hauptfehlern;
- Anweisungen über mehrere Kanäle (visuell, akustisch oder taktil);
- kurze und wenig Information (Merkfähigkeit);
- klare und eindeutige Organisationsstruktur;
- Hilfen zur Organisation, Anwendung und Motivation (Farben, Geräte, Musik, farbige Trainingsleibchen usw.);

- Vorsorgen zur Sicherheit (medizinische Vorsorgeuntersuchung, Schutzkleidung, mehr Begleitung, Anpassung von Regeln, Prozeduren oder Geräten);
- einfache und nicht umfangreiche Regeln (Verständnis);
- Vermittlung von Nähe und Vertrauen;
- Vermeidung von angst- und aggressionsauslösenden Situationen;
- Erfolgsorientierung und -belohnung auf individuellem und kollektivem Niveau (vgl. Will & Dahlmanns, 1996).

10.4 Spielen

Spiel und Spielen sind bei Kindern, Jugendlichen, Erwachsenen und auch älteren Menschen beliebt. Spielen macht Spaß und wirkt sich zugleich auf vielfältige Kompetenzbereiche aus, denn es fördert kognitive, motorische, soziale und emotionale Kompetenzen (vgl. Haveman & Stöppler, 2016).

Spiele stellen einen wichtigen Bestandteil der Teilhabe in der Freizeit auch für Menschen mit geistiger Behinderung dar. Sie spielen nicht anders als Menschen ohne Behinderung; viele Gesellschaftsspiele sind jedoch aufgrund der Komplexität der Regeln, der Terminologie und den kognitiven/motorischen Anforderungen zu anspruchsvoll. Jedoch können fast alle beliebten Gesellschaftsspiele bzgl. Spielmaterial und -regeln modifiziert und durch die Bereitstellung spezieller Hilfen gespielt werden (vgl. Stöppler et al., 2016).

10.5 Planung von Freizeitangeboten

»Planung« und »selbstbestimmte Wahl von Freizeitaktivitäten« sind keine gegensätzlichen und widersprüchlichen Konzepte. Wenn man den älteren Menschen in seiner freien Wahl ernst nimmt, dann erfordert dies intensive Vorbereitung für das Ermöglichen von Wünschen und Alternativen auf individueller Ebene. Bei Freizeitangeboten darf nie vergessen werden, dass die freie Zeit dem behinderten Menschen gehört. Programmplanungen müssen als Hilfsfunktionen angesehen werden, die Angebote, Möglichkeiten und Alternativen schaffen. Diese müssen sehr differenziert und auf die Möglichkeiten und Interessen der Senioren abgestimmt sein.

Eine Planung des Freizeitangebotes ist wichtig, um Chancengleichheit zu schaffen. So altert jeder Mensch, wie er aufgewachsen ist und in welcher Lebenssituation er sich befindet. Erfahrungen, die in der Kindheit und im jungen Erwachsenenalter nicht gemacht wurden, können für die Bewältigung von Entwicklungsaufgaben beim Übergang in die dritte Lebensphase und bei der Gestaltung von Freizeit nicht nutzbar gemacht werden; Versäumnisse wirken sich aus. Diejenigen Menschen mit geistiger Behinderung, die sich jetzt der dritten Lebensphase nähern, sind für die Bewältigung des Lebens ohne Arbeit, aber mit mehr Freizeit weniger vorbereitet, als es die jetzt noch jüngeren sein werden. Sie haben aufgrund unzureichender Förderung und restriktiver Lebensbedingungen weniger Erfahrungen in verschiedenen Bereichen der Freizeit und weniger Erfahrungen zur freien Entscheidung aufgrund fehlender Möglichkeiten machen können (vgl. Schmidt-Thimme, 1990).

Skiba (2006, S. 220) geht davon aus, dass eine gelungene Freizeitgestaltung »als integraler Bestandteil einer Vorbereitung auf den Ruhestand anzusehen und einzuplanen« ist. Hat der Mensch mit geistiger Behinderung die Möglichkeit ein selbstbestimmtes Freizeitleben zu führen und auszubauen, so kann er für den bevorstehenden Ruhestand befähigt werden, die gewonnene Zeit nach seinen Interessen zu nutzen und auszufüllen.

Ein weiterer Punkt bei der Planung von Freizeitangeboten ist das Phänomen der Selbstbestimmung an sich. Selbstbestimmung, auch in der Freizeit, will gelernt sein. Also müssen denjenigen Menschen mit Behinderung, die sich der dritten Lebensphase nähern, die Kompetenzen, die zur selbstbestimmten Freizeit notwendig sind, weitestgehend vermittelt werden (vgl. Zielniok, 1990). Hierzu kann auch die systematische Einführung in konstruktives, bedürfnisgerechtes Freizeitverhalten gehören (vgl. Haveman & Michalek, 1998; Hawkins, 1991).

Hawkins fasst die Bedeutung der Freizeit für ältere und alte Menschen mit geistiger Behinderung wie folgt zusammen: »In this regard, leisure may be instrumental in the preservation of health, the promotion of happiness, the facilitation of perception of life satisfaction, and the achievement of a decent quality of life in later adulthood« (Hawkins, 1993, S. 145).

10.6 Angebote zur Tagesstrukturierung in besonderen Wohnformen

Auch wenn über die wichtigsten Prinzipien der Freizeitgestaltung für Menschen mit geistiger Behinderung Konsens besteht, der Weg vom Ideal zur Wirklichkeit, von »de jure« nach »de facto«, ist schwer und lang. Es sind viele finanzielle, personelle, organisatorische und rechtliche Hürden zu nehmen, bevor ein reichhaltiges Angebot an individuenzentrierter und selbstbestimmter Freizeit, besonders außerhalb des Wohnbereichs, erzielt werden kann.

Eine verhältnismäßig neue Form der Tagesgestaltung sind die sogenannten »Club-Treffs«. Allerdings gibt es bisher nur in wenigen Einrichtungen diese alternative Form der Tagesgestaltung. Es ist auch nicht deutlich, inwieweit die Teilnahme auf Freiwilligkeit und auf dem Angebot von Wahlmöglichkeiten beruht.

Bei den »Club-Treffs« sollen Betreuung und Förderung eine wichtige Rolle spielen und den Besuchern soll, ihren Fähigkeiten nach, die Teilnahme am gesellschaftlichen Leben weitestgehend ermöglicht werden. In der Regel umfasst das Betreuungsangebot dieser alternativen Tagesgestaltung lebenspraktisches Training und Anleitung zur Selbstständigkeit. Es stehen z. B. die angeleitete Zubereitung von Mahlzeiten, das Training sozialer Fähigkeiten sowie Kultur-, Bildungs- und Erholungsangebote auf dem Programm. Auch die Nutzung der spärlich vorhandenen öffentlichen Angebote wird gefördert. Der Vorteil dieser Angebote liegt darin, dass die Teilnehmende die Möglichkeit haben, Freunde und Bekannte aus der Wohneinrichtung oder der Werkstatt zu treffen und mit ihnen in Kontakt zu bleiben (vgl. Bundesvereinigung Lebenshilfe, 2000).

Die spärlichen Informationen, die bis jetzt über die Freizeitgestaltung von älteren Menschen mit geistiger Behinderung verfügbar sind, deuten darauf hin, dass dieses Aufgabengebiet noch relativ am Anfang einer Entwicklung steht. Nur sehr vereinzelt und mit regional unterschiedlichen Ergebnissen gibt es Experimente und Modellversuche. In den Vollzeiteinrichtungen und Wohnheimen, in denen die meisten älteren Menschen mit geistiger Behinderung leben, ist man oft erst bei der Planung einer sinnvollen Tagesstrukturierung als Kompensation für den Wegfall der Arbeit angelangt. Oft ist man froh, überhaupt ein Freizeitangebot zu haben. Es ist unklar, inwieweit den altersspezifischen Bedürfnissen Rechnung getragen wird, individuelle Wünsche honoriert werden, es Wahlmöglichkeiten für die Bewohnerinnen/den Bewohner gibt und ob die Freizeitaktivität zur sozialen Integration und der gesellschaftlichen Akzeptanz der älteren Menschen beiträgt. Bei dem Begriff der Tagesstrukturierung oder der Tagesbeschäftigung liegt der Schwerpunkt zu stark auf Organisation und darauf, Struktur und Beschäftigung für Gruppen von Menschen zu planen, ohne ausreichende Berücksichtigung von Inhalten, individuellen Wünschen und Möglichkeiten. Die Gefahr ist groß, dass wiederum das Angebot die Nachfrage bestimmt.

10.7 Pädagogisches Handlungswissen

Es ist sehr wichtig, ein differenziertes Spektrum an externen Möglichkeiten der Alltags- und Freizeitgestaltung anzubieten, um auch älteren Menschen mit geistiger Behinderung Anregungen inner- und außerhalb des Wohnbereiches anzubieten.

Dazu gehören offene Angebote, die Wohnung zu verlassen, um soziale, informative, kreative, kulturelle oder beratende Angebote in Anspruch zu nehmen. Dazu zählen z. B. Altenbegegnungsstätten, Altenclubs, Freizeit- und Bildungsangebote, Volkshochschulkurse, gesellige Treffen oder Erzählcafés. Solche Dienste, deren Ziele darin bestehen, Selbstständigkeit zu fördern, Kontakte zu schließen und zu pflegen sowie Freizeitmöglichkeiten zu bieten, können auch bei Menschen mit geistiger Behinderung Bildungs-, Freizeit-, Informations- und Kommunikationsangebote erfüllen. Es gibt Bemühungen einzelner Bildungs- und Begegnungsstätten, Angebote für Senioren mit Behinderungen in Kooperation mit Werkstätten oder Wohneinrichtungen zu realisieren. Zudem etablieren sich in Tagesförderstätten zunehmend »Rentnergruppen«.

Einfache praktische Spiele und Übungen zur Bewegungsförderung finden sich bei Stöppler und Schuck (2019), Übungen zur Prophylaxe von SRS-Unfällen (▶ Kap. 11), z. B. Schulterkreisen, Kopfpendel etc., bei Schuck (2019) sowie im Programm »Fit durch den Tag« bei Remark und Tillmann (2019).

Weitere pädagogische Handlungskompetenzen sind:

- Älteren und alten Menschen mit geistiger Behinderung detaillierte Informationen über die verfügbaren Freizeitangebote zu geben.
- Möglichkeiten zur Strukturierung der Freizeit und sinnvolle Betätigungsfelder in und außerhalb der Wohnung aufzuzeigen.
- Zugangswege zu Freizeitaktivitäten zu eröffnen und dabei Unterstützung bieten.
- das Bewusstsein über Möglichkeiten zur Freizeitgestaltung erhöhen.
- Wertschätzung von Freizeitaktivitäten erhöhen.
- möglichst viele Freizeitangebote machen, um eine wirkliche Auswahl zu gewährleisten.

Zusammenfassend bieten sich an:

- *Aktivitäten außer Haus:* Strand/See, Radfahren, Tiere beobachten, Gartenarbeit, Naturparks, historische Orte, Picknicks, Tierparks etc.
- Sportarten (in modifizierter Form): Badminton, Fußball, Basketball, Bootfahren, Kegeln, Gymnastik, Camping, Angeln, Golf, Reiten, Joggen, Dart, Minigolf, Tischtennis, Skifahren, Schwimmen, Tennis, Spazieren gehen etc.
- *Kirchliche Aktivitäten:* Chor, Kirchgang, kirchliche Gruppen, Feste.
- *Bildungsangebote:* VHS-Kurse, Familienbildungsstätten, Hobby-Gruppen.
- *Ausflüge:* Flughafen, Museen, Freizeitparks, Galerien, Sternwarten, Ballett, Kino, Kirchen, Stadtfeste, Gartenschau, Tiergarten, Stadtpark, Karnevalsumzüge, Schauspiel, Pferderennen, Autorennen, Restaurants, Sportveranstaltungen, Theater, Reisen, Einkaufszentrum, Universität, Freunde besuchen.
- *Kreatives:* Kunstkurse, Collagen, Blumen pressen, Häkeln, Nähen, Stricken, Sticken, Stoffmalerei, Knüpfen, Schmuck herstellen, Malen, Zeichnen, Pappmaché, Fotografieren, Töpfern, Schablonen zeichnen, Weben, Holzarbeiten etc.
- *Aktivitäten im Haus:* Gesellschaftsspiele, Tiere und Pflanzen pflegen, Gesellschaftsspiele, Bewegungsspiele, Singspiele, Gesprächskreise, Gymnastik, Tanzen, Musik hören, Bücher lesen oder anschauen, Entspannen, Singen, Geschichten erzählen, Telefonieren, Fernsehen, Videos/DVD schauen, Streaming-Dienste nutzen, Bücher anhören, Internet, Sammeln (z. B. Steine, Muscheln, Briefmarken, Postkarten, Knöpfe, Comics) etc.

- *Spiele:* Vielfältige Vorschläge und Ideen für Spielmodifikationen (▶ Kap. 10.4) geben (Haveman & Stöppler, 2016; Stöppler et al., 2017). Schöne Spiel- und Beschäftigungsidee für Menschen mit Demenz finden sich bei Schneider (2017). Ein weiteres innovatives Spiel- und Freizeitangebot, speziell für ältere Menschen mit geistiger Behinderung und Demenz, stellt das Konzept »Alzpoetry«, eine Kombination von einfacher Dichtkunst mit Bewegung, Musik und Geschichten erzählen, dar (Müller & Focke, 2015, S. 68).

11 Mobilität

11.1 Bedeutung der Mobilität

Mobilität ist ein wesentlicher Bestandteil unseres Lebens – das gilt natürlich auch im Alter. Die Teilhabe am gesellschaftlichen Leben, Inklusion, Selbstbestimmung und persönliche Unabhängigkeit sind ohne Mobilität nicht möglich. Mobilität ist das zentrale Kennzeichen moderner Gesellschaften und Mittel zur Förderung individueller Lebensgestaltung und Autonomie. Mobilität steht für Lebensqualität, Flexibilität, Kommunikation, Inklusion, Emanzipation und stellt einen zentralen Indikator für Optionen und Kontingenzen dar (Stöppler, 2002, S. 11). Mobilität ist ein wichtiger Faktor, der die Möglichkeiten der Gestaltung sozialer Beziehungen im Alter beeinflusst: Um Kontakte im sozialen Nahraum aktiv und eigenständig aufnehmen zu können, ist ein gewisses Maß an Mobilität erforderlich. Darauf weist unter anderem Bleeksma (2004, S. 90) hin. Menschen, die sich nicht mehr selbstständig fortbewegen können, ziehen sich zurück. Die Möglichkeiten, gemeinsame Aktivitäten mit Freunden, Spaziergänge, Besuch von Veranstaltungen etc. eigenständig zu gestalten, werden mit nachlassender Mobilität zunehmend eingeschränkt.

Mobilität bildet die zentrale Voraussetzung für die Bewältigung des Alltags in einer mobilen Gesellschaft und für die gesellschaftliche Integration von Menschen mit geistiger Behinderung, da diese eine selbstbestimmte Verknüpfung der Lebensbereiche Wohnen, Freizeit, Bildung und Arbeit ermöglicht. Die *Begründung* der Mobilitäts- und Verkehrserziehung bei Menschen mit geistiger Behinderung lässt sich anhand der aktuellen sonderpädagogischen Leitideen des Normalisierungsprinzips, des Selbstbestimmten Lebens und der Partizipation ableiten Stöppler 2018, S. 14ff., ▶ Kap. 3.2 bis 3.5) und erhält eine weitere Dimension aufgrund der gesetzlichen Grundlagen.

Mobilität hat viele Vorteile, wie z. B. Vergrößerung und Erweiterung des individuellen Aktionsraumes, Erreichbarkeit, Explorierung der Umgebung, Erfahrung neuer Anregungen, zeitliche, räumliche und personale Unabhängigkeit, Überbrückung räumlicher Distanzen, Befriedigung biologischer und sozialer Bedürfnisse. Dagegen führt mangelnde oder erschwerte Mobilität zu vielfältigen Einschränkungen des Individuums, wie z. B. zu einer reduzierten Bedürfnisbefriedigung, Behinderung von Selbstständigkeit und Autonomie, eingeschränkten Kommunikation und Interaktion, räumlichen, zeitlichen und personellen Abhängigkeit. Wichtiges Ziel ist es, die Mobilität älterer Verkehrsteilnehmer mit

Behinderung als wichtigen Aspekt ihrer Lebensqualität zu sichern, aber auch ihre Verkehrssicherheit zu erhöhen.

11.2 Mobilitätsbehinderungen

Mobilität ist im Allgemeinen von verschiedenen Faktoren abhängig, die unterschieden werden in individuelle Faktoren und Umweltfaktoren.

Bei einem Blick auf die abgebildeten individuellen Faktoren, wie physische und kognitive Fähigkeiten, Bildung, Gesundheitszustand und ökonomische Ressourcen wird sofort ersichtlich, dass der Personenkreis der älteren Menschen mit geistiger Behinderung eine erhebliche Einschränkung in allen Mobilitätsfaktoren aufweist.

Mobilitätsfaktoren

Individuelle Faktoren
- physische Fähigkeiten
- kognitive Fähigkeiten
- Bildung
- Gesundheitszustand
- ökonomische Ressourcen
- mentale Befindlichkeiten
  - Einschätzung eigener Fähigkeiten
  - Einschätzung von Situationen
  - Sicherheitsgefühl

Umfeldfaktoren
- soziale Ressourcen
- Wohnungsausstattung
- Ausstattung des Wohnumfelds
- Angebot und Nutzerfreundlichkeit der Verkehrsinfrastruktur
- Lage und Zugänglichkeit von öffentlichen Gebäuden und Versorgungseinrichtungen
- geographische Gegebenheiten
  - Lage des Quartiers und der Stadt
  - topografische Struktur

Abb. 11.1: Übersicht über die wichtigsten Mobilitätsfaktoren (Gerlach et al., 2007, S. 22).

Menschen mit geistiger Behinderung zählen aus unterschiedlichen Gründen zur Gruppe der Mobilitätsbehinderten (vgl. Stöppler, 2018, S. 9). Die selbstständige Teilnahme am Straßenverkehr ist für viele Menschen mit geistiger Behinderung mit erheblichen Schwierigkeiten und Problemen verbunden, die durch eine nicht behindertengerechte Gestaltung der Verkehrswelt, aber auch durch das Fehlen notwendiger Kompetenzen verursacht werden. Im Sinne einer »Vermeidungspädagogik« wurde ihnen der Straßenverkehr oftmals vorenthalten; es erfolgte keine entsprechende Mobilitätserziehung. Diese Einschränkungen führen zu einer völlig anderen Mobilitätsbiografie im Vergleich zu nichtbehinderten Gleichaltrigen. Aufgrund dessen weisen die Aktionsräume von älteren Menschen mit geistiger Behinderung starke Eingrenzungen auf. Die drei einschränkenden Faktoren sollen im Folgenden näher erläutert werden.

11.2.1 Mobilitätsbiografie

Die Bewältigung von Mobilitätsanforderungen ist für Kinder und Jugendliche zur Selbstverständlichkeit geworden; die Mobilitätsbiografie nichtbehinderter Menschen beim Hineinwachsen in unsere Mobilitätsgesellschaft weist »fahrplanmäßig« viele Stationen auf. Nichtbehinderte Kinder erweitern ihren Aktionsraum sehr früh mit der Fähigkeit, im Alter von etwa 12 Monaten selbstständig zu laufen. Nach dem Vorschulalter kommen für sie – neben den eigenen Füßen – das Fahrrad und der Öffentliche Personennahverkehr als weitere Möglichkeiten der Verkehrsteilnahme hinzu. Die Mobilitätssozialisation wird durch die eigenständige Bewältigung des Lebens nach Fahrplan für den Weg zur Schule, zum Ausbildungs- und Arbeitsplatz erweitert. Mit dem Erreichen des 17./18. Lebensjahres werden die Aktionsräume durch Führerschein- und Fahrzeugbesitz erheblich vergrößert. Nichtbehinderte Seniorinnen und Senioren nutzen oftmals bis ins hohe Alter ihren Pkw. Zwar nimmt die durchschnittliche Jahresfahrleistung pro Pkw mit zunehmendem Alter ab; dagegen nimmt die Zahl älterer Pkw-nutzender Menschen zu.

Dagegen unterscheidet sich die Mobilitätsbiografie von Menschen mit geistiger Behinderung von der gleichaltriger nichtbehinderter Menschen erheblich und ist vorwiegend passiv. Die Mobilitätssozialisation beginnt meist mit Bring- und Holservice der Eltern und wird erweitert mit Fahrdiensten für diverse und oftmals »Sonder«-Einrichtungen: Sonderschule, Wohnheim, Werkstatt für behinderte Menschen (WfbM). Das Unterwegssein im Straßenverkehr ist durch sogenannte »Pflichtwege«, die vornehmlich genommen werden, eingeschränkt. Eine wichtige Funktion von Mobilität, sich neue zusätzliche Erlebnisräume durch Cruising, Durchführung von Streifzügen und Touren, Aufsuchen von Treffpunkten mit Peers zu erschließen, wird bei Menschen mit geistiger Behinderung stark vernachlässigt, da eine frei wählbare Mobilität nicht möglich ist. Die angesprochene Wahlfreiheit von Menschen mit geistiger Behinderung im Vergleich zu Gleichaltrigen im Erwachsenenalter ist schon allein dadurch eingeschränkt, dass sie in der Regel nicht über einen Pkw verfügen können, mit dem auch weiter entfernt gelegene Zielorte erreicht werden können.

11.2.2 Mangelnde Barrierefreiheit

Viele Mobilitätsprobleme älterer Menschen, die als Fußgänger oder Radfahrer unterwegs sind, ergeben sich aus der baulichen und betrieblichen Verkehrsumwelt, die die Bewegungsräume einschränken. Konkret ergeben sich folgende Probleme in der Verkehrsumwelt:

- geringes Angebot sicherer Straßenquerungsmöglichkeiten, die Umwege erforderlich machen;
- unkomfortable Unter- und Überführungen;
- zu lange Wartezeiten und zu kurze Räumzeiten an Lichtsignalanlagen (1,2 m/s);
- zu schmale Geh- und Radwege;
- zugestellte und -geparkte Gehwege, gemeinsame Gehwegbenutzung für Fußgänger, Radfahrer, Inline-Skater, Rollerfahrer etc.;
- zu hohe Bordsteine;
- fehlende Orientierungshilfen (vgl. Draeger & Klöckner, 2001).

Fußwege und Radverkehrsführungen sind in ausreichendem Umfang zu stellen, sodass sie an die Fähigkeiten älterer Verkehrsteilnehmer angepasst sind. Des Weiteren: lange Grünphasen von Fußgängerampeln, breite Fuß- und Radwege, damit langsame Verkehrsteilnehmer überholt werden können, ohne sie unter Druck zu setzen.

Für eine Neugestaltung der Verkehrsumwelt, insbesondere für Fußgänger, bieten sich z. B. folgende Modifikationen an:

- kurze Wartezeiten an der Ampel, niedrigere Räumgeschwindigkeit an Lichtsignalprogrammen (z. B. 0,6 m/s – 0,8 m/s);
- umwegfreie Überquerungen, abgesenkte Bordsteine;
- vielfache Aufenthalts- und Ruhemöglichkeiten im Straßenverkehrsraum, Einrichtung von Ruheplätzen;
- Einrichtung von öffentlichen und leicht auffindbaren Toiletten.

Darüber hinaus sollten andere Verkehrsteilnehmer über das Verhalten und die Probleme älterer Menschen im Straßenverkehr (z. B. durch Kampagnen, Anzeigen u. Ä.) informiert werden sowie technische und juristische Aspekte des Straßenverkehrs an die Bedürfnisse älterer Menschen (Zusammenarbeit mit Behörden, Planern, Polizei) angepasst werden. Letztendlich sollten die Einstellungen und Verhaltensweisen der älteren Menschen selbst durch Schulungen und das Sammeln von Erfahrungen positiv beeinflusst werden.

11.3 Mobilitätsspezifische Kompetenzen

Als wesentliche Fähigkeiten zur sicheren Verkehrsteilnahme gelten nach Untersuchung der Verkehrspsychologie und Verkehrsophthalmologie die im Folgenden aufgeführten Bereiche.

- *Visuelle Wahrnehmung*, d. h. Aktivierung der Okulomotorik, Blickbewegungen im fovealen und parafovealen Bereich sowie Reaktion auf periphere Reize;

Einsatz des Gesichts- und Blickfeldes durch Kombination und Koordination von Kopf- und Augenbewegungen, Kopf- und Blickbewegungen, konjugierte und cyclo-rotatorische Augen- und Vergenzbewegungen, Sehen in Blendungssituationen, Schätzen von Geschwindigkeiten und Entfernungen, Form-, Farb- und Größenwahrnehmung, Wahrnehmung der Stellung im Raum, Wahrnehmungskonstanz;

- *Auditive Wahrnehmung*, d. h. Erkennen, Differenzieren und Lokalisieren von Verkehrsgeräuschen, auditive Diskriminierung, Entfernungshören;
- *Aufmerksamkeit*, d. h. simultane und geteilte Aufmerksamkeit, Aufmerksamkeitswechsel und -fokussierung, Aufrechterhaltung der Aufmerksamkeitsspanne;
- *Reaktion*, d. h. angemessene Reaktions-, Entscheidungs- und Bewegungszeit auf z. B. optische und akustische Signale;
- *Gedächtnis*, d. h. Gedächtnisfähigkeit für visuelle, auditive, motorische etc. Inhalte;
- *Motorik*, d. h. stabile Haltungsregulation, Gleichgewichtsfähigkeit; Generalisierung des Bewegungsmusters »gehen«, »Rad fahren« etc., Bewegungs- und Handlungsunterbrechung;
- *Kommunikation*, d. h. kontextangemessenes Verständnis von verbalen und insbesondere nonverbalen Mitteilungen, Aufnahme und Aufrechterhaltung des Blickkontaktes, Differenzieren und Erkennen von relevanten Verkehrszeichen;
- *Soziale Kompetenzen*, d. h. Erschließen von Handlungsabsichten und -motiven, Finden von Handlungsmöglichkeiten und Vorhersehen der Folgen, emotionale Perspektivenübernahme und Empathie, Verantwortlichkeitsattribution, moralisches Urteil, Verständnis sozialer Konventionen;
- *Kognition*, d. h. Antizipation und Bewältigung von Gefahren, Begriffsbildung von Verkehrswelt, Regelverständnis, Verkehrswissen;
- *Interaktion*, d. h. Koordination verkehrsrelevanter Handlungskompetenzen in komplexen Verkehrssituationen (Stöppler, 2002; Stöppler, 2015; Stöpper, 2018a).

Die aufgeführten verkehrsspezifischen Kompetenzen, die bei Menschen mit geistiger Behinderung oftmals beeinträchtigt sind (vgl. Stöppler, 2018a), erfahren im Alter weitere Einschränkungen. Gerontologische Veränderungen des funktionalen Alters in seinen Dimensionen Physis, Psyche, Soziales und Identität wurden schon beschrieben (▶ Kap. 4). Im Folgenden einige wesentliche Aspekte, denen eine besondere Bedeutung für die Verkehrsteilnahme zukommt.

Die *visuelle Wahrnehmung* ist für die Orientierung im Straßenverkehr die zentrale Modalität. Visuelle Wahrnehmung ist die relevanteste Voraussetzung einer sicheren Mobilität eines jeden Verkehrsteilnehmers – unabhängig von der Rolle der Verkehrsteilnahme. Wie in 4.1 skizziert, verschlechtern sich im Alter alle Sinnesleistungen. Bedeutsam für die Teilnahme am Straßenverkehr ist, dass es relativ früh zu einer Verschlechterung des Sehens bei Dämmerung und Dunkelheit, des Sehens bewegter Objekte (dynamische Sehschärfe), der Akkommodationsbreite und -geschwindigkeit (nah/fern) und der Adaptionsfähigkeit des Auges (hell/dunkel) kommt (vgl. Schlag, 2008, S. 30). Weiterhin kommt es zur Altersweitsichtigkeit, Einschränkung des Gesichtsfelds, zur vermehrten Blendempfindlichkeit und einer Zunahme des Lichtbedarfs (vgl. Chaloupka, 1994). Als zentrale Unfallursache älterer Verkehrsteilnehmer wird die Einschränkung des nutzbaren Sehfeldes angesehen, wodurch Objekte im peripheren Sehbereich nicht rechtzeitig wahrgenommen werden können (Fozard, 2000). Geschwindigkeiten und Entfernungen können nicht mehr richtig eingeschätzt werden (vgl. Cremer et al., 1990). Daraus können mangelnde Geschwindigkeitseinschätzung und nachlassende visuelle Orientierung resultieren.

Verschiedene Aspekte der psychophysischen Leistungsfähigkeit nehmen im Alter ab. Häufige Beeinträchtigungen, die bei der Teilnahme am Straßenverkehr eine große Rolle spielen:

- Verringerte Kontrastwahrnehmung (vgl. Burton et al., 1983)
- Verlangsamung der Dunkeladaption (Jackson et al., 1999)
- Erhöhte Blendempfindlichkeit (Van den Berg et al., 2007)
- Verlangsamung der Akkommodationsgeschwindigkeit (Lockhardt & Shi, 2010).

Die Fähigkeit der Wahrnehmung, Diskrimination und Lokalisation *akustischer* Signale verringert sich im Alter. Dieses bewirkt, dass Motor- und Signalgeräusche herannahender Fahrzeuge schlechter wahrgenommen werden können. Das Richtungshören verschlechtert sich durch die Einschränkung des Frequenzumfanges (vgl. Draeger & Klöckner, 2001).

Selektive und geteilte *Aufmerksamkeit* lässt im Alter nach, wodurch Anpassungs- und Entscheidungsprozesse erschwert werden.

Motorische Fähigkeiten haben eine große Bedeutung für die Teilnahme am Straßenverkehr, sowohl als Fußgänger, Radfahrer als auch für Benutzer öffentlicher Verkehrsmittel. Beweglichkeit, Muskelkraft und motorische Koordinationsfähigkeit verringern sich im Alter; es kommt zu einer Verringerung der Bewegungsgeschwindigkeit (vgl. Zhang et al., 2007). Ermüdungserscheinungen treten eher auf. Menschen mit geistiger Behinderung haben im Vergleich mit der Gesamtbevölkerung mehr Einschränkungen der körperlichen Mobilität, vielfach schon ab frühester Jugend. Die beschriebenen Beeinträchtigungen in den Bereichen Sehen und Hören beeinflussen sowohl kognitive als auch motorische Funktionen.

Die Kombination der direkten und indirekten Mobilitätseinschränkungen der Kindheit und des Alterns bedeuten für ältere Menschen mit geistiger Behinderung, dass es für diese Menschen wesentlich mehr Probleme gibt, um sich selbstständig fortzubewegen als für altersgleiche Menschen in der Gesamtbevölkerung. In einer Übersichtsstudie besprechen Cleaver, Hunter und Ouelette-Kuntz (2009) 31 Untersuchungen über körperliche Mobilitätseinschränkungen bei Erwachsenen mit geistiger Behinderung. Fünf dieser Studien haben eine größere Stichprobe (N>400) und beziehen sich explizit auf ältere Personen (>40 Jahre). Bei vier dieser Studien wurde gefragt, inwieweit Personen nicht auf den Rollstuhl angewiesen sind. Diese Frage wurde in der Untersuchung von Janicki & MacEachron (1984) für 23 % mit »Nein« beantwortet, 19 % bei Haveman & Maaskant (1989a), 23 % bei Hand (1994) und 23 % bei Ashman & Suttie (1996).

In der Untersuchung von Jacobson et al. (1985), konnte 6 % nicht laufen (»nonambulantory«).

Das Risiko einer Verkehrsteilnahme wird dadurch erhöht, dass im Alter mit einer Verlängerung der durchschnittlichen *Reaktion* zu rechnen ist. Kombiniert mit der nachlassenden Wahrnehmungsfähigkeit, die zum Übersehen von Gefahren führen kann, resultiert hieraus ein erhöhtes Risiko.

Mobilität bei älteren Menschen mit geistiger Behinderung kann ebenfalls aufgrund von *verkehrsrelevanten Gesundheits- und Leistungseinbußen* eingeschränkt sein. Wie in Kapitel 5 aufgezeigt, leiden auch ältere Menschen mit geistiger Behinderung häufiger an chronischen Erkrankungen, wie z. B. Herz-Kreislauf-Erkrankungen, Bluthochdruck, Diabetes oder Demenzerkrankungen. Die psychophysische Leistungsfähigkeit kann erheblich durch die Medikation und die damit verbundenen Wechsel- und Nebenwirkungen beeinträchtigt werden (vgl. Kap. 5). Des Weiteren können Persönlichkeitsveränderungen zu zunehmender Ängstlichkeit, z. B. vor Stürzen, Rigidität etc., die Straßenverkehrsteilnahme beeinträchtigen.

Des Weiteren kann es im Alter oftmals zu Beeinträchtigungen in der Effizienz des nutzbaren Sehfeldes, der Geschwindigkeit der Informationsverarbeitung und dem Aufmerksamkeitswechsel kommen (vgl. Schubert et al., 2018, S. 79).

11.4 Unfallgeschehen bei älteren Menschen

Bei Menschen ohne Behinderung gehen mit zunehmendem Alter die Verunglücktenquoten deutlich zurück. Im Bereich der Fußgängerunfälle handelt es sich überwiegend um falsches Verhalten beim Überschreiten der Fahrbahn, bei dem nicht auf den Fahrzeugverkehr geachtet wird. Bei den Radfahrerunfällen liegen die Ursachen in der Nichtbeachtung der Vorfahrtsregelungen, Fehler beim Abbiegen und Einfahren in den Fließverkehr sowie falsche Straßenbenutzung. Dagegen kommt es bei der Nutzung öffentlicher Verkehrsmittel zu keinen Unfällen (vgl. DVR, S. 7 ff.). Da es keinerlei statistischen Aussagen über das Unfallgeschehen bei älteren Menschen mit geistiger Behinderung gibt, sei an dieser Stelle auf den hohen Anteil und die Gefahr der Sturzunfälle (SRS-Unfälle) hingewiesen (vgl. Schuck, 2019, S. 71).

11.5 Pädagogisches Handlungswissen

Zur Orientierung in der Umgebung und Prävention von Fußgängerunfällen empfehlen sich begleitete und angeleitete Quartiersspaziergänge, auf denen gemeinsame Wege erkundet und Verkehrssituationen besprochen werden.

Zur Förderung der mobilitätsspezifischen Kompetenzen und der Vorbereitung auf eine sichere Teilnahme am Straßenverkehr gibt es für Menschen mit geistiger Behinderung einige Projekte mit praxisrelevanten und erprobten Übungsvorschlägen. Für die Fortbewegung mit dem Rollator sei auf das Programm »Sicher unterwegs mit dem Rollator« der Deutschen Verkehrswacht (2017) hingewiesen. Vielfältige Vorschläge zur Förderung der mobilitätsspezifischen Kompetenzen finden sich bei Stöppler (2018); ein ausführliches Programm zum Fußgängertraining bei Menschen mit geistiger Behinderung stellt der Deutsche Verkehrssicherheitsrat (Stöppler, 2015) vor. Ein weiterer relevanter Aspekt stellt die Sichtbarkeit von Straßenverkehrsteilnehmern bei Dunkelheit dar. Tipps für eine bessere Sichtbarkeit im Straßenverkehr zeigt der DVR in der Broschüre »Sichtbar unterwegs« auf.

12 Assistive Technologie (AT)

Eine inklusive Gesellschaft bedeutet auch, dass die physische/materielle und soziale Umwelt so eingerichtet ist, dass alle Menschen (mit oder ohne Beeinträchtigungen) so viel wie möglich barrierefrei teilnehmen können. In Europa sind Konzepte in dieser Richtung bekannt unter den Bezeichnungen »barrierefreies Design« oder »Design für alle« (Design for all), während im englischen Sprachraum die Bezeichnung »universal design« verwendet wird. Ziel ist es, allen Menschen Zugang zu ermöglichen – inklusive denen, die vom Durchschnitt abweichende Anforderungen haben, etwa Eltern mit Kinderwagen, Rollstuhlfahrer, Menschen mit Sehbehinderung etc. Diese Idee wurde auf das industrielle und das Software-Design übertragen, insbesondere im Bereich der Mensch-Maschine-Interaktion (Bedienoberflächen). Das Konzept zielt auf eine proaktive Strategie, die Zugänglichkeit und Interaktionsqualität schon während des Entwurfs- und Designprozesses in das Produkt integriert. Dazu gehen die Anforderungen aller in den Designprozess ein und eine Lösung, die von allen benutzbar ist, wird angestrebt. In der Initiative »eEurope – Eine Informationsgesellschaft für alle« wird das Prinzip »Design für alle« für die Einbeziehung von Menschen mit Behinderungen als grundlegendes Prinzip angesehen.

Im wirklichen Leben und in der Marktrealität können nicht alle Barrieren durch universelle Lösungen beseitigt werden. Es bleibt immer auch die Notwendigkeit, spezifische zielgerichtete Lösungen anzubieten und individuelle Anpassungen, wie man sie etwa aus der traditionellen Rehabilitationstechnik kennt, durchzuführen. In der täglichen Praxis wird ein Zusammenwirken beider Konzepte benötigt. Da viele Nutzer von speziellen Hilfstechnologien (Rollstühle, Hörgeräte, Braille-Zeilen, Gehstöcke etc.) sich neuen Barrieren gegenübersehen (Treppen, Lärm, grafische Benutzeroberflächen etc.), müssen auch ihre Anforderungen im »Design für alle« berücksichtigt werden: Zumindest sollte Kompatibilität mit solchen technischen Hilfen und Rehabilitationstechnik hergestellt werden.

Jedes Mal, wenn man einen Menschen mit Rollstuhl, Hörgerät oder Braille-Uhr trifft, sieht man assistive Technologie (AT) in Aktion. Um die größtmögliche Teilnahme am Leben zu erhalten, setzen Menschen mit Behinderungen eine Vielzahl von technischen Anpassungshilfen ein. AT sollte nicht mit anderen Technologiebereichen verwechselt werden, die für das Leben von Menschen mit Behinderungen eine Rolle spielen, z. B. in der Lehr-, Medizin-, oder der Überwachungstechnik. Man sollte sich AT als ein Gerät vorstellen, mit dem die Leistung und die Qualität des Lebens von Menschen mit Behinderungen gesteigert werden kann. Dazu gehören auch Mobilitätsgeräte, Computeranwendungen, elektronische Schnittstellen, adaptive Spiele sowie Kommunikationshilfen.

12.1 Formen der Assistiven Technologie

Unterstützende technische Hilfsmittel (Assistive Technology/AT) können in jeder Altersphase zu einer Verbesserung beim Erleden von Aufgaben und bei der Teilnahme an der sozialen und materiellen Umgebung beitragen. Unter Assistive Technology versteht man Technik oder Technologien, die dazu dienen, sensorische, motorische und kognitive Beeinträchtigungen auszugleichen sowie in Form von Informations- und Kommunikationssystemen rehabilitative Behandlung und Pflege zu erleichtern oder zu unterstützen (vgl. Mollenkopf, Gäng, Mix & Kwon, 2001). Mollenkopf et al. (2005) nennen folgende Funktionen eines Einsatzes von AT, nämlich zur

- Erledigung und Erleichterung alltäglich notwendiger Arbeiten durch Automatisierung, Fernsteuerung und sensorgesteuerte Sicherheitssysteme;
- Kompensation von Seh- und Hörbehinderungen und anderen Einbußen im sensorischen Bereich;
- Gestaltung freier Zeit und Überbrückung von Zeiten des Alleinseins (z. B. Hobbytechnik und Multimedia);
- Erfüllung des Bedürfnisses nach Sozialkontakten, Beratung, Weiterbildung und Information (z. B. Bildtelefon, Internet, E-Mail);
- Unterstützung der Mobilität (z. B. anpassbare Bewegungshilfen wie Rollstühle, Treppenlifte).
- Erfüllung des Sicherheitsbedürfnisses (z. B. Notrufsysteme mit entsprechenden Hilfsdiensten;
- Unterstützung von Pflegeleistungen bei gesundheitlichen Beeinträchtigungen (z. B. medizinisch-technische Geräte zur Kontrolle von Blutdruck oder Blutzucker, Hebe- und Bewegungshilfen; ebd., S. 4f.).

Mit fast 40.000 verschiedenen AT-Produkten auf dem Markt kann die Auswahl der für eine Person am besten geeignete technische Hilfe aufgrund der Vielzahl der verfügbaren Produkte und Funktionen ermutigend und komplex erscheinen (Federici et al., 2014). Diese Technologien reichen von einfachen handgehaltenen digitalen Lupen bis hin zu extrem hoch entwickelten Gehirn-Computer-Schnittstellen. Blackhurst (1997) listet vier verschiedene AT-Niveaus auf: High-Tech, Medium-Tech, Low-Tech und No-Tech. Eine High-Tech-Lösung kann eine Computeranwendung sein, mit der eine Person mit sehr schlechter Sicht Bilder und Filme sehen kann. Eine Medium-Tech-Lösung ist weniger kompliziert, aber dennoch mechanisch oder elektronisch, wie z. B. ein Handy oder ein Rollstuhl. Einige Medium-Tech-Lösungen für Menschen mit geistiger Behinderung ähneln denen für Menschen mit Sehbehinderungen, u. a. Geräte mit Audioausgang. Ein Beispiel dafür ist ein sprechender Taschenrechner. Dieses Gerät kann für Menschen mit Rechenschwierigkeiten von großem Nutzen sein, da bei ihnen die kognitive Verarbeitung von Zahlen und mathematischem Material beeinträchtigt ist. Sie haben möglicherweise Schwierigkeiten, geschriebene Zahlen zu verstehen, können sie jedoch verstehen, wenn sie in auditiver Weise präsentiert werden. Low-Tech-Lösungen sind bspw. spezielle Griffe für Utensilien, Klettverschlüsse oder ein erhöhter Schreibtisch, um dem Stehen gerecht zu werden. No-Tech-Lösungen, also Nicht-Technologie, sind insofern interessant, als sie keine Ausrüstung erfordern, sondern nur eine AT-Idee betreffen, die gelehrt oder verwendet wird. Einige No-Tech-Lösungen werden verwendet, um einige der größten Probleme in AT zu bekämpfen, wie die Verbreitung von Informationen und das Unterrichten von Problemlösungstechniken. Das technische Niveau ist eine Unterscheidung, die für das Verständnis bei der Implementierung von AT von entscheidender Bedeutung ist. Wenn ein Erwachsener mit Problemen der Feinmotorik Schwierigkeiten hat, ein Hemd zuzuknöpfen, wird nicht unter hohen Kosten ein Hemdknopfroboter entwickelt, sondern man ersetzt die Knöpfe durch Klettverschlüsse, die nicht mal einen Euro kosten. In der AT-Branche wird empfohlen, zunächst mit den niedrigsten und in der Regel kostengünstigsten Lösungen zu beginnen und dann der Leiter von No-Tech nach High-Tech zu folgen, bis eine Lösung gefunden ist, die den Anforderungen am besten entspricht.

AT ist auch die Anwendung organisierter Kenntnisse und Fähigkeiten in Bezug auf Systeme und Dienste (WHO, 2013; Khasnabis et al., 2015), die den Zugang zu AT-Produkten erleichtern. Die Weltgesundheitsorganisation hat ein Programm mit dem Titel Global Cooperation on Assitive Technology (GATE) (WHO, 2013) gestartet, in dem in einem ersten Schritt eine vorrangige Liste von assistiven Produkten (ATP) entwickelt wurde. Diese stellt eine Mindestliste dar und umfasst 50 ATP mit Priorität, die auf der Grundlage der allgemeinen Bedürfnisse und Auswirkungen auf das Leben einer Person ausgewählt wurden (WHO, 2016). Es finden sich sowohl Low-Tech- als auch High-Tech-Produkte in den Bereichen Sehen, Hören, Mobilität, Umwelt und Körperpflege, Kommunikation und Kognition. Beispiele sind (motorisierte) Rollstühle, Brillen, Hörgeräte, tragbare Rampen, Kommunikationssoftware und Pillenorganisatoren aufgeführt. Die WHO ermutigt Länder, ihre eigene Liste entsprechend den Bedürfnissen und dem Kontext zu erstellen.

Während national und weltweit eine hohe gesellschaftliche und politische Aufmerksamkeit für AT-Hilfen für Menschen mit Hör-, Seh- oder körperlichen Behinderungen besteht, um eine unabhängige und selbständige Teilnahme an der Gesellschaft zu ermöglichen, gibt es hier ein Defizit bei der technologisch unterstützten gesellschaftlichen Teilhabe für Menschen mit geistiger Behinderung. Der unzureichende Zugang zu AT-Produkten und Diensten kann durch einen Mangel bei verschiedenen Aspekten erklärt werden: Informiertsein, Verfügbarkeit, Erschwinglichkeit, Anpassungsfähigkeit, Akzeptanz, Qualität, Nutzung, Relevanz und Wirksamkeit (Penchansky & Thomas, 1981; Levesque et al., 2013). Bei einer Sichtung der Fachliteratur über AT-Barrieren bei assistiven Produkten der WHO-Mindestliste kommen Boot et al. (2018) anhand von 22 Schlüsselstudien zum Ergebnis, dass 133 Faktoren den Zugang zu AT-Produkten für Menschen mit geistiger Behinderung einschränken oder erleichtern. Die am häufigsten gemeldeten Hindernisse betreffen fehlende Finanzierung bzw. Kosten für AT-Produkte, mangelndes Bewusstsein/Informiertsein über AT-Produkte und unzureichende Einschätzung der Gebrauchsmöglichkeiten.

12.2 Assistive Technologie und Alter

Allgemein wird angenommen, dass ältere Menschen technische Hilfsmittel weniger nutzen als Jüngere. Diese Annahme wurde in einer schriftlich-postalischen Befragung (n = 2032) von Personen im Alter von 50 Jahren und älter in Niedersachsen kritisch hinterfragt (Künemund & Tanschus, 2014). Die Befragung stellte u. a. vier Szenarien von altersgerechten Assistenzsystemen für ein selbstbestimmtes Leben (»ambient assisted living«, AAL) vor. Die Ergebnisse zeigten, dass die einfache Annahme von Alterseffekten – also dass die Technikakzeptanz grundsätzlich mit zunehmendem Alter abnehme – nicht aufrechtzuerhalten ist.

Die Ungleichheit im AT-Zugang besteht jedoch auch darin, dass bei den älteren Menschen mit geistiger Behinderung im Vergleich mit der altersgleichen Allgemeinbevölkerung die Raten von Multimorbidität hoch sind, Demenz häufiger vorkommt und sie von mehreren funktionalen Beeinträchtigungen betroffen sind (▶ Kap. 5). Vor allem Menschen mit Schwerstbehinderungen haben mehrere funktionelle Einschränkungen, zu kognitiven Problemen kommen Beeinträchtigungen in der Sicht, im Hören, in der Motorik/Mobilität und der Kommunikation. Alle diese Beeinträchtigungen bieten mögliche Ansatzpunkte für den Einsatz von AT, aber die Budgets für Menschen mit geistiger Behinderung sind nur beschränkt vorhanden – vor allem für den Einsatz von Medium- und High-Tech-Produkten.

Was den Gebrauch von Kommunikationshilfen betrifft, sehen wir dieselben Kohorteneffekte wie in der Gesamtbevölkerung, aber in verstärktem Ausmaß. Ob es nun angepasste Handys betrifft oder allgemein genutzte, Jugendliche mit geistiger Behinderung gebrauchen diese vielmehr als alte Erwachsene, obwohl sie sich nach kognitiven Möglichkeiten nicht unterscheiden. Publikationen über Kommunikationshilfen bei älteren Menschen mit geistiger Behinderung im deutschsprachigen Bereich sind den Autoren dieses Buches in jedem Fall nicht bekannt.

Menschen mit geistiger Behinderung, vor allem die Jüngeren, verwenden alle Funktionen und Arten von elektronischen Hilfen, die ihnen die reale und virtuelle Welt mehr zugängig machen (Lussier-Desrochers et al., 2017), wie Tablets (Allen et al., 2015; Burckley et al., 2015), Smartphones (Lachapelle et al., 2011) und tragbare digitale Player wie der iPod Touch (Wu et al., 2016) oder ähnliche Geräte (Mechling & Seid, 2011), Desktop- und Laptop-Computer (Davies et al., 2002; Sigafoos et al., 2005).

In einer Übersichtsstudie von Lussier-Desrochers (2017) äußern sich die Autoren zum Internetgebrauch von Menschen mit geistiger Behinderung: Wichtige Ergebnisse aus dieser Studie sind, dass Autoren aus verschiedenen Ländern (USA, Schweden, Kanada, Israel) darauf hinweisen, dass dieser Personenkreis das Internet hauptsächlich nutzt, um über soziale Medien (Löfgren-Mårtenson, 2015) mit anderen Nutzern zu kommunizieren, auch wenn diese fremd sind (Sorbring & Molin, 2015; Molin, Sorbring & Löfgren-Mårtenson, 2015; Sallafranque St-Louis, 2015; Shpigelman & Gill, 2014). Es ist für sie eine neue Form der sozialen Interaktion und ein Gefühl der Zugehörigkeit zu einer »normalen« Gemeinschaft (Löfgren-Mårtenson et al., 2015; Shpigelman, 2016). Video- oder Bildunterhaltung ist ebenfalls sehr beliebt (Sallafranque St-Louis, 2015). Eine Schwierigkeit für die Zielgruppe ist Online-Kommunikation, die viel Lesen oder Schreiben erfordert (Harrysson, Svensk & Johansson, 2004; McClimens & Gordon, 2009; Molin et al., 2015; Shpigelman & Gill, 2014; Wong et al., 2009). Im Vergleich zum Rest der Bevölkerung besteht ein höheres Risiko der sexuellen Viktimisierung oder Erpressung im Internet (Löfgren-Mårtenson et al., 2015; Normand & Sallafranque St-Louis, 2015, 2016; Wells & Mitchell, 2014). Lussier-Desrochers (2017) folgert aus diesen Studien, dass es dann auch nicht ungewöhnlich ist, wenn das soziale Umfeld versucht, ihren Zugang zum Internet zu kontrollieren oder einzuschränken«.

Durch die Digitalisierung der Umwelt (Handys, Computer usw.) kann anstelle einer Zunahme der sozialen Beteiligung das Gegenteil eintreten: eine zunehmende Kluft zwischen Menschen mit geistiger Behinderung und dem digital verbundenen Bürger (Attour & Longhi, 2009; Batey & Waine, 2015; Dagenais et al., 2012; Eveno, 1998). So kann die Mehrheit der Menschen mit geistiger Behinderung die digitale und Informationsgesellschaft nicht in vollem Umfang nutzen (Carey et al., 2005; Palmer et a., 2012; Wehmeyer et al., 2008). Diese Erfahrung wird als »digitale Kluft« bezeichnet (Organisation für wirtschaftliche Zusammenarbeit und Entwicklung [OECD], 2004; Vodoz, 2010). Diese digitale Kluft besteht heute zwischen sowohl jüngeren und älteren Menschen mit geistiger Behinderung als auch zwischen der Gesamtgruppe von Menschen mit Behinderungen und der Allgemeinbevölkerung. Ohne gezielte Aktivitäten der Familie, Schule, Arbeit und Erwachsenenbildung wird diese digitale Kluft in der Zukunft nur noch größer werden. Um dies zu vermeiden, wurde in der Provinz Quebec (Kanada) im Jahr 2016 eine Charta für die digitale Inklusion von Menschen mit geistiger Behinderung ins Leben gerufen (Lussiers-Desrochers et al., 2018). Es werden zehn Maßnahmen vorgestellt, die priorisiert werden müssen, um die Kluft zwischen Menschen mit geistiger Behinderung und den digital verbundenen Bürgern zu verringern (#CTI, 2016). Diese Maßnahme steht im Einklang mit den »The Rights of People with Cognitive Disabilities to Technology and Information Access« in den USA.

Menschen mit geistiger Behinderung sind eine zentrale Gruppe, die von AT profitieren kann. AT-Produkte können das tägliche Funktionieren, das Zusammenleben und die Eingliederung von Menschen mit geistiger Behinderung in die Gesellschaft verbessern (Owuor et al., 2017) und Unabhängigkeit, Bildung, Beschäftigung und soziale Aktivitäten fördern. Damit Hilfsmittel für die Person nützlich sind und zu einem erhöhten Gebrauch und Teilnahme führen, ist es wichtig, die AT in Situationen einzusetzen, die die Person selbst als problematisch empfindet (Hammel et al., 2002). Einer der wichtigsten Faktoren für eine erfolgreiche Nutzung von Hilfsmitteln ist jedoch die Unterstützung, die die Person von anderen erhält (Reimer-Reiss und Wacker, 2000).

Um den Wunsch einer Person, an Ort und Stelle zu altern, zu unterstützen, ist es oft notwendig, das Haus an die physischen und kognitiven Probleme des Bewohners anzupassen. Bei Mobilitätsproblemen bedeutet dies, dass z. B. Flure, Räume und Badezimmer barrierefrei gestaltet werden müssen. Die Anpassung der Wohnstätte hängt stark von den spezifischen Fähigkeiten der Person und den altersbedingten Veränderungen ab, die sie erfahren, bspw. Abnahme oder Verlust der feinmotorischen Funktion oder Mobilität, Seh- oder Hörstörungen und kognitive Abnahme (Gedächtnisverlust, Demenz usw.). Ältere Menschen mit Mobilitätsschwierigkeiten, die Treppen nicht mehr oder nur noch schlecht nutzen können, kann abhängig vom spezifischen Kontext ein Stuhllift diese Barriere entfernen. Wenn der Bewohner jedoch nicht in der Lage ist, das Gerät zu bedienen oder wenn eine Installation aufgrund der örtlichen Begebenheiten nicht möglich ist, kann es notwendig sein, das Schlafzimmer oder Badezimmer ins Erdgeschoss zu verlegen.

Im Alter erhöht sich die allgemeine Zerbrechlichkeit einer Person und so werden Stürze zum einen häufiger und sind zum anderen dann wahrscheinlich auch schädlicher (Rockwood et al. 1994; Ambrose et al., 2013). Die Reduzierung des Sturzrisikos kann mit relativ wenig Mühe und Kosten durch Veränderungen im Wohnbereich erreicht werden durch z. B. den Einbau von Handläufen oder die Beseitigung von Stolperfallen wie z. B. lose Teppiche. Vorrichtungen wie tragbare oder Umgebungssensoren können wichtige Hilfen sein, um bei einem Sturz zuverlässig einen Alarm auszulösen. Einen Überblick zur Nutzungshäufigkeit vorhandener Hilfsmittel, die bei physischen Kompetenzeinbußen eingesetzt werden können, gibt Poulaki (2004): Mit 43,6% waren der Badewannenlifter, mit 37,4% das Pflegebett die am häufigsten eingesetzten Techniken im privaten Wohnbereich. Danach rangieren Lösungen zur Toilettenbenutzung (z. B. Erhöhungen oderspezielle Toilettenstühle) und Sicherheitshaltegriffe (30,7%) bei eingeschränkter Mobilität.

12.3 Anwendung von Assistiver Technologie

Bisher durchgeführte Studien haben gezeigt, dass sich AT-Produkte positiv auf die Lebensqualität von Menschen mit geistiger Behinderung auswirken. Wenn zum Beispiel Menschen mit geistiger Behinderung und Sprachbeeinträchtigung durch assistive Methoden und Konzepte (Unterstützte Kommunikation) Alternativen oder Ergänzungen zur Sprache haben, hat dies einen großen Einfluss auf ihre Fähigkeit, grundlegende Wünsche und Bedürfnisse auszudrücken sowie auf die soziale Interaktion (James, 2014). Nach Hammel et al. (2002) scheint Assistive Technology (AT) für ältere Menschen mit geistiger Behinderung vor allem Auswirkungen auf alltägliche funktionelle Aktivitäten im Zusammenhang mit Freizeit, soziale und gesellschaftliche Teilhabe zu haben.

In einer niederländischen Publikation werden die verschiedenen Schritte und Ebenen in der Anwendung von AT, aber auch die komplexen Beziehungen zwischen den Aspekten »Erkennen und Definierung des Problems«, »Schulung/Ausbildung der Beteiligten«, »Suche der adäquaten Technik« und »Einbindung in der sozialen Umgebung« gut illustriert anhand eines konkreten Falles, nämlich Frau G. im Alter von 54 Jahren (Van der Pijl et al., 2007).

12.3 Anwendung von Assistiver Technologie

Kurze Skizze des Problems

Diese Frau hat das Apert-Syndrom. Dieses Syndrom umfasst neben der geistigen Behinderung auch Anomalien der Hände und des Gesichts. Es gibt eine ernsthafte visuelle Einschränkung (tubuläre Sicht). Ihre Sprache ist für Fremde unverständlich. Wenn G. nicht gut verstanden wird, ist sie frustriert und zeigt selbstverletzendes Verhalten. G. ist sowohl von Wohn- und Werkstätte gewechselt. Betreuer von ihrem neuen Arbeitsplatz fragen sich, ob die Kommunikation mit und von G. verbessert werden kann, um selbstverletzendes Verhalten zu verhindern.

Fragestellung

Gibt es ein Mittel/Medium, mit dem G. sich mitteilen kann? Bis jetzt ist sie angewiesen auf Bekannte in ihrer Umgebung, wird aber beispielsweise regelmäßig mit Auszubildenden oder vielfach wechselndem Personal konfrontiert. Ist möglicherweise ein Sprachcomputer ein geeignetes Mittel?

AT-Aktionen Kommunikationshilfe

In Absprache mit der Sprachtherapie werden Fotos von allen Tagesaktivitäten aufgenommen und das Tages-Aktivitäten-Zentrum (TAZ) übt selbst mit G. Aufgrund der tubulären Sicht von G. wird schnell klar, dass die Fotos nicht zu groß sein sollten. Die Fotos werden durch G. erkannt und bleiben vom ersten Moment sichtbar angehängt.

Dieselben Aktivitäten werden danach auch in schwarzen und weißen Piktogrammen angezeigt und auf einer Zeigerkarte angeboten. Auch diese sind von G. leicht zu erkennen. Sowohl die Fotos als auch die Piktogramme werden verwendet, um zu untersuchen, welche Darstellungsmethode für G. am besten geeignet ist. Auch hier probiert das TAZ die Zeigerkarte selbst mit G aus. In der Hilfeanfrage wird ein Sprachcomputer als mögliches geeignetes Werkzeug vorgeschlagen.

Die Sprachtherapie (Logopädie) verfügt über einen kleinen Laptop mit Touchscreen, der mit Mindexpress (Kommunikationssoftware) für G. ausgestattet ist. Auf dem Startbildschirm werden Kurznachrichten angezeigt. Es wird ausprobiert, wie G. auf die »Sprachausgabe« reagiert, wenn sie ein Symbol berührt. In dieser Zeit (Dezember) experimentieren die TAZ-Mitarbeiter auch ein wenig mit Mindexpress und fügten beispielsweise Bilder von Weihnachten hinzu.

Nach einem Besuch an einem AT-Zentrum für medizinische Hilfsmittel, bei dem G. von einigen Familienmitgliedern und einem TAZ-Mitarbeiter begleitet wird, wird beschlossen, einen Sprachcomputer zur Erprobung zu beantragen: ein Mighty Mo.

G. reagierte begeistert auf das Gerät. Da die abgesprochene Versuchsdauer sehr kurz ist, wird mit dem Lieferanten eine Verlängerung bis zur Anfrage bei der Krankenversicherung vereinbart.

Die Sprachtherapie beantragt bei der Krankenversicherung die Erstattung des Sprachcomputers.

Mitarbeiter von TAZ, der Wohnstätte und zwei Verwandte von G. werden dann an einem Morgen in der Bedienung des Mighty Mo geschult. Mitarbeiter der Sprachtherapie sind ebenfalls anwesend. In der Sommerperiode danach versuchte G. im TAZ, ob der Mini Mo auch eine Option sein könnte.

Im Juli erteilt die Krankenversicherung eine Nutzungsvereinbarung. Der Mighty Mo wird bestellt.

Die Sprachtherapie übt weiterhin den Gebrauch des Leihgeräts mit G. und Mitarbeitern des TAZ. Die Mitarbeiter können nun neue Seiten und Bilder anhand einer Anleitung mit einem kurzen Handbuch erstellen. Die Sprachtherapie hilft G. und den Mitarbeiter dabei, jede Woche den Kommunikationsaustausch zu erweitern.

»Mitte September kommt der ›ausgebildete‹ Mitarbeiter der Wohnstätte zurück aus dem Urlaub und kann mit dem Mighty Mo zwischen Wohn- und Tagesstätte wechseln. Die Familie kommt zur TAZ, um zusammen mit dem eigenen Sprachcomputer zu üben.

Ergebnis/Fazit

Seit dem Anfang der Verwendung unterstützender Kommunikationsmittel hat das selbstverletzende Verhalten abgenommen. Das enthusiastische und stabile Begleitungsteam hat zu einem großen Teil zu dem Erfolg dieses Falls beigetragen« (ebd., S. 31, Übers. v. Verf.).

12.4 Gefahren der Anwendung von Assistiven Technologien

Im gerontologischen und geriatrischem Bereich findet Assistive Technology (AT) vielerlei Anwendung, z. B. automatische Tablettenspender, aber auch komplexere Produkte wie Ortungsgeräte mit Global Positioning Systems (GPS) für die Hilfe bei der Suche nach Menschen mit Demenz. Aspekte der Sicherheit gehören mit zu den größten Sorgen von Angehörigen und professionellen Pflegepersonen von Menschen mit Demenz (Auner, 2002; Kinney, Kart, Murdoch & Conley, 2004). In diesem Bereich befindet sich die größte Bandbreite an technischen Lösungsvorschlägen (Mollenkopf et al., 2005). Dazu gehören Technologien, die im Fall von Gefahr ein Signal auslösen, sich automatisch abschalten oder zuvor festgelegte Kontaktpersonen oder Dienste alarmieren, falls die Person mit Demenz nicht selbst adäquat reagiert: z. B. Rauchmelder, Kühlschrankmonitore, einfache Überschwemmungs- und Extremtemperatursensoren (z. B. für Badewasser), Geräte, die sich bei Erhitzung (Herd, Heizofen, Fernseher) oder bei längerem Nicht-

Gebrauch (Bügeleisen) selbst abschalten sowie komplexe Wasserüberlauf- und Gas- oder Elektroherdmonitore. Ganz unmittelbar der Sicherheit einer Person dienen beispielsweise automatische, durch Bewegungssensoren ausgelöste Beleuchtungssysteme. Ebenfalls mittels Bewegungssensoren funktionieren verschiedene Versionen von Sturzmeldern und Falldetektoren. Bei den Aspekten der Sicherheit sollte sich jedoch immer wieder die Frage stellen: Wer hat hier ein Problem und wem hilft es, wenn das Problem gelöst ist? Die Person selbst, die Begleiter/Familie oder das Management der Einrichtung? Wird das Problem präsentiert als Bereicherung der Qualität des Lebens oder gibt es andere (mehr oder weniger verborgene) Ziele?

Niemeijer et al. (2014) untersuchten in einer Pflegeeinrichtung für Menschen mit Demenz und einer Einrichtung für Menschen mit geistiger Behinderung die Erfahrungen der Bewohner mit Überwachungstechnologien. Ihre Ergebnisse zeigen einerseits, dass Vorteile entstanden, da mehr Bewegung in neuen Räumen geboten wurde und es zu weniger Herumirren, sich Verirren und Irritationen kam, aber andererseits sich die Bewohner der Überwachungstechnologie widersetzen, weil sie sich stigmatisiert fühlten, die persönliche Begleitung vermissten und nicht gern beobachtet wurden.

In einer anderen Studie wurde deutlich, dass eine Managementperspektive der Effizienz sich des AT-Ansatzes bedienen kann, ohne primär auf die Bewohnerbelange zu achten. Der Titel »Technologie in der Betreuung von Menschen mit geistiger Behinderung; Erforschung der Arbeitsersparnis von Aufsichtstechnologien in der Nachtpflege« macht schon deutlich worauf der Fokus liegt. Jansen (2009) schreibt: »Aufgrund des drohenden Mangels an Pflegepersonal und der steigenden Nachfrage nach Pflege wird es in Zukunft weniger Betreuer geben für mehr Bewohner. Dies bedeutet, dass die Aktionen in der Grundversorgung so effizient wie möglich gestaltet werden müssen, sowohl tagsüber als auch nachts. Hier kann die Technologie eine wichtige Rolle spielen. Bei der Technologie, die die Eigenständigkeit der Kunden erhöht, wird weniger medizinisches Fachpersonal notwendig sein. (…) Neben der Förderung der Selbstständigkeit der Bewohner während des Tages, wodurch eine Arbeitserleichterung des Pflegepersonals erreicht werden kann, kann durch den Einsatz von Technologie der Einsatz von Personal in der Nachtpflege reduziert werden. Es kann dabei gehen um das Ersetzen einer aktiven Nachtwache durch eine Schlafwache oder Einsatz von weniger Personal für eine größere Einheit. Auch kann es sein, dass überhaupt kein Personal dauerhaft anwesend ist. Die Nachtwache oder jemand in einem zentralen Posten bekommt ein Alarmsignal, wenn eine alarmierende Situation vorliegt (passiver Alarm) oder wenn der Bewohner den Alarm selbst auslöst (aktiver Alarm). Die Nachtwache kann dann den Bewohner kontaktieren oder selbst sich die Situation ansehen (van der Velde, 2008)«.

Ein Fazit muss sein: Kundenerfahrungen mit Überwachungstechnik scheinen aufgrund der Ziele, der Vielfalt der Geräte und der Konsequenzen der Überwachungstechnologie eine gewisse Ambivalenz mit sich zu bringen. Auch führt der verstärkte Einsatz vernetzter Technologien zu neuen Abhängigkeiten von Technik und Technikexperten sowie zu individuellen Kompetenzverlusten. Mollenkopf formuliert diese ungewollten und unerwünschten Konseqenzen des wenig durchdachten Einsatzes von AT als folgt: »…die verstärkte Automatisierung von Handlungsabläufen [kann] auch unerwünschte Nebeneffekte wie beispielsweise die Unterforderung älterer Menschen haben. Wenn alltägliche Wege und Handgriffe reduziert werden, entfällt auch ein gewisses Training. Dasselbe gilt für geistige Aktivitäten, für Konzentrations- und Merkfähigkeit und vieles mehr. Als weiteres ist zu beachten, dass der Umgang mit neuen Technologien ganz neue Fähigkeiten und Fertigkeiten erfordert. Nicht alle Älteren haben die Gelegenheit, diese zu erlernen, und nicht alle bringen die individuell notwendigen Voraussetzungen dafür mit« (Mollenkopf et al., 2005, S. 6).

13 Sterben und Tod

13.1 Einleitung

Im Allgemeinen ist in unserer heutigen westlichen Industriegesellschaft der Tod zu einem eher seltenen Ereignis innerhalb familiärer und sozialer Begegnung und Auseinandersetzung geworden. Hinzu kommt, dass sich im Hinblick demographischer Veränderungen vor allem die durchschnittliche Lebenserwartung eines Menschen erhöht hat, sodass der Tod im engeren Familienkreis im Schnitt nur noch alle 15 bis 20 Jahre erlebt wird. Der Tod wird dem hohen Alter zugemessen, früheres Sterben wird als Abweichung von der Regel erlebt. Die Folge ist, dass der Tod und das Sterben immer mehr aus dem Bewusstsein der jüngeren Menschen verschwinden und unterschwellig als ein Ausnahmerisiko empfunden wird. Gängige Medien überfluten uns heutzutage in ansteigender Form mit Katastrophen, Unglücksfällen und Todesereignissen. Diese betreffen sowohl die reale Ereignisberichterstattung als auch die fiktive Darbietung von Tod und Sterben. Somit prägen die Medien das Bild des Todes in vielerlei Hinsicht mit. Dies hat jedoch auch zur Folge, dass Vorstellungen von Tod und Sterben oftmals sozusagen aus zweiter Hand stammen und dem Konsumenten schon in vorgefertigter und vorinterpretierter Weise vorgesetzt werden (Franz, 2004, S. 48). Das aktive Miterleben und -fühlen ist eher selten, wodurch in der Konsequenz die Bewältigung von Tod und Sterben immer weniger »geübt« werden kann (Lammer, 2003, S. 40).

Darüber hinaus hat der medizinische Fortschritt »....dazu geführt, dass der Tod nunmehr vielfach verhindert oder zumindest hinausgeschoben werden kann, denn »der Glaube in die neuesten medizinischen Erkenntnisse, technologischen Errungenschaften und in ein mehrfach abgesichertes, hoch versichertes Leben nährt die Illusion und den Optimismus, nahezu alle Störungen aus der Welt zu schaffen, Krankheiten zu bezwingen und den Tod, wenn schon nicht abschaffen, dann zumindest hinauszögern zu können« (Franz, 2004, S. 45).

Verstorbene Menschen werden meist nicht mehr zu Hause aufgebahrt, wie man es üblicherweise früher vorzog, sondern in Beerdigungsinstituten. Der direkte Umgang mit Sterben, Tod sowie mit der Trauer wird auf diese Weise institutionalisiert. So übernehmen Beerdigungsinstitute heute nahezu alle Aufgaben, die kulturell und gesellschaftlich mit dem Tod in Verbindung stehen (Freese, 2001, S. 21; Everding, 2005, S. 25). Damit bleiben den Angehörigen vielfach die entsprechenden Erfahrungen verwehrt. Jedoch wird dies häufig sogar begrüßt, weil Gedanken an den Tod und der Umgang mit derartigen Erfahrungen vielen

Lebenden unangenehm sind. Sie erinnern nämlich stark an ihre eigene Sterblichkeit (Cohen, 1997, S. 331).

13.2 Trauer

Zum Leben und zur Entwicklung eines Menschen gehören über seine gesamte Lebensspanne hinweg kleinere oder größere Verluste, die beispielsweise entwicklungsbedingt, vorübergehend, dauerhaft oder auch ideell sein können (Kast, 2003, 2006; Kübler-Ross, 2001). Sterben und Tod ist übrigens nur ein Aspekt von Verlusterfahrungen. Menschen erleben auch Verluste, wenn sie sich »von geliebten Personen, von Heimat, von großen Zielen und einmaligen Ideen«, aber auch »von Schönheit und Jugend, von Hoffnungen, von guten Freundschaften, von einem geliebten Tier und auch von materiellen Dingen« trennen müssen (Canakakis, 1987, S. 27).

Unterschiedliche Verlusterlebnisse können zwar in der Folge zu Trauerreaktionen führen, die, obwohl sie ähnliche charakteristische Merkmale besitzen, dennoch Unterschiede vor allem in ihrer Symptomatik und Intensität aufweisen. Dabei wird laut Ansicht einschlägiger Fachliteratur der Tod eines Menschen nahezu übereinstimmend als das entscheidende und folgenreichste Verlustereignis betrachtet (Specht-Tomann & Tropper, 2004; Canakakis, 1987; Kast, 2003, 2006). Diese Forschungsresultate gelten für erwachsene Menschen ohne geistige Behinderung.

»Trauer« findet in allen Kulturen ihren Ausdruck in mannigfaltigen Gefühlsäußerungen sowie Verhaltensweisen, beispielsweise durch empfundene Gefühle, wie »Angst, Schock, Hilflosigkeit, Wut, Kummer, Schuldgefühle, Verzweiflung, Aggression, Lachen, Zorn, Befreiung, Sehnsucht, Einsamkeit, Hass, Minderwertigkeit, Schmerz« (Specht-Tomann & Tropper, 2004, S. 40). Trauer kann sich aber auch in Form somatischer und psychosomatischer Symptome äußern wie »Müdigkeit, Zittern, Herzklopfen, Herzrasen, Beklemmung im Brustbereich, Kurzatmigkeit, Appetitmangel, Überempfindlichkeit, Schwächeattacken, Überaktivität«, um nur einige Beispiele anzuführen (ebd., S. 41). Diese Vielseitigkeit von Gefühlsäußerungen wie somatischer und psychosomatischer Reaktionen bei Verlusterfahrungen und Trauer, gilt auch bei Menschen mit geistiger Behinderung.

Bei der Analyse von Verlusterfahrungen differenziert Lammer (2003) zwischen einem intra- und einem interpersonalen Aspekt von Trauer. Intrapersonale Aspekte der Trauer gehen demgemäß von psychologischen und innerpsychischen Reaktionen aus. Sie beziehen zudem das Verhalten der betreffenden Person auf sich selbst, wonach beispielsweise Formen der Angst, der Apathie, der Appetitlosigkeit und Störungen der Wahrnehmung darin enthalten sein können. Interpersonale Aspekte hingegen beschreiben nach Lammer den sozialen Aspekt der Trauer, das öffentlich gezeigte Verhalten der trauernden Person, aber auch das

Trauerverhalten anderen gegenüber. So kann zum Beispiel die Abwendung eines trauernden Menschen von seinem Freundeskreis als interpersonaler Aspekt betrachtet werden (ebd., S. 34).

Insofern beinhaltet Trauer psychologische, physiologische und soziologische Aspekte. Trauer ist demzufolge ein Prozess, der alle Dimensionen des Menschen umfasst (Specht-Tomann & Tropper, 2001, S. 8).

13.3 Zum Todesverständnis bei Menschen mit geistiger Behinderung

Es gibt keine generalisierenden und allgemeingültigen Erkenntnisse über Tod und Trauer bei Menschen mit geistiger Behinderung; Menschen mit geistiger Behinderung haben individuell sehr unterschiedliche Einstellungen und Vorstellungen vom Tod. Forschungen zum Todesverständnis bei Menschen mit geistiger Behinderung liegen im Vergleich zu den zahlreichen Untersuchungen mit nichtbehinderten Menschen nur in geringer Zahl vor.

Arenhövel (1998), der im Rahmen einer empirischen Studie den Umgang mit Sterben, Tod und Trauer bei Kindern, Jugendlichen und jungen Erwachsenen mit geistiger Behinderung untersuchte, stellte fest, dass es bei den genannten Personenkreisen unterschiedlicher Altersklassen eine Spanne von Vermutungen hinsichtlich konzeptioneller Vorstellungen darüber gibt, was das generelle Verständnis von Tod ausmacht. Dieses erstreckt sich laut Arenhövel (1998, S. 53)»bei den Befragten mit geistiger Behinderung von einer kaum vorhandenen Vorstellung von dem, was der Begriff ›Tod‹ in all seinen Verstehensbereichen bedeutet, bis hin zu sehr konkretem Wissen um dieses Phänomen, seinen Merkmalen und Komponenten«. Dies lässt nach Meinung des Autors vermuten, dass sich das generelle Todesverstehen im Einzelfall aus den realen Erfahrungen herausbilden kann, die Menschen mit geistiger Behinderung diesbezüglich gemacht haben.

Außerdem kommen als beeinflussende Merkmale im Wesentlichen hinzu, dass die Befragten über ein anderes, möglicherweise »eingeschränktes Zeitkonzept« verfügen. Somit waren Verluste, die aus der Konfrontation mit Tod entstanden sind, bei einigen Befragten erst durch ihr Andauern als solche zu empfinden. Viele dieser obengenannten Personen verneinten darüber hinaus Fragen zur Vorstellung des eigenen Todes oder waren wissentlich nicht in der Lage, sich diesbezüglich zu äußern. Insofern existieren offensichtlich Einflussgrößen in Bezug auf »das Wissen um den eigenen Tod«, die im deutlichen Maß auf das Verständnis von Zeit, das individuelle Konzept des Lebens in Zusammenhang mit dem jeweiligen Erfahrungshorizont zurückzuführen sind (ebd., S. 53).

Im Rahmen dieser Untersuchung wurde deutlich, dass die korrekte Anwendung der Begriffe »Tod« oder »Sterben« nicht unbedingt auf das Todesverständnis eines Menschen mit geistiger Behinderung schließen lässt. Arenhövel vermutet, dass sein Todesverständnis an bekannte verstorbene Personen und deren Tod geknüpft ist. Dabei erweitert sich in der Regel das Verständnis mit jeder individuell neu gemachten Erfahrung. Es wird somit komplexer, je mehr Erfahrungen ein Mensch mit geistiger Behinderung macht und je mehr er über den Tod erfährt (ebd., S. 52).

Wenn Erfahrungen schon eine solch wichtige Rolle für die Erklärung des Todesverständnisses bei Kindern, Jugendlichen und jungen Erwachsenen mit geistiger Behinderung haben, dann wird bei alten Menschen mit geistiger Behinderung in diesem Gebiet ein noch größeres Erfahrungswissen anzutreffen sein.

Lange Zeit wurde angenommen, dass Menschen mit geistiger Behinderung, unabhängig von ihrem Alter, nicht imstande sind, die Endlichkeit ihres Lebens und die Unumkehrbarkeit und Unvermeidlichkeit des Todes zu begreifen. In einigen Forschungsstudien zeigte sich jedoch, dass Menschen mit geistiger Behinderung wie jeder andere Mensch, emotionale Bindungen und intime zwischenmenschliche Beziehungen entwickeln können, die sich in Gefühlen persönlichen Verlusts und der Trauer äußern (vgl. Deutsch, 1985; McDaniel, 1989).

Auch wenn manche Menschen mit einer schweren geistigen Behinderung Probleme haben, sich klar und deutlich Konzepte wie »Tod«, »Sterben« und »Begräbnis« vorzustellen und Schwierigkeiten haben, sich zu Leid und emotionalen Schmerzen zu äußern, zeigen sie oft Zeichen von Trauer.

Die Konzeptualisierung und das Verständnis des Todes/des Sterbens ist eine Phase der kindlichen Entwicklung. In einem Experiment bei nichtbehinderten Kindern der Vor- und Grundschule haben Jenkins & Cavanaugh (1985) herausgefunden, dass das Verstehen der menschlichen Sterblichkeit abhängig ist vom chronologischen Alter und dem Erwerb der gesprochenen Sprache. Das mittlere Alter, in dem Kinder ein realistisches Konzept über den Tod erwerben, liegt zwischen dem 5. und 7. Lebensjahr. Ein gutes Verstehen der menschlichen Sterblichkeit kann nur stattfinden, wenn die Kinder herausgefunden haben, dass

- der Tod das Ende ist von allen Lebensfunktionen (*Nicht-Funktionalität*),
- das Leben nach dem Tod nicht wiederhergestellt (restauriert) werden kann (*Irreversibilität*) und
- alle lebenden Dinge letztendlich sterben (*Universalität*).

Während für Menschen ohne geistige Behinderung das chronologische Alter ein wichtiger Faktor für die Ausbildung eines reifen Todeskonzepts ist (vgl. Bihm & Elliot, 1982, S. 205), ist dieser Zusammenhang für Kinder mit geistiger Behinderung empirisch noch nicht abgesichert. Es ist anzunehmen, dass ein Todesverständnis eher altersverzögert stattfindet und abhängig ist vom kognitiven Potential und der Entwicklung in diesem Bereich.

Bihm und Elliot (1982) stellten einen Zusammenhang zwischen dem kognitiven Entwicklungsstand nach Piaget und dem Todeskonzept bei Menschen mit geistiger Behinderung fest. Kognitive Fähigkeiten entscheiden darüber, ob der Tod als endgültig begriffen werden kann oder nicht, ob der Befragte sich seiner eigenen Sterblichkeit bewusst ist. Die wenigen befragten Menschen mit geistiger Behinderung, deren kognitive Fähigkeiten auf der formal-operationalen Stufe anzusiedeln sind (vgl. Speck, 1990) scheinen ein realistischeres Todeskonzept zu haben als diejenigen, die sich auf der prä-operationalen Stufe befinden. Letztere haben eher unrealistische und phantastische Vorstellungen vom Tod.

Mehrere Studien belegen, dass das Todeskonzept sich parallel zu anderen kognitiven Bereichen ausbildet bzw. dass das chronologische Alter den größten Zusammenhang mit der Todeskonzeptentwicklung aufweist (vgl. Jenkins & Cavanaugh, 1985). Erst in der Phase des konkret-operatorischen und formal-operatorischen Denkens sind Kinder in der Lage, zwischen Lebendigem und Unbelebtem zu unterscheiden.

Eine Beziehung zwischen dem chronologischen Alter und dem konzeptuellen Verstehen des Todes und des Sterbens gibt es auch in anderer Form bei Menschen mit geistiger Behinderung. Die mit dem zunehmenden Alter erworbene Lebenserfahrung verstärkt die Möglichkeit von Erwachsenen mit geistiger Behinderung, die Bedeutung des Sterbens und des Todes zu erfassen. Ältere Menschen mit geistiger Behinderung haben eine zutreffendere und spezifischere Konzeptualisierung des Todes entwickelt als jüngere Menschen mit vergleichbaren kognitiven Möglichkeiten (vgl. Seltzer & Krauss, 1989).

In einer Untersuchung nach dem Todesverständnis bei Menschen mit geistiger Behinderung befragte Feuerhahn (1982) 111 ältere Menschen in der ehemaligen DDR und kam zu dem Ergebnis, dass 78 % der Befragten noch lange leben möchten, 71 % der männlichen und 66 % der weiblichen Befragten keine Angst vor dem Sterben haben, »Angst vor dem Tod« wurde von 20 % der männlichen und 15 % der weiblichen Anstaltsbewohner bejaht. In einer US- Studie (Lipe-Goodson & Goebel, 1983) werden 76 Menschen mit geistiger Behinderung zu ihrem Altersverständnis und zum Todeskonzept befragt. Auf bestimmte Fragen, z. B. »Stirbt jeder?«, »Wirst du eines Tages sterben?«, »Wenn du stirbst, kannst du danach wieder leben, wie du und ich jetzt?«, antworteten nur 30 % der älteren Befragten und nur 15,5 % der jüngeren Befragten richtig. Der Autor kam »... zu dem Ergebnis, dass das korrekte Todesverständnis im Laufe des Alterns zunimmt, wobei die Begründung nicht in der Zunahme der kognitiven Entwicklung, sondern im Zuwachs an Erfahrungen liegt. Die Autoren vermuten, dass »chronologische Alter dient als ein Index dient für Erfahrungen und kognitive Funktionen bei Menschen mit und ohne geistiger Beeinträchtigung« (ebd., S. 72).

Leider wird die Einbindung des Themas Sterben und Tod im Alltag und das Kennenlernen von Ritualen des Abschiednehmens und der Trauer dem Menschen mit geistiger Behinderung oft noch vorenthalten. Man möchte ihn – übrigens mit den besten Intentionen – vor Erfahrungen schützen, die er nicht verarbeiten kann.

In einer US-Studie von Kennedy (2000) bei 108 Personen mit geistiger Behinderung im Alter von 30–83 Jahren wurde dies nochmals bestätigt. Mit einigen Ausnahmen wussten die meisten der Teilnehmende mit einer mäßigen und schweren geistigen Behinderung, dass Tod das Ende eines unumkehrbaren Prozesses ist und dass alle Lebensfunktionen aufhören, wenn ein Mensch stirbt. Aber sie kannten nur wenige Ursachen, warum Menschen sterben. Auch war ihnen kaum bewusst, dass Sterben unvermeidlich ist. Die eigenen Erfahrungen in diesem Bereich, z. B. das Sterben von Personen im Familien- und Freundeskreis, war von großer Bedeutung. Es zeigte sich in dieser Studie, dass sowohl Personen mit leichter als auch schwerer geistiger Behinderung besser wussten, was »Sterben« bedeutet, als Personen, die nie mit diesem Phänomen konfrontiert waren.

13.4 Zum Trauerverhalten bei Menschen mit geistiger Behinderung

Jeder Erwachsene wird im Laufe seines Lebens mit Sterben, dem Verlust eines Menschen durch Tod und emotionalen Reaktionen konfrontiert wird. Auch für Menschen mit geistiger Behinderung stellen diese Themen nicht zu vermeidende Lebensinhalte dar. Möglichkeiten der Auseinandersetzung mit Tod und Trauer sind geprägt durch den individuellen Umgang der Menschen mit geistiger Behinderung mit diesem kognitiven und emotionalen Erfahrungsbereich.

Es zeigt sich allerdings, dass Angehörige oder Betreuer von Menschen mit geistiger Behinderung häufig versuchen, gerade ihnen die lebensbegleitenden Themen des Sterbens und der Trauer vorzuenthalten. Sei es aus eigenen Unsicherheiten hinsichtlich der angesprochenen Thematik heraus oder in der gut gemeinten Absicht, sie vor der »harten Realität des Lebens« und des Todes schützen zu wollen. Sie sollen so vor Erfahrungen mit Todeserlebnissen bewahrt werden, die der genannte Personenkreis dann ihrer Ansicht nach möglicherweise nicht verarbeiten kann (Luchterhand & Murphy, 2001, S. 28). Ein derartiges Verhalten könnte auch dazu führen, dass der Mensch mit geistiger Behinderung früher oder später das Gefühl entwickelt, den Tod als Tabuthema zu betrachten, über das man nicht sprechen sollte, um die Gefühle anderer dabei nicht zu verletzen (ebd., S. 33).

Einschränkungen oder das Verhindern des Trauerns im Erleben, Erfassen, Erfühlen und im Bewusstmachen eines Verlustes führt in Bezug auf Menschen mit geistiger Behinderung oftmals dazu, dass sich die Trauer verspätet und in Form auffallender Reaktionen äußert (Bosch, 2006, S. 39).

Obwohl es verschiedene und auffälligere Erscheinungsformen des Trauerns und der Verlusterfahrung bei Menschen mit geistiger Behinderung im Vergleich mit nichtbehinderten Menschen gibt, gleichen sie jedoch eher den Reaktionen in der allgemeinen Bevölkerung, als dass sie grundverschieden sind (vgl. Deutsch, 1985; Emerson, 1977; Hedger & Dyer-Smith, 1993; Howell, 1989; Kauffmann, 1994; Kloeppel & Hollins, 1989; Luchterhand & Murphy, 1998; McDaniel, 1989; Rothenberg, 1994) und die spärliche Forschung (vgl. Harper & Wadsworth, 1993).

Es sind auch weniger Merkmale der geistigen Behinderung, als einige Verhaltensauffälligkeiten, die Unterschiede im Trauerverhalten erklären können. Luchterhand und Murphy (1998) nannten die folgenden:

13.4 Zum Trauerverhalten bei Menschen mit geistiger Behinderung

- Schwierigkeiten im Lernen oder Verstehen;
- Verminderter oder veränderter Ausdruck der Emotion;
- Tendenz in einer positiven Art und Weise zu reagieren (eher lachen als weinen; eher froh als ernst);
- Wahre Gefühle eher im Verhalten als in Worten zu zeigen;
- Familie und Betreuer verhalten sich zu ihnen im Vergleich mit Nichtbehinderten unterschiedlich;
- Familie und Betreuer verhalten sich oft wie Journalisten und Übersetzer; sie vermitteln und interpretieren, lassen aber keine direkten Erfahrungen und Wahrnehmungen zu;
- Fehlen der sozialen Unterstützung;
- Bindungen zu anderen sind/waren nicht immer deutlich oder verständlich für Betreuer (persönliche, biographische Anlässe);
- Geschichte von vielen Verlusterfahrungen in vielen Bereichen;
- Fehlen der finanziellen, materiellen Ressourcen;
- Unsichere Zukunft (ebd., S. 16).

Wenn man sich die Mühe macht, all diese Punkte zu berücksichtigen, kann vieles, was erst nur eine Verhaltensauffälligkeit war, als Trauerverhalten, Konfliktreaktion und Anpassung an eine Verlusterfahrung erklärt und verstanden werden. Leider kommt es noch relativ oft vor, dass sowohl Eltern als auch Betreuer und andere professionelle Kräfte solche Verlustsignale nicht verstehen (vgl. Harper & Wadsworth, 1993).

In einigen Forschungsstudien wurde auf bestimmte Unterschiede im Trauerverhalten von Menschen mit geistiger Behinderung hingewiesen. Wickert & Hoogers-Dörr (1983) kamen bei ihrer Untersuchung des Trauerverhaltens bei erwachsenen Menschen mit geistiger Behinderung zu dem Ergebnis, dass Menschen mit geistiger Behinderung nach einem »Alles-oder-Nichts-Prinzip« trauern (ebd., S. 166), d.h., es findet keine Abstufung der Trauer bei unterschiedlichen Verlusten statt. Des Weiteren trauern Menschen mit geistiger Behinderung oftmals erst bei konkreten Erlebnissen und Hinweisreizen (z. B. weinende Menschen, Trauerkleidung). Dabei ist das Trauerverhalten charakterisiert durch einen »raschen und unvermittelten Wechsel der Emotionen« (ebd.). Weiterhin kamen die Autoren zu dem Ergebnis, dass die Trauerphasen kürzer sind als bei Nichtbehinderten und dass es Tendenzen gibt, die Trauer zu funktionalisieren, um Aufmerksamkeit auf sich zu ziehen. Wickert & Hoogers-Dörr erklären die Ergebnisse damit, »dass Verlustereignisse nicht hinreichend oder gar nicht kognitiv repräsentiert sind« (ebd.). Ein andersartiges Trauerverhalten ist darauf zurückzuführen, dass sie Verlustereignisse nicht oder nicht ausreichend kognitiv verstehen und verarbeiten können. Die Entwicklung des Todesverständnisses hat somit eventuell einen entscheidenden Einfluss auf die Intensität und die Erscheinungsweisen des Trauerverhaltens sowie auf die Möglichkeiten zur Trauerarbeit. Das Begreifen des Todes als unumkehrbares, endgültiges Verlustereignis stellt eine Bedingung für die Bewältigung der Trauerarbeit dar (vgl. ebd., S. 167).

Plotz (1994) kommt in einer Befragung zu den Themen Todesverständnis und Trauerverhalten von Mitarbeitern und Bewohnern eines Wohnheims für Menschen mit geistiger Behinderung zu ähnlichen Ergebnissen: Menschen mit geistiger Behinderung trauern kürzer als Nichtbehinderte, sie können ihre Trauer nicht angemessen ausdrücken und es lassen sich keine Trauerphasen feststellen. Plotz sieht die Ursache für das andersartige Trauerverhalten in den Umständen der Situation begründet (vgl. ebd., S. 87).

Das tatsächliche kognitive und emotionale Entwicklungsalter zusammen mit den Verlusterfahrungen des betroffenen Menschen mit geistiger Behinderung bedingt den Entwicklungsstand seines Todesverständnisses. Die Möglichkeiten zur Trauerverarbeitung hängen ab von der Fähigkeit, die Realität des Todes zu erfassen sowie den emotionalen Gehalt eines aktuellen Todeserlebnisses bewusst zu erleben.

13.5 Palliative Care

Sterbevorbereitung und -begleitung (Hospiz und Palliativmedizin)

Wenn es eine Gesetzmäßigkeit im menschlichen Leben gibt, dann ist es, dass man letztendlich sterben wird. Je älter man wird, umso mehr wird man sich dieser Tatsache bewusst. Dies gilt auch für Menschen mit geistiger Behinderung. Bei dem Einen ist es ein angstbeladenes Thema, bei dem Anderen weniger oder nicht. Die direkte Konfrontation mit dem Lebensende geschieht schleichend wie bei ernsten chronischen Erkrankungen oder relativ schnell. Manchmal gibt es Zeit, um sich auf dieses Ereignis vorzubereiten, aber es kann auch schnell gehen, wodurch man Entscheidungen nicht mehr in eigener Hand hat.

Bislang wurden ethische Fragen nach möglichen medizinischen Handlungsanweisungen am Lebensende für Menschen mit geistiger Behinderung kaum beachtet. Mittlerweile ist die Ermittlung dieser Anliegen gesetzlich vorgegeben und es wurden Modell-Patientenverfügungen in leicht verständlicher Sprache erstellt. Um den Wünschen und Bedürfnissen von Menschen mit geistiger Behinderung zu entsprechen, bedarf es einer sensiblen, gewissenhaften Herangehensweise der Mitarbeiter unter Einbezug der Angehörigen. Solange der Patient selbst seine Anliegen und Wünsche selbst bewusst und verständlich vortragen kann, ist er oder sie Herr in eigener Sache. Da jedoch Kommunikationsfähigkeit und der Schweregrad der kognitiven Behinderung die Entscheidungsfindung beeinflussen, ist es wichtig, dass die Betreuer und die Angehörigen die Person möglichst lange kennen und vor oder während der Krankheit Wünsche und Anliegen für das Lebensende kennen. Wenn die Information nicht durch die Person selbst gegeben ist, hat die Ermittlung stets einen abwägenden und interpretierenden Charakter. Um Bevormundung oder Fehldeutung zu vermeiden, sollte dann auch während dieses Prozesses äußerst sorgfältig und verantwortungsbewusst gearbeitet werden (Schäper et al., 2010, S. 79). Jüngere und ältere Menschen mit geistiger Behinderung sollten darüber informiert werden, dass sie in allen Lebensphasen selbst die Entscheidungen treffen sollten, und dass dies auch für die Entscheidungen am Lebensende gilt. Es ist konsequenterweise die Entscheidung der Person selbst, wann, wo, wie, mit wem und mit welchen Inhalten eine Patientenverfügung erstellt wird, und nicht die Entscheidung der Einrichtung und der Mitarbeiter. Natürlich sollte eine Aktualisierung jederzeit stattfinden können, da sich Meinungen und Wünsche ändern und man untersuchen sollte, wie stabil die Anliegen sind. Bei den Gesprächen über die Patientenverfügung zum Lebensende muss behutsam vorgegangen werden. Wenn es nicht bereits unverarbeitete Probleme und Ängste zu diesem Thema gibt, könnte man diese auch ungewollt durch »die Verfügung« schaffen. Ob eine für Menschen mit geistiger zugeschnittene Patientenverfügung zum Lebensende einen wichtigen Beitrag für die Führung eines selbstbestimmten Lebens im Alter (Heister, 2013, S.3) leistet, hängt davon ab, ob diese Verfügung integraler Teil ist der Selbstbestimmung in allen Lebensbereichen und -phasen.

Dieses Prinzip der Selbstbestimmung auch am Lebensende hört sich gut an und passt zu einer modernen Sichtweise einer sensiblen Begleitung, ist jedoch bis jetzt eher selten und keineswegs die Norm. Erwachsene mit geistiger Behinderung sind im Allgemeinen nicht an Entscheidungen über das Lebensende selbst beteiligt (Flynn et al., 2016; Forbat & McCann, 2010; Tuffrey-Wijne et al., 2006; 2010; Tuffrey-Wijne et al., 2010) und sie haben selten Pläne für die spätere Versorgung (Bigby, 2012; Heller & Caldwell, 2006; Kingsbury, 2010; Kirkendall, Linton & Farris, 2016). Kirkendall et al. (2016) beschreiben die Barrieren, die Erwachsene mit geistiger Behinderung daran hindern, sich an der Entscheidungsfindung zu beteiligen. Sie stellten fest, dass Entscheidungen über das Lebensende häufig von Ersatzentscheidungsträgern wie Familienmitgliedern oder vom Gericht bestellten Vormund getroffen werden. Es gibt Hinweise darauf, dass einige Vormundschafts- und Gesundheitsdienstleister davon ausgehen, dass Menschen mit geistiger Behinderung nicht in der Lage sind, Entscheidungen über das Lebensende zu treffen, ohne jedoch ihre Fähigkeit zur Beteiligung richtig einzuschätzen. Viele Erwachsene mit geistiger Behinderung werden am Lebensende nicht über ihre Diagnose und Prognose informiert oder nach ihren Wünschen für das Lebensende gefragt und einige werden von medizinischen Gesprächen ausgeschlossen.

Erwachsene mit geistiger Behinderung ziehen häufig von ihrem Familienhaus in ein Wohnheim um, wenn Familienbetreuer krank werden oder sterben (Braddock et al., 2011; Jokinen et al., 2012). Dort verbleiben sie oft lang, wobei die Kontakte mit der ursprünglichen Familie geringer werden. Für viele Erwachsene mit geistiger Behinderung sind die Betreuer zu ihren engsten Vertrauenspersonen geworden. Während diese Fachkräfte es im Allgemeinen vorziehen, sie in ihren Wohnheimen zu behalten, werden viele Erwachsene am Ende ihres Lebens trotzdem in Pflegeheime oder Krankenhäuser überwiesen (Bekkema et al., 2015; Bigby et al., 2011).

Was sind die Erfahrungen, Meinungen und Wünsche vom Personal, wenn es um die Sterbebegleitung geht von Menschen mit einer geistigen Behinderung und Demenz in ihrer Einrichtung? Diese Frage stellten sich ein Forschungsteam in Irland (McCarron et al., 2010) in einer systematischen Befragung des Personals. Die Teilnehmenden berichteten, dass es für eine gute Sterbebegleitung wichtig ist, dass die Person über ein eigenes Zimmer und genügend Platz beim Bett verfügt. Das bedeutet, dass u. A. genügend Raum vorhanden ist für persönliche Gegenstände und zusätzliche Pflegeausrüstung, wie z. B. Hebegerät. Die Teilnehmenden an dieser Untersuchung sagten aus, dass sie sich innerhalb der Dienste für geistige Behinderung um die demenzkranke Person kümmern wollten, weil sie der Ansicht waren, dass die Person in allgemeinen Einrichtungen nicht verstanden und ihre Bedürfnisse nicht befriedigt würden (McCarron et al., 2010, S.150).

In den Einrichtungen für Menschen mit geistiger Behinderung identifizierten sich die Mitarbeiter mit der Person, die sie vor der Demenz kannten. Sie bemühten sich, die Bedürfnisse des Einzelnen zu erfüllen, wobei sie sich ständig an die Vorlieben und Abneigungen der Person aus einer Zeit erinnerten, in der die Person in der Lage war, Vorlieben und Wünsche anzugeben. Die Begleitung war personenzentriert, informell aber informiert, da sich dauerhafte Beziehungen zu den Personen gebildet hatten. Sie kannten diese Personen bis zu 30 Jahre (ebd., S.150). Auch in Grossbritannien fand Todd (2004) diese emotional starke Verbundenheit unter Mitarbeitern bei der Begleitung von Menschen mit geistiger Behinderung in der letzten Lebensphase.

In den Niederlanden haben Bekkema et al. (2015) Pflegepersonal befragt (Krankenschwestern, Sozialarbeiter und Ärzte), die mit Erwachsenen mit geistiger Behinderung zusammenarbeiten, um zu ermitteln, wo eine Betreuung am Lebensende erfolgen soll. Der Rücklauf der 1567 Fragebögen war 67% bei dem Pflegepersonal, 53% bei den Ärzten mit einer Ausbildung für Menschen mit geistiger Behinderung und 38% bei Allgemeinärzten. Die Autoren schließen aus ihren Ergebnissen, dass die Fachkräfte der Ansicht sind, dass die Pflege am Lebensende in der Wohnstätte stattfinden sollte. Zwei der am häufigsten angegebenen Gründe waren die Fachkenntnisse des Personals in Bezug auf die Pflege am Lebensende (45%) und die Wünsche und Vorlieben von Familienmitgliedern (16%). Die hauptsächlichen Hindernisse für den Verbleib der Menschen in ihren Häusern waren unzureichende Erfahrung des Personals und ein Mangel an Ausrüstung, beispielsweise ein Bett im Erdgeschoss, Patientenlifter oder ausreichend Platz für medizinische Ausrüstung.

Es gibt Hindernisse für den Zugang zur Hospizversorgung, die für alle in der Bevölkerung gelten. Menschen mit geistiger Behinderung und ihre Familienangehörigen haben zusätzlich noch Herausforderungen zu bewältigen, für ihre jeweilige Situation spezifisch und einzigartig sind. Die Hindernisse für den Zugang zur Hospizversorgung in der allgemeinen Bevölkerung können in drei übergeordnete Bereiche unterteilt werden: (a) Gesetze, Richtlinien und Vorschriften, die die Organisation, Finanzierung und Erbringung von Leistungen betreffen, (b) Einstellungen und Praktiken von Gesundheitsdienstleistern, und (c) Missverständnisse, Fehlinformationen und Stigmatisierung der Verbraucher gegenüber dem Hospiz (Jennings et al., 2003).

Menschen mit geistiger Behinderung haben nicht nur diese allgemeinen Hindernisse, sondern auch einzigartige Merkmale, die es weniger wahrscheinlich machen, dass sie angemessene und notwendige Pflege erhalten. Mit einer alternden

Bevölkerung von Menschen mit geistiger Behinderung sind Fachkräfte möglicherweise nicht in der Lage, diese Menschen am Lebensende zu unterstützen (Tuffrey Wijne, Whelton, Curfs & Hollins, 2008), da diese nicht ausreichend geschult sind. Auch ist eine bessere Integration und Zusammenarbeit von Einrichtungen für die akute, chronische und end-of-life-Versorgung erforderlich, um älteren Menschen mit geistiger Behinderung besser zu helfen (McCarron et al., 2010).

Genauso wie Personen mit geistiger Behinderung zusätzliche Unterstützung benötigen, müssen sich auch die medizinischen Leistungserbringer vor Ort informieren und sich mit den besonderen Bedürfnissen von Menschen mit geistiger Behinderung vertraut machen. Es wird berichtet, dass Spezialisten für Palliativmedizin häufig nur begrenzte Erfahrungen mit der Betreuung von Menschen mit geistiger Behinderung haben und diejenigen, die mit den Bedürfnissen von Erwachsenen mit geistiger Behinderung vertraut sind, nur begrenzte Kenntnisse über die Bereitstellung von Palliativmedizin (Botsford, 2000; Fahey-McCarthy, McCarron, Connaire & McCallion, 2009).

Der Bedarf der Palliativversorgung von Menschen mit geistiger Behinderung entspricht im Wesentlichen dem der Allgemeinbevölkerung. Menschen mit geistiger Behinderung kennen jedoch oft spezifische Probleme, Herausforderungen und Umstände, die die Erfüllung dieser Bedürfnisse erheblich erschweren, z. B.

- Kommunikationsschwierigkeiten, die alle Aspekte der Palliativversorgung betreffen,
- Schwierigkeiten bei der Einsicht in den Krankheitsprozess und der Fähigkeit, an der Entscheidungsfindung teilzunehmen,
- unkonventionelle Ausdrucksformen der Symptome von gesundheitlicher Beeinträchtigung,
- Mehrfachkomorbiditäten,
- mehr und ernstere Verhaltens- oder psychiatrische Probleme.

Die Europäische Vereinigung für Palliativmedizin veröffentlichte ein White Paper (2015), um bewährte Praxisverfahren für die Unterstützung von Menschen mit geistiger Behinderung am Lebensende zu fördern. Es wurden 13 wichtige Bereiche der Praxis und Erbringung von Dienstleistungen dargelegt, die in einem breiten Spektrum von Bereichen des Wohnens relevant sind, einschließlich bei der Familie, des selbständigen Wohnens, der Wohnheime, der Pflegeeinrichtungen, der Krankenhäuser und der spezialisierten Palliativpflege. Das White Paper ist ein nützliches Dokument, welches anzustrebende Normen sowie Best-Practice-Beispiele und Links zu nützlichen Informationsquellen enthält.

13.6 Pädagogisches Handlungswissen

Das Wissen um die Abhängigkeit der Todeskonzepte vom kognitiven Entwicklungsstand, die unterschiedlichen Ausprägungen des Trauerverhaltens und der Elemente der Trauerarbeit können für den Pädagogen nützlich sein, das Verhalten der Betreuten bei der Konfrontation mit Tod und Trauer einzuschätzen und eine für den Betroffenen geeignete Form der Auseinandersetzung zu erarbeiten. Gerade weil die Realität des Todes die Mitmenschen häufig unerwartet trifft, ist es von nicht unerheblicher Bedeutung, dass man sich der plötzlichen Konfrontation mit dem Tod bewusst ist und präventive Maßnahmen ergreift.

Emotionale Aspekte des Todesereignisses müssen aufgrund der kognitiven Konzeptionen von Tod und Verlust von Menschen mit geistiger Behinderung identifiziert, eingeordnet und begriffen werden, um Trauerverhalten und Trauerarbeit leisten zu können (vgl. Arenhövel, 1998, S. 55).

Auch bei Menschen mit geistiger Behinderung gibt es unterschiedliche Formen mit Tod und Trauer umzugehen. Die Bandbreite reicht von äußerlicher Beteiligung bis hin zu psychischen Zusammenbrüchen. Bei einigen wirkt der Tod verwirrend, undeutlich, vor allem bei denjenigen, deren Zeitbegriff nicht entsprechend entwickelt ist. Diesen Betroffenen wird der Tod eines Nahestehenden erst später bewusst, während am Anfang wenig von der Trauer und dem Verlust zu spüren ist. Eine positive Bewältigung kann stattfinden, wenn neue Ersatzaktivitäten gefunden werden können.

In diesem Kontext geben Pitsch und Thümmel (2017, S. 274ff.) einen Überblick über Äußerungsformen und mögliche Umsetzungsformen der Spiritualität als weitere Orientierungsmöglichkeiten.

Wichtige pädagogische Aspekte im Umgang mit trauernden Menschen mit geistiger Behinderung sind die folgenden: Pädagogische Mitarbeiter sollten:

- die Lebensgeschichte des Trauernden zu kennen.
- einige Erfahrungen hinsichtlich des Todes und des Abschiedes reflektieren und sich darüber Rechenschaft ablegen, welche Bedeutung Tod und Trauern für sie persönlich hat.
- Rituale für Trauernde ermöglichen, um Trauer und Verlust von Bezugspersonen zuzulassen und zu bewältigen.

Zu dem Leben von Erwachsenen mit geistiger Behinderung gehören differenzierte Informationen und Erlebnisse zu dem Thema Lebensende, die jeweils an dem sozial-emotionalen und kognitiven Verständnis von Menschen mit geistiger Behinderung angepasst sind. Zu diesem Zweck wurde durch das Centre for Human Development and Disabilities (CHDD) in Maastricht ein achttägiger Kurs («Herbst und Winter«; Haveman et al., 2020) für Menschen mit geistiger Behinderung entwickelt (www.CHDD.nl). Dieser Kurs ähnelt in Struktur und Didaktik dem Kurs »Selbstbestimmt älter werden« (▶ Kap. 14). und besteht aus acht Lektionen von zwei Stunden). Vier der Lektionen sind hauptsächlich thematisch-kognitiv, die anderen vier emotional verarbeitend und handlungsvertiefend.

Dieser Kurs ist besonders geeignet für Personen mit rezenten oder nur teilweise verarbeiteten Trauerfällen. Die Teilnehmer müssen in der Lage sein, sich in einer Gruppe von ca. sieben Personen verständlich zu machen und auf einer Grundstufe andere Kursteilnehmer verstehen können. In einem zweitägigen zertifizierten »Train-the-Trainer«-Kurs werden spezialisierte Berater/Kursleiter in Maastricht ausgebildet und zertifiziert. Danach kann dieser Kurs selbständig Menschen mit geistiger Behinderung angeboten werden. Zum Kurs gehört der Materialkoffer »Winterkleidung«. In regelmäßigen Abständen findet ein deutschsprachiger »Train-the-trainer«-Kurs in Maastricht statt (www.CHDD.nl).

14 »Selbstbestimmt älter werden«: ein Lehrgang für Menschen mit geistiger Behinderung zur Vorbereitung auf die eigene Gestaltung des Alterns

14.1 Erwachsenenbildung in der dritten Lebensphase

Bedeutung der Erwachsenenbildung im Alter

Im Umgang mit älteren Menschen mit geistiger Behinderung trifft man heute noch auf Bemerkungen wie »Es bleiben doch immer Kinder« oder »Erwachsen werden sie nie«. Doch wie kann man den Menschen altersgemäß und mit Respekt begleiten, wenn man ihm oder ihr die Zwischenphasen des Lebenslaufs leugnet und damit abnimmt?

Die Resultate der aktuellen psychologischen Alternsforschung (Lehr, 1980; Baltes & Baltes, 1990) haben für die Gestaltung der Erwachsenenbildung in der Geistigbehindertenpädagogik zur Folge, dass menschliche Entwicklung als ein lebenslanger Prozess betrachtet wird (Rapp & Strubel, 1992; Speck, 1983; Theunissen, 1993). Kognitive, emotionale und soziale Entwicklung endet nicht im Erwachsenenalter oder wird sogar rückläufig, sondern ist bei einer fördernden und stimulanzreichen Umgebung ein kontinuierlich fortschreitender Prozess bis ins hohe Alter. Auch im hohen Alter haben ältere Menschen mit geistiger Behinderung den Willen und die Fähigkeit, für sie wichtige und interessante Sachverhalte zu lernen (vgl. Haveman et al., 2000).

Nach Theunissen (1997) ist die Lebenslaufperspektive ein Bezugsrahmen für Interventionen, »die den geistig behinderten Menschen auch im fortgeschrittenen Alter in seinem Personsein, in seiner Würde, in seinen Möglichkeiten, in seiner Befindlichkeit und mit seinen Bedürfnissen als ein auf Autonomie hin angelegtes, aktives und kompetentes Wesen ernst nehmen« (ebd., S. 133).

Nun wissen wir aber auch, dass im Alter als letzte Konsequenz eine Abnahme der Autonomie, der Kompetenzen und der Unabhängigkeit auftreten kann. Ein deutliches Beispiel wurde in Kapitel 6 anhand der Demenzerkrankungen besprochen. Die Gesundheit wird schlechter, das körperliche Leistungsvermögen nimmt ab, kognitive Funktionen lassen nach und das soziale Netz wird kleiner. Gerade bei älteren Menschen mit geistiger Behinderung kann eine solche Stagnation in der Autonomieentwicklung nicht mehr rückgängig gemacht werden. Manchmal gibt es ein Ende der Autonomieentwicklung, wobei es wichtig ist, die bestehenden Funktionen so lange wie möglich zu erhalten, um der Unabhängigkeit und der Selbstbestimmung der Menschen mit geistiger Behinderung Inhalt zu geben.

Das Recht auf Bildung wird allen Menschen zugestanden. Für ältere nichtbehinderte Menschen gibt es zunehmend Bildungsangebote, die u. a. auch auf Seniorenbildungsmessen angeboten werden, z. B. Sprachreisen, Work & Travel, Senior Experten Service, Greenpeace Team 50 sowie viele Ehrenamtsangebote (vgl. Stöppler, (2018b). Dadurch erhalten sie die Möglichkeit, Interessen und Hobbys nachzugehen, bestehendes Wissen zu vertiefen, die Kommunikation mit neuen Medien zu erlernen usw. Für ältere Menschen mit geistiger Behinderung sind kaum Angebote vorhanden. Da es bis Anfang der 1970er Jahre wenige erwachsene Menschen mit geistiger Behinderung in Deutschland gab, war der Wunsch nach Ausbau einer Bildungsphase für erwachsene Menschen noch nicht groß. Erwachsene Menschen mit geistiger Behinderung fanden ein vergleichsweise reduziertes Angebot vor, das Wissen in einer für sie aufnehmbaren Weise vermittelt, Begegnungen mit anderen Menschen ermöglicht und ihnen die Gelegenheit zur Entfaltung von Interessen und Neigungen bietet (vgl. Heß & Josek, 1995).

Dass schulische Förderung und Weiterbildung keine separaten Welten sind, sondern ein kontinuierlicher lebenslanger Lernprozess von der frühesten Jugend bis in das hohe Alter, klingt schon in dem Strukturplan des Deutschen Bildungsrates, der vor mehr als 45 Jahren veröffentlicht wurde, an:

»Der Begriff der ständigen Weiterbildung schließt ein, daß das organisierte Lernen auf spätere Phasen des Lebens ausgedehnt wird und daß sich die Bildungsmentalität weitgehend ändert. Die traditionelle Vorstellung von zwei Lebensphasen, die ausschließlich und voneinander getrennt entweder mit der Aneignung oder mit der Anwendung von Bildung zusammenfallen, wird abgelöst durch die Auffassung, daß organisiertes Lernen sich nicht auf eine Bildungsphase am Anfang des Lebens beschränken kann« (Deutscher Bildungsrat, 1973, S. 51).

Lindmeier (1998) weist darauf hin, dass sich zwischen 1975 und 1985 eine Verlagerung der Erwachsenenbildungsarbeit in das Behindertenbetreuungswesen vollzogen hat, wobei sich vor allem allgemeine Erwachsenenbildungsanbieter in kleineren und mittelgroßen Orten auf die rein organisatorische Zusammenarbeit mit Behinderteneinrichtungen begrenzt haben. Bildungsangebote werden in der Regel von Einrichtungen und Trägern der Behindertenhilfe organisiert und finden vorwiegend innerhalb von Wohnheimen und Werkstätten statt. Daneben gibt es vereinzelt spezielle Bildungsstätten für Menschen mit geistiger Behinderung. Teilweise bieten Träger der allgemeinen Erwachsenenbildung spezielle Angebote an (vgl. Stöppler & Gattermann, 2008).

In der INA-Studie berichteten jedoch lediglich 7,5% der Einrichtungsleitungen, dass Angebote zur Vorbereitung auf den Ruhestand bestehen. Umgekehrt bedeutet dies, dass in mehr als 90% der befragten Wohneinrichtungen keine Angebote zur Vorbereitung auf den Ruhestand im Alter angeboten werden (Driller et al., 2008, S. 116).

Es hat Vor- aber auch Nachteile, wenn die Erwachsenenbildung im Wohn- und Arbeitsbereich der Teilnehmer intern angeboten wird. Nachteile liegen in der nicht gegebenen Umsetzung des Normalisierungsprinzips und der Inklusion. Als Vorteile sind zu benennen: Praxisnähe, Anwendbarkeit, keine Fahrtkosten, geringe personelle Kosten und niedrige Hemmschwellen für die Teilnahme.

Bei einer intensiven Vorbereitung des Lehrgangs mit potentiellen Teilnehmern, Betreuern und Eltern, überwiegen unseren Erfahrungen nach jedoch die Vorteile für eine vom Wohn- und Arbeitsbereich relativ unabhängige Erwachsenenbildung. So haben die Teilnehmer das Gefühl, an etwas Besonderem teilzunehmen, die Erwachsenenbildung bekommt einen anerkannten Platz außerhalb der Arbeit, der Freizeit und des Wohnens, die Teilnahme wird zertifiziert und inhaltliche Aspekte werden durch externe Referenten (und nicht durch eigene Betreuer) vorgestellt.

Aufgaben der Bildung im Alter

Die Aufgaben der Erwachsenenbildung für Menschen mit geistiger Behinderung liegen in der Ermöglichung lebenslangen Lernens und der Hilfe zur Teilnahme am gesellschaftlichen Leben (vgl. Baumgart, 1991). Hierzu gehören die Erhaltung und Erweiterung schulischer Kenntnisse, der Erwerb sozialer Kompetenzen als Erwachsener, die Erhöhung der Selbstständigkeit, die Verzögerung von Pflegebedürftigkeit, die Entwicklung von Selbstvertrauen und Selbstwertgefühl sowie die Ermöglichung von Begegnungen mit anderen Menschen (vgl. ebd., S. 39).

Erwachsenenbildung bietet die Möglichkeit, Menschen mit geistiger Behinderung auf dem Weg zu mehr Selbstbestimmung und Teilhabe an zentralen Lebensbereichen zu begleiten. Selbstbestimmung wird hier als ein jedem Menschen innewohnendes Bedürfnis nach Autonomie und Selbstregulierung seiner Person und der sie umgebenen Umwelt verstanden (vgl. Speck, 1996, S. 15f.). Sie zeigt sich auch in dem Bedürfnis, sich als Erwachsener weiterzubilden.

Dies ist ein Prozess, der Menschen mit Behinderungen tatsächlich die Möglichkeit bieten soll, wichtige Entscheidungen für das Leben zu treffen. Dabei wird angenommen, dass dies zu einer größeren Unabhängigkeit, einer besseren gesellschaftlichen Integration und Lebensqualität führen wird (vgl. Wehmeyer & Metzler, 1995). Menschen mit Behinderungen werden gefragt, wie sie sich ihre Zukunft wünschen würden und es werden danach überschaubare und kontrollierbare Schritte unternommen (vgl. Pearpoint et al., 1996), um diese Zukunftswünsche zu erfüllen (z. B. zu zweit oder allein wohnen, Flug nach Mallorca...). Bei der Personenzentrierten Planung wird mit Menschen zusammengearbeitet, die die behinderte Person gut kennen sowie die Ziele der Person erfüllen möchten und können. Dieser Prozess richtet sich auf die Stärken und Möglichkeiten der Menschen mit Behinderungen als auch deren soziales Netzwerk.

Inhalte und Themengebiete

In der aktuellen Bildungsarbeit stehen Angebote, die sich auf den musischen und lebenspraktischen Bereich beziehen, häufig im Vordergrund. Diese Angebote greifen in der Regel viel zu kurz. Vielmehr sollten Inhalte und Themen ausgewählt werden, die die gesellschaftliche Relevanz sogenannter Schlüsselthemen berücksichtigen (vgl. Hoffmann & Theunissen, 2006). Theunissen (2002) unterscheidet dabei acht Themengebiete für die Bildung im späten Erwachsenenalter und Alter:

- Vorbereitung auf das Altern und den Lebensabschnitt »Alter«
- Erhaltung, Erschließung und Förderung von Potentialen, Stärken, Fähigkeiten und Kompetenzen
- Kompensatorische und rehabilitative Hilfen
- Soziale Integration und Sicherung sozialer Partizipation
- Hilfen zur Selbstfindung und Identitätssicherung
- Unterstützung emanzipatorischer Prozesse und Anliegen
- Aufklärung und Wissensvermittlung
- Arbeit mit der Bezugswelt

Menschen mit geistiger Behinderung sind oft kaum informiert oder sich kaum bewusst, wie sich ihr Leben im Alter – bezogen auf die Bereiche Gesundheit, Arbeit, Freizeit – ändern kann (vgl. Janicki, 1992; Mahon et al., 1995). Auch sind die Gelegenheiten, wichtige Entscheidungen zu treffen, oft sehr begrenzt (vgl. Sands & Kuzeleski, 1994).

Für die Vorbereitung auf das Alter sollten zentrale Aspekte wie Informationen über das Altern, Vorbereitung auf Bewältigung von bevorstehenden Entwicklungsaufgaben, persönliche Zukunfts- und Lebensstilplanung, Vorbereitung auf sinnerfüllte Tätigkeiten im Alltag, Aufbau von Beziehungsstrukturen, Weckung eines Gesundheitsbewusstseins, Rechte, Biografiearbeit, Autonomie, Selbstvertretung stehen (vgl. Theunissen, 2002). Gleichzeitig gibt es »Bildungsangebote mit instrumentellem Charakter«, wie z. B. hauswirtschaftliche und lebenspraktische Tätigkeiten, Umweltorientierung, Kulturtechniken, neue Medien, soziales Lernen, Mobilität, Selbstsicherheitstraining, die ebenso berücksichtigt werden sollten.

Wichtiger Grundsatz für Informationen und sozialen Interventionen für und mit Menschen mit geistiger Behinderung ist, zunächst bei Teilnehmern den Stand des Wissens festzustellen, bevor Wissensinhalte vermittelt werden. In ihrer qualitativen Studie haben Fender et al. (2007) untersucht, was Menschen mit geistiger Behinderung z. B über »Gesundheit« wissen. Es stellte sich heraus, dass ihr Verständnis des Mechanismus der körperlichen Krankheit begrenzt ist. Dies ist auch unsere Erfahrung, insbesondere in Bezug auf ältere Erwachsene mit geistigen Behinderungen. Bei einer Sitzung zum Thema »Spätere Lebensplanung für ältere Erwachsene mit geistiger Behinderung« im Lehrgang Selbstbestimmt Älterwerden (Heller et al., 1996) in Deutschland befragte einer der Trainer die Teilnehmer nach der Form des Herzens. Nach einer Weile der Stille zeigte eine der Teilnehmerinnen ihr mit einer Geste das Symbol des Herzens. Als sie dieses Thema mit den anderen Teilnehmern diskutierte, waren viele von ihnen nicht über Form, Größe und Funktionen der Grundorgane in ihrem Körpersystem informiert (van Laake, 2006). So wussten einige von ihnen, dass Menschen auf dem Mond gelandet sind, aber sie wussten nicht, dass ihr Herz eine Pumpe für die Blutgefäße ist. Die Informationen über ihren Körper waren ihnen bis jetzt nie in ihrem Leben vermittelt worden. Viele von ihnen gingen früher nie zur Schule und als Erwachsene waren die Gelegenheiten zur Bildung gering. Infolgedessen haben sie nur begrenzte biologische und medizinische Kenntnisse. Bildung und Selbstbestimmung sind Konzepte, die eng miteinander verflochten sind. Es ist schwierig, selbständig wichtige Beschlüsse über das eigene Leben zu treffen, wenn Grundlagenwissen fehlt. Und so ist es zwar relativ einfach das Prinzip des aktiven Alterns mit den Implikationen eines gesunden Lebens zu verkünden. Die Umsetzung dieser Prinzipien in den Alltag des Menschen mit geistiger Behinderung kostet aber viel pädagogische Zeit und Mühe. In der Praxis lernt man erst, wie groß die Unterschiede und Ungleichheiten zwischen der Zielgruppe und andere Bürger in der Gesellschaft sind. In den täglichen Gesprächen zeigt sich ein begrenzter Einblick in die Wahl eines gesunden Lebensstils: »Warum sollte ich laufen, wenn ich mit dem Bustransport des Wohnheims mitfahren kann?«, »Warum sollte ich Wasser trinken, Cola schmeckt viel besser?« Warum sollte man motiviert sein, seinen Lebensstil zu ändern, wenn man nicht weiß warum?

Das Recht auf lebenslange Bildung gilt also auch für ältere Menschen mit einer geistigen Behinderung. Auch sie haben das Potential, dazuzulernen und sich auf die dritte Lebensphase vorzubereiten. Ziele der Erwachsenenbildung von älteren Menschen liegen dabei weniger in der Festigung oder Wiederholung schulischer Lerninhalte, sondern vielmehr darin, die ganzheitliche Entwicklung der Persönlichkeit und die größtmögliche Selbstbestimmung zu fördern. Auf diese Weise entsteht eine neue Perspektive im Leben älterer Menschen mit geistiger Behinderung.

Um dies zu ermöglichen, brauchen Menschen mit geistiger Behinderung Unterstützung durch ihre direkte soziale Umwelt. Oft müssen dabei nicht nur die älteren Teilnehmer der Erwachsenenbildung umdenken und ihre Sichtweisen ändern, sondern auch Angehörige und Betreuer. Für ältere Familienmitglieder wurde dafür durch die Universität von Illinois (Chicago) ein Kurs entwickelt mit dem Titel: »The Future is Now! A Training Curriculum for Adults with Mental Retardation and Their Older Family Caregivers« (Die Zukunft ist jetzt! Ein Trainingscurriculum für Erwachsene mit geistiger Behinderung und ihre älteren familiären Betreuer; DeBrine et al, 2009). Dieser Lehrplan vermittelt Menschen mit geistiger Behinderung und ihren Familien Kommunikationsfähigkeiten und -informationen, die für eine gemeinsame Zukunftsplanung erforderlich sind. Das Ziel des Trainings besteht darin, dass Familien eine Absichtserklärung vorbereiten, in der die gewünschte zukünftige Lebensform, seine/ihre Rolle in der Gemeinschaft und die Lebensstilpräferenzen beschrieben und die erforderlichen verfügbaren Ressourcen und Maßnahmen zur Erreichung dieser Ergebnisse angegeben und spezifiziert werden.

Der Lehrgang »Selbstbestimmt Älterwerden für Menschen mit geistiger Behinderung« ist ein Beispiel einer Erwachsenenbildung, welches Wissen und Kompetenzen vermittelt und übt, um das eigene Leben aktiv mitzugestalten und der doppelten Diskriminierung »alt und geistig behindert zu sein« entgegenzutreten (▶ Kap. 14).

Heller et al. (1996) untersuchten die Effektivität der ersten Version des Lehrgangs in zwei Staaten der USA, in Illinois und Ohio. Ihre Stichprobe bestand aus

70 Erwachsenen mit geistiger Behinderung, die 35 Jahre oder älter bei der Diagnose Down-Syndrom und 50 Jahre alt oder älter bei einer anderen Diagnose waren. Die Teilnehmerinnen und Teilnehmer wurden in sieben Interventions- und zwei Kontrollgruppen untersucht. Die Personen der Stichprobe hatten zu 47 % eine leichte und zu 53 % eine mittelschwere geistige Behinderung. 35 % der Beteiligten lebten bei Verwandten, 8 % in Pflegeheimen/-familien, 16 % in selbstständigen oder halb-selbstständigen Wohnformen und 38 % in größeren Einrichtungen der Hilfen für Menschen mit Behinderungen. 66 % von ihnen arbeiteten in einer WfbM, 25 % auf dem freien Arbeitsmarkt, 1 % ging einer unterstützten Beschäftigung und 5 % einer nichtberuflichen, strukturierten Tagesaktivität nach (ebd.). Vor Beginn des Lehrgangs und sechs Monate danach wurden mit den Teilnehmern der Interventions- und Kontrollgruppen strukturierte Interviews durchgeführt. Heller et al. kamen zu folgenden Ergebnissen: Mindestens 60 % der Personen hatten keine Wahlmöglichkeiten in Bezug auf ihre Arbeit und 25 % keine Entscheidungsbefugnis über Angelegenheiten des alltäglichen Lebens wie Essen, Benutzung des Telefons, Reinigung und Dekoration des Zimmers. Bei dem Vergleich der Ergebnisse für die Prä- und Post-Testmessungen ergab sich für die Interventionsgruppe, dass das Wissen über Altersaspekte in den meisten Dimensionen zugenommen hatte. Es ließen sich keine signifikanten Veränderungen in den Bereichen Handlungspläne, Gesundheit und Wohlbefinden sowie Wohnumstände ermitteln (ebd., S. 80). Die Ergebnisse zeigen, dass Lernerfolge vor allem in den Bereichen erzielt wurden, die auf niedrigem bis mittlerem Abstraktionsniveau ansetzten und direkt in der individuellen Lebenssituation umgesetzt werden konnten.

In Deutschland (NRW) fand 1998 der Lehrgang mit fünfmonatiger Laufzeit mit 96 Teilnehmern statt. Die Gruppengröße lag zwischen fünf und zehn Personen. Beteiligt hatten sich Wohnheime der Lebenshilfe für geistig Behinderte e. V., der Caritas, der Diakonie und Werkstätten für behinderte Menschen derselben Organisationen. Insgesamt 35 Mitarbeiter der teilnehmenden Einrichtungen (Sozial- und Heilpädagogen sowie Erzieher) übernahmen die Funktion der Co-Trainer. Die Kontaktaufnahme mit den potentiellen Teilnehmern erfolgte schriftlich; die Teilnahme basierte auf Freiwilligkeit. Das Alter der Teilnehmer bewegte sich von 35 bis 79 Jahren mit einem Durchschnitt von etwa 52 Jahren. Die Teilnehmer hatten zu 41 % eine leichte geistige Behinderung, 25 % von ihnen hatten eine mittlere und 6 % eine schwere geistige Behinderung. Bei 29 % der befragten Personen war der Grad der geistigen Behinderung unbekannt. Eine Voraussetzung zur Teilnahme an der Studie war die grundlegende Fähigkeit zur Kommunikation. Die primäre Kommunikationsform war – mit einer Ausnahme – die gesprochene Sprache. 43 % der Teilnehmer waren Männer und 57 % Frauen. Die Forschungsdaten wurden von 16 Interviewern erhoben. Dies geschah mit Hilfe von zwei Fragebögen: dem Planungsinventar für das Leben im Alter (Heller & Sterns, 1994a) und dem Curriculum Test (Heller & Sterns, 1994b).

Vergleicht man das Wissen der Kursteilnehmenden in den Teilbereichen selbst wählen, körperliche Veränderungen, Fitness, Freizeit, Arbeit und Pensionierung, Wohnung und Wohnanpassungen im Alter, vor und nach dem Lehrgang, dann zeigen sich gerade in diesen Bereichen relevante und statistisch signifikante Lernerfolge (vgl. Haveman et al., 1999b). Erfreulich war, dass diese Ergebnisse nicht zeitlich begrenzt und reversibel waren. Nach 10 Monaten, also 5 Monate nach Beendigung des Lehrgangs, waren die Resultate nicht nur stabil, sondern besser als zuvor. Eine Ausnahme bildeten die Kenntnisse im Bereich *Wählen und Entscheiden*. Nach einiger Zeit war das Wissen in diesem Bereich etwas reduziert, aber noch immer größer als vor dem Lehrgang. Im Unterschied zu den Ergebnissen der niederländischen Studie (vgl. Reijnders et al., 1999a) hatte der Lehrgang nicht dazu beigetragen, die Kenntnisse über die Selbstgestaltung von individuellen Begleitungsplänen zu vergrößern. Positiv zu verzeichnen war, dass nicht nur Teilnehmer mit einer leichten geistigen Behinderung von diesem Lehrgang profitierten, sondern auch Teilnehmer mit einer mäßigen und schweren geistigen Behinderung. Ihre Anfangswerte vor dem Kurs waren zwar niedriger, aber vielleicht gerade darum erzielten sie im Allgemeinen größere Lernerfolge in mehreren Bereichen und konnte man den Lernerfolg dauerhafter sichern.

14.2 Lehrgang »Selbstbestimmt älter werden«

Bei dem Lehrgang »Selbstbestimmt älter werden für Menschen mit geistiger Behinderung« (Haveman & Heller, 2019) handelt es sich um eine zum zweiten Mal vollständig überarbeitete deutsche Fassung des in den USA entstandenen Trainingsprogrammes »Person-Centered Planning for Older Adults with Mental Retardation«. Dieser Kurs wurde 1994 von Wissenschaftlern, Übungsleitern und Mitgliedern von Selbsthilfebewegungen im Umfeld der Universität von Illinois in Chicago und der Universität von Akron in Ohio entwickelt (Sutton et al., 1993). Die erste deutsche Übersetzung (Haveman, Reijnders & Van Laake, 1999) war bis auf kleine Angleichungen identisch mit der niederländischen Fassung (Haveman et al., 1998). Diese niederländische Fassung wurde wiederum in zwei aufeinanderfolgenden Versionen überarbeitet, um den besonderen Umständen des niederländischen Systems der Begleitung von älteren Menschen mit geistiger Behinderung gerecht zu werden. Auch wurde der Kurs anhand der praktischen Erfahrungen und den Evaluationsergebnissen geändert. Der in diesem Buch publizierte Kurs wurde auch in niederländischer Sprache veröffentlicht (Haveman et al., 2020).

Die deutsche Fassung von 1999 wurde zusammen mit Studierenden in einem Seminar an der TU Dortmund überarbeitet und mit Prof. Dr. Tamar Heller der UIC, Chicago besprochen und diskutiert. Die Grundprinzipien, Methodik, Ziele, Inhalte und Themen blieben erhalten. Das Skript bei jeder Lektion jedoch nicht. Das Skript bietet lediglich ein Beispiel oder Leitfaden. Dies kann bei unerfahrenen und nicht pädagogisch ausgebildeten Betreuern notwendig sein, wie dies in den USA oft der Fall ist, ist aber bei erfahrenem und gut ausgebildetem Personal eher störend, wie bei der Durchführung dieses Lehrgangs in den Niederlanden und Deutschland deutlich wurde. Die Kursleiter konnten flexibel und selbständig auch ohne ein sehr ausführliches Skript die formulierten Lehrziele und Übungsinhalte erfolgreich in die Praxis des Lehrgangs umsetzen. Das Skript hat in der vorliegenden Fassung eher eine prototypische Funktion und kann je nach Zusammenstellung der Gruppe, Funktion des Lehrgangs (z. B. Vorbereitung auf den Umzug aus größeren Wohneinrichtungen) oder Interessen/Möglichkeiten der Kursleitung anders gestaltet werden. Bei jeder Lektion werden Vorschläge über das Einsetzen von unterstützenden Materialien (audiovisuelle und andere Hilfs- und Lernmittel) gemacht.

Der Begriff des Trainers wurde ersetzt durch den des Kursleiters, um deutlich zu machen, dass die Kommunikation nicht einseitig, sondern zweiseitig zwischen der Leitung und den Teilnehmern verlaufen soll. Das Skript ist in dieser Hinsicht angepasst worden.

Da die Anlagen, bestehend aus Zeichnungen und Formularen, des ursprünglichen Kurses, veraltet und wenig ansprechend waren und daher kaum genutzt wurden, wird in der vorliegenden Fassung auf diese verzichtet.

Zielgruppe des Lehrgangs sind Menschen mit einer geistigen Behinderung ab 50 Jahren. Da bei Menschen mit Down-Syndrom körperliche Alterungsprozesse häufig verfrüht einsetzen, können sie bereits ab 35 Jahren teilnehmen. Damit wird eine Altersgruppe angesprochen, die zum größten Teil noch nicht das Rentenalter erreicht hat, aber häufig bereits erste altersbedingte Veränderungen ihres Körpers erlebt.

14.2.1 Grundprinzipien

Das Ziel des Lehrgangs besteht darin, Empowerment-Prozesse in Gang zu setzen und ältere Menschen mit geistiger Behinderung zu mehr Selbstbestimmung zu befähigen. So wird die Fähigkeit zu kompetenten Entscheidungen durch Information, Fertigkeitstraining und die Eröffnung neuer Entscheidungsspielräume gestärkt. Auch hat sich dieser Lehrgang zum Ziel gesetzt, ältere Erwachsene mit geistiger Behinderung auf Veränderungen, die mit dem Altern einhergehen, vorzubereiten und zielbewusst mit ihnen nach adäquater Kompensation und Alternativen zu suchen. Ergänzend dazu werden die begleitenden Personen (Personal, Familienmitglieder usw.) befähigt, die einzelnen Teilnehmenden bei der Wahrnehmung ihrer Bedürfnisse und der Durchsetzung von Entscheidungen zu unterstützen (vgl. Heller et al., 1996).

Der Lehrgang geht davon aus, dass:

- nicht nur die Möglichkeiten und Umstände, sondern auch die Wünsche und Ziele von Mensch zu Mensch unterschiedlich sind;
- auch ältere Menschen mit geistiger Behinderung in der Lage sind zu lernen und
- sie selbst mitbestimmen können müssen, wie ihr zukünftiges Leben aussehen soll, was zu einem Angebot sinnvoller und struktureller Wahlmöglichkeiten verpflichtet.

Bei der praktischen Umsetzung ist der Lehrgang vor allem darauf ausgerichtet, den Teilnehmenden deutlich zu machen, dass jeder ein Recht darauf hat, selbstbestimmte Entscheidungen zu treffen, was es überhaupt bedeutet, Entscheidungen zu treffen und wie man das macht. Für viele Menschen in dieser Altersgruppe ist das Treffen einer Entscheidung eine neue Fähigkeit, die man sich durch Üben aneignen kann. Deshalb muss das Treffen von Entscheidungen durch die Kursleitung in den Kurseinheiten bei jeder passenden Gelegenheit eingebaut werden.

Eine Unterrichtseinheit und die Aufgaben der Lektionen in diesem Lehrgang sind speziell auf dieses Ziel ausgerichtet. Die Entscheidungskarte bildet den roten Faden: Da diese Karte in jeder Kurseinheit gemeinsam ausgefüllt wird, werden die Kursteilnehmenden sich immer mehr der Situationen bewusst, bei denen an jedem Tag Entscheidungen getroffen werden müssen – wie klein auch immer. Die Beteiligten probieren anhand dieser Alltagsentscheidungen ihre individuellen Wünsche und Möglichkeiten aus. Die beiden Kursleiter besprechen in jeder folgenden Kurseinheit die auf der Entscheidungskarte aufgeschriebenen Entscheidungen, und ermutigen die Kursteilnehmenden, darüber zu berichten. Die Kursleitung gibt ihnen dabei positive Bestätigung, bittet sie, mögliche Hindernisse zu benennen, die ihnen im Weg standen oder die selbst daran gehindert haben, eine Entscheidung zu realisieren, und gibt an, wo man Hilfe bekommen kann. Am Ende jeder Kurseinheit erhalten die Kursteilnehmenden für ihre Gedächtnismappe eine Gedächtnisstütze (Gedächtniskarte), die sie daran erinnern soll, welche Entscheidung sie in der kommenden Woche treffen müssen. Die Gedächtnismappe ist integraler Teil des Arbeitsbuches und sollte immer sichtbar oben eingeheftet werden.

Die Entscheidungsspielräume werden im Laufe des Lehrgangs ausgeweitet: vom Auswählen der eigenen Kleidung und anderen Kleinigkeiten bis hin zu wichtigeren Dingen wie dem Ort, wo man wohnen möchte, und dem Beendigen der Arbeit, sodass die Kursteilnehmenden erkennen können, welche Entscheidungen wirklich ihre eigenen sind.

14.2.2 Ziele, Inhalte und Themen

Der Lehrgang besteht aus einigen übergeordneten sowie konkreten, kleinschrittigen Zielen, die bei jeder Lektion formuliert sind und bei den Teilnehmenden überprüft werden, ob diese tatsächlich realisiert wurden. Rund zwei Stunden dauern die wöchentlichen Sitzungen, in denen sich die Kleingruppen von fünf bis zehn Personen mit den Fragen des Älterwerdens anhand des Kursprogramms auseinandersetzen. Die übergeordneten Ziele dieses Lehrgangs lauten:
Die Teilnehmer sollen

- lernen, was es bedeutet, zu wählen und eigene Entscheidungen zu treffen.
- lernen, wie sich der Körper verändert, wenn man älter wird und wie eigene, gesunde Entscheidungen dazu beitragen, dass man länger körperlich gesund und funktionstüchtig bleibt.

- eine breitgefächerte Palette von für ältere Menschen geeigneten und erwünschten Freizeitaktivitäten erhalten; ebenso Aktivitäten, die man individuell, mit Bekannten oder in einer Gruppe unternehmen kann.
- lernen, wie wichtig es ist, im mittleren und höheren Alter ein aktives Leben zu führen.
- die verschiedenen Möglichkeiten der Arbeit im Alter kennen: später am Tag mit der Arbeit anfangen, früher aufhören, mehrere kurze Ruhepausen, eine lange Mittagspause. Auch andere Optionen sollten besprochen werden, wie Teilzeitarbeit, frühzeitige Pensionierung und angepasste Arbeit.
- die möglichen sozialen Konsequenzen des Alterns kennen: Man bekommt neue Aufgaben im Leben und wenn die Eltern nicht mehr leben oder andere Angehörige vielfach Abstand genommen haben, werden (neue) Freunde und stabile soziale Netzwerke wichtig.
- Möglichkeiten zum Üben sozialer Fertigkeiten bekommen, um besser mit anderen umzugehen, neue Kontakte knüpfen und bestehende Kontakte erhalten zu können.
- verschiedene Wohnformen, die geeignet und attraktiv für ältere Erwachsene mit geistiger Behinderung sein könnten, kennen.
- realistischen Ziele bezüglich der Hauptthemen dieses Lehrgangs formulieren können, wodurch man erfährt, inwieweit Interessen, Wünsche und Vorlieben hinsichtlich Gesundheit und Wohlfahrt, Freizeitaktivitäten, Arbeit und Pensionierung, Wohnen und soziale Vernetzung bestehen.

Dabei sollten die Interessen, Wünsche und Vorlieben des Einzelnen respektiert werden und als Ziele in einem Zeit- und Handlungsplan formuliert werden. Diese sollen in den individuellen Begleitungsplan integriert und regelmäßig auf Realisierung überprüft werden (vgl. Van Laake & Haveman, 2001).

Der Lehrgang besteht aus 16 Lektionen und drei Exkursionen und beschäftigt sich mit den Themenkomplexen »Wählen und Entscheiden« (1–2), »Rechte und Pflichten« (3), »Gesundheit und Wohlbefinden« (4–6), »Freizeitaktivitäten« (7–8), »Arbeit und Ruhestand« (9–10), »Freundschaften und soziale Netzwerke« (11), »Wohnen« (12–13) und »Erstellen individueller Handlungspläne« (14–16).

Der Lehrgang wird beendet mit einem individuellen Gespräch, zu dem der Teilnehmende auch seinen persönlichen Begleiter, Verwandte oder Freunde einladen darf. Unterstützt durch die Themenposter und die persönlichen Entscheidungen, die in den vorigen Veranstaltungen dokumentiert wurden, fassen die zwei Kursleiter diese noch einmal zusammen. Für jede dieser Entscheidungen wird ein Handlungsplan entworfen. Wichtige Fragen dabei sind: Was möchte der Lehrgangsteilnehmende, wie kann er/sie dabei am besten vorgehen, wer ist verantwortlich für welche Schritte und wie kann man ihr/ihm eventuell bei der Verwirklichung des Plans helfen. Auch mögliche Hindernisse und deren Beseitigung auf dem Weg zum Erreichen des Zieles werden besprochen und notiert.

Es wird angestrebt, dass diese Handlungspläne bei einer Besprechung im Wohnbegleitungsteam im Beisein des Lehrgangsteilnehmenden besprochen werden und im individuellen Begleitungsplan (in dem auch andere Ziele formuliert sind) integriert und – was am wichtigsten ist – auch tatsächlich realisiert werden.

Wenn alle individuellen Gespräche stattgefunden haben, wird der Lehrgang mit einer festlichen Veranstaltung abgeschlossen. Abhängig von den Möglichkeiten und Wünschen dürfen die Teilnehmenden hierzu Verwandte, Freunde, Bekannte und Begleiter einladen, um die Ausgabe der Zertifikate bei einem gemütlichen Zusammensein zu feiern. Bei dem Dortmunder Projekt geschah dies mit allen 92 Teilnehmenden, die zusammen mit Begleitern und anderen Gästen zum Frühstück in die Universität eingeladen wurden.

14.2.3 Aufgaben der Kursleiter

Für eine erfolgreiche Durchführung des Lehrgangs werden zwei Kursleiter benötigt. Durch die längere Kursperiode von vier Monaten (ausgehend von einer Lektion pro Woche) kann es vorkommen, dass einer der Kursleiter, zum Beispiel durch Krankheit, verhindert ist. Eine der Grundvoraussetzungen für das Gelingen des Kurses ist eine gute Zusammenarbeit zwischen den beiden Kursleitern. Hierzu ist es notwendig, dass sich beide Personen gemeinsam auf den Kurs vorbereiten, den Inhalt der einzelnen Lektionen durcharbeiten und ihren Möglichkeiten gemäß aufarbeiten. Dabei spielen persönliche Fähigkeiten im Umgang mit den Kursteilnehmenden eine große Rolle. Aus der Kursarbeit ergeben sich die Absprachen zu den jeweiligen Aufgaben, die während der einzelnen Unterrichtsstunden zu übernehmen sind. Darüber hinaus sollen beide Personen Freude an ihrer Arbeit mitbringen sowie mit den Inhalten kreativ und flexibel umgehen können. Grundlegende Fachkenntnisse sowohl in der Arbeit mit Menschen mit einer geistigen Behinderung als auch zu den Inhalten sind ebenfalls wichtige Voraussetzungen. Um die Kontinuität zu wahren, ist es zu empfehlen, die Rolle der Gesprächsleitung bei einer Person zu belassen. Dies könnte eine externe Person sein oder ein Mitarbeiter der Einrichtung. Bei einem externen Kursleiter sollte die zweite Person die Kursteilnehmenden schon so gut wie möglich kennen. Dadurch sind persönliche Eigenarten, Fähigkeiten und Möglichkeiten der einzelnen Teilnehmenden bereits bekannt und eine Verständigung kann leichter gelingen, da eventuell auftretende Probleme besser eingeschätzt und gelöst werden können.

Auch gehört zum Aufgabenbereich des zweiten Kursleiters, den Teilnehmenden bei Aufgaben zu helfen, die sie nicht allein bewältigen können. Hier wäre beispielhaft das Eintragen von Aufgaben in die Entscheidungskarte sowie das Evaluieren der Nach- und Vorbereitung der Lektion zu nennen. Aber auch im Kursgeschehen selbst wird diesem eine wichtige Rolle zugewiesen: Ihm obliegt es, Aufgabenstellungen der Begriffe noch einmal mit anderen Worten zu wiederholen und auf diese Weise zu verdeutlichen.

Die Kursleitung sollte jede nur mögliche Gelegenheit ergreifen, die Teilnehmenden innerhalb der angebotenen Lektionen zu kommunikativem und sozialem Verhalten anzuregen. Sie sollten die Teilnehmenden stimulieren, miteinander zu sprechen, aufeinander zu hören, ihre Meinung zu äußern, Erfahrungen auszutauschen und zusammenzuarbeiten. Die wichtigste Bestrebung der Kursleitung sollte jedoch sein, Lerninhalte der Lektionen in der täglichen Praxis der

Teilnehmenden zu üben, um sie auf eine mehr selbstbestimmte Lebensgestaltung im Alter vorzubereiten.

14.2.4 Weitere wichtige Elemente des Kurses

Der persönliche Begleiter

Neben den Lehrgangsleitern sieht das Konzept für jeden Teilnehmenden einen persönlichen Begleiter vor. Es ist wichtig, den Klienten zu fragen, wer diese tägliche Vertrauensperson sein könnte. Der Aufgabenbereich geht weit über die Begleitung vor und nach den Lektionen hinaus; er umfasst neben der Hilfestellung bei Aufgaben, die sich während der Lektionen ergeben, auch die Arbeit mit der Entscheidungskarte sowie die gemeinsame Bearbeitung der Hausaufgaben. Dies erfordert viel Zeit und persönlichen Kontakt mit dem Teilnehmenden, der möglicherweise auch immer wieder an seine Aufgaben erinnert werden muss. Auf diese Weise wird der persönliche Begleiter zum Bindeglied zwischen den Lehrgangslektionen und dem täglichen Leben des Kursteilnehmenden, auf das der Kurs wiederum Einfluss nehmen will. Daher ist es empfehlenswert, für diese Aufgabe eine Person zu suchen, die möglichst viel Kontakt zu dem Teilnehmenden hat und sich mit seiner persönlichen Situation gut auskennt. Der persönliche Begleiter sollte vor dem Kursbeginn zu einem Treffen eingeladen und über den Kurs und seine Rolle darin informiert werden. Er muss

- über das Lehrgangsprogramm Bescheid wissen,
- sich nach jeder Kursstunde mit dem Teilnehmenden die Aufgaben für das nächste Mal und eventuelle Informationen in der Gedächtnismappe ansehen,
- absprechen, wann in der nächsten Woche Zeit ist, um gemeinsam die Aufgaben zu erledigen bzw. wenn dies nicht möglich ist einen Vertreter besorgen,
- Hilfestellung bei Erledigung der Aufgaben geben,
- Hilfestellung beim Üben oder Sichaneignen der neuen Begriffe im Lehrgang geben,
- Gelegenheiten anbieten, um Entscheidungen treffen zu können, und Informationen geben, um wohlüberlegt auswählen zu können,
- den Kursteilnehmenden ermutigen, motivieren und ihm helfen, an getroffene Vereinbarungen zu denken.

Das Arbeitsbuch

Um die Arbeit, die im Kurs geleistet wird, zu dokumentieren, d. h. während der einzelnen Lektionen erstellte Bilder, Collagen oder Schriftstücke zu sammeln, wird ein Kursordner angelegt. Auch Prospekte von den Ausflügen und Exkursionen können darin aufbewahrt werden. Den Ordner sollten die Teilnehmenden selbst aussuchen und mit einem Bild, Namen usw. kennzeichnen.

Neben den Arbeiten aus den Lektionen nimmt der Kursordner auch die Entscheidungskarte und die Gedächtnismappe auf, die die Aufgabe für die nächste

Stunde enthält. Da das Arbeitsbuch nach den Unterrichtsstunden von den Teilnehmenden mitgenommen wird, bildet es auch eine Art Brücke zwischen den einzelnen Lektionen. Wenn der Teilnehmende das Buch in seinem Zimmer bzw. in seiner Wohnung sieht, wird er an seine Aufgabe erinnert und motiviert, sich mit ihr zu beschäftigen.

Die Gedächtnismappe

In der Gedächtnismappe wird die jeweilige Hausaufgabe aufbewahrt, die die Teilnehmenden am Ende jeder Unterrichtsstunde erhalten. Ebenfalls werden in sie Übungen hineingegeben, die während der Lektionen gemeinsam erarbeitet und nun während der Zeit bis zum nächsten Treffen bearbeitet bzw. wiederholt werden sollten (z. B. Anleitung zu Turnübungen). Ebenfalls beinhaltet diese Mappe Hinweise darauf, ob zur nächsten Sitzung etwas mitgebracht werden soll (z. B. besondere Kleidung, etwas, was man den anderen Teilnehmenden zeigen möchte). Es empfiehlt sich, eine DIN A4-Einsteckhülle zu benutzen und sie vorne in der Kursmappe hinter der Entscheidungskarte einzuordnen.

An dieser Stelle wird noch einmal die Bedeutung des persönlichen Begleiters deutlich, denn die Effektivität der Bearbeitung der genannten Aufgaben hängt in hohem Maße von seinem Engagement ab, wobei er aber hauptsächlich an die Aufgaben erinnern bzw. Hilfestellungen zu ihrer Durchführung geben soll. Es ist ein fester Baustein jeder Lektion, mit den Teilnehmenden darüber hinaus ins Gespräch zu kommen, wie sie die Aufgaben bearbeitet haben bzw. warum es ihnen nicht gelungen ist. Auf diese Weise soll ein Bewusstsein für die Bedeutsamkeit von Absprachen geschaffen werden. Dieser Aspekt wird auch als Inhalt einer Lektion noch einmal aufgegriffen und thematisiert. In den Gesprächen über die Bearbeitung der Hausaufgaben können die Teilnehmenden voneinander lernen und ihre Möglichkeiten, mit den Aufgaben umzugehen, erweitern und vertiefen. Der Kursleiter muss darauf achten, dass die Nachbesprechung der Aufgaben nicht allzu lange dauert, sodass die anderen Themen der Kursstunde ausreichend zur Sprache kommen.

Die Entscheidungskarte

Die Entscheidungskarte begleitet den Kursteilnehmenden durch den ganzen Kurs. Auf ihr werden Wahlmöglichkeiten festgehalten, die der Teilnehmende sich selbst zu Beginn jeder Lektion aufstellt und mit denen er im Laufe der folgenden Woche arbeiten möchte. Dabei kann sich die Komplexität der zu treffenden Entscheidungen im Laufe des Kurses steigern. So ist es beispielsweise denkbar, dass sich der Teilnehmende zu Beginn des Lehrgangs vornimmt, sich etwas Besonderes zu kaufen. Dabei handelt es sich um eine Aufgabe, die mit einer einmaligen Handlung verbunden und danach auch abgeschlossen ist. Im weiteren Verlauf des Kurses können aber auch Aufgaben gestellt werden, deren Ziel es ist, eine Grundeinstellung oder Gewohnheit des Teilnehmenden zu verändern (z. B. regelmäßige Bewegung oder weniger kalorienreich zu essen).

Hierbei handelt es sich um Aufgaben, die eine Wiederholung bestimmter Handlungen erreichen wollen und die damit gleichzeitig auf ein größeres Bewusstsein für den angesprochenen Lebensbereich abzielen.

Der Kursteilnehmende soll im Laufe der Woche die Gelegenheit haben, umfassend von den Aufgaben zu erzählen (auch in der Wohngruppe), mit denen er sich gerade beschäftigt. An dieser Stelle spielt der persönliche Begleiter wieder eine wichtige Rolle. Um allen Teilnehmenden einen Einblick in die Entscheidungsprozesse zu gewähren, ist es möglich, mit einer Entscheidungstafel zu arbeiten, die man in dem Raum aufhängt oder aufstellt, in dem der Kurs stattfindet. Auf diese Weise wird transparent, wer sich im Moment mit welchen Fragen beschäftigt. Darüber hinaus kann es zu einer Zusammenarbeit bzw. zum Austausch von Teilnehmenden kommen, die sich gleichzeitig ähnliche Aufgaben gestellt haben.

Ausflüge

Der Wert des Kurses wird durch Ausflüge und Exkursionen weiter erhöht, die eine Illustration der besprochenen Themen bilden können und eine Gelegenheit darstellen, Gruppenentscheidungen zu treffen. Nach einigen Lektionen, die sich mit körperlicher Fitness und Ernährung befasst haben, könnte z. B. eine gemeinsame Wanderung stattfinden; nach der Aufarbeitung unterschiedlicher Freizeitaktivitäten z. B. der Besuch eines Museums oder einer Ausstellung. Im Rahmen der Beschäftigung mit dem Thema »Freunde finden« eignet sich der Besuch einer Begegnungsstätte im Umfeld der Einrichtung. Ausflüge müssen der Situation vor Ort angepasst werden und für alle Teilnehmenden interessant und möglich sein (bspw. für körperbehinderte Menschen.

Die Erstellung eines Handlungs- und individuellen Begleitungsplans

Das wichtigste Ziel des Kurses ist es, den Kursteilnehmenden zu vermitteln, dass es ihr gutes Recht ist, selbstbestimmte Entscheidungen zu treffen. Der Erfolg hängt deshalb in hohem Maß davon ab, wie weit sie von ihrem Recht auch Gebrauch machen. Aus diesem Grund müssen die Kursleiter und der persönliche Begleiter bei allen Themen des Kurses, die sich dazu eignen – Wohnen, Arbeiten, Gesundheit, Freundschaften, Ruhestand, Freizeitgestaltung –, die Kursteilnehmenden immer wieder auf die verschiedenen Wahlmöglichkeiten hinweisen. In den Übungen des Arbeitsbuches können die Kursteilnehmenden ihre individuellen Ziele und Neigungen festlegen, die dann in der letzten Unterrichtsstunde in konkrete Zielsetzungen und einen Handlungsplan umgesetzt werden. Die letzte Lektion des Lehrgangs beinhaltet ein Gespräch mit jedem einzelnen Teilnehmenden, zu dem auch Eltern, Verwandte, Freunde und Mitarbeitende aus der Einrichtung, in der der Teilnehmende wohnt, eingeladen werden sollten. Inhalt dieses Gespräches ist ein Rückblick auf den Kurs, bei dem deutlich werden soll, was der einzelne Teilnehmende gelernt hat und wie er das Gelernte in sein tägliches Leben mit einbeziehen möchte. Hier ist wieder die Mithilfe des persönlichen Begleiters gefragt. Er kann dem Einzelnen helfen, die während des Kurses erarbeiteten neue Fähigkeiten sowie seine im Abschlussgespräch festgehaltenen Vorhaben in den individuellen Begleitungsplan der Einrichtung einfließen zu lassen. Gelingt dies nicht, so ist ein langfristiger Erfolg des Lehrgangs fragwürdig, da die Fähigkeiten und Vorhaben des Teilnehmenden nicht von den Mitarbeitenden der Einrichtung unterstützt werden. Auch nach dem Kurs sollte der persönliche Begleiter immer wieder mit dem Teilnehmenden anhand des Arbeitsbuches an den Inhalten arbeiten und so die erarbeiteten Entscheidungskompetenzen sichern. Monatliche Treffen der Kursteilnehmenden bewirken ebenfalls, dass erarbeitete Ziele nicht verloren gehen.

Methodik

Die Kursteilnahme ist freiwillig und wird als Erwachsenenbildung (Freizeitaktivität) gesehen. Jede Lektion und Aktivität sollte darum so gestaltet werden, dass die Teilnehmenden optimal motiviert sind, auch an den weiteren Kurstagen teilzunehmen. Der Kursraum sollte gemütlich sein, die Atmosphäre entspannt mit Pausen für Kaffee, Tee usw. Um möglichst alle Teilnehmenden zu erreichen, ist es notwendig, die Unterrichtsinhalte so konkret wie möglich aufzuarbeiten. Bei den vorgesehenen Rollenspielen und Übungen sollen die Teilnehmenden umfassend einbezogen werden. Die von der Kursleitung gesprochene Sprache soll sich eines einfachen Wortschatzes bedienen, die Sätze sollten kurz und prägnant sein. Eine deutliche Aussprache trägt zur Verständigung entscheidend bei.

Die Vorbereitung dieses Kurses dauert etwa einen Monat oder länger. Dies betrifft nicht nur die Wahl der Teilnehmenden, der persönlichen Begleiter und des (externen) Kursraumes. Auch für die inhaltliche und didaktische Vorbereitung des Lehrgangs ist viel Zeit nötig, um für jede Lektion geeignete Materialien zu wählen und/oder selbst anzufertigen. Es geht dabei um visuelle Hilfsmittel (Filmsequenzen aus dem Internet, Videos/Fotos von lokalen Situationen, Umständen und Exkursionen), auditive (CD, Musik), taktile (z. B. eine anatomische Puppe zur Veranschaulichung des menschlichen Körpers und Organsystem), Spielmaterialien, Medien (elektronische Tafel, Handys, iPad, Laptop), Themenposter aber auch Gegenstände. Manchmal verlangt eine Kursstunde Gegenstände, die die Kursleitung von zu Hause oder der Einrichtung mitbringen kann (z. B. gesunde Lebensmittel) oder die irgendwo ausgeliehen werden können. Die Möglichkeit, Objekte zu betasten, zu betrachten und auszuprobieren, erhöht den Lerneffekt durch den Lehrgang. Sollte es keine Gegenstände solcher Art geben, kann man Bilder oder Filmmaterial benutzen. Materialien können auch durch die Lehrgangsteilnehmenden selbst erstellt werden. Für die »Sammlung«, die im Kurs angelegt wird, und die Illustration der Hobbys, ist die Erstellung einer Collage mit Bildern aus Zeitschriften und Katalogen ideal.

Am wichtigsten ist, dass der Lehrgangsinhalt von den Kursteilnehmenden verstanden wird und sie dabei etwas lernen. Beide Kursleiter sollten dann auch während der Kursstunde kritisch hinterfragen, ob die Informationen verstanden und die Ziele erreicht wurden. Falls nötig kann eine Lektion länger dauern und aus mehreren Kurstagen bestehen. Auch ist es möglich, selbst neue Inhalte oder Vertiefungen hinzuzufügen, wie z. B. Sexualität bei Lektion 11 und 12 (Freundschaften). Der Lehrgang ist ausdrücklich keine Gesprächsgruppe, sondern ein Kurs, in dem man bestimmte Fähigkeiten erlernt und sich bestimmtes Wissen aneignet. Die Gruppenatmosphäre sollte angenehm und ungezwungen sein, aber dennoch so, dass es das das Lernen und das Folgen des Kurses fördert.

Ein wichtiger Grundsatz in der Erwachsenenbildung lautet, dass neue Lerninhalte so weit wie möglich auf den eigenen Erfahrungen und Wissen der Kursteilnehmende aufbauen sollten. Die Kursteilnehmenden sollten die Gelegenheit bekommen, ihre Fähigkeiten und ihr Wissen zu zeigen. Deshalb sollte die Kursleitung über die Fähigkeiten, bestehendes Wissen, Sympathien und Antipathien eines jeden Teilnehmenden gut informiert sein. Auch kann man viel voneinander lernen. Stärker am Kurs interessierte Teilnehmende können andere, weniger interessierte Teilnehmenden motivieren. Andere Kursteilnehmenden sind oft auch ein besseres Lernmodell als die Kursleitung. Das Wissen und die Fähigkeiten des Kursleiters erlebt man oft als fern und unerreichbar, während die des Kursnachbarn eher realisiert werden können.

Jede Kurseinheit dauert ungefähr zwei Stunden. Nach einem immer gleichen Anfang kann man die Lektionen kurz oder ausführlicher behandeln, abhängig vom Lerntempo der Gruppe. Wenn bestimmte Inhalte nur schwer verstanden oder langsam geübt werden, kann man anstatt von zwei Kurstage, drei oder vier einplanen. Es ist unwahrscheinlich, dass die Besprechung der getroffenen Entscheidungen und der Aufgaben, die Erklärung der neuen Lektion, der Aktivitäten und die Diskussion darüber weniger als zwei Stunden in Anspruch nehmen. Bei einem interaktiven Unterricht reden nicht nur die Kursleiter, sondern werden auch die Kursteilnehmenden dazu angeregt, ihre Meinung zu sagen und zu erzählen. Das nimmt viel Zeit in Anspruch und diese sollte man auch aufwenden, wenn der Kurs den beabsichtigten Effekt erzielen soll.

Man kann die Kurseinheit zum Beispiel wie folgt einteilen:

- die Teilnehmenden begrüßen, Kaffee und Tee einschenken und den Unterricht eröffnen — 10 Minuten
- die Entscheidungskarte besprechen — 10 Minuten
- die Aufgaben der letzten Lektion besprechen — 20 Minuten
- Pause — 10 Minuten
- neues Thema behandeln — 50 Minuten
- Aufgaben für nächstes Mal erteilen und erklären — 10 Minuten
- Gedächtnismappe erklären und die Kurseinheit abschließen — 10 Minuten

In einem zweitägigen Train-the-Trainer-Kurs in Maastricht werden Kursleiter ausgebildet und zertifiziert. Danach kann dieser Kurs selbständig für Menschen mit geistiger Behinderung angeboten werden. Zu dem Kurs gehört auch der Materialkoffer. In regelmäßigen Abständen findet ein deutschsprachiger »Train-the-trainer«-Kurs in Maastricht statt. Diese Veranstaltungen werden auf der Website http://www.chdd.nl.

14.3 Lektionen des Lehrgangs »Selbstbestimmt älter werden für Menschen mit geistiger Behinderung«

Dieser Lehrgang (2019) basiert auf einer 20-jährigen Zusammenarbeit von Meindert Haveman (Universität Dortmund) und Tamar Heller (University of Illinois, Chicago).

Lektion 1: Einführung und Kennenlernen

Ziele:
- Information über den Inhalt des Lehrgangs »Selbstbestimmt älter werden«
- Kennenlernen der Gruppe und der Kursleiter

Lernschritte:
Die TN lernen
- sich gegengenseitig beim Vornamen und die Kursleiter beim Namen kennen;
- folgende Lebensphasen zu benennen: Baby, Kind, Jugendlicher, junger Erwachsener und alter Erwachsener;
- eine oder mehrere Aktivitäten zu benennen, die zu jeder Lebensphase gehören;
- festzustellen, in welcher Lebensphase man selbst sich gerade befindet;
- Interessen auszutauschen und eine Vorliebe für Aktivitäten anzugeben;
- die sechs Hauptthemen des Kurses: (a) eigene Entscheidungen treffen, (b) Gesundheit und Wohlbefinden, (c) Freizeitaktivitäten, (d) Freundschaften, (e) Arbeit/Pensionierung, (f) Wohnsituationen.

Vorbereitung:
Dies ist die erste Stunde des Lehrgangs. Die Kursleitung legt besonderen Wert darauf, die Stunde spannend und so persönlich wie möglich zu gestalten, sodass die TN wissen, worum es im Lehrgang geht, und sie motiviert sind, das nächste Mal wiederzukommen. Vor dieser Stunde hat sich der Kursleiter versichert, dass alle TN einen persönlichen Begleiter haben.

Materialien:
- Namensschilder
- Für Lebenslauflinie: vier Fotos von Personen (ab junger Erwachsener: Frau eine Seite, Mann andere Seite) in unterschiedlichem Alter (Baby, junger Erwachsener, junger Senior, alter Senior)
- Lebenslauflinie: eine Leine mit Wäscheklammern, um die Fotos aufzuhängen
- sechs laminierte Poster mit Text und Fotos, die während des ganzen Kurses gebraucht werden, zu den Themen:
  - eigene Entscheidungen treffen,
  - Gesundheit und Wohlbefinden,

– Freizeitaktivitäten,
  – Freundschaften,
  – Arbeit/Ruhestand,
  – Wohnsituationen.
- Arbeitsbuch (Kursordner)
- Blatt mit Lebenslinie mit Lebensphasen
- Gedächtnismappe
- (beschriftete) Gedächtniskarten
- Namenskärtchen zum Anheften
- Polaroid-Kamera (wenn möglich), um von jedem TN ein Foto zu machen; das Foto wird dann am Ende der Kurseinheit vorne ins Arbeitsbuch eingeklebt
- Flipchart oder elektronische Tafel
- Videosequenzen über das Älter werden
- Arbeitsblätter der Lektion 1 für das Arbeitsbuch

Skizze des Ablaufs der Kurseinheit:
- Begrüßen Sie am Anfang jeden TN persönlich.
- Begrüßen Sie die ganze Gruppe.
- Lassen Sie die TN sich untereinander vorstellen.
- Schreiben Sie die Namen auf die Karten.
- Lassen Sie den Namen vom Nachbarn nennen.
- Lassen Sie mit der Polaroid-Kamera ein Bild vom Nachbarn machen und geben Sie das Bild dem TN.
- Schreiben Sie alle Namen auf ein Flipchart, erfragen Sie die Hobbys von jedem TN und schreiben Sie diese hinter jeden Namen.
- Lassen Sie die entstehenden Aufgaben in der Gruppe wählen (Versorgung mit Kaffee und Getränken, Begrüßungs- und Abschlussritual, Verteilung der Namensschilder, Mithelfen bei der Organisation der Ausflüge usw.).
- Befragen, erarbeiten und erklären Sie das Ziel des Lehrgangs mit den TN (Selbstbestimmung in den Poster-Bereichen; aber auch: »*Wir sind eine Gruppe, die mehr darüber lernen möchte, wie es ist, älter zu werden; wie es ist, sich von jungen zu älteren Menschen zu entwickeln.*«).
- Hängen Sie die vier Fotos der Lebensphasen zusammen mit den TN an die »Wäscheleine«.
- Erläutern Sie die Lebenslauflinie und fragen Sie jeden einzelnen TN, wo er sich auf der Lebenslinie befindet.
- Gehen Sie bei jedem TN auf Aspekte der eigenen Biografie ein, fragen Sie nach dem Alter und erfragen Sie bei jedem die Veränderungen durch das Altern.
- Danach wird durch jeden TN das eigene Foto nach chronologischem Alter (von jung nach alt) aufgehängt.
- Fragen Sie jedesmal die Gruppe, ob die Einschätzung richtig ist.
- Fragen Sie: »*Was ist für uns noch möglich zu tun, wenn wir älter werden? Worüber können wir eine Entscheidung treffen und was können wir wählen aus den Sachen, die wir tun wollen?*«

- Fragen Sie anhand der Lebenslauflinie: *»Was machen Menschen eigentlich in unterschiedlichen Abschnitten ihres Lebens?«*
- Fragen Sie anhand der Lebenslauflinie, wann man alt wird.
- Versuchen Sie mit der Gruppe den Unterschied zwischen jüngere Ältere und alte Ältere herauszuarbeiten.
- Zeigen Sie zu diesem Thema einige Videosequenzen.
- Gehen Sie anhand der Poster auf den Aufbau des Kurses ein und nennen Sie dabei Aspekte der Selbstbestimmung, z. B. anhand des Posters »Gesundheit« (aktiv bleiben, Sport treiben, gesund essen, nicht rauchen).
- Gehen Sie auch kurz auf die anderen Poster ein.
- Teilen Sie das Arbeitsbuch aus: Man darf es nach dem Ende des Kurses behalten. *»Nach der Kursstunde darfst du das Arbeitsbuch/den Kursordner mitnehmen. Aber du sollst es dann zu jeder folgenden Kursstunde wieder mitbringen, sonst können wir nicht arbeiten. Dein Begleiter wird dir bei den Aufgaben helfen, die du am Ende jeder Kursstunde bekommst.«*
- Teilen Sie das Blatt mit der Lebenslauflinie zusammen mit den anderen Arbeitsblättern der Lektion 1 aus und lassen Sie die TN die Blätter in den eigenen Ordner heften.
- Gehen Sie auf die Funktion der Gedächtnismappe ein: «*Vorne in deinem Arbeitsbuch ist eine (Gedächtnis-)Mappe* (diese zeigen). *Wir legen jede Woche eine Hausaufgabe für das nächste Mal dort hinein. Auch können wir dort Karten hineinlegen* (zeigen und vormachen)*, die an Dinge erinnern helfen, die du während der Woche tun solltest.«*
- Erklären Sie: *»Zum nächsten Mal möchte ich gern, dass du jemanden, den du gut kennst, fragst, wo er sich auf der Lebenslinie befindet. Denk gut darüber nach, wen du fragen möchtest.«*
- Lassen Sie jeden TN eine Person nennen – schreiben Sie den Namen auf eine Karte – und stecken Sie die Karte in die Gedächtnismappe. *»Vergiss nicht, deinem persönlichen Begleiter die Gedächtnismappe und die Karte zu zeigen.«*
- Bitten Sie die TN zum nächsten Mal Zeitschriften und Kataloge, die sie interessieren, mitzubringen und lassen Sie die TN eine Karte zu dieser Aufgabe in die Gedächtnismappe legen.
- Verabschiedung.

Lektion 2: Entscheidungen treffen

Ziele:
- Die Begriffe »wählen« und »entscheiden« lernen und verstehen
- Das Treffen von Entscheidungen üben

Lernschritte:
Die TN lernen
- die getroffenen Entscheidungen mit eigenen Worten zu umschreiben;
- in kleineren Aufgaben selbst zu entscheiden, indem sie einige Bilder, die sie interessant und ansprechend finden, aus Zeitschriften/Katalogen wählen und

14.3 Lektionen des Lehrgangs

auf ein Blatt Papier kleben (dieses Blatt wird am Ende der Kursstunde in die Kursmappe eingeheftet) und sie lernen eine Aufgabe zu wählen, die während der Kursstunde erledigt werden muss.

Vorbereitung:
Die Kursleitung sollte für diese Lektion zur Sicherheit Zeitschriften/Kataloge mitnehmen, aus denen die TN auswählen können. Durch die Kenntnisse, die die Kursleitung schon von den persönlichen Lebensumständen, Interessen und Hobbys der TN gewonnen hat, kann er während der Lektion darauf eingehen und jedem Gelegenheiten anbieten, eine Entscheidung zu treffen, die für ihn wichtig ist. Man kann sich auch im Voraus beim persönlichen Begleiter über Interessen der TN informieren.

Materialien:
- Namensschilder
- 6 Themenposter, wovon »Entscheidungen treffen« mit Bild und Text (Welche Kleider du anziehst, was du isst und trinkst, wie spät du ins Bett gehst, was du in deiner Freizeit tust, usw.)
- Lebenslauflinie (Wäscheleine, siehe Lektion 1) mit Fotos der Lebensphasen
- Flipchart oder (elektronische) Tafel
- Das Flipchart, auf dem in der ersten Lektion die Namen und Hobbys der Kursteilnehmenden aufgeschrieben wurden
- Zeitschiften oder Kataloge, aus denen Bilder ausgeschnitten werden können; Papier, auf das die Bilder aufgeklebt werden, Scheren, Klebstoff
- Blätter der Lektion 2 für die Kursmappe
- Gedächtniskarte

Skizze des Ablaufs der Kurseinheit:
- Begrüßen Sie die TN und nennen Sie noch mal alle Namen und die aufgeschriebenen Interessen.
- Hängen Sie die Poster in der Reihenfolge auf, wie sie im Kurs behandelt werden. Lassen Sie diese durch die TN benennen und erklären sie diese falls nötig nochmal kurz.
- Lassen Sie nur den Poster »Entscheidungen treffen« an der Lebenslauflinie hängen und dahinter die Bilder von Baby bis alter Senior.
- Erinnern Sie die TN an die Hausaufgabe in der Kursmappe: »*Beim vorigen Mal habe ich euch gebeten, einen Bekannten zu fragen, wo er auf dieser Linie steht. Lasst es mich mal sehen.*« Fragen Sie diejenigen, die diese Aufgabe nicht erledigt haben: »*Warum nicht? Wen hättest du fragen können? Hast du es vergessen? Gab es andere Gründe, warum du es nicht machen konntest.*«
- Erläutern Sie die Begriffe »wählen« und »entscheiden«, z. B. indem Sie die TN ein Bonbon oder einen Keks aus einer Dose aussuchen lassen. »*Wenn man etwas für sich selbst aussucht oder auswählt, dann trifft man eine Wahl. Du hast zum Beispiel das Recht, wenn du in einen Film gehen willst, den Film zu sehen, den du gern sehen willst. Wenn du mit anderen zusammen ins Kino gehst, dann wird es*

215

schon etwas schwieriger. Ihr müsst dann überlegen und miteinander absprechen, ob ihr zusammen oder euch allein einen Film anschaut.«
- Stellen Sie die Frage: »Könnt ihr noch andere Beispiele nennen, wobei man wählen muss?«
- Besprechen Sie das Poster »Entscheidungen treffen«, wobei einige Wahlmöglichkeiten genannt sind.
- Helfen Sie beim Ausfüllen des Arbeitsblattes: »Hier ist ein neues Blatt für die Kursmappe. Wenn es nötig ist, helfe ich euch beim Ausfüllen. Gibt es etwas, das ihr jetzt gerne auswählen möchtet, aber das ihr noch nicht auswählen könnt? Nicht vergessen – eine Wahl ist etwas, was du selbst willst.« Geben Sie Zeit zum Nachdenken.
- Legen Sie die Zeitschriften/Kataloge auf den Tisch, um Bilder auszuschneiden und geben Sie den TN ein Thema vor, das sie vor eine Wahl stellt, z. B. »Wenn du im Lotto viel Geld gewinnen würdest, welche neue Sachen würdest du (für dein Zimmer) kaufen.« Bieten Sie die Gelegenheit »gewünschte« Bilder auszuschneiden und einzukleben. Das Bild kommt in die Arbeitsmappe.
- Nennen Sie kleinere und weniger kostbare Gelegenheiten, in denen man wählen und Entscheidungen treffen muss.
- Teilen Sie oder einer der TN für jeden eine Aufgabenkarte aus und lassen diese in der Gedächtnismappe stecken: »Nicht jeder gewinnt im Lotto und nicht jeder kann über alles entscheiden. Denkt zuhause mal nach, bei welchen Gelegenheiten ihr selbst wählen könnt und bei welchen nicht. Bevor wir uns wiedersehen, möchte ich gern, dass ihr übt, etwas für euch auszuwählen. Jeder sollte das nächste Mal erzählen, was er in der Woche ausgewählt hat und welche Entscheidungen er getroffen hat.«
- Verabschiedung

Lektion 3: Rechte und Pflichten

Ziel:
- Verständnis für »Rechte« und »Pflichten« erhalten

Lernschritte:
Die TN lernen
- den Begriff »Recht« zu verstehen, minimal zwei Rechte zu benennen und auf das eigene Leben zu beziehen;
- den Begriff »Pflicht« zu verstehen, zwei Pflichten zu benennen, die mit den Rechten zusammenhängen und auf das eigene Leben zu beziehen;
- mit Hilfe von Rollenspielen zu erkennen, wann man bestimmte Rechte wahrnehmen kann oder nicht;
- während der Kursstunde Rechte und Pflichten umzusetzen.

Vorbereitung:
Die Begriffe, die in dieser und der nächsten Lektion gelernt werden sollen, sind sehr schwierig. Die Kursleitung muss daher den Unterricht so kreativ wie mög-

lich gestalten. Die Videoclips, in denen Rechte und Pflichten dargestellt werden, bieten eine gute Unterstützung. Unverzichtbar sind Rollenspiele, bei denen aktuelle und für die TN erkennbare Situationen dargestellt werden. In der Skizze der Kurseinheit und in der Liste am Ende der Lektion werden entsprechende Beispiele angeführt. Die Kursleitung kann die Rollenspiele selbst übernehmen; einen besseren Lerneffekt erzielt man jedoch, wenn man die TN selbst verschiedene Situationen darstellen lässt. In dieser Kursstunde wird auch die Entscheidungskarte eingeführt.

Materialien:
- Namenskarten
- Entscheidungskarte
- Gedächtniskarte/Aufgabenliste
- Poster »Wählen und Entscheiden«
- Flipchart/elektronische Tafel, um eine Liste mit Rechten und Pflichten zu erstellen,
- Videoanlage, falls keine elektronische Tafel vorhanden ist
- Videoclips zur Illustration von Rechten und Pflichten
- Rollenspiele
- Poster mit Aspekten, Adressen usw. der Behindertenrechtskonvention
- Arbeitsblätter der Lektion 3 für das Kursbuch.

Skizze des Ablaufs der Kurseinheit:
- Begrüßen Sie die TN.
- Fragen Sie die TN, bei welchen Gelegenheiten man selbst wählen kann und bei welchen nicht (Gedächtniskarte/Hausaufgabe).
- Was hat man in der vorigen Woche ausgewählt und welche Entscheidungen hat man getroffen (Gedächtniskarte/Hausarbeit).
- Führen Sie die »Entscheidungskarte« ein und erklären Sie: »*In jeder Kursstunde wird auf der Entscheidungskarte eingetragen, welche Entscheidungen ihr in der kommenden Woche selbst trefft.*«
- Die Entscheidungskarte wird durch die TN in das Arbeitsbuch gelegt.
- Fragen Sie nach persönlichen Entscheidungen für die kommende Woche.
- Geben Sie jedem die Gelegenheit, etwas über die vorgenommene Entscheidung zu erzählen.
- Lassen Sie die TN die Entscheidung auf die Entscheidungskarte schreiben und helfen Sie ihm/ihr dabei, falls nötig. Zeigen Sie, wie die Entscheidungskarte in die Gedächtnismappe des Arbeitsbuches eingefügt werden kann.
- Führen Sie in die Themen »Rechte« und »Pflichten« ein: »*Wer von euch hat schon einmal etwas über Rechte oder über Pflichten gehört? Kann jemand von euch erzählen, was das bedeutet?*«
- Zeigen Sie die Videoclips, in denen Rechte und Pflichten dargestellt werden, um so die Diskussion zu eröffnen.
- Beteiligen Sie sich an der Diskussion: »*Alle Menschen in Deutschland haben dieselben Rechte, ob man zu Hause wohnt, in einer Wohngemeinschaft oder in einer großen Einrichtung. Es macht keinen Unterschied, wer du bist, ob du behindert bist,*

ob du ein Mann oder eine Frau bist, welche Hautfarbe du hast, oder ob du alt oder jung bist.«
- Gehen Sie auf diese Weise alle Clips durch, und geben Sie an, wo Rechte und Pflichten eine Rolle spielen. Probieren Sie, die gezeigten Aspekte auf die Lebenswelt der TN zu beziehen (Recht auf Freizeit, Arbeit, Pensionierung, soziale Kontakte usw.). Auch das Recht »Nein« zu sagen, wenn andere etwas fordern, sollte angesprochen werden. Bitten Sie die TN darum Beispiele zu geben.
- Pflichten: *»Aber zu jedem Recht gehört auch eine Pflicht. Ein Recht für dich und die Pflicht des Anderen dieses Recht zu respektieren. Du hast das Recht auf ein eigenes Zimmer (Privatsphäre), aber dann hat jemand anders die Pflicht, an der Tür zu klopfen, wenn er hereinkommen will. Du darfst in die Stadt einkaufen gehen, aber dann hast du schon die Pflicht zu sagen, dass du weggehst und wann ungefähr du wieder zurück sein willst. Sonst machen sich die anderen Sorgen.«*
- Erklären Sie, dass es in Deutschland ein spezielles Gesetz gibt, das die Rechte von Menschen mit Behinderungen schützt. Nennen Sie einige Aspekte davon, verweisen Sie auf die leseleichte Version, nennen Sie Adressen und Kontaktpersonen und teilen Sie diese Arbeitsblätter aus.
- Lassen Sie diese Arbeitsblätter in das Kursbuch einfügen.
- Stellen Sie das Rollenspiel vor: *»Wir wollen nun in einem kleinen Theaterstück zeigen, was zuhause oder bei der Arbeit so alles passieren kann. Es geht um die Rechte und Pflichten, die Menschen haben. Nachher möchte ich von euch wissen, was ihr davon haltet.«*
- Sollte es in der Gruppe TN geben, die gern Theater spielen, lassen Sie sie dann ein Rollenspiel ausführen. Sollte das nicht möglich sein, spielen sie oder der andere Kursleiter mit einem TN das Rollenspiel. Wählen Sie so weit wie möglich Beispiele aus dem täglichen Leben der TN. Lassen Sie nach jedem Rollenspiel die Gruppe entscheiden, ob die Rechte beachtet wurden oder nicht.
- Beispiel 1: *»Es ist Wochenende und du willst deine Familie besuchen. Die Leitung sagt dir, dass das nicht möglich sei. Es ist richtig, du hast das Recht, deine Familie zu besuchen, wenn du das willst. Aber weshalb sollte die Leitung gesagt haben, dass du nicht gehen kannst?«* (Möglichkeiten: kein Transport möglich; niemand da, um dich zu begleiten; schon etwas Anderes organisiert worden; schlechtes Wetter). *»Die Leitung muss versuchen, diese Probleme zu lösen, so dass du doch deine Familie besuchen kannst. Aber man muss auch Kompromisse schließen können.«* Diskutieren Sie diesen Fall, mögliche Lösungen und Kompromisse.
- Beispiel 2: *»Richard und seine Freundin möchten gern zusammen sein, ohne dass jemand anderes dabei ist. Die Leitung hilft ihnen dabei, einen Platz zu finden, wo sie von anderen nicht gestört werden«* (Möglichkeiten: Recht auf Privatsphäre; Recht Freunde selbst auszusuchen).
- Beispiel 3: *»Tony ist ein Fußballfanatiker und freut sich auf ein Spiel im Fernsehen. Kurz vor dem Spiel sagt ihm jemand von der Leitung, dass er das Spiel nicht anschauen kann.«* (Rechte? Gründe für das Nichtmöglichsein?).
- Fragen an jeden TN, was für ihn das wichtigste Recht ist. Falls nötig, helfen Sie mit Beispielen.

- Schreiben Sie die genannten Rechte mit Namen der Person auf Tafel oder Flipchart.
- Fragen Sie, welche Pflichten dazu gehören: »*Wie wir schon früher erwähnt haben, haben alle Menschen die gleichen Rechte. Und deshalb muss auch jeder die Rechte der Anderen berücksichtigen. Das ist eine unserer großen Pflichten – die Rechte der Anderen zu achten.*«
- Beispiel Pflicht 1: »*Wenn deine Mitbewohnerin den Wunsch äußert, allein zu sein; welches Recht nimmt sie dann für sich in Anspruch? Was ist jetzt deine Pflicht? Wie kannst du ihr Recht auf Privatsphäre respektieren?*« Diskutieren Sie mit der Gruppe.
- Beispiel Pflicht 2: »*Stell dir vor, du wirst eines Morgens wach und beschließt, an diesem Tag nicht zur Arbeit zu gehen, weil du keine Lust hast. Du bist nicht krank. Statt zu arbeiten willst du lieber ausschlafen oder ein wenig spazieren gehen.*« (Recht auf Arbeit; Pflichten? Mögliche Konsequenzen?). Diskutieren Sie mit der Gruppe.
- Fragen Sie nach den Rechten und Pflichten in diesem Kurs (Möglichkeiten: Recht daran teilzunehmen, Recht zu sprechen, Recht Gefühle zu haben, Kaffee oder Tee zu wählen, Recht »Nein« zu sagen).
- Fragen Sie: »*Gibt es ein bestimmtes Recht, das du dir auswählen möchtest, um damit in dieser Woche zu üben? Nimm dir etwas Zeit, um darüber nachzudenken.*«
- Bitten Sie jeden TN, eine Entscheidung zu treffen. Rechte, mit denen man gut üben kann: das Recht auf Privatsphäre; das Recht, seine Meinung zu äußern; eine eigene Entscheidung zu treffen, Freunde zu besuchen usw.
- Schreiben Sie die getroffenen Entscheidungen auf die Entscheidungskarte und lassen Sie diese in die Gedächtnismappe legen.
- Erläutern Sie: »*Es gibt in Deutschland auch bestimmte Gruppen, die dich noch mehr über deine Rechte informieren können. Sie können dir auch dabei helfen, das zu bekommen, worauf du ein Recht hast. Diese Gruppen heißen Selbsthilfegruppen.*« (Kontaktperson, Telefonnummer, Adresse nennen/aufschreiben).
- Teilen Sie die genannten Kontaktadressen auf einem Arbeitsblatt aus und lassen Sie dieses Blatt in das Arbeitsbuch einfügen.
- Fragen Sie: »*Wenn ihr wollt können wir auch zum nächsten Mal jemanden von Klienten-, Bewohner- oder Teilnehmerrat (was jeweils zutrifft) einladen und ihn über die Rechte des Rates aber vor allem über eure Rechte berichten zu lassen.*«
- Verabschiedung

Lektion 4: Gesundheitsbewusste Entscheidungen treffen

Ziele:
- Den Alterungsprozess und Veränderungen des Körpers kennenlernen
- Das Bewusstsein über die Wichtigkeit von Körperbewegung und anderen gesunden Entscheidungen verstärken und erweitern. Es gilt, deutlich zu machen, wie gesunde Entscheidungen dazu beitragen, Gesundheit und Wohlbefinden zu bewahren.
- Gesundheitsfördernde Aktivitäten kennen
- Relevante Organisationen für Sport und Bewegung kennen

Lernschritte:
Die TN lernen
- miteinander über gesundheitsfördernde Entscheidungen ins Gespräch zu kommen;
- mindestens zwei Veränderungen des menschlichen Körpers durch das Altern kennen;
- mindestens zwei Möglichkeiten, um den Körper in guter Kondition zu halten;
- mindestens zwei Möglichkeiten, wie man dafür sorgen kann, gesund zu bleiben.

Vorbereitung:
Für diese Kurseinheit kann ein Film (DVD, YouTube, Fernsehfilm) gezeigt werden, in dem der menschliche Körper erklärt wird. Man kann auch eine anatomische Puppe ausleihen, bei der Organe aus dem Inneren herausgeholt werden können.

Um die Wichtigkeit von Körperbewegung deutlich zu machen, können beide Kursleiter einen Trainingsanzug oder Joggingkleidung und Turnschuhe anziehen. Viele der TN werden keine Joggingkleidung besitzen; evtl. jedoch Turnschuhe. Empfehlen Sie auf jeden Fall den TN, in der nächsten Stunde leichte Kleidung und Sportschuhe anzuziehen, mit denen man gut turnen kann.

Wegen der Körperbewegung in dieser und der nächsten Kurseinheit, muss die Kursleitung überprüfen, ob alle TN aufgrund ihres Gesundheitszustandes bei einfachen Gymnastikübungen mitmachen dürfen.

Materialien:
- Entscheidungskarte
- Flipchart mit Namen und Hobbys der TN
- Symbole/Bilder von gesunden Aktivitäten für Flipchart
- die sechs Themenposter
- Lebenslauflinie mit den 4 Fotos
- Fotos von jungen und älteren Menschen bei Sport und Bewegung
- ein oder oder Filmsequenzen über den menschlichen Körper
- Filmsequenzen mit Bewegungsübungen
- Sportkleidung
- für jeden TN eine Kopie mit Abbildungen der Bewegungsübungen (Arbeitsblätter)
- eine in vier Fächer geteilte Scheibe und zur Illustration einige Lebensmittel
- DVD-Recorder, Fernseher oder elektronische Tafel
- Film
- Skelett-Modell/ anatomische Puppe
- zwei Stethoskope
- Lernprogramm von Bewegungsübungen für ältere Menschen
- Arbeitsblätter der Lektion 4 für das Kursbuch

Skizze des Ablaufs der Kurseinheit:

- Begrüßen Sie die TN und lassen Sie das Kursbuch bei der Entscheidungskarte aufschlagen. *»Welche Entscheidungen habt ihr für diese Woche getroffen. Hat's geklappt? Wenn ja, warum. Wenn nein, warum nicht? Welche Entscheidungen triffst du diese Woche? Wenn du es weißt, schreiben wir es wieder auf die Entscheidungskarte.«*
- Schreiben Sie für jeden Teilnehmer die Entscheidungen auf die Entscheidungskarte und lassen Sie diese in die Gedächtnismappe einfügen.
- Zeigen Sie die Aufgabe für Lektion 3: *»Wir wollen auch die Aufgabe vom vorigen Mal kurz besprechen. Haben alle sie machen können? Habt ihr dazu Zeit gehabt?«*
- Nachfragen: *»Welche Rechte und Pflichten habt ihr? Habt ihr einige Rechte geübt?«*
- Hängen Sie die Flipchart mit den Hobbys auf: *»Lasst uns nochmals einen Blick auf eure Hobbys oder Vorlieben werfen. Vielleicht könnt ihr euch noch daran erinnern, was die Anderen gerne tun.«*
- Zeigen Sie Unterschiede und Gemeinsamkeiten in den Vorlieben der TN.
- Gehen Sie nochmals auf die inhaltliche Struktur des Kurses ein und zeigen Sie nacheinander die Themenposter: *»Wir haben angefangen mit den Rechten und Pflichten, die Rechte, die jeder hat. Heute werden wir uns mit Entscheidungen befassen, die unsere Gesundheit beeinflussen.«*
- Bereiten Sie den Film über den menschlichen Körper vor: *»Ich zeige euch jetzt einen Film, der erklärt, wie der menschliche Körper funktioniert, wie er von innen aussieht, und wie sich der Körper mit dem Älterwerden verändert.«*
- Starten Sie den Film und halten Sie ihn ab und zu an, um zu erklären, z. B.: *»Bei jedem von uns arbeiten alle Körperteile zusammen und sorgen dafür, dass wir das tun können, was wir tun wollen. Das Herz klopft, fühle und höre mal bei dir selbst (Stethoskop und Fühlen des Pulsschlags). Das Herz ist so etwas wie eine Pumpe, es pumpt das Blut durch unsere Adern. Bis in deinen Kopf, in Hände und Füße. Die Adern kann man sehen und fühlen, zum Beispiel am Handgelenk (Zeigen!). Die Knochen halten uns aufrecht und sorgen dafür, dass du nicht wie ein Pudding zusammensackst. Fühle mal an deinen Armen und Beinen. Und wenn du unglücklich fällst, kannst du dir Knochen verstauchen oder sogar brechen.«* Geben Sie ein einige Minuten Zeit, dass jeder seinen Herzschlag hören und Puls fühlen kann. Lokalisieren Sie Knochen und Muskeln in Armen und Beinen und lassen Sie die TN ihre Muskeln anspannen und lockern.
- Falls eine anatomische Puppe oder ein Knochengerippe vorhanden ist, zeigen Sie die wichtigsten Knochen und lassen Sie diese fühlen. Bei einer anatomischen Puppe können oft die Organe gezeigt werden. Benennen Sie diese, erklären Sie die Basisfunktion und lassen Sie die Organe einzeln in der Gruppe herumgehen.
- Fragen Sie: *»Wie halten wir unseren Körper in Form, sodass wir, wenn wir alt sind, immer noch laufen, Treppen steigen und eine Tür aufmachen können? Wie können wir verhindern, dass wir dick werden?«*
- Besprechen Sie den Wert der körperlichen Bewegung, gesunden Ernährung und des Nichtrauchens.
- Fragen Sie: *»Was ist gesunde Ernährung?«*

- Zeigen Sie die viergeteilte Scheibe und legen Sie den TN bekannte Lebensmittel auf den Tisch. Lebensmittel mit viel Eiweiß/Protein (Ei, Fleisch, Bohnen usw.), Kohlenhydrate/Zucker (Süßigkeiten, Banane, Nudeln usw.), wenig Kohlenhydrate/Zucker (Gemüse), viel Vitamin C und Wasser (frische Früchte, Melone usw.); von jeder Nahrungsgruppe zwei Beispiele.
- Benennen Sie die Lebensmittel, fragen Sie, ob die TN es gerne essen, erweitern Sie die Lebensmittel in jeder Gruppe mit Hilfe der TN, und lassen sie die Nahrungsmittel jeder Gruppe bei einander legen.
- Gehen Sie auf gesundheitliche Aspekte wie mäßiges und gesundes Essen, wenig Kohlenhydrate/Zucker (rotes Fach der Schale), gutes Kauen und nach dem Abendessen Zähne putzen ein.
- Hängen Sie Fotos eines jugendlichen und eines älteren Menschen auf: »*Worin unterscheidet sich der Körper eines jungen Menschen von dem eines alten Menschen?*«
- Fordern Sie zu zwei oder mehr Antworten auf (z. B. graue Haare, Haare fallen aus, kahl werden, Sehkraft lässt nach, eine Brille tragen, steifer werden, schlechter laufen und hören, schlappe Muskeln, zerbrechliche Knochen, Atemnot beim Treppensteigen und Laufen).
- Frage: »*Könnt ihr euch vorstellen, wie man sich fühlt, wenn die Muskeln steifer werden und die Gelenke sich nicht mehr so leicht bewegen lassen?*«, und wiederholen Sie die Antworten der TN: steif, schlapp, schmerzhaft, müde. Überprüfen Sie, ob jeder weiß, was und wo die Gelenke sind.
- Frage: »*Was können wir tun, keine Muskelschmerzen zu bekommen, uns gut zu fühlen und nicht dick zu werden?*«
- Lassen Sie jemanden die Antwort geben oder tun Sie es selbst: »*Körperliche Bewegung. Auch wenn wir Muskelkater haben oder unsere Gelenke uns wehtun: Körperliche Bewegung ist gut für uns und hilft, dass es uns besser geht.*«
- Frage: »*Weiß jeder, was körperliche Bewegungen sind? Ja, die verschiedenen Körperteile bewegen!*«
- Körperteile zeigen, benennen, zusammen bewegen und Muskeln durch Übungen lockern.
- Zeigen Sie mit einem Film einige gymnastische Übungen.
- Erklären Sie: »*Es geht uns besser, wenn wir körperliche Bewegungen ausführen.*«
- Fragen und erklären Sie: »*Wer von euch macht jeden Tag oder jede Woche körperliche Bewegungen? Allein in deiner Freizeit? Zusammen in einem Sportverein? Es ist sehr gut, oft körperliche Bewegungen auszuführen. Wenn wir viele körperliche Bewegungen ausführen, wird unser Körper stark, wir verlieren Fett und unsere Muskeln werden dicker und stärker* (zeigen Sie die angespannten Arm- und Beinmuskeln). *Auch strömt das Blut leichter durch unseren Körper, weil das Herz dann das Blut besser durchpumpen kann.*«
- Wählen Sie eine einfache Körperübung aus. »*Lasst uns jetzt miteinander zum Vergnügen eine gymnastische Übung tun. Streckt zum Beispiel die Arme an unserem Kopf vorbei ganz hoch. Und dann wieder nach unten und wieder hoch.*« Setzen Sie dies ungefähr zwei Minuten lang fort.
- Falls genug Zeit dafür ist, kann man mit dem Stethoskop den erhöhten Herzschlag und die schnellere Atmung nach den Übungen aufzeigen und erklären.

- Fragen Sie, was man sonst noch körperlich fühlt (warm, müde, prickelnde Hände/Finger usw.). Gehen Sie darauf ein und geben Sie leicht verständliche Erklärungen.
- Erklären Sie: »*Das ist eine Übung, die die Muskeln lockert, aber auch etwas anstrengend ist. Die Muskeln müssen sich noch daran gewöhnen, so lange bewegt zu werden (Muskelkater). Wenn man kurz Pause macht, bringt das Blut wieder neue Energie zu den Muskeln.*«
- Fragen Sie: »*Was sind nun gute Gesundheitsentscheidungen? Was sind schlechte Gesundheitsentscheidungen?*« Die Antworten auf dem Flipchart mit Symbolen und Bildern kennzeichnen oder aufschreiben (sich gesund ernähren, gut kauen, viel bewegen, Wasser trinken, nicht rauchen usw.).
- Zeigen Sie die Entscheidungskarte: »*Bitte nehmt eure Entscheidungskarte. Welche gesunden Entscheidungen triffst du diese Woche? Denkt erst einmal ruhig darüber nach. Es kann mit dem Essen zusammenhängen z. B. weniger Süßigkeiten, mehr Bewegung/Sport, gründlicher kauen, Wasser trinken, oder andere Sachen.*« Tragen Sie die Entscheidung auf die Entscheidungskarte ein und legen Sie die Karte in die Gedächtnismappe. »*Bitte deinen persönlichen Begleiter, ob er dir bei den Aufgaben helfen kann. Nächstes Mal sehen wir uns an, was du gemacht hast.*«
- Teilen Sie das bildliche Material der Übungen und den Inhalt dieser Kursstunde aus und lassen Sie es in das Arbeitsbuch einfügen.
- Bitten Sie die TN beim nächsten Mal für die körperlichen Übungen eine Trainingshose/Jogginganzug und Turnschuhe mitzubringen. Wenn man diese nicht hat: leichte Kleider und flache Schuhe. Teilen Sie zu diesem Anliegen eine Gedächtniskarte für den TN und den persönlichen Begleiter aus und lassen Sie diese in die Gedächtnismappe einfügen.
- Verabschiedung

Lektion 5: Körperbewegung

Ziel:
- Einsicht in die Notwendigkeit körperlicher Bewegung erweitern und zu diesen Aktivitäten anregen

Lernschritte:
Die TN lernen
- mindestens zwei Gründe, warum körperliche Bewegungen sinnvoll sind;
- mindestens eine Übung zu benennen, die sie selbst ausführen können;
- mindestens eine Übung vorzumachen;
- mindestens einen Lieblingssport oder eine Lieblingsbewegung zu benennen;
- darzulegen, warum angemessene Kleidung körperliche Bewegung leichter macht;
- mindestens zwei Regeln, die man beachten muss, bevor man mit dem Sport beginnt.

Vorbereitung:
Um den Inhalt dieser Kurseinheit den TN so lebendig wie möglich darzubieten, werden in Filmabschnitten die folgenden Themen behandelt: Sportler von Special Olympics, unterschiedliche gymnastische Übungen und Wandern, verschiedene Funktionen des menschlichen Körpers und die anatomische Puppe.
Der Trainer muss für die gymnastischen Übungen entsprechend gekleidet sein.

Materialien:
- Entscheidungskarte
- Themenposter dieser Lektion
- Ein Raum, der groß genug ist, um Körperübungen zu ermöglichen
- Elektronische Tafel oder Fernseher/DVD mit Clips über Sportler von Special Olympics und verschiedene gymnastische Übungen
- Abbildungen des menschlichen Körpers und eine anatomische Puppe
- Blätter mit Bewegungsübungen
- Geeignete Sportkleidung
- Arbeitsblätter der Lektion 5 für das Kursbuch
- Übungsplan
- Geeignete Musik für die gymnastischen Übungen

Skizze des Ablaufs der Kurseinheit:
- Begrüßen Sie die TN und lassen Sie das Kursbuch bei der Entscheidungskarte aufschlagen. »*Welche Entscheidungen habt ihr für diese Woche getroffen. Hat's geklappt? Wenn ja, warum. Wenn nein, warum nicht? Welche Entscheidungen triffst du diese Woche? Wenn du es weißt, schreiben wir es wieder auf die Entscheidungskarte.*«
- Zeigen Sie die Aufgabe Lektion 4: »*Wir wollen auch die Aufgabe vom vorigen Mal kurz besprechen. Haben alle sie machen können? Habt ihr dazu Zeit gehabt?*«
- Wenn sich die TN noch nicht umgezogen haben, geben Sie ihnen jetzt dazu die Gelegenheit. Falls einige noch keine angemessene Kleidung anhaben, sprechen Sie das Problem an und versuchen Sie, es zu lösen.
- Leiten Sie ein: »*In der vorigen Woche habt ihr Blätter mit gymnastischen Übungen erhalten. Daraus haben wir voriges Mal schon eine Übung gemacht. Habt ihr in der letzten Woche diese Übung oder eine andere ausprobiert? Sollen wir die vorige Übung noch einmal machen!*«
- Suchen Sie zusammen Musik für die Übung aus und führen Sie die Übung durch.
- Erklären Sie: »*Es ist also für unseren Körper nicht gut, den ganzen Tag im Sessel zu sitzen. Es ist besser für unseren Körper, sich zu bewegen und Sport zu treiben. Warum müssen wir jeden Tag ein paar Körperübungen ausführen?*«
- Versuchen Sie, Antworten hervorzulocken, die an der vorigen Lektion anknüpfen (es verhindert, dass wir steif werden; es macht unsere Muskeln und unseren Körper kräftiger; es ist gut für den Kreislauf usw.).
- Sagen Sie: »*Körperliche Bewegung kann Spaß machen.*« Bitten Sie TN, die regelmäßig Sport treiben, etwas darüber zu erzählen. Wenn nicht, erzählen Sie selbst über ihre Sporterfahrungen.

- Zeigen Sie eine Filmsequenz, bei der mehrere Sportarten ausgeübt werden. Benennen Sie jedes Mal, welche Körperteile dabei bewegt werden, z. B. Wandern (Beine und Arme).
- Machen Sie eine Übung mit der Gruppe, bei der gelaufen werden kann.
- Zeigen Sie eine Filmsequenz mit gymnastischen Übungen, die auch zu Hause gemacht werden können. Stoppen Sie regelmäßig den Film und üben Sie mit der Gruppe; Übungen im Bett, auf dem Stuhl, vor dem Fernseher, stehend und laufend.
- Versuchen Sie, Bewegungsübungen in den Alltag einzubauen. »*Wer macht sein Zimmer selbst sauber, macht selbst sein Bett zurecht, macht Gartenarbeit, läuft anstatt mit Taxi/Bus zu fahren, nimmt die Treppe anstatt des Lifts usw.?*«
- Fragen Sie: »*Wie könnte man sich in der nächsten Woche mehr bewegen?*«
- Fordern Sie auf: »*Lasst uns zusammen noch zwei Übungen machen. Wir machen diese Übungen jetzt zusammen – ihr könnt diese aber auch zu Hause allein oder zusammen mit anderen machen.*« Suchen Sie sich diese Übungen zusammen mit der Gruppe aus den Gymnastikblättern aus.
- Führen Sie die Gymnastikübungen durch; erst ohne Musik, danach mit Musik.
- Erklären Sie: »*Körperliche Übungen machen Spaß und sind gesund für uns. Aber es gibt ein paar Regeln, die wir nicht vergessen dürfen, bevor wir jeden Tag Sport ausüben. Ob es nun schwimmen ist oder wandern oder eine Viertelstunde Übungen machen, wie sie in den Blättern stehen.*«
- Lassen Sie die Gruppe herausfinden, was diese Regeln sind (z. B. medizinische Risiken, Fitness oder Herzerkrankung); geeignete Sportkleidung (dieselbe Übung durchführen mit Turnschuhen und Badesandalen); Dehn- und Streckübungen vor dem Sport (wir können uns dann lockerer bewegen und es gibt weniger Verletzungsgefahr); langsamer Aufbau der Übung (Beginn ganz vorsichtig und ruhig. Der Körper muss sich an mehr Bewegung gewöhnen. Der Muskelkater bei viel Sport geht von selbst vorbei.); Auswahl der richtigen Tageszeit und des richtigen Tages, um Sport zu betreiben).
- Fordern Sie auf: »*Hier sind noch ein paar Arbeitsblätter, um sie in das Arbeitsbuch zu heften. Vergesst nicht, sie bis zum nächsten Mal mit eurem persönlichen Begleiter auszufüllen.*«
- Überlegen Sie zusammen mit den TN, ob das, was die TN heute anhaben, in Ordnung ist. Stecken Sie falls nötig, ein Memo in die Gedächtnismappe.
- Kündigen Sie an: »*Beim nächsten Mal machen wir noch mehr Übungen. Versuche, in der kommenden Woche ein paar Extra-Übungen zu machen. Vielleicht kannst du jemanden finden, mit dem du zusammen die Übungen machen kannst. Oder frage deinen persönlichen Begleiter, ob er mit dir Sport treiben will. Es ist am besten, jeden Tag ein paar Körperübungen zu machen. Versuche, dir das anzugewöhnen.*«
- Lassen Sie die TN das Arbeitsbuchbuch bei der Gedächtnismappe aufschlagen. »*Welche Entscheidung wirst du in dieser Woche treffen?*« Schreiben Sie für jeden TN seine Entscheidung sowohl auf die Entscheidungskarte für das Arbeitsbuch als auch auf die Flipchart.
- Verabschiedung.

Lektion 6: Körperbewegung und andere gesundheitsbewusste Entscheidungen

Ziel:
- Den Wert regelmäßiger Körperbewegung deutlich machen und weitere gesundheitsbewusste Entscheidungen treffen können

Lernschritte:
Die TN lernen
- mindestens zwei Vorteile regelmäßiger körperlicher Betätigung zu nennen;
- ein einfaches Übungsprogramm selbst zusammenzustellen und auszuführen;
- wenig Fett, Salz und Zucker zu essen.

Vorbereitung:
In dieser Kursstunde kommen wieder die gymnastischen Übungen vor. Neben dem Zeigen des Videos mit Gymnastikübungen kann der Kursleiter auch einige Übungen von den TN ausführen lassen und dies – nach Zustimmung – auf Video aufnehmen. Es macht einen gewaltigen Eindruck auf die Gruppe, wenn man sich selbst oder andere TN bei den Übungen sehen kann. Eine weitere Alternative ist – wenn die TN das körperlich schaffen – mit der ganzen Gruppe eine längere Wanderung zu unternehmen. Das kann mit einem Freizeitthema als Ausflug verbunden werden.

Diese ist die letzte Stunde über »Gesundheit und Wohlbefinden« und über »gesunde Entscheidungen treffen«. Daher ist eine ausführliche Zusammenfassung angebracht.

Materialien:
- Entscheidungskarte
- Poster »Gesundheit und Wohlbefinden«
- Blätter mit gymnastischen Übungen
- DVD mit Gymnastikübungen
- Elektronische Tafel oder DVD-Gerät und Fernsehgerät
- (Video-) Kamera, um selbst zu filmen
- Flipchart oder elektronische Tafel
- Kalender/Übungsplan (eigener oder Reklame-Kalender)
- Arbeitsblätter der Lektion 6 für das Kursbuch
- Gedächtnismappe
- Sportkleidung
- viergeteilte Scheibe/Schrank mit vier Fächern und einige gängige Lebensmittel

Skizze des Ablaufs der Kurseinheit:
- Begrüßen Sie die TN und lassen Sie das Kursbuch bei der Entscheidungskarte aufschlagen. »*Welche Entscheidungen habt ihr für diese Woche getroffen. Hat's geklappt? Wenn ja, warum. Wenn nein, warum nicht? Welche Entscheidungen trifft*

du diese Woche? Wenn du es weißt, schreiben wir es wieder auf die Entscheidungskarte.«
- Lassen Sie die TN ihre Entscheidung aufschreiben und in die Gedächtnismappe einfügen.
- Zeigen Sie die Aufgabe Lektion 5: *»Wir wollen auch die Aufgabe vom vorigen Mal kurz besprechen. Haben alle sie machen können? Habt ihr dazu Zeit gehabt?«*
- Fragen Sie: *»Wer hat in der letzten Woche gesunde Entscheidungen getroffen? (Weniger Zucker in den Kaffee? Mehr Obst oder Gemüse gegessen? Weniger Zucker? Besser gekaut?). Wer hat in der letzten Woche gymnastische Übungen ausgeführt? Welche?«*
- Fordern Sie auf: *»Wer will einmal vormachen, welche Übungen er ausgeführt hat? Habt ihr Lust mitzumachen, eventuell mit Musik?«*
- Zeigen Sie die Filmsequenzen mit den gymnastischen Übungen (ggf. auch die selbst erstellten).
- Erklären Sie mit Beispielen in einfacher Sprache, was gesunde Entscheidungen sind und warum wir sie treffen sollten (Gesundheit, Atmen, Kondition, selbständiges Anziehen und Essen, solange wie möglich gehen können). Fragen Sie die TN nach Beispielen.
- Erklären Sie: *»Wenn du gesunde Entscheidungen triffst (körperliche Betätigung, viel trinken, ausgewogene Ernährung – denk an unsere viergeteilte Schale mit Lebensmittel, nicht rauchen), trägt das dazu bei, gesund zu bleiben, dich besser zu fühlen, aktiver zu sein, besser auszusehen und vielleicht länger zu leben.«*
- Fragen Sie: *»Was sind ungesunde Entscheidungen?«* (Einen ganzen Tag im Sessel sitzen oder im Bett liegen, rauchen, Alkohol, fette Mahlzeiten, viel Zucker in Kaffee/Tee).
- Zeigen Sie ihre Rechte auf, aber auch die Konsequenzen. *»Es ist euer Recht und eure Entscheidung, was ihr esst und wieviel körperliche Bewegung ihr habt. Es gehört zur Selbstbestimmung. Aber denkt auch über die Folgen eurer Entscheidungen nach. Einige Entscheidungen können euren Körper schädigen (welche?) und andere helfen dem Körper gesund zu bleiben (welche?).«*
- Fordern Sie auf: *»Nehmt euer Arbeitsbuch und seht nach, wo ihr gesunde Entscheidungen getroffen habt, und welche Entscheidungen ungesund waren.«*
- Legen Sie die viergeteilte Schale auf den Tisch oder räumen Sie einen Schrank mit vier Fächern leer und legen Sie richtige Lebensmittel (leere Dosen oder Verpackungen) auf den Tisch. *»Das sind Beispiele von Dingen, die man jeden Tag essen soll. Du musst aus jedem Fach dieser Scheibe oder des Schrankes etwas essen. Also jeden Tag Brot oder Nudeln oder Reis, aber auch jeden Tag Fleisch, Fisch oder Eier, Gemüse und natürlich Obst.«*
- Lassen Sie die viergeteilte Schale oder vier Fächer des Schrankes durch die TN füllen und besprechen Sie die Resultate in der Gruppe.
- Versuchen Sie mit konkreten Beispielen zu zeigen, was ein bisschen, was viel oder wenig ist (z. B. durch das Kosten von Salz, Essig und Zucker). Aber auch im Vergleich mit der Frage: *»Wie viel Zuckerwürfel sind in einem Glas normaler Cola (5 bis 7) und wie viele in einem Glas Cola light oder zero?«*
- Zeigen Sie eine kurze Filmsequenz einer gymnastischen Übung und erklären Sie, dass es schlechte (z. B. Verletzungen), aber vor allem auch gute Auswirkungen von gymnastischen Übungen gibt.

- Fragen Sie nach den guten Auswirkungen, wenn man sich regelmäßig und viel bewegt. Schreiben Sie die Antworten auf die Flipchart.
- Ordnen Sie die Antworten und besprechen Sie diese systematisch und vertiefend.
    a) Du kannst dein Gewicht unter Kontrolle halten (Fettverlust, kräftigere Muskeln, nicht direkt Verlust von vielen Kilos, man wird aber schlanker).
    b) Du verbesserst deine Haltung (Wirbelsäule bleibt gerade, der Kopf bleibt hoch und die Schultern stehen gerade; alles an der eigenen Haltung zeigen).
    c) Es macht dich kräftiger (wenn du deine Übungen machst wirst du beim Älterwerden nicht schwach und wackelig).
    d) Es ist gut für dein Herz und deinen Kreislauf (ein starkes Herz kann das Blut gut durch die Adern pumpen und bringt es bis in die Finger- und Zehenspitzen).
    e) Es gibt dir ein besseres Gefühl (Menschen, die sich regelmäßig bewegen – wandern, Fahrrad fahren, turnen, tanzen – fühlen sich lebendiger und haben mehr Energie. Sie fühlen sich nicht alt und müde).
- Lassen Sie im Arbeitsbuch die Seiten des Kalenders aufschlagen. »Beim letzten Mal haben wir eine Übung eingetragen, die jeder von euch in dieser Woche ausführen sollte. Aber jeden Tag die gleiche Übung zu machen, ist langweilig. Es ist viel schöner, jeden Tag eine andere Übung zu machen. Wir haben eine ganze Menge Übungen im Film gesehen. Welche wählen wir für die nächsten Tage aus?«.
- Tragen Sie für jeden TN den Tag und die gewählte Übung ein, wodurch jeder einen Übungsplan erhält. Lassen Sie den Plan in die Gedächtnismappe stecken. »Nächstes Mal werde ich euch fragen, ob ihr die Übungen habt machen können«.
- Teilen Sie die Aufgabe für diese Woche aus: »In der kommenden Woche achten wir auf das Essen. Wähle im Kalender einen Tag aus an dem du auf dieses Blatt schreibst, was du beim Frühstück, beim Mittag- und Abendessen gegessen hast. Wir schreiben den Tag auf das Blatt und du bittest falls nötig deinen persönlichen Begleiter, dir beim Ausfüllen zu helfen. Auch darfst du aufschreiben was du zwischendurch gegessen hast«.
- Schreiben Sie den Entschluss und den Tag auf die Entscheidungskarte und lassen Sie die Karte in die Gedächtnismappe einfügen.
- Verabschieden Sie die TN.

Lektion 7: Arbeitsplanung und Pensionierung

Ziel:
- Das Thema »Arbeit« einführen und nochmals besonders betonen, wie Arbeitszeit im Laufe der Jahre sich ändern kann, in Teilzeitarbeit und Ruhestand.

Lernschritte:
Die TN lernen

- unterschiedliche Gründe kennen, weshalb Menschen ihre Arbeitszeit reduzieren oder ganz mit der Arbeit aufhören wollen;
- sich bewusst zu werden, ob sie mit ihrer jetzigen Arbeit zufrieden sind;
- zwei Gründe zu nennen, warum man arbeitet;
- zwei Gründe zu nennen, um seine Arbeit zu verändern.

Vorbereitung:
Zur Einführung in das neue Thema wird das Poster »Arbeit/Pensionierung« gezeigt. Mit Videos kann verdeutlicht werden, wie unterschiedlich Arbeit sein kann (selbständig, Gruppenverband, administrativ, Handwerk, in der Natur oder Werkstatt usw.). Um den Übergang von Arbeit zur Pensionierung zu zeigen, bieten sich Videos an, die verdeutlichen, wie unterschiedlich Menschen es erleben, wenn sie erst arbeiten und dann nicht mehr.

Materialien:
- Themenposter »Arbeit/Pensionierung«
- Entscheidungskarte
- Zeitschriften mit Beiträgen und Bildern über Freizeit und Hobbys
- Zeichnung/Schema Arbeitstag und Pensionierungstag
- elektronische Tafel oder Flipchart
- Videos unterschiedlicher Tätigkeiten (z. B. Bäckerei, Garten, Autowäscherei, Gewächshaus)
- Filmabschnitte von Interviews mit Menschen, die arbeiten und nicht mehr arbeiten
- DVD-Apparat, Kassetten und Fernseher
- Arbeitsblätter der Lektion 7 für das Kursbuch

Skizze des Ablaufs der Kurseinheit:
- Begrüßen Sie die TN und lassen Sie das Kursbuch bei der Entscheidungskarte aufschlagen. »*Welche Entscheidungen habt ihr für diese Woche getroffen. Hat's geklappt? Wenn ja, warum. Wenn nein, warum nicht? Welche Entscheidungen triffst du diese Woche? Wenn du es weißt, schreiben wir es wieder auf die Entscheidungskarte:*«
- Nennen Sie die Aufgabe Lektion 6: »*Wir wollen auch die Aufgabe vom vorigen Mal kurz besprechen. Haben alle sie machen können? Habt ihr dazu Zeit gehabt?*« »*Welchen Tag habt ihr vorige Woche gewählt, um zu zeigen, was ihr an diesem Tag gegessen habt? Fragen Sie jeden Teilnehmer: Was du beim Frühstück gegessen und was beim Mittagessen? Gab es am Abend warmes Essen?*«
- Zeigen Sie das Poster »Arbeitsplanung und Pensionierung« und erläutern Sie die Begriffe »Arbeit« und »Pensionierung/Rente/Ruhestand«. Sie können auch zunächst die Gruppe zu der Bedeutung dieser Begriffe befragen.
- Zeigen Sie das Video mit verschiedenen Arbeitssituationen und fragen Sie zwischendurch (halten Sie das Video an), ob man diese Arbeit auch im hohen Alter machen kann. »*Welche Arbeiten schon, welche nicht. Gibt es Möglichkeiten die Arbeit zu erleichtern? Welche?*«

- Fangen Sie mit dem Thema Übergang von Arbeit zur Pensionierung an. »*Die meisten von uns arbeiten zur Zeit noch den ganzen Tag. Aber später im Leben arbeiten wir wahrscheinlich nicht mehr so viel. Und die meisten von uns hören ganz auf zu arbeiten, wenn sie älter geworden sind: Sie sind dann pensioniert. Was bedeutet das für die Zeit, die wir am Tag haben?*«
- Setzen Sie die Diskussion fort, bis die TN wirklich verstanden haben, dass die Freizeit zunimmt, wenn man nicht mehr Vollzeit (an allen Tagen außer Samstag und Sonntag), sondern nur noch Teilzeit (ein paar Tage in der Woche oder nur vormittags) arbeitet, und dass man ab der Pensionierung dann nur noch Freizeit hat. Vielleicht können Sie diese Situation auch anhand einer Zeichnung/eines Schemas verdeutlichen. Arbeitstag versus Pensionierungstag: Der Tag hat 24 Stunden. Man schläft etwa acht Stunden (ein Drittel). Am Arbeitstag arbeitet man Vollzeit etwa acht Stunden (ein Drittel), der Rest ist für Freizeit (ein Drittel). Der Pensionierungstag besteht zu zwei Drittel aus Freizeit.
- Fragen Sie: »*Wie sieht der Arbeitstag für euch aus?*« Lassen Sie alle TN antworten. Alle Antworten, die verpflichtende fremdbestimmte Aktivitäten betreffen, sind arbeitsähnlich (ohne Bezahlung). Fragen Sie die TN, wie viele Stunden man am Tag arbeitet (Teilzeit?). Falls Freizeitaktivitäten als Arbeit genannt werden, können Sie diese mit dem TN besprechen. Manche TN können nicht (mehr) arbeiten oder sind pensioniert. Fragen Sie diese TN, ob man viel Zeit für sich selbst hat und was man so am Tag tut.
- Zeigen Sie das Video mit Interviews von Menschen, die arbeiten und nicht mehr arbeiten und fragen sie die Gruppe nach ihrer Meinung.
- Geben Sie Gelegenheit zur Diskussion: »*Gefällt euch die Arbeit, die ihr jetzt macht? Hat euch die Arbeit, die ihr früher gemacht habt, gefallen?*« Lassen Sie wieder jeden erzählen. Wenn die TN Probleme bei der jetzigen Arbeit anbringen, sollten Sie diese mit Hilfe von Formulierungen wie »Was kann verändert werden?« besprechen.
- Fragen Sie: »*Was würdet ihr an eurer jetzigen Arbeit verändern wollen?*« Schreiben Sie die Antworten für jede Person auf das Flipchart bzw. die elektronische Tafel. Die Antworten und Diskussion können Gedanken, Vorstellungen und Probleme hervorrufen, die in die Formulierung von individuellen Zielen am Ende des Lehrgangs einfließen können.
- Erklären Sie: »*Man kann also auch zur Arbeitslage Entscheidungen treffen. Bleibst du Vollzeit beschäftigt, oder willst du nur noch Teilzeit arbeiten, oder willst du vielleicht ganz mit der Arbeit aufhören.*«
- Stellen Sie die Frage: »*Warum kann man sich entschließen, weniger oder gar nicht mehr zu arbeiten. Was können die Gründe sein?*« (z. B. Gesundheit, wenig Energie, schnell müde, keinen Transport, Arbeitsstelle laut und stressig). Die Antworten können aufgeschrieben werden.
- Stellen Sie die Frage: »*Weshalb wollen einige Leute doch weiterarbeiten?*« Auch diese Antworten können aufgeschrieben werden (Geld verdienen, aktiv bleiben, einer Arbeitsgemeinschaft angehören, Arbeit ist nützlich, Arbeit macht Spaß, Freunde und Bekannte bei der Arbeit).
- Bitten Sie die TN, ihr Arbeitsbuch bei der Gedächtnismappe aufzuschlagen. »*Ich möchte euch bitten, dass jeder bis zum nächsten Mal über einen möglichen*

Lieblingsjob nachdenkt und ihn aufschreibt. Bitte stecke diese Karte in die Gedächtnismappe und bitte deinen persönlichen Begleiter, dass er dir dabei hilft.«
- Teilen Sie die Arbeitsblätter für Lektion 7 aus und lassen Sie diese in das Kursbuch heften.
- Zeigen Sie die *Entscheidungskarte*: »Denkt kurz mal nach, wen ihr in dieser Woche darum bitten könntet, etwas über seine Arbeit zu erzählen. Diese Person kann Vollzeit oder Teilzeit arbeiten oder pensioniert sein. Entscheidet euch bitte für eine Person.« Tragen Sie den Auftrag und die genannte Person auf die Entscheidungskarte ein und lassen Sie diese in die Gedächtnismappe des Arbeitsbuches stecken. »Lass dir von deinem persönlichen Begleiter auch bei dieser Entscheidung helfen.«
- Verabschiedung.

Lektion 8: Arbeitsplanung und Ruhestand (Fortsetzung)

Ziel:
- Möglichkeiten besprechen, die Vollzeitarbeit fortzusetzen oder in Teilzeit oder in Ruhestand zu gehen; damit eigene Entscheidungen in Bezug auf die Zukunft verdeutlicht werden.

Lernschritte:
Die TN lernen
- was es bedeutet, in Ruhestand zu gehen/sein;
- was Vollzeit- und Teilzeitarbeit sind;
- über einen vorläufigen Beschluss nachzudenken, wie sie später ihre Arbeit einteilen würden oder ob sie ganz mit der Arbeit aufhören sollen.

Vorbereitung:
Die Einladung eines Gastes aus der Einrichtung oder von außerhalb kann diese Kursstunde lebendig machen. Der Gast und/oder der Kursleiter erklären in einem Teil der Kursstunde, welche Vorteile es hat, in Teilzeit zu arbeiten oder pensioniert zu sein. Wenn einer der TN schon in Teilzeit arbeitet oder pensioniert ist, kann er seine Erfahrungen erzählen.

In der Kursstunde wird auf die elektronische Tafel oder ein Flipchart-Blatt ein Wochenkalender aufgezeichnet, der für die meisten TN angibt, wie ihre Woche aussieht. Die Teile der Woche, in denen gearbeitet wird, können zum Beispiel rot und die arbeitsfreien Teile grün gefärbt werden.

Materialien:
- Elektronische Tafel oder Flipchart und Filzstifte
- Lebenslauflinie (Schnur) mit zwei Bilder (Baby/Kind und älteren Erwachsenen) und Textseiten mit der Aufschrift »Arbeit«, »Vollzeitarbeit«, »Teilzeitarbeit« und »Pensionierung«
- Poster »Arbeit und Pensionierung«
- Videoclips über verschiedene Tätigkeiten innerhalb aber vor allem außerhalb der Werkstätte (z. B. Bäcker, Gärtner, Auto- oder Raumpfleger, Helfer im Restaurant)

- Videoanlage
- Arbeitsblätter der Lektion 8 für das Kursbuch
- Entscheidungskarte

Skizze des Ablaufs der Kurseinheit:
- Begrüßen Sie die TN, stellen Sie den Gast vor und lassen Sie die TN das Arbeitsbuch bei der Entscheidungskarte aufschlagen. *»Welche Entscheidungen habt ihr für diese Woche getroffen. Hat's geklappt? Wenn ja, warum. Wenn nein, warum nicht? Welche Entscheidungen triffst du diese Woche? Wenn du es weißt, schreiben wir es wieder auf die Entscheidungskarte.«*
- *»Habt ihr vorige Woche jemanden über seine Arbeit befragt? Arbeitete er/sie Vollzeit oder Teilzeit? Was erzählte diese Person weiter über seine Arbeit?«* Sprechen Sie jeden der TN an.
- Nennen Sie die Aufgabe der Lektion 7. *»Wir wollen auch die Aufgabe vom vorigen Mal kurz besprechen. Haben alle sie machen können? Habt ihr dazu Zeit gehabt? Was wäre euer Lieblingsjob, und warum habt ihr diesen gewählt.«*
- Zeigen Sie das Poster »Arbeit und Pensionierung«: *»Heute werden wir wie in der vorigen Woche über Entscheidungen reden, die man zu Arbeit und Pensionierung treffen kann. Was sind nochmal die Gründe, um zu arbeiten? Was sind Gründe, um nicht mehr zu arbeiten, wenn man älter wird?«*
- Schreiben Sie die Gründe auf die Tafel/das Flipchart.
- Fragen Sie: *»Es gibt viele verschiedene Berufe. Könnt ihr vielleicht einige nennen?«*
- Wenn es gewünscht wird, kann das Video mit den verschiedenen Berufen noch einmal gezeigt werden. Lassen Sie die TN von ihrer Arbeitssituation erzählen. Versuchen Sie, sie die Gründe aufzählen zu lassen, warum sie arbeiten oder eben nicht arbeiten wollen.
- Erklären Sie: *»Wir haben in der vorigen Stunde schon ein paar Gründe genannt, warum Menschen aufhören wollen zu arbeiten: Sie fühlen sich nicht mehr fit genug; sie werden schnell müde; möchten mehr und längere Pausen; sie kommen mit dem Druck am Arbeitsplatz nicht mehr zurecht oder möchten andere Arbeit. Manchmal beschließen Menschen, mit ihrer Arbeit aufzuhören, wenn sie sich alt fühlen. Aus welchen Gründen auch immer, es bleibt ihre Wahl, ihre Entscheidung.«*
- Veranschaulichen Sie mit der Lebenslauflinie und den Bildern die Phasen: Kind (Schule), Erwachsener (Arbeit/Freizeit), danach Pensionierung: *»Wenn jemand beschließt, nicht mehr länger zu arbeiten: Wie nennen wir das? Richtig, er geht in Pension oder in den Ruhestand.«*
- Informieren Sie: *»Man kann in Pension gehen, wenn man 65 Jahre alt ist. Aber einige Leute entscheiden sich auch dafür, länger zu arbeiten, wenn das möglich ist. Es ist eine Wahlmöglichkeit. Man hat das Recht, selbst zu entscheiden, wann man weniger arbeiten oder wann man ganz aufhören will.«*
- Diskutieren Sie Abmachungen, Rechte und Pflichten beim Arbeitsende und der Pensionierung.
- Gehen Sie auf persönliche Erfahrungen mit dem Ruhestand ein: *»Ist von euch schon jemand pensioniert oder in Ruhestand? Oder habt ihr schon Mal mit jemanden gesprochen, der pensioniert ist? Was macht diese Person den ganzen Tag anstelle*

ihrer Arbeit? Bedeutet Ruhestand wirklich, dass man nicht mehr viel zu tun hat? Ist sie froh darüber, pensioniert zu sein?«
- Wenn einer der TN oder der Gast im Ruhestand ist, lassen Sie ihn davon erzählen.
- Erklären Sie: *»Manchmal entscheiden sich Menschen dafür, nicht ganz mit der Arbeit aufzuhören, sondern weniger zu arbeiten. Man arbeitet dann keine ganzen Tage mehr, sondern nur noch morgens oder mittags. Oder man geht nicht mehr jeden Tag arbeiten, sondern nur noch an zwei oder drei Tagen die Woche. Man nennt das Teilzeitarbeit. Teilzeitarbeit kann man wählen, wenn man darüber nachdenkt, weniger zu arbeiten oder wenn man bald pensioniert wird.«*
- Erstellen Sie für jeden TN auf einem Flipchart-Blatt oder der Tafel ein Diagramm der Tage(teile) einer Woche, an denen er arbeitet; und der Tage(teile), an denen er frei hat. Kennzeichnen Sie die Arbeitszeiten mit roter und die freien Zeiten mit grüner Farbe.
- Erklären Sie: *»So sieht eure Woche jetzt aus. Aber vielleicht will jemand weniger arbeiten, wenn er älter wird oder sogar mit der Arbeit aufhören. Wer von euch würde gern etwas verändern, wenn er älter wird? Was müssen wir dann an dieser Zeichnung ändern?«*
- Erstellen Sie für jeden TN – neben der alten Zeichnung – eine neue Wocheneinteilung auf der Grundlage seiner Zukunftswünsche.
- Erklären Sie: *»Nach dieser Kursstunde werden wir von dieser großen Zeichnung eine kleine für euer Kursbuch machen. Dann könnt ihr immer erkennen, was ihr in Bezug auf eure Arbeit verändern wollt, an welchen Tagen ihr in der Zukunft gern frei hättet und an welchen Tagen ihr gerne arbeiten wollt.«*
  Erklären Sie: *»Bevor wir eine Wahl treffen (Teilzeitarbeit/Pensionierung), müssen wir über die möglichen Folgen nachdenken. Wenn man nicht oder weniger arbeitet, was bedeutet das für einen?«* Wenn keine Antwort kommt, fragen Sie gezielter: *»Was willst du in der zusätzlichen freien Zeit tun? Wieviel Geld hast du jetzt und wieviel Geld bekommst du, wenn du weniger arbeitest oder pensioniert bist?«*
- Bitten Sie darum, das Arbeitsbuch bei der Gedächtnismappe aufzuschlagen. *»Ich möchte, dass ihr in der kommenden Woche jemanden aufsucht, der schon pensioniert ist und nicht mehr arbeitet. Sprecht mit der betreffenden Person und fragt sie dann zwei Dinge: Findet sie es schön, pensioniert zu sein? Was macht sie mit der vielen Freizeit? Diese Aufgabe ist schon auf diese Karte geschrieben. Steckt diese Aufgabe in die Gedächtnismappe. Vergesst nicht, den Auftrag eurem persönlichen Begleiter zu zeigen. Wenn es nötig ist, kann er euch helfen, einen Rentner zu finden.«*
  Bitten Sie die TN auch, für das nächste Mal Zeitschriften mitzubringen in denen etwas über Freizeit und Hobbys steht.
- Verabschiedung.

Lektion 9: Freizeitbeschäftigung

Ziel:
- Entdecken der Vielfalt und des Wertes von Freizeitbeschäftigung.

Lernschritte:
Die TN lernen
- in ihrer Freizeit interessante Dinge zu tun, die ihnen Freude bereiten und ihnen helfen, aktiv zu bleiben;
- verschiedene Möglichkeiten, wie sie ihre Freizeit verbringen können;
- mindestens eine neue Aktivität auszuwählen, um sie selbst auszuprobieren.

Vorbereitung:
Es wird empfohlen, noch einmal auf das Flipchart-Blatt aus Lektion 1 zurückzuschauen, auf dem die unterschiedlichen Hobbys der TN notiert wurden. Die Kursleitung kann daran anknüpfen. Oft wissen die TN auch nicht, dass das was sie tun, Hobby genannt wird. Dies muss man ihnen erklären. Sollten die TN wenige oder gar keine Hobbys haben, über die gesprochen werden kann, können verständliche Hobbys der Kursleitung zur Sprache gebracht werden. Um die Vielfalt der Freizeitmöglichkeiten zu zeigen, sollten Videoclips der Freizeitgestaltung gezeigt und diskutiert werden. In dieser Kursstunde können die TN von Bildern aus Katalogen und Zeitschriften, die ihr Hobby oder spezielles Interesse darstellen, eine Collage fertigen. In Abbildungen, Filmsequenzen und persönlichen Berichten kann eine große Anzahl von Möglichkeiten zur Freizeitgestaltung angesprochen werden (u. a. auch dieser Kurs), aber es sollten nur so viele werden, dass die Gruppe sie noch verarbeiten kann.

Materialien:
- Entscheidungskarte
- Themenposter »Freizeitbeschäftigung«
- das Flipchart-Blatt aus Lektion 1 (Lieblingsbeschäftigungen der TN)
- Kopien einer Grafik der abnehmenden Arbeits- und der zunehmenden Freizeit
- Neue Wocheneinteilungen der TN basierend auf ihre Wünsche und Vorstellungen
- Filmclips und Fotos der Freizeit, eventuell eigene Fotos und Filmsequenzen
- Flipchart
- Elektronische Tafel, DVD-Player und Fernseher
- Zeitschriften und Kataloge, aus denen Freizeitbilder ausgeschnitten/ausgestochen werden können
- Papier zum Aufkleben der Bilder, Scheren, Klebstoff;
- Arbeitsblätter der Lektion 9 für das Kursbuch

Skizze des Ablaufs der Kurseinheit:
- Begrüßen Sie die TN und lassen Sie sie das Arbeitsbuch bei der Entscheidungskarte aufschlagen. »*Welche Entscheidungen habt ihr für diese Woche getroffen. Hat's geklappt? Wenn ja, warum. Wenn nein, warum nicht? Welche Entscheidungen triffst du diese Woche? Wenn du es weißt, schreiben wir es wieder auf die Entscheidungskarte.*«

- Zeigen Sie die Aufgabe Lektion 8: »*Wir wollen auch die Aufgabe vom vorigen Mal kurz besprechen. Habt ihr alle mit einer pensionierten Person gesprochen? Wie fand diese es, pensioniert zu sein? Was macht sie in der vielen freien Zeit?*«
- Teilen Sie die Zeichnung einer neuen Wocheneinteilung der Arbeit auf der Grundlage der persönlichen Zukunftswünsche (siehe voriges Mal) aus.
- Zeigen Sie auf das Poster Freizeitbeschäftigung und verweisen Sie auf die vorhergehende Lektion. Fragen Sie die TN kurz nach dem Besprochenen.
- Fragen Sie die TN: »*Was ist Freizeit?*« Erklären Sie dann auch selbst: »*Freizeit ist all die Zeit, in der wir nicht am Arbeitsplatz oder zu Hause arbeiten. In unserer Freizeit können wir selbst entscheiden, was wir tun wollen, was wir gern tun, was uns glücklich macht, was uns Spaß macht. Wir können auch etwas Neues tun, etwas, was wir vorher noch nie gemacht haben.*«
- Fragen Sie: »*Was würdest du in deiner Freizeit Neues tun wollen? Hast du viel Freizeit? Entscheidest du selbst, was du in deiner Freizeit tust?*«, und diskutieren Sie die Antworten mit der Gruppe.
- Fragen Sie: »*Wer von euch arbeitet noch?*« und lassen Sie die TN erzählen.
- Fassen Sie das Erzählte zusammen: »*Einige von uns gehen noch zur Arbeit, aber arbeiten unterschiedlich lang und viel. Wenn wir älter werden, wenn wir viele Geburtstage gefeiert haben, dann können wir vielleicht nicht mehr so viel arbeiten. Vielleicht wollen wir auch nicht mehr so viel arbeiten und möchten mehr Freizeit haben.*«
- Erklären Sie: »*Mit dem Arbeiten aufzuhören, wenn man alt ist, ist in Deutschland ein Recht. Wenn wir älter werden, bekommen wir mehr freie Zeit und brauchen nicht mehr so viel zu arbeiten. Wenn wir nur noch frei haben und nicht mehr arbeiten müssen, dann sind wir in Pension oder nennen uns ›Pensionär‹.*«
- Stellen Sie die Frage: »*Wer von euch ist schon Pensionär (im Ruhestand)?*« Lassen Sie die TN davon erzählen.
- Erklären Sie: »*Wenn wir im Alter mehr Freizeit bekommen, dann müssen wir uns überlegen, was wir in unserer Freizeit tun wollen. Wir können in unserer Freizeit schöne Hobbys haben, bei denen man sitzen bleiben kann. Aber mit einem sportlichen Hobby können wir uns auch amüsieren, Spaß haben und neue Freunde gewinnen. Für unseren Körper ist es auch gut, wenn wir ein Hobby haben, bei dem wir aktiv sind und uns körperlich bewegen.*«
- Fragen Sie die TN nach Beispielen für Freizeit mit Bewegung und was man früher an Bewegung gemacht hat.
- Geben Sie ein wenig Zeit, um Erinnerungen hervorzurufen und besprechen Sie, weshalb man diese Hobbys jetzt nicht mehr hat, da man älter geworden ist.
- Zeigen Sie Filmsequenzen von vielen Freizeitaktivitäten und fragen Sie die TN, ob solche Aktivitäten ihnen gefallen würden.
- Fragen Sie bei der Gruppe welche Musik gerne gehört wird.
- Spielen Sie durch CDs, YouTube usw. verschiedene Arten von Musik ab und fragen Sie, ob die Musik gefällt.
- Lassen Sie die Musik, die den meisten TN gefällt (Gruppenentscheidung) als Hintergrundmusik während der nächsten Aktivität weiter spielen.
- Legen Sie Kataloge und Zeitschriften auf den Tisch und lassen Sie Bilder ausschneiden/ausstechen, die mit den Interessen, Vorlieben und Hobbys der TN zu tun haben.

- Bitten Sie darum, dass jeder zum nächsten Mal etwas von seinem Hobby mitbringt (was man z. B. gesammelt, fotografiert, gebaut oder gestrickt hat; wenn man gerne verreist, kann man auch gerne ein Reiseprospekt mitnehmen). *»Wir (Projektleitung) bringen zum nächsten Treffen auch etwas von unserem Hobby mit.«*
- Lassen Sie die TN das Arbeitsbuch aufschlagen: »*Hier ist eine Karte für deine Gedächtnismappe, damit du nicht vergisst, das nächste Mal etwas von deinem Hobby mitzubringen. Vielleicht könntest du auch deine Familie, Freunde und Arbeitskollegen fragen, was sie so in der Freizeit tun und welche Hobbys sie haben. Vielleicht bekommst du ja neue Ideen, was du selbst machen könntest. Sprich über deine Wünsche und Ideen auch mit deinem persönlichen Begleiter.*«
- Teilen Sie die Aufgaben für das nächste Mal aus und lassen Sie die Karte in die Gedächtnismappe stecken. Der persönliche Begleiter sollte bei der Lösung helfen.
- Verabschiedung.

Lektion 10: Freizeitbeschäftigung (Fortsetzung)

Ziel:
- Entdecken der Vielfalt und den Wert von Freizeitbeschäftigung.

Lernschritte:
Die TN lernen
- mindestens vier Beispiele von Freizeitgestaltung zu nennen;
- zwei oder mehr Aktivitäten auszuwählen, die sie gern in ihrer Freizeit ausüben würden;
- sich zusätzlicher Freizeitaktivitäten bewusst zu werden und eventuell neue Freizeitaktivitäten zu wählen.

Vorbereitung:
In dieser Kurseinheit werden Freizeitaktivitäten und der Besuch von interessanten Sehenswürdigkeiten besprochen. Auch wird der erste gemeinsame Ausflug geplant. Die Kursleitung sollte dafür sorgen, dass eine Sammlung durch TN oder Kursleiter mitgenommen wird, um zu zeigen, was das überhaupt ist. Die Darstellung interessanter Sehenswürdigkeiten, die man besuchen könnte, hängt von dem örtlichen Angebot und dem Interesse der TN ab. Man könnte zu dieser Kurseinheit Prospekte oder Filmsequenzen (Internet) von Sehenswürdigkeiten in der näheren Umgebung mitnehmen und zeigen. Man sollte frühzeitig mit der Planung eines Ausflugs beginnen. Besprechen Sie mit den persönlichen Begleitern welcher Tag für einen Ausflug geeignet ist. Schlagen Sie den TN drei reelle Wahlmöglichkeiten vor. Veranschaulichen Sie die Ausflugsziele mit Prospekten/Bildern/Filmen, sodass man weiß, was man wählt und was man erwarten kann. Die Ausflugsziele sollten der Kursleitung bekannt sein und potentiell zu einer positiven Erfahrung der TN beitragen können. Die Kursleiter müssen – abhängig von dem Ausflugsziel – für den Transport sorgen; und wenn Eintritt erhoben

wird, muss geklärt werden, wer die Kosten übernimmt. Das gilt auch für eventuelle gemeinsame Mahlzeiten.

Materialien:
- Entscheidungskarte
- Themenposter »Freizeitgestaltung«
- Sammlung
- Videoclips von Freizeitaktivitäten
- Flipchart
- Prospekte und Videos über Ausflugmöglichkeiten
- Elektronische Tafel oder Fernseher und DVD-Player
- Arbeitsblätter der Lektion 10 für das Arbeitsbuch
- Anmeldungsformulare zum Ausflug

Skizze des Ablaufs der Kurseinheit:
- Begrüßen Sie die TN und lassen Sie sie das Arbeitsbuch bei der Entscheidungskarte aufschlagen. »*Welche Entscheidungen habt ihr für diese Woche getroffen. Hat's geklappt? Wenn ja, warum. Wenn nein, warum nicht? Welche Entscheidungen triffst du diese Woche? Wenn du es weißt, schreiben wir es wieder auf die Entscheidungskarte.*«
- Besprechen Sie die Aufgabe der Lektion 9: »*Wir wollen auch die Aufgabe vom vorigen Mal kurz besprechen. Haben alle sie machen können? Habt ihr dazu Zeit gehabt?*«
- Zeigen Sie das Poster »Freizeitgestaltung« und führen Sie das Thema ein. »*Für manche Freizeitbeschäftigungen braucht man zwei oder mehr Personen (z. B. beim Kartenspielen). Wer kennt noch andere Freizeitbeschäftigungen, für die man mehrere Personen braucht?*«
- Fragen Sie weiter: »*Einige Freizeitaktivitäten kann man allein tun, zum Beispiel fernsehen, Handarbeiten und lesen. Wer kann noch mehr Freizeitbeschäftigungen nennen, die man allein tun kann? Was meint ihr, wie es beim Sammeln ist (Muscheln, Steine, Briefmarken, Buttons, Teddybären)? Kann man das allein machen oder nur zusammen mit anderen?*«
- Besprechen Sie kurz die mitgebrachte Sammlung.
- Besprechen Sie die mitgebrachten Hobby-Beispiele: »*Ihr habt heute noch ein paar Beispiele eurer Hobbys mitgebracht. Wer will etwas davon zeigen und davon erzählen?*« Lassen Sie die mitgebrachten Objekte in der Gruppe herumreichen und die betreffende Person etwas darüber erzählen. »*Wer sich für ein neues Hobby interessiert, kann gut hinschauen und hinhören, was die Anderen erzählen. Vielleicht willst du das auch selbst einmal tun.*«
  »*Habt ihr auch eure Familie, Freunde und Arbeitskollegen gefragt, was sie so in der Freizeit tun und welche Hobbys sie haben? Was waren so ihre Lieblingsaktivitäten?*«
- Zeigen Sie die Filmsequenzen und die Falzblätter über die drei Ausflugsziele: »*Hier in unserer Umgebung gibt es viele interessante Orte, die man besuchen kann. Wo seid ihr schon überall gewesen? Fandet ihr das schön? Sollen wir auch einen Ausflug machen? Ihr dürft zusammen entscheiden, was für ein Ausflug wir machen.*«

- Stellen Sie jeden Ausflug gesondert vor: Was es zu sehen und zu erfahren gibt; wie lange man fährt/läuft; ob es ein Mittagessen gibt; wie lange der Ausflug insgesamt dauert und alle weiteren wichtigen Punkte. Beantworten Sie die gestellten Fragen.
- Fassen Sie die drei Optionen kurz zusammen und lassen Sie die TN die Vor- und Nachteile besprechen; also nicht nur das, was sie am liebsten machen würden.
- Regen Sie an auszuwählen: »*Wie würdet ihr euch entscheiden? Wir können nicht alle Ausflugsorte besuchen. Welchen Ort wählen sich die meisten von euch aus?*«
- Reduzieren Sie die Entscheidungen (falls nötig) und lassen Sie über die zwei mit den meisten Stimmen abstimmen.
- Generalisieren/reflektieren Sie die vorige Erfahrung »Selbstbestimmung« versus »Absprache in der Gruppe«: »*Ihr seht, dass man eine Abstimmung vornehmen muss, wenn in einer Gruppe mehrere Menschen für sich unterschiedliche Entscheidungen getroffen haben. So erkennt man, mit welcher Meinung die meisten übereinstimmen. Das gewählte Ziel ist ein interessanter Ort, und wir alle werden uns dort wohl fühlen. Die anderen Orte könnt ihr allein oder mit anderen zusammen in eurer Freizeit einmal besuchen.*«
- Teilen Sie die Aufgabe der Lektion 10 aus: »*Hier sind wieder einige Seiten für dein Arbeitsbuch. Die erste Seite ist wieder die Aufgabe. Bitte informiert euch selbst über das Urlaubsziel (Falzblatt, Internet, Gespräch mit informierten Anderen). Die zweite Seite werden wir hier ausfüllen, damit auch dein persönlicher Begleiter weiß, was wir vorhaben.*«
- Helfen Sie den TN beim Ausfüllen der Seite (teilweise vorgedruckt): »*Wir schreiben den Ort auf, den ihr für unseren Ausflug ausgewählt habt, wieviel Geld er kostet (wenn es überhaupt Geld kostet), wann wir losfahren und wie spät wir wieder zu Hause sind.*«
- Vorbereitung auf den Ausflug: »*Es gibt auch Sachen, die man miteinander absprechen sollte, bevor man zusammen einen Ausflug unternimmt. Könnt ihr euch vorstellen was man zuvor absprechen sollte?*« Besprochen werden sollten die Punkte: pünktlich sein, freundlich zueinander sein, nicht zu laut sprechen oder schreien, zusammenbleiben, den Anweisungen an Ort und Stelle folgen. Besprechen Sie an dieser Stelle auch, dass alle TN angemessene Kleidung anhaben oder Geld mitnehmen sollten.
- Regeln Sie falls nötig mit dem individuellen Begleiter, Betreuer oder Familie besondere individuelle Hilfen, die beim Ausflug notwendig sind.
- Empfehlen Sie: »*Erzähle deiner Familie und deinen Freunden und Bekannten von deinem Ausflug. Möglicherweise sind sie schon dort gewesen und können dir etwas darüber erzählen. Berichte vor allem auch deinen persönlichen Begleiter von unseren Plänen.*«
- Lassen Sie die Seiten mit der Aufgabe sowie die Information über den Ausflug in die Gedächtnismappe stecken.
- Wenn für den Ausflug eine besondere Erlaubnis nötig sein sollte, müssen Sie dafür sorgen, dass ein entsprechendes Formular in die Gedächtnismappe gesteckt wird.
- Verabschiedung.

Lektion 11: Freundschaften und soziale Netzwerke

Ziel:
- Lernen, was »Freunde« und »Freundschaft« bedeutet und wie man ein guter Freund sein kann.

Lernschritte:
Die TN lernen
- zwischen verschiedenen Arten von Freundschaften zu unterscheiden;
- ihre eigenen Freundeskreise und Netzwerke zu beschreiben;
- unterschiedliche Weisen kennen, wie sie sich einander helfen können;
- zwei Arten kennen, für jemand anderes ein richtiger Freund sein;
- wie sie mit eventuellen Schwierigkeiten innerhalb einer Freundschaft umgehen können.

Vorbereitung:
Oft haben Erwachsene mit einer geistigen Behinderung nur wenig Freunde. Sie freunden sich gern mit den Betreuern an, aber diese Beziehungen sind leider oft nur vorübergehend möglich. Sowohl durch den Mangel an guten Vorbildern in ihrer Umgebung und Möglichkeiten zum Schließen von Freundschaften sind ihre sozialen Fähigkeiten, um Freundschaften zu initiieren und zu erhalten, begrenzt. Auch bildet das Fehlen von Transportmöglichkeiten ein großes Hindernis. Ein gutes Medium, das soziale Netzwerk der TN darzustellen, ist der »Freundeskreis«.

Materialien:
- Themenposter Freundschaft
- Entscheidungskarte
- einige Kopien des »Freundeskreises« (ein großer Kreis mit drei kleineren Kreisen und einem dicken Punkt in der Mitte)
- bunte Filzstifte
- Flipchart
- einige (gratis) Postkarten
- eine kleine blühende Pflanze für jeden TN
- Arbeitsblätter der Lektion 11 für das Kursbuch

Skizze des Ablaufs der Kurseinheit:
- Begrüßen Sie die TN und lassen Sie sie das Arbeitsbuch bei der Entscheidungskarte aufschlagen. »*Welche Entscheidungen habt ihr für diese Woche getroffen. Hat's geklappt? Wenn ja, warum. Wenn nein, warum nicht? Welche Entscheidungen triffst du diese Woche? Wenn du es weißt, schreiben wir es wieder auf die Entscheidungskarte.*«
- Führen Sie in das Thema Freundschaft ein und zeigen Sie auf das betreffende Poster: »*Heute werden wir über Freunde und Freundschaften sprechen – Freunde bekommen, Freunde bleiben, mit den Freunden gemeinsam etwas unternehmen, von*

den Freunden Hilfe erhalten. Könnt ihr sagen, was ein Freund eigentlich ist? Was zum Beispiel tut ein Freund für dich?«
- Bringen Sie eine Diskussion über Eigenschaften und Qualitäten eines Freundes in Gang (»*Jemand, der dich nett findet; jemand, mit dem du gerne etwas unternimmst; jemand, von dem du ziemlich viel weißt; jemand, auf den du dich verlassen kannst; jemand, der ehrlich zu dir ist und dich versteht; jemand, der mit dir teilt und dir zuhören kann; Freunde helfen einander.*«).
- Fragen Sie: »*Und wie steht es mit der Familie – mit Brüdern und Schwestern? Eltern? Cousins und Cousinen? Können Sie deine Freunde sein?*« Wenn diese Frage durch einige TN verneint wird, können Sie die oben genannten Aspekte/Kriterien (nett sein, unternehmend usw.) noch einmal mit diesen TN auf Bruder oder Schwester durchnehmen.
- Fragen Sie: »*Warum sind Familie und Freunde für uns so wichtig?*« Versuchen Sie anhand der Antworten die wichtigsten Aspekte zu klären.
- Erklären Sie: »*Einander helfen ist eines der wichtigsten Dinge, die Freunde für einander tun können. Wie helfen wir einander hier in dieser Gruppe? Kann mir jemand ein Beispiel geben? Sind wir jetzt auch alle Freunde geworden (helfen alle den Anderen und wird ihnen selbst auch geholfen?), oder sind wir eher Bekannte?*«
- Fragen Sie: »*Könnt ihr euch erinnern, dass ihr in der letzten Zeit jemandem geholfen habt?*« Gehen Sie auf die Antworten ein. Versuchen Sie dahinterzukommen, was genau das Problem war und wie die TN geholfen haben. Setzen Sie eventuell die beschriebene Situation in einem Rollenspiel um.
- Fragen Sie: »*Hattet ihr schon mal Hilfe nötig? Welche Art Hilfe hattet ihr schon mal nötig? Wenn du Hilfe brauchst, an wen wendest du dich dann? Welche Menschen kannst du um Hilfe bitten?*«
- Teilen Sie eventuell bei einer Gruppe von fünf oder mehr TN die Gruppe in zwei Teile (zwei Gruppenleiter), und besprechen Sie den »Freundeskreis« für jeden der TN. Hängen oder kleben Sie den »Freundeskreis« auf.
- Erklären Sie: »*Du stehst in der Mitte. Es geht um dich. In den Kreis, der dir am nächsten ist, schreiben wir gleich die Namen deiner besten und liebsten Freunde. Es sind die Menschen, mit denen du dich am wohlsten fühlst. Du kannst ihnen wirklich vertrauen. Du besuchst sie gerne. Es kann ein Freund sein oder eine Freundin. Es kann auch jemand aus deiner Familie sein oder ein Betreuer.*«
- Erklären Sie weiter: »*Es gibt auch Menschen, die du kennst und nett findest, aber mit denen du nicht eng befreundest bist. Du trinkst mit ihnen nicht so oft Kaffee und besuchst sie auch nicht so oft, oder vielleicht überhaupt nicht. Es sind nicht enge Freunde, sondern eher Bekannte. Ihre Namen schreiben wir gleich in den Kreis, der etwas weiter von dir weg ist.*«
»*Und dann gibt es noch andere Menschen, die du nur oberflächlich kennst. Du weißt oft nicht einmal ihren Namen, aber du siehst sie öfter. Du grüßt sie. Das ist zum Beispiel der Busfahrer, der Nachbar, die Frau hinter der Kasse oder ein ferner Arbeitskollege. Zu ihnen gehst du nie Kaffee trinken oder zu Besuch. Es sind eher ferne Bekannte.*«
- Fragen Sie: »*Ich möchte jetzt, dass ihr alle über Namen von besten Freunden nachdenkt, aber auch über Namen von guten Bekannten und fernen Bekannten. Wir werden dann diese Personen in den ›Freundeskreis‹ schreiben. Wer möchte anfangen?*«

- Schreiben Sie den Namen des betreffenden TN in die Mitte des »Freundeskreises«. »*Das bist du. Jetzt schreiben wir in diesen Kreis den Namen deiner besten und liebsten Freunde, denkt auch an eure Familie. Welche Namen sollen wir in den zweiten Kreis schreiben? Wer sind die guten Bekannten, die du ab und zu besuchst. Es sind nicht deine besten Freunde, aber Menschen, die du gern hast und zum Beispiel bei der Arbeit siehst. In den letzten Kreis, weit von dir weg, schreiben wir die fernen Bekannten. Sind die Nachbarn Freunde, gute oder ferne Bekannte? Gehören auch Arbeitskollegen oder Personen, die du in deiner Freizeit triffst, zu den fernen Bekannten?*«
- Fragen Sie: »*Kann jemand aus dem äußersten Kreis in den Kreis kommen, der dir am nächsten ist? Ja, klar, das geht. Aber dafür musst du schon etwas tun. Du musst ein Freund sein, um einen Freund zu haben. Freundschaften musst du pflegen und gut dafür sorgen – genau so wie du Pflanzen und Blumen gut versorgen musst, damit sie gut wachsen und blühen. Was tun gute Freunde, um Freunde zu bleiben? Wie können wir verhindern, dass wir unsere Freunde verlieren? Was musst du tun, um für jemanden ein guter Freund zu sein.*« (Mögliche Antworten: Kontakte pflegen: anrufen, chatten, Email oder Kartenschicken; irgendwohin gehen und zusammen etwas unternehmen; zusammen Spaß haben; Geschenke geben; zu Festen einladen; so nett wie möglich sein; etwas Schönes für deine Freunde tun).
- Geben Sie jedem TN eine kleine blühende Pflanze: »*Wir möchten jedem von euch jetzt eine blühende Pflanze geben. Sie soll euch daran erinnern, dass man seine Freunde aufmerksam und fürsorglich behandeln muss. Wenn ihr nachher vergesst, der Pflanze Wasser zu geben und sie in eine dunkle Ecke stellt, dann geht die Pflanze ein. So geht das auch mit einer Freundschaft. Wenn du dich bei deinen Freunden nie meldest, nie anrufst, nicht einlädst, keine Chatnachricht oder Postkarte schickst, dann geht auch eine Freundschaft ein und dann bist du kein Freund mehr.*«
- Fragen Sie: »*Was kannst du zusammen mit einem Freund unternehmen? Was tut ihr gern zusammen? Wo geht ihr gern zusammen hin?*«
- Verteilen Sie die Aufgabe zum nächsten Mal: Lassen Sie die TN aus dem Stapel Postkarten eine Karte wählen: »*Jeder darf sich eine Postkarte auswählen und sie an einen guten Freund oder gute Freundin schicken. Du kannst auf die Karte etwas Nettes schreiben oder kleben. Schreibe dann eventuell mit Hilfe deines persönlichen Begleiters die Adresse auf die Karte. Klebe dann eine Briefmarke darauf und werfe die Karte in einen Briefkasten. Wenn dein Freund in der Nähe wohnt, kannst du ihm die Karte auch geben.*«
- Teilen Sie die Arbeitsblätter von Lektion 11 aus. »*Steckt jetzt die Postkarte in die Gedächtnismappe und die Arbeitsblätter von dieser Stunde in euer Arbeitsbuch.*«
- Verabschiedung.

Lektion 12: Freundschaften aufbauen

Ziele:
- Vorbereitung auf (soziale) Erfahrungen in Kontakt- und Begegnungsstätten
- Freundschaften zwischen den Geschlechtern aufzubauen
- Lernen von Fertigkeiten, die sich auf Sozialisation und Selbstbehauptung beziehen

Lernschritte:
Die TN lernen
- Gesprächstechniken zu üben;
- sich stärker bewusst zu werden, welche Freizeit- und Kontaktmöglichkeiten Treff- und Seniorenzentren bieten können und wie man diese Angebote in Anspruch nimmt;
- eine Aktivität (z. B. Tanzen, Kinobesuch) mit einem Partner zu unternehmen.

Vorbereitung:
In dieser Stunde wird auf die Entwicklung von Selbsthilfe- und sozialen Fertigkeiten eingegangen und man bereitet sich auf den Besuch eines Freizeit- und Begegnungszentrum oder einem Seniorenclub (in dem potentiell neue Freunde gewonnen werden können) vor. Ein Teil der Stunde wird für die Planung des Ausflugs verwendet. Die Kursleitung sollte sich vor dem Besuch gut über das Zentrum informieren. Ist man offen für neue TN? Ist der Ort leicht zugänglich? Werden Bedingungen an den Besuch einer Gruppe gestellt? Diese Fragen sollte man bereits im Vorfeld des Ausflugs klären.

Bei der Vorbereitung kann man ein Video oder Fotos zeigen, die einen Eindruck vermitteln, wie es in einem Freizeitzentrum oder einem Club zugeht. Auch könnte man Personal der Freizeitstätte zu dieser Lektion einladen, um das Zentrum mit Wort und Bild vorzustellen. Die Rollenspiele in dieser Stunde sollten durch die Kursleitung vorbereitet werden.

Materialien:
- Themenposter »Freundschaft«
- Entscheidungskarte
- Karten, auf denen die unterschiedlichen Gesprächsthemen geschrieben stehen
- Filmsequenzen oder Fotos über das (Aktivitäten-)Angebot eines Freizeitzentrums oder eines Seniorenclubs
- Fernseher oder elektronische Tafel
- Flipchart
- Arbeitsblätter der Lektion 12 für das Kursbuch

Skizze des Ablaufs der Kurseinheit:
- Begrüßen Sie die TN, stellen Sie eventuelle Besucher vor. Lassen Sie danach die TN das Kursbuch bei der Entscheidungskarte aufschlagen. »*Welche Entscheidungen habt ihr für diese Woche getroffen. Hat's geklappt? Wenn ja, warum. Wenn nein, warum nicht? Welche Entscheidungen triffst du diese Woche? Wenn du es weißt, schreiben wir es wieder auf die Entscheidungskarte.*«
- Fragen Sie: »*Beim letzten Mal habe ich euch gebeten, die durch euch gewählten Postkarten einem Freund oder einer Freundin zu schicken oder zu geben. Habt ihr das alle getan?*«
- Vorbereitung TN auf Besuch: »*Demnächst werden wir ein Freizeitzentrum (Seniorenclub) besuchen. In einem Freizeitzentrum können Erwachsene an verschiedene*

Aktivitäten teilnehmen. Man kann dort z. B. tanzen, etwas trinken, basteln, spielen, singen, kegeln oder an einer anderen Aktivität teilnehmen.«
- Erzählen Sie von der zu besuchenden Freizeitstätte (bzw. lassen Sie den Gast erzählen). Zeigen Sie dabei auch das dazu gehörende Material (Broschüren, Video, Bilder).
- Anbahnung von Kontakt mit Fremden: »*Wir sind nun schon eine längere Zeit mit diesem Kurs beschäftigt. Im Laufe der Zeit haben wir einander besser kennengelernt. Einige von euch kannten sich schon vorher. Was aber sollte man tun, wenn man jemand zum ersten Mal trifft. Was sagst und tust du dann? Lass es uns hören.«*
- Zeigen Sie einem der TN als Mitspieler wie der erste Kontakt aussieht: »*Prima. Man gibt sich die Hand, schaut die Person an und nennt seinen eigenen Namen. Und wenn du dich selbst vorgestellt hast: was kannst du dann noch zu jemandem sagen? Wenn man mit Freunden spricht, gibt es oft genug Sachen, über die man sprechen kann. Was sagt man aber, wenn man jemand nicht kennt, aber ihn besser kennenlernen möchte?«*
- Besprechen Sie die Möglichkeiten. Wenn von den TN keine Vorschläge kommen, schlagen Sie dann selbst welche vor (z. B. das Wetter, das Fernsehprogramm von gestern, das Fußballspiel). Führen Sie diesen »small talk« zusammen mit dem anderen Kursleiter vor. Wenn TN sich darauf einlassen, können auch sie die Situation spielen.
- Zeigen Sie die Themenkarten: »*Seht mal, ich habe hier ein paar Karten mit Themen, über die du mit Menschen sprechen kannst, die du noch nicht gut kennst.«*
- Wenn einige TN gern ein Rollenspiel vorführen, lassen Sie sie dann verschiedene Situationen vorspielen. Geben Sie den TN Anweisungen für die Rollenspiele. Wenn die TN sich nicht auf Rollenspiele einlassen, dann führt die Kursleitung die Rollenspiele aus. Geben Sie nach jedem Spiel Gelegenheit zu einer kurzen Diskussion, ob dies geholfen hat, um einander besser kennenzulernen.
- Rollenspiel 1: »*Peter trifft Anne zum ersten Mal und stellt ihr die folgenden Fragen: Wieviel Geld verdienst du? Hast du deine Haare gefärbt? Bist du verliebt? Peter wundert sich, dass sie sich umdreht und keine Antwort gibt. Warum verhält Anne sich so?«*
Gehen Sie auf mögliche Erklärungen ein (z. B. zu intime Fragen, wenn man sich noch nicht kennt, Unsicherheit, erschreckt sein, beleidigt sein).
- Rollenspiel 2: »*Gisela trifft Klaus in einem Freizeitzentrum. Sie kennt ihn nicht. Es wird getanzt. Weil er ihr gefällt, fordert sie ihn auf, mit ihr zu tanzen. Auf dem Weg zur Tanzfläche fragt sie ihn: Bist du verheiratet? Hast du schon eine Freundin, sonst will ich deine Freundin werden. Wird Gisela Erfolg haben? Gibt es geschicktere Wege, um Klaus näher kennenzulernen?«*
Erklären Sie: »*Wenn man Fragen stellt, über die Menschen sich erschrecken, kommt kein gutes Gespräch zustande. Dasselbe passiert, wenn man jemandem persönliche Fragen stellt. Wenn man mit jemandem gut befreundet ist, dann ist es in Ordnung, etwas Persönliches zu fragen. Dafür sind gute Freunde auch da. Aber wenn du jemanden nicht gut kennst, oder du hast ihn erst vor Kurzem kennengelernt, dann stellt man besser nicht gleich sehr persönliche Fragen.«*
- »*Wer möchte es mal geschickter anpacken als Gisela und Klaus?«*

- Rollenspiel 3: »*Gisela trifft Klaus in einem Freizeitzentrum. Sie kennt ihn nicht. Es wird getanzt. Weil er ihr gefällt, fordert sie ihn auf, mit ihr zu tanzen. Auf dem Weg zur Tanzfläche sagt sie ihm:* »*Du gefällst mir und ich glaube, dass du gut tanzen kannst*«. *Sie tanzen zusammen und Gisela merkt, dass es Klaus gefallen hat. Sie fragt:* »*Sollen wir es später noch einmal probieren?*«
- Aufgabe zum nächsten Mal: »*Die Aufgabe zum nächsten Mal handelt von dem, worüber du mit deinen Freunden reden kannst. Geh zu deinem Freund oder zu deiner Freundin und frag, worüber ihr zusammen als Freunde gut sprechen könnt. Du kannst es dort aufschreiben, aber du kannst auch deinen Freund zu dir nach Hause einladen. Dann kannst du gemeinsam mit deinem persönlichen Begleiter aufschreiben, worüber du mit Freunden gut reden kannst. Lasse diese Aufgabe (vorgedruckt) in die Gedächtnismappe stecken. Bitte zeigt diese Aufgabe auch eurem persönlichen Begleiter.*«
- Bereiten Sie vor: »*Demnächst gehen wir ins Freizeitzentrum, … / in den Club / in … Dort begegnen wir auch Menschen, die wir nicht kennen. Ihr wisst, was ihr tun müsst, wenn ihr einem Menschen begegnet, den ihr nicht kennt?*« (Kurz die Inhalte wiederholen lassen). »*Ich möchte euch bitten, in der kommenden Woche ein wenig zu üben, was ihr tun und sagen könntet, wenn ihr einer unbekannten Person begegnet. Übt auch mal mit eurem persönlichen Begleiter, wie ihr die Begegnung anfangt und wie ihr ein gutes Gespräch führen könnt.*«
- Absprachen für den Ausflug: »*Was müssen wir noch weiter besprechen, bevor wir das Freizeitzentrum/den Club besuchen?*« Warten Sie auf die Antworten der TN und besprechen Sie falls nötig Geld, passende Kleidung, Transport, Mittagessen/Restaurant, Absprachen mit den persönlichen Begleitern der TN etc.
- Teilen Sie die Arbeitsblätter von Lektion 12 aus und lassen Sie diese in die Gedächtnismappe einfügen. »*Das hier ist ein Brief für euren persönlichen Begleiter. Es steht da genau drin, wann und mit welchen Verkehrsmitteln wir das Freizeitzentrum/den Club aufsuchen und was ihr mitnehmen müsst. Steckt den Brief in die Gedächtnismappe und die Arbeitsblätter von dieser Stunde in euer Arbeitsbuch. Bringt bitte zur nächsten Kursstunde ein Foto von eurem Zimmer oder Haus, in dem ihr wohnt, mit. Bitte nicht vergessen.*«
- Verabschiedung.

Lektion 13: Wohnsituationen

Ziel:
- Kennenlernen der unterschiedlichen Wohnmöglichkeiten und die mit ihnen verbundenen Vor- und Nachteile

Lernschritte:
Die TN lernen
- positive Aspekte ihrer jetzigen Wohnsituation zu benennen;
- zu bestimmen, was sie an ihrer jetzigen Wohnsituation gern verändern möchten;
- ihre Vorliebe in Bezug auf eine mehr ideale Wohnsituation auszusprechen.

14.3 Lektionen des Lehrgangs

Vorbereitung:
Der Inhalt dieser Kursstunde hängt von den örtlichen Wohnmöglichkeiten für Menschen mit einer geistigen Behinderung ab. Das Themenposter, auf dem die unterschiedlichen Wohnformen stehen, ist in dieser Stunde eine gute Illustration. Vor dieser Stunde sollte die Kursleitung über die Wohnsituation der TN informiert sein. Soweit möglich gilt dies auch für den Wunsch der TN, um in eine andere Wohnform zu wohnen. Man sollte abschätzen, ob die Person in der Lage ist, umzuziehen.

Die Kursleitung sollte auch über spezifische Alternativen des Wohnens in der Region und den Einrichtungen informiert sein. Diese Kursstunde gibt dem TN die Gelegenheit, seine oder ihre Vorliebe für das Wohnen zu äußern, die später in den persönlichen Aktionsplan eingearbeitet wird. Es ist nicht das Ziel der Kursstunde, die TN zu einer Veränderung ihrer Wohnsituation zu ermutigen. Viele TN werden mit ihrer jetzigen Wohnsituation zufrieden sein und keine Veränderung wünschen. Das primäre Ziel dieser Stunde ist vielmehr, genaue Information zu vermitteln und den TN zu helfen, Vor- und Nachteile der unterschiedlichen Wohnsituationen gegeneinander abzuwägen. In der letzten Stunde wurden die TN gebeten, ein Foto von ihrer Wohnung mitzubringen. Diese werden im ersten Teil dieser Stunde eingesetzt.

Materialien:
- Wahl- und Entscheidungskarte
- Themenposter mit Abbildungen von unterschiedlichen Wohnformen
- Fotos der eigenen Wohnsituation der TN
- Flipchart
- Filmsequenzen über die unterschiedlichen Wohnformen
- Fernseher, DVD-Spieler oder elektronische Tafel
- Auftrag aus Lektion 13
- Arbeitsblätter der Lektion 13 für das das Kursbuch

Skizze des Ablaufs der Kurseinheit:
- Begrüßen Sie die TN, stellen Sie eventuelle Besucher vor. Lassen Sie danach das Kursbuch bei der Entscheidungskarte aufschlagen. *»Welche Entscheidungen habt ihr für diese Woche getroffen. Hat's geklappt? Wenn ja, warum. Wenn nein, warum nicht? Welche Entscheidungen trifft du diese Woche? Wenn du es weißt, schreiben wir es wieder auf die Entscheidungskarte.«*
- Gehen Sie auf die Aufgabe für diese Stunde ein: *»Hat jeder die Aufgabe gemacht? Habt ihr noch darüber nachgedacht, wie man Freunde bekommt? Habt ihr jemand kennengelernt? Wie hat er oder sie reagiert?«*
- Zeigen Sie auf das Poster »Wohnsituationen«: *»Dies hier ist das Themenposter für heute. Auf diesem Poster sind Bilder von unterschiedlichen Wohnformen.«*
- Fragen Sie die TN nach ihrer Wohnsituation: *»Wo wohnt ihr? In einer Wohnung, im Wohnheim oder in einer Wohngruppe? Zusammen mit anderen Menschen oder allein? Habt ihr ein Foto von eurer Wohnung oder eurem Haus mitgebracht? Erzählt mal bitte, wo ihr wohnt.«*

- Zeigen Sie den Film mit den unterschiedlichen Wohnformen: »*Welche Wohnmöglichkeiten gibt es so?*« Benennen Sie die Wohnformen und erklären Sie wichtige Aspekte der Wohnsituation.
- Fragen Sie: »*Worin unterscheiden sich diese Wohnungen voneinander?*« (eigenes Zimmer, viele Mitbewohner, ruhige Lage, Anbindung ÖPNV, viel Personal, viel selbst tun, Einkaufsläden in der Nähe etc.?).
- Fragen Sie: »*Was musst du zum Beispiel tun, wenn du allein in einer eigenen Wohnung wohnst? Was ist da der Unterschied zum Wohnen in einem Altersheim? Kennst du eine große Behinderteneinrichtung – wohnst du dort oder hast du dort gewohnt? Wie ist/war das Wohnen dort?*« Lassen Sie die TN über ihre Erfahrungen berichten. »*Wie ist das Wohnen bei der Familie? Fast jeder von euch hat doch früher bei der eigenen Familie gewohnt? Wie war das Wohnen dort? Wer von euch wohnt in einem Wohnheim oder einer Wohngruppe. Was gibt es darüber zu erzählen? Was gefällt euch daran und was nicht?*«
- Geben Sie Gelegenheit zur Diskussion: »*Was denkst du über die Wahlmöglichkeiten, die du in deiner jetzigen Wohnsituation hast? Kannst du selbst entscheiden, was du isst? Wer bestimmt, welche Fernsehprogramme du dir anschaust? Darfst du selbst entscheiden, was du nach dem Essen tust?*«
- Fragen Sie: »*Was macht ihr so im Haushalt (z. B. kochen, abwaschen, Mülltonnen rausstellen, im Garten arbeiten, Wäsche waschen, bettfertig machen, Einkäufe erledigen, Rechnungen zahlen). Macht ihr das allein oder zusammen mit anderen. Gibt es einen Plan, der das einteilt?*«
- Fragen Sie weiter: »*Was dein Zimmer betrifft: Darfst du selbst entscheiden, wie du es dir einrichtest? Wer sagt dir, wie spät du aufstehen sollst und wann du ins Bett gehst? Darfst du so oft du willst telefonieren? Hast du ein Handy? Gibt es dafür Regeln, wann und wo du es gebrauchen darfst? Musst du immer an Gruppenaktivitäten teilnehmen oder darfst du das machen, wozu du selbst Lust hast? Wer macht dein Zimmer sauber?*«
- Geben Sie Gelegenheit zur Diskussion und zum Nachdenken: »*Wir wollen mal über die Vor- und Nachteile sprechen, wenn man allein oder mit jemandem zusammenwohnt. Warum ist es schön, mit anderen Menschen in einem Haus oder einer Wohnung zu wohnen (Arbeit wird geteilt; Menschen, um mit zu reden und Freizeit zu verbringen; es ist Hilfe da, wenn man sie braucht; man fühlt sich sicherer.)*«
- Erklären Sie: »*Aber Zusammenwohnen kann auch manchmal schwierig sein. Was sind so die Probleme? (Absprachen über z. B. Fernsehprogramme; störende und unfreundliche Mitbewohner; laut und unordentlich; vergessen geliehene Sachen zurückzubringen.)*«
- Erklären Sie weiter: »*Auch das Alleinwohnen ist nicht immer leicht. Welche Schwierigkeiten kann man haben, wenn man allein wohnt? (man fühlt sich einsam; wird nicht direkt geholfen und getröstet, wenn etwas passiert; es ist niemand da, der beim Kochen, Haushalt und Einkaufen hilft).*«
- Fragen Sie: »*Warum kann das Alleinwohnen auch sehr schön sein?*« (Mögliche Antworten: Keiner stört dich; du kannst machen, was du willst; du brauchst keine Rücksicht auf die Wünsche anderer zu nehmen; du hast mehr Raum für dich selbst; du kannst Menschen einladen, wann du das willst; du lebst nach deinen eigenen Regeln).

- Fragen Sie weiter: »*Wie beurteilst du deine eigene Wohnsituation? Gibt es etwas, das du verändern möchtest? Findest du das Essen lecker? Wie findest du dein Zimmer? Was denkst du über die Mitbewohner? Wie findest du die Umgebung (zu laut, zu ruhig, passiert nichts, keine Busverbindung etc.). Sind die Regeln zu streng?*«
- Fragen Sie und lassen Sie die TN ihre Meinung dazu sagen: »*Hat jemand von euch schon mal daran gedacht, irgendwo anders zu wohnen?*«
- Erklären Sie und geben Sie Gelegenheit zu einer Diskussion: »*Manchmal ist ein Umzug möglich. Wenn du wirklich das Gefühl hast, umziehen zu wollen, kannst du dir gemeinsam mit deinem persönlichen Begleiter oder mit jemand anderem vom Personal überlegen, welche Möglichkeiten so bestehen. Du kannst es natürlich auch mit deiner Familie besprechen. Aber manchmal ist ein Umzug nicht möglich. Warum könnte es unmöglich sein, jetzt sofort in eine andere Wohnung umzuziehen?*« (Mögliche Antworten: keine freie Wohnung verfügbar; lange Wartelisten; freie Wohnungen sind zu teuer; persönliche Umstände wie: mehr Begleitung notwendig; Wohnung ist nicht angepasst an körperliche Behinderungen; drohende Vereinsamung oder Verwahrlosung).
- Schreiben Sie die wichtigsten Antworten und Verbesserungswünsche der TN auf die Flipchart und die Entscheidungskarte. »*Bitte lasst eure Wünsche zum Wohnen auch eurem persönlichen Begleiter sehen. Bitte bringt zum nächsten Mal Kataloge/Prospekte von Möbelhäusern, Haushaltwarengeschäften und Kaufhäusern mit. Bitte lasst euch die Wünsche und Verbesserungsvorschläge bis nächste Woche durch den Kopf gehen. Nächstes Mal werde ich euch nochmal danach fragen.*«
- Lassen Sie die Karte mit Verbesserungswünschen und den Auftrag Kataloge und Prospekte mitzunehmen, in die Gedächtnismappe stecken und teilen Sie die Arbeitsblätter dieser Lektion für das Arbeitsbuch aus.
- Verabschiedung.

Lektion 14: Verbesserung der Wohnsituation

Ziele:
- Verstärkung des Gefühls von Stolz über die eigene Wohnung
- Verstärkung des positiven Einbezugs in ihrer Umgebung und in den Umgang mit ihren Mitbewohnern

Lernschritte:
Die TN lernen
- wie sie das Verhältnis zu den Mitbewohnern verbessern können;
- wie sie ihre Wohnverhältnisse angenehmer zu gestalten;
- ihre Wohnung mit etwas, das sie im Kurs erstellt haben, zu verschönern.

Vorbereitung:
Im ersten Teil der Kursstunde wird Wert auf die Verbesserung der Beziehungen zu den Mitbewohnern gelegt. Im zweiten Teil ist ausreichend Zeit und Gelegenheit, die Kreativität der TN zu entfalten: z. B. Blumengestecke basteln, Zeichnungen oder Kollagen zum Einrahmen machen oder etwas aus Ton gestalten. Die

Wahl der kreativen Aktivität hängt sowohl von den Möglichkeiten und Motivation der TN als auch von den Interessen und Fertigkeiten der Kursleitung ab. Man kann auch Künstler, freiwillige Helfer oder Personal in diese Stunde einbeziehen. Mit zusätzlichen Begleitern bei dieser Aktivität können mehr Wahlmöglichkeiten für persönliche Interessen angeboten werden.

Um den TN Anregungen zu vermitteln, wie sie ihr Zimmer schöner einrichten können, kann die Kursleitung unterschiedliche Kataloge von Möbelhäusern, Haushaltwarengeschäften und Kaufhäusern mitbringen. Ebenfalls können die TN ermutigt werden, für das Ausgesuchte zu sparen: für einen Deckbettenbezug, ein dekoratives Kissen oder eine Pflanze.

Materialien:
- Themenposter »Wohnsituationen«
- Entscheidungskarte
- Kataloge/Prospekte von Möbelhäusern, Haushaltwarengeschäften und Kaufhäusern
- abhängig von der gewählten Aktivität: Handwerkzeug; Vasen, »Moosi« (Steckschwamm) und Blumen, die für Gestecke geeignet sind
- Arbeitsblätter der Lektion 14 für das Kursbuch

Skizze des Ablaufs der Kurseinheit:
- Begrüßen Sie die TN, stellen Sie eventuelle Besucher vor. Lassen Sie danach die TN das Kursbuch bei der Entscheidungskarte aufschlagen. *»Welche Entscheidungen habt ihr für diese Woche getroffen. Hat's geklappt? Wenn ja, warum. Wenn nein, warum nicht? Welche Entscheidungen trifft du diese Woche? Wenn du es weißt, schreiben wir es wieder auf die Entscheidungskarte.«*
- Zeigen Sie die Aufgabe von Lektion 13: *»Habt ihr euch in eurem Zimmer/in eurer Wohnung umgesehen, was ihr eventuell verbessern könnt? Was ist es? Wer von euch fängt an?«*
- Fangen Sie mit Fragen zu dem ersten Thema dieser Stunde an: *»Lasst uns nun über die Menschen, mit denen du zusammenwohnst, sprechen. Denk daran, dass du selbst auch dazu beitragen musst, dass es gemütlich ist. Wie kannst du ihnen helfen? Was machst du jetzt schon, um ihnen zu helfen? Helfen Sie dir auch? Und wie? Kommt ihr gut miteinander aus? Sind es Freunde, Bekannte oder eher Fremde für dich? Wie kannst du dafür sorgen, dass die Menschen in deinem Haus möglichst gut miteinander auskommen?«* (Mögliche Antworten: Feste feiern; Geschenke austauschen; gemeinsame Absprachen treffen und sich daranhalten; einen Aufgabenplan erstellen, in dem jeder mal an die Reihe kommt; Radio oder Fernseher nicht zu laut stellen; gemeinsam etwas unternehmen etc.).
- Fangen Sie mit dem zweiten Thema an: *»Man kann es im Hause und seinem Zimmer auch dadurch gemütlicher machen, indem man schöne Dinge aufhängt oder aufstellt. Was würdest du mal gerne Neues aufhängen (Fotos, Zeichnungen, Bilder, Spiegel, etc.)?«*
- Fragen Sie: *»Darfst du selbst aussuchen, was du im Zimmer aufhängst oder aufstellst? Darfst du dir deine eigenen Fotos, Pflanzen und eigene Möbel aussuchen?«* Wenn einige TN dies nicht selbst entscheiden dürfen, muss der Kursleiter hier

rücksichtsvoll vorgehen. Man kann auch versuchen, herauszubekommen, mit wem sie über Veränderungen im häuslichen Umfeld reden können. Mit den TN, die selbst entscheiden können, kann man jedoch direkt über solche Veränderungen sprechen. Auch kann man mit ihnen üben, eventuelle Veränderungen zu realisieren.
- Legen Sie die Prospekte der Teilnehmer und der Kursleitung auf den Tisch. »*Hier habe ich einige Prospekte von Möbelhäusern und Kaufhäusern. Werft mal einen Blick hinein und sucht Dinge aus, die ihr richtig schön findet und in euer Zimmer passen. Wir tun mal so, als wären wir ganz reich und könnten uns alles kaufen, was wir gerne hätten. Was würdest du dann auswählen?*« Besprechen Sie die Wahl nach dem Kriterium: Ist der Raum groß genug für diese Wahl.
- Zeigen Sie auf die Gedächtnismappe des Arbeitsbuches und teilen Sie die Aufgabe aus: »*Ich gebe euch jetzt schon die Aufgabe zum nächsten Mal. Sie handelt von den Möglichkeiten, dein Zuhause schöner und angenehmer zu machen. Schreibt bitte auf, wie man das Zimmer schöner machen kann.*«
- Stellen Sie die Materialien für die kreative Aktivität bereit und stellen Sie nochmals die Gäste, die mithelfen, vor. Erklären Sie (oder einer der Gäste) die Aktivität und eventuell die Wahlmöglichkeiten. Teilen Sie die Begleiter so ein, dass man bei der Aktivität optimal helfen kann: »*Wir werden jetzt etwas gestalten, das du mit nach Hause nehmen und in deinem Zimmer oder woanders im Haus aufstellen/aufhängen kannst. Ich bin sicher, dass alle in deinem Haus – und auch dein persönlicher Begleiter – deine Arbeit prächtig finden werden. Such zu Hause mal einen schönen Platz dafür.*«
- Verabschiedung.

Lektion 15: Ziele vornehmen

Ziele:
- Erhöhung des Bewusstseins der dafür, dass die TN sich bei der Besprechung ihres individuellen Begleitungsplans selbst einbringen können.
- Fertigkeiten benennen, die nötig sind, um sich Ziele setzen zu können.
- Erhöhung des Selbstbewusstseins der TN in Bezug auf ihre Teilnahme an der Besprechung.

Lernschritte:
Die TN lernen
- das Ziel der Besprechung eines individuellen Begleitungsplans kennen;
- die Namen derjenigen zu benennen, die sie gern dabei hätten, wenn ihr individueller Begleitungsplan besprochen wird;
- den Begriff »Ziel« zu umschreiben;
- die Ziele des Kurses zu benennen – in Bezug auf Wohnen, Arbeit, Freizeit, Pensionierung – die im Lauf des Kurses zur Sprache kamen, und was sie auf diesen Gebieten ändern würden;
- ihre Entscheidungen und Absichten in der letzten individuellen, zusammenfassenden Kurssitzung klar zu artikulieren.

Vorbereitung:
Der Lehrgang und auch diese Kursstunde haben sich zum Ziel gesetzt, den TN deutlich zu machen, dass sie selbst Entscheidungen treffen können. Die TN werden ermutigt, dies zu üben und im Alltag umzusetzen. In dieser Kursstunde wird den TN geholfen, ihre Vorlieben, selbst genommenen Entscheidungen und gesetzten Ziele klar für sich und andere zu artikulieren.

In dieser Kursstunde kommen noch einmal alle wichtigen Themen des Kurses – Wohnen, Arbeit, Freizeit, Pensionierung – vor und bereitet die TN auf die letzte individuelle Sitzung vor. Ziel dieser Stunde ist es, jedem TN – auf Grundlage der vorangegangenen Kursstunden – bei der Formulierung seiner persönlichen Ziele zu helfen. Dazu werden alle Poster des Kurses noch einmal präsentiert und kurz besprochen. Die endgültige Entscheidung in Bezug auf die Ziele, die man realisieren will, wird erst in der nächsten individuellen Sitzung getroffen. In dieser letzten Sitzung werden die persönlichen Ziele in einem Aktions-/Handlungsplan – das wichtigste Endprodukt dieses Kurses – verfasst. Dieses individuelle Gespräch in der nächsten Stunde ist der Abschluss dieses Lehrgangs und bildet einen untrennbaren Bestandteil.

Die Realisierung der im Aktions-/Handlungsplan genannten Ziele fällt in der Regel außerhalb des Bereichs des Kurses. Es wird in der Regel einige Zeit dauern, bis das von einem TN genannte Ziel umgesetzt werden kann. Man denke zum Beispiel an eine Veränderung der Wohnumgebung. Der Aktionsplan soll für den TN und den persönlichen Begleiter vor allem eine Hilfe sein, um Wünsche, Vorlieben und persönliche Vorhaben in dem individuellen Begleitungsplan der Einrichtung zu integrieren. Die letzte Stunde – die Erstellung eines individuellen Handlungsplans – bereitet darauf vor.

Materialien:
- Entscheidungskarten
- alle Themenposter des Lehrgangs
- Arbeitsblätter der Lektion 15
- Flipchart/Filzstifte oder elektronische Tafel

Skizze des Ablaufs der Kurseinheit:
- Begrüßen Sie die TN, stellen Sie eventuelle Besucher vor. Lassen Sie danach die TN das Arbeitsbuch bei der Entscheidungskarte aufschlagen. »*Welche Entscheidungen habt ihr für diese Woche getroffen. Hat's geklappt? Wenn ja, warum. Wenn nein, warum nicht?*«
- »*Habt ihr noch einmal nachgedacht über Möglichkeiten, euer Zuhause schöner und angenehmer zu machen?*«
- Erklären Sie: »*Leider ist heute das letzte Mal, dass wir alle in einer Kursstunde zusammenkommen. Glücklicherweise ist der Kurs noch nicht ganz vorbei. Denn nach dieser Stunde treffen wir (Kursleiter) jeden von euch einzeln, um miteinander zu besprechen, wie es weitergehen könnte. Dein persönlicher Begleiter wird auch dazu eingeladen. Ihr könnt auch noch weitere Personen einladen, wenn ihr möchtet (eventuell Familie und Betreuer). Wann genau das sein wird, hört ihr noch. Und wen ihr noch alles einladen wollt, sprechen wir gleich ab.*«

- Zeigen Sie die Themenposter des Lehrgangs: »*Wie ihr inzwischen wisst, handeln diese Poster von den Themen, die wir im Lehrgang besprochen haben.*«
- Zeigen Sie auf jedes einzelne Poster und fassen Sie die wichtigsten Aspekte der Lektionen zusammen. Versuchen Sie die TN soviel wie möglich in diese Zusammenfassung des Lehrstoffs einzubinden: Wie du deine eigene Entscheidung treffen kannst; was du darfst und was du musst, deine Rechte und Pflichten; was du alles in deiner Freizeit tun kannst; Arbeit und Pensionierung; dein Freundeskreis; wie und wo du wohnen kannst.
- Fassen Sie kurz die Entscheidungen mit den TN zusammen: »*Wir haben dabei auch über die Entscheidungen, die ihr getroffen habt, gesprochen: was du an deiner Freizeitgestaltung ändern möchtest; ob du weniger arbeiten und mehr freie Zeit haben möchtest oder eben nicht; wie du mehr Freunde bekommen kannst; ob du etwas daran ändern möchtest, wie und wo du wohnst.*«
- Erklären Sie: »*Alle diese Entscheidungen stehen in deinem Arbeitsbuch. Ihr und wir können sie leicht wiederfinden. Es ist wichtig, deine Entscheidungen zu kennen, weil wir diese nachher in einem Plan aufschreiben, einem Handlungsplan. Warum heißt dieser Plan »Handlungsplan«? Ein Handlungsplan will einen Wunsch Wirklichkeit werden lassen. Es muss aufgeschrieben und abgesprochen werden, was alles dafür getan werden muss und wer was tun muss.*«
- Erklären Sie weiter: »*Das machen wir nicht jetzt, sondern in einem Gespräch mit dir, uns (Kursleiter) und deinem persönlichen Begleiter. Du darfst auch andere Menschen dazu einladen. Wen würdest du gern bitten, bei diesem Gespräch mit dabei zu sein? Wer aus deiner Familie, dein Partner, enge Freunde oder vielleicht jemanden vom Personal, den du gut kennst?*«
- Schreiben Sie auf ein Flipchart-Blatt/eine elektronische Tafel: »*Wir schreiben erst eure Namen auf und dann schreiben wir dahinter, wen ihr einladen möchtet*«. Bitten Sie danach jeden TN, entsprechende Namen zu nennen.
- Fragen Sie: »*Wir wissen jetzt, wen ihr zu dem Gespräch einladen möchtet. Wisst ihr auch noch, was ihr in der kommenden Zeit verändern wollt, was ihr anders haben wollt? Wir werden jetzt hinter euren Namen schreiben, was ihr in der kommenden Zeit verändern möchtet. Ihr habt es auch schon in eurem Arbeitsbuch aufgeschrieben. Wer weiß aber schon so, was er verändern möchte?*«
- Es ist empfehlenswert, dass die Kursleitung die getroffenen Entscheidungen während des Kurses inventarisiert und davon pro Person eine Liste anfertigt. Um zu verhindern, dass bei den TN falsche Erwartungen geweckt werden, müssen die Entscheidungen für den Handlungsplan realistisch und umsetzbar sein. »*Alles was wir jetzt aufgeschrieben haben, werden wir auch in dem Gespräch mit anderen besprechen. Wir machen mit dir, deinem persönlichen Begleiter und den auf dem Blatt aufgeschriebenen Personen dafür einen Termin aus.*«
- Erklären Sie: »*Ihr habt vielleicht schon mal gehört, dass es auch in eurer Einrichtung Besprechungen über einen individuellen Begleitungsplan gibt? Wer weiß, was das ist? Hat jemand schon mal eine solche Besprechung gehabt?*« Lassen Sie diese TN über ihre Erfahrungen berichten.
- Erklären Sie, was eine Begleitungsplan-Besprechung bedeutet. Wenn TN schon an einer solchen Besprechung teilgenommen haben, bitten Sie sie, davon zu erzählen. Wenn die TN bis jetzt der Besprechung des Begleitungs-

planes nicht beigewohnt haben, sollte die Kursleitung dessen Ziel, Methode, Teilnehmende etc. besprechen und Fragen beantworten.
- Besprechen Sie die Rolle des TN bei der Besprechung: »*Es ist ganz wichtig, dass du bei der Besprechung deines Begleitungsplans selbst sagst, was du möchtest. Wenn du nicht deutlich sagst, was deine Wünsche und Pläne sind, dann können die Anderen das auch nicht berücksichtigen. Dann könnte es passieren, dass Betreuer, Familie oder Andere etwas beschließen, was du überhaupt nicht möchtest. Deshalb musst du klar und deutlich sagen, was du willst. Das ist der Grund warum wir zusammen einen Aktionsplan machen. Du, dein persönlicher Begleiter und andere können nachher bei der Besprechung deines Begleitungsplans nicht vergessen, was deine Entscheidungen sind und was du erreichen möchtest.*«
- Erklären Sie: »*In den Aktionsplan werden persönliche Ziele aufgenommen. Wer weiß, was ein Ziel ist? Ein Ziel ist etwas, das ich erreichen will – jetzt oder nach einiger Zeit. Wir haben im Kurs über viel Sachen gesprochen, über Bewegung, gesund essen, Freunde bekommen, Freizeit, Pensionierung und Wohnen. Immer wieder mit der Frage »Was möchte ich eigentlich? Wofür entscheide ich mich? Was ist das Ziel für mich?« Ziele haben mit den Entscheidungen, die ihr trefft, etwas zu tun. Diese Entscheidungen, wie sie z. B. im Arbeitsbuch stehen, könnt ihr in Ziele umsetzen. Und ihr könnt einen Plan machen, einen Aktionsplan, um ein Ziel zu erreichen.*«
- Geben Sie ein Beispiel: »*Stell dir mal vor, du hast dir vorgenommen, dir als Ziel gestellt, selbständiger zu wohnen. Wie geht man da vor?*« Warten Sie auf Vorschläge der Gruppe. »*Man sollte sich einige Fragen stellen: z. B. Was sollte ich noch mehr über selbständigere Wohnformen wissen? Muss ich erst bestimmte Sachen, die dazu gehören, noch lernen und üben? Habe ich Bekannte, Freunde, Familie und Begleiter, die mich noch besser informieren können? Kann man auch Probewohnen? etc.*«
- Erklären Sie: »*Auch solche größeren Ziele sind zu verwirklichen. Aber man muss sich dafür sehr einsetzen, sich informieren, lernen, ausprobieren, aber vor allem auch Hilfe suchen. Es gibt bestimmt Menschen, die dabei helfen, dein gewünschtes Ziel zu erreichen. Man muss also auch lernen, sich von anderen helfen zu lassen. Wer könnte dies sein?*«
- Kündigen Sie die Besprechung des Aktionsplans an: »*Das nächste Mal kommen wir zum gemeinsamen Gespräch zusammen, gemeinsam mit deinem persönlichen Begleiter und den Anderen, die wir aufgeschrieben haben.*«
- Abschließende Feier: »*Also erst das Gespräch. Aber ich habe noch eine Überraschung für euch. Wir organisieren auch noch eine kleine Feier, zu der du auch deine Familie und Freunde einladen kannst. Diese Feier ist das echte Ende des Lehrgangs. Ihr bekommt dann auch eine Urkunde, ein Zertifikat mit eurem Namen. Darauf steht, dass ihr erfolgreich an diesem Kurs »Selbstbestimmt älter werden« teilgenommen habt. Weil es ein wichtiges Fest für euch ist, zieht bitte auch schöne Kleidung an.*«
- Verabschiedung.

Lektion 16: Erstellen eines individuellen Aktionsplanes und Abschlussfeier

Ziel:
- Erstellen eines individuellen Aktionsplanes auf der Grundlage der vom TN gesetzten Ziele

Lernschritte:
Die TN lernen
- auf der Grundlage der im Lauf des Lehrgangs formulierten Ziele zusammen mit der Kursleitung einen Aktionsplan aufzustellen;
- die Fertigkeiten zur Selbsthilfe dadurch zu üben, dass sie in der Besprechung für sich selbst eintreten und Wünsche und Ziele zu erkennen geben.

Vorbereitung des individuellen Abschlussgespräches:
Die Kursleitung ist Gastgeber dieser Zusammenkunft. Sie hat dafür gesorgt, dass die Menschen, die von den TN in Lektion 15 vorgeschlagen wurden, eine Einladung zu diesem Gespräch bekommen haben. Auch die TN müssen sich für die von ihnen eingeladenen Gäste (Familie, Freunde, persönlicher Begleiter, eventuell andere Mitarbeiter) verantwortlich fühlen, indem sie mithelfen: Sie können sie zum Beispiel an der Tür erwarten, ihre Mäntel aufhängen und sie zum Gesprächsraum geleiten. Es empfiehlt sich, die Gruppe zu teilen, um jedem TN genügend Gelegenheit zu geben, den individuellen Handlungsplan zu erstellen und zu üben. Die Lektion 16 könnte parallel gegeben werden, indem die Kursleitung je einer Gruppe vorsitzt, oder sequentiell in der Anwesenheit beider Kursleiter. Es sollten ausreichend Vorlagen für das Erstellen von individuellen Handlungsplänen ausgeteilt werden können. Jedes einzelne Ziel muss festgelegt und aufgeschrieben werden, außerdem sollte festgelegt werden, wer für die Realisierung (mit-)verantwortlich ist und wie mögliche Hindernisse behoben werden können.

Es ist empfehlenswert, dass die Kursleitung am Ende der Stunde zwei Kopien des individuellen Handlungsplanes erstellt, eine Kopie für den TN und eine für den persönlichen Begleiter. Die Kopie des TN sollte in das Arbeitsbuch aufgenommen werden, sodass der Handlungsplan später bei der Besprechung eines individuellen Begleitungsplans auch für den TN zur Verfügung steht. Das Ziel dieser Kursstunde ist nicht nur die Erstellung eines Handlungsplans, sondern auch eine Übung für den TN, wie er bei der Besprechung des individuellen Begleitungsplans in der Einrichtung für sich selbst eintreten kann. Während dieser letzten Zusammenkunft können die Betreuer, Familie und Freunde üben, wie man den TN unterstützen kann, sodass in der Besprechung des Begleitungsplans optimal auf die Wünsche des TN eingegangen werden kann.

Vorbereitung der Schlussfeier:
Nach dem individuellen Gespräch mit den TN ist es Zeit, den Lehrgang mit einer gemeinsamen Zusammenkunft festlich abzuschließen. Bei dieser Gelegenheit werden den TN auch die Urkunden/Zertifikate über eine erfolgreiche Teilnahme an diesem Kurs überreicht. Eine festliche Gestaltung des Raumes, der Versorgung (Kaffee und Kuchen, Buffet), der Tische und der Veranstaltung kann dazu beitragen, dass die TN und ihre Gäste das Ende des Kurses als einen würdigen Abschluss erfahren. Abhängig von den jeweiligen Umständen kann dieses Treffen mittags oder abends stattfinden.

Die TN legen in der Regel großen Wert darauf, hierbei auch ihre Familie, Freunde und Bekannte einzuladen. Es soll ein richtiges Fest werden, wobei die

Zertifizierung der TN im Zentrum steht. Sie werden nach erfolgreicher Absolvierung des Lehrgangs im Beisein der Menschen, die ihnen wichtig sind, mit einer richtigen Urkunde belohnt.

Materialien für das Erstellen eines individuellen Aktionsplans:
- das individuelle Arbeitsbuch
- ausreichend Vorlagen für das Erstellen von individuellen Handlungsplänen
- ausreichend Kopien der Seiten mit den vorgenommenen Zielen während des Kurses
- Flipchart oder elektronische Tafel als Hilfe für die Erstellung des Aktionsplans
- eventuell die Poster des Lehrgangs als Gedächtnisstützen

Materialien für die Schlussfeier:
- Urkunden
- ein Füller zur Unterzeichnung der Urkunden
- ein Foto-/Videoapparat, um von der Feier Bilder zu machen, die die TN später bekommen
- festliche Gestaltung der Veranstaltung

Literatur

#CTI. (2016, Juni). Charte pour des technologies inclusives [Convention for inclusive technologies]. Contribution from the 15th meeting of the Institut universitaire en déficience intellectuelle et en trouble du spectre de l'autisme of Centre de partage d'expertise en intervention technoclinique and the Institut universitaire en déficience intellectuelle et en trouble du spectre de l'autisme, in connection with the CIUSSS de la Mauricie-et-du-Centre-du-Québec, Trois-Rivières, Québec.

AAIDD (2011): Definition of intellectual disability. American Association on Intellectual and Developmental Disabilities.

AAMR (1992). Mental retardation: definition, classification and systems of supports. American Association on Mental Retardation: Washington D.C., USA.

AAMR (2001). Request for Comments on Proposed New Edition of Mental Retardation: Definition, Classification, and Systems of Support. Ad hoc committee in Terminology and Classification: News and Notes, September–Oktober. S. 9–12.

AAMR-IASSID (1995). Practice Guidelines for the Clinical Assessment and Care Management of Alzheimer and other Dementias among Adults with Mental Retardation. Washington: American Association on Mental Retardation.

Adlin, M. (1993). Health care issues. In Sutton, E., Factor, A., Hawkins, B., Seltzer, G. & Heller, T. (Hrsg.), Older adults with developmental disabilities. Baltimore: Paul Brookes. S. 49–60.

Aerts-Neggers, T., Schoonbrood-Lenssen, A. & Maaskant, M. (2003). Gehoorverlies bij mensen met een verstandelijke handicap, resultaten van een screeningsonderzoek in drie activiteitencentra. Nederlands Tijdschrift voor de Zorg aan verstandelijk gehandicapten, 29, 4. S. 238–250.

Allen, K. D., Vatland, C., Bowen, S. L., & Burke, R. V. (2015). An evaluation of parent-produced video self-modeling to improve independence in an adolescent with intellectual developmental disorder and an autism spectrum disorder: A controlled case study. Behavior Modification, 39, 542–556.

Amiet, C., Gourfinkel-An, I., Bouzamondo, A., Tordjman, S., Baulac, M., Lechat P., et al. (2008). Epilepsy in autism is associated with intellectual disability and gender: evidence from a meta-analysis. Biological Psychiatry 64, S. 577–82.

Ancoli-Israel, S. (1997). Schlaf und Schlafstörungen. Berlin/Wiesbaden: Ullstein Mosby.

Anderson, D., Lakin, C., Hill, K. & Chen, T. (1992). Social integration of older adults with mental retardation in residential facilities. American Journal on Mental Retardation, 96, 3. S. 488–501.

Angelopoulou, N., Matziari, C., Tsimaras, V., Sakadamis, A., Souftas, V. & Mandroukas, K. (2000). Bone mineral density and muscle strength in young men with mental retardation (with and without Down syndrome). Calcified Tissue International, 66, 3. S. 176–180.

Antonovsky, A. (1979). Health, stress and coping. San Francisco: Jossey-Bass.

APA (1996). Diagnostisches und statistisches Manual pyschischer Störungen. American Psychiatric Association Göttingen: Hogrefe.

Arenhövel, M. (1998). Kinder und Jugendliche mit geistiger Behinderung und ihr Umgang mit Sterben, Tod und Trauer – eine empirische Studie. Geistige Behinderung, 37, 1. S. 51–58.

Arndt, I. (1991). Die altersgerechte Wohngruppe. In Landschaftsverband Rheinland (Hrsg.). Geistig Behinderte im Alter. Auf der Suche nach geeigneten Wohn- und Betreuungsformen. Pullheim: Rheinland. S. 57–64.

Atchley, R. (1988). Social forces and aging: An introduction to social gerontology. Belmont, CA: Wadsworth.

Attour, A., & Longhi, C. (2009). Fracture numérique: Le chaînon manquant [Digital divide: the missing link]. Les Cahiers du numérique, 5, 1. S. 119–146.

Auty, E., Scior, K. (2008). Psychologists' Clinical Practices in Assessing Dementia in Individuals With Down Syndrome. Journal of Policy and Practice in Intellectual Disabilities, 5, 4. S. 259–268.

Axmon, A., Björne, P., Nylander, L., Ahlström, G. (2017). Psychiatric diagnoses in older people with intellectual disability in comparison with the general population: a register study. Epidemiology and Psychiatric Sciences, S. 1. Cambridge University Press.

Bach, H. (Hrsg.) (1979). Pädagogik der Geistigbehinderten. (Handbuch der Sonderpädagogik, Bd. 5) Berlin: Marhold.

Backes, G. M. & Clemens, W. (2013). Lebensphase Alter. Eine Einführung in die sozialwissenschaftliche Alternsforschung, 4. Auflage. Weinheim: Beltz Juventa.

Bader, I. (1986). Alte geistig behinderte Menschen im Heim. Lebensgeschichte, Bedürfnisse und Möglichkeiten zur individuellen Lebensgestaltung im Alter. Geistige Behinderung 25, 4. S. 271–279.

Baltes, P. (1980). Life-span developmental psychology. Annual Review of Psychology, 31. S. 65–110.

Baltes, P. & Baltes, M. (1990). Successful aging: perspectives from the behavioral sciences. Cambridge: University Press.

Barnard, L., Pearson, J., Rippon, L. & O'Brien, G. (2002). Behavioural phenotypes of genetic syndromes: summaries including notes on management and therapy. In O'Brien, G. (Hrsg.): Behavioural Phenotypes in Clinical Practice. London: Mac Keith Press.

Bartels, S. (1982). Zum Alternsprozeß geistig behinderter Menschen und Konsequenzen für die Lebensgestaltung. Zur Orientierung, 6. S. 302–314.

Bartels, S. (1989). Beim biologischen Altern sind wir alle gleich. Medizinische Aspekte des Alters und Alterns geistig behinderter Menschen. Zur Orientierung, 13. S. 12–14.

Basaglia, F. (1973). Die Institutionen der Gewalt. In F. Basaglia (Hrsg.), Die negierte Institution oder Die Gemeinschaft der Ausgeschlossenen. Ein Experiment der psychiatrischen Klinik in Görz. Frankfurt a. M.: Suhrkamp, S. 122–161.

BAST. Berichte der Bundesanstalt für Straßenwesen (2018a) (Hrsg.). Seniorinnen und Senioren im Sttraßenverkehr. Bergisch-Gladbach: Schünemann.

BAST. Berichte der Bundesanstalt für Straßenwesen (2018b) (Hrsg.). Demographischer Wandel – Kenntznisstand und Maßnahmenempfehlungen zur Sicherung der Mobilität älterer Verkehrsteilnehmer. Bergisch-Gladbach: Schünemann. Batchelor, N. H. (2010). Palliative or hospice care? Understanding the similarities and differences. Rehabilitation Nursing, 35(2), S. 60–64.

Batey, G., & Waine, H. (2015). Safe Internet access for service users. Learning Disability Practice, 18(3), S. 16–20.

Baumgart, E. (1991). Durchblicken – anpacken. Tagung für Kursleiter-Innen der Erwachsenenbildung. Stuttgart: Wittwer.

Baumrucker, S. J., Morris, G. M., Stolick, M., & VandeKieft, G. (2010). A »minor« decision: Right to die or manslaughter? American Journal of Hospice and Palliative Care, 27(6)

Baumrucker, S. J., Sheldon, J. E., Oerdi, K. A., & VandeKieft, G. (2010). End-of-life care when the state is the guardian. American Journal of Hospice and Palliative Medicine, 27 (4), S. 289–294.

Baxter, D., Floor, L., Rosen, M. & Zisfein, L. (1975). A survey of marriages among previously institutionalized retardates. Mental Retardation, 13. S. 33–37.

Baxter, H., Lowe, K., Houston, H., Jones, G., Felce, D. & Kerr, M. (2006). Previously unidentified morbidity in patients with intellectual disability. The British Journal of General Practice 56, S. 93–8.

Beange, H., Lennox, N. & Parmenter, T. (2000). Health targets for people with an intellectual disability. Journal of Intellectual and Developmental Disability, 24, 4. S. 283–297.
Beange, H., & Lennox, N. (1998). Physical aspects of health in the learning disabled. Current Opinion in Psychiatry, 11, S. 531–534.
Beange, H., McElduff, M. & Baker, W. (1995). Medical disorders in adults with intellectual disability: a population study. American Journal on Mental Retardation, 99. S. 595–604.
Becker, T., & Kilian, R. (2006). Psychiatric services for people with severe mental illness across western Europe: What can be generalized from current knowledge about differences in provision, costs and outcomes of mental health care? Acta psychiatrica Scandinavia, 113, S. 9–16.
Becks, T., Dehm, J., Eberhardt, B. (2007): Ambient Assisted Living. Neue »intelligente« Assistenzsysteme für Prävention, Homecare und Pflege, Frankfurt am Main: DGBMT im VDE.
Beer, O. (2004): Suchtmittelgebrauch bei Menschen mit so genannter geistiger Behinderung. In: Geistige Behinderung 35 (3), S. 255–269.
Beer, O. (2008): Suchtmittelgebrauch und geistige Behinderung. Eine Bestandsaufnahme mit dem Schwerpunkt Alkoholkonsum, Geesthacht.
Bekkema, N., de Veer, A. J. E., Wagemans, A. M. A., Hertogh, C. M. P. M., & Francke, A. L. (2015). ›To move or not to move‹: A national survey among professionals on beliefs and considerations about the place of end-of-life care for people with intellectual disabilities. Journal of Intellectual Disability Research, 59 (part 3), S. 226–237.
Bensch, C. & Klipcera, C. (2000). Dialogische Entwicklungsbegleitung. Ein Modell für die Arbeit von BehindertenpädagogInnen mit erwachsenen Menschen mit geistiger Behinderung. Heidelberg.
Bertling, E. & Schwab, A. (1995). Erfülltes Alter: Auch für Menschen mit einer geistigen Behinderung. Vierteljahrsschrift für Heilpädagogik und ihre Nachbargebiete, 2. S. 212–221.
Bhaumik, S., Watson, J., Thorp, C., Tyrer, F. & McGrother, C. (2008). Body mass index in adults with intellectual disability: distribution, associations and service implications: a population-based prevalence study. Journal of Intellectual Disability Research, 52, 4. S. 287–298.
Bibby, R. (2012). ›I hope he goes first‹: Exploring determinants of engagement in future planning for adults with a learning disability living with ageing parents. What are the issues? A literature review. British Journal of Learning Disabilities, 41, S. 94–105.
Bigby, C. (1997). Later life for adults with intellectual disability: a time of opportunity and vulnerability. Journal of Intellectual and Developmental Disability 22, S. 97–108.
Bigby, C. (2002). Ageing people with a lifelong disability: Challenges for the aged care and disability sectors. Journal of Intellectual and Developmental Disability, 27(A), S. 231–241.
Bigby, C., Balandin, S., Fyffe, C., McCubbery, J., & Gordon, M. (2004). Retirement or just a change of pace: An Australian national survey of disability day services used by older people with disabilities. Journal of Intellectual and Developmental Disability, 29(3), S. 239–254.
Bigby, C. (2008). Known well by no-one: trends in the informal social networks of middleaged and older people with intellectual disability five years after moving to the community. Journal of Intellectual and Developmental Disability 33, S. 148–157.
Bigby, C., Bowers, B., & Webber, R. (2011). Planning and decisionmaking about the future care of older group home residents and transition to residential aged care. Journal of Intellectual Disability Research, 55(8), 777–789.
Bihm, E. & Eliot, L. (1982). Conceptions of death in mentally retarded persons. The Journal of Psychology, Texas Tech. U., 111, 2. S. 205–210.
Birg, H. (2011). Zur aktuellen Lage der Weltbevölkerung. Informationen zur politischen Bildung, 282, S. 19–29.
Bittles, A., Petterson, B., Sullivan, S., Hussain, R., Glasson, E. & Montgomery, P. (2002). The influence of intellectual disability on life expectancy. The Journals of Gerontology: Biological Sciences and Medical Sciences, 57. S. 470–472.

Bittles, A. & Glasson, E. (2004). Clinical, social, and ethical implications of changing life expectancy in Down syndrome. Developmental Medicine and Child Neurology, 46, S. 282–286.

Bittles, A. H., Bower, C., Hussain, R. & Glasson, E. J. (2007) The four ages of Down syndrome. European Journal of Public Health 17, 221–225.

BIVA 2018: BIVA Pflegestützpunkt (Hrsg.) (2018). Quartierskonzepte in der Altenhilfe. Online abrufbar unter: https://www.biva.de/quartierskonzepte-in-der-altenhilfe/ (Abruf: 18.08.2020).

Black, Cohn, J., Smull, M. & Crites, L. (1985). Individual and familiy factors associated with risk of institutionalization of mentally retarded adults. American Journal of Mental Deficiency, 90. S. 271–276.

Bleeksma, M. (2004). Mit geistiger Behinderung alt werden. Weinheim: Beltz.

Bundesministerium für Familie, Senioren, Frauen und Jugend (BMFFSJ) (Hrsg.) (2018). Neue Bilder vom Alter. Aktiv im Alter. Online abrufbar unter: https://www.bmfsfj.de/bmfsfj/themen/aeltere-menschen/aktiv-im-alter/neue-bilder-vom-alter (Abruf: 18.08.2020).

Bodde, A. E., Seo, D-C. (2009). A review of social and environmental barriers to physical activity for adults with intellectual disabilities. Disability and Health Journal 2, S. 57–66.

Böhmer, C., Klinkenberg-Knol, E., Kuipers E., Niezen-de Boer, M., Schreuder, H., Schuckink-Kool, F. & Meuwissen, S. (1997). The prevalence of Helicobacter pylori infection among inhabitants and healthy employees of institutes for the intellectually disabled. American Journal of Gastroenterology, 92. S. 1000–1004.

Böhmer, C., Klinkenberg-Knol, E., Niezen-de Boer, R. & Meuwissen, S. (1997). The age-related incidences of oesophageal carcinoma in intellectually disabled individuals in institutes in the Netherlands. European Journal of Gastroenterology and Hepatology, 9. S. 589–592.

Böhmer, C., Niezen-de Boer, M., Klinkenberg-Knol, E., Deville, W., Nadorp, J. & Meuwissen, S. (1999). The prevalence of gastro-oesophageal reflux disease in institutionalized intellectually disabled individuals. American Journal of Gastroenterology, 94, 3. S. 804–810.

Böhmer, C., Niezen-de Boer, M., Klinkenberg-Knol, E. & Meuwissen, S. (2000). Review article. Gastroesophageal reflux disease in intellectually disabled individuals: how often, how serious, how manageable? American Journal of Gastroenterology, 95, 8. S. 1868–1872.

Böhmer, C., Taminiau, J., Klinkenberg-Knol, E. & Meuwissen, S. (2001). The prevalence of constipation in institutionalized people with intellectual disability. Journal of Intellectual Disability Research, 45. S. 212–218.

Boitz-Gläßel, I.-D. (2012). Ambulant betreute Wohngemeinschaften: ein Wohn- und Betreuungsmodell mit Zukunft. In: Bausteine.demenz. Handlungswissen für den beruflichen Alltag, 14/2012, S. 1–4.

Boker, L.K., Merrick, J. (2002): Cancer incidence in persons with Down Syndrome in Israel. Down Syndrome. Research and Practice, 8,1, S. 31–36.

Boot, F.H., Owuor, J. Dinsmore, J. & MacLachlan, M. (2018). Access to assistive technology for people with intellectual disabilities: a systematic review to identify barriers and facilitators. Journal of Intellectual Disability Research, Vol.62, 10, S. 900–921.

Bös, K. (Hrsg.) (1989). Geistig Behinderte in Bewegung, Spiel und Sport. Bundesvereinigung Lebenshilfe für geistig Behinderte e. V. Marburg: Lebenshilfe-Verlag.

Botsford, A. L. (2000). Integraring end of life care into services for people with an intellectual disability. Social Work in Health Care, 31(\), S. 35–48.

Botsford, A. L., & King, A. (2010). End-of-life policies and pracrices. In S. L. Friedman & D. T. Helm (Hrsg.), End-of life care for children and adults with intellectual and developmental disabilities. Washington, DC: American Association on Intellectual and Developmental Disabiliries, S.13–29.

Bouras, N., & Ikkos, G. (2013). Ideology, psychiatric practice and professionalism. Psychiatriki, 24(1), 17–26.

Bowers, B., Bigby, C., Webber, R. (2009). Intellectual disability and ageing. In: Nay, R., Garratt, S., (Hrsg.). Interdisciplinary care of older people: Issues and innovations. Sydney, Australia: Elsevier. S. 60–77.

Braddock, D. L., Hemp, R., Rizzolo, M. C., Haffer, L., Tanis, E. S., & Wu, J. (2011). The state of the states in developmental disabilities 2011. Boulder, CO: University of Colorado.

Bradl, C. (1983). Lebensbedingungen älterer Menschen mit geistiger Behinderung: Zusammenfassung und Auswertung der Diskussionen. In Bundesvereinigung Lebenshilfe e. V. (Hrsg.). Altwerden von Menschen mit geistiger Behinderung. Vorträge, Berichte und ergänzende Beiträge zum Internationalen Workshop 1981: »Situation des älteren geistig behinderten Menschen«. Marburg: Lebenshilfe-Verlag.

Bradl, C. (1997). Selbstbestimmung – Strukturelle Grenzen im Heim. In Bundesvereinigung Lebenshilfe e. V. (Hrsg.). Humanes Wohnen und seine Bedeutung für das Leben geistig behinderter Erwachsener. Große Schriftenreihe, Band 5. 2. Auflage. Marburg: Lebenshilfe-Verlag. S. 88–97.

Braunschweig, C., Gomez, S., Sheean, P., Tomey, K., Rimmer, J. & Heller, T. (2004). Nutritional status and risk factors for chronic disease in urban-dwelling adults with Down syndrome. American Journal on Mental Retardation, 109. S. 186–193.

Bredewold, F., Hermus, M., Trappenburg, M. (2018). ›Living in the community‹ the pros and cons: A systematic literature review of the impact of deinstitutionalisation on people with intellectual and psychiatric disabilities. Journal of Social Work 0(0), august, S. 1–34. https://www.researchgate.net/publication/327054200

Britt, H. C., Harrison, C. M., Miller, G. C., Knox, S. A. (2008). Prevalence and pattern of multimorbidity in Australia. Medical Journal od Australia, 189,2, S. 72–77.

Brühl, P. (2009): Gesundheitsversorgung bei Menschen mit geistiger Behinderung (Manuskript eines Vortrags beim Landesverband von Eltern-, Angehörigen- und Betreuerbeiräten in Werkstätten und Wohneinrichtungen für Menschen mit geistiger Behinderung in NRW, Eschweiler, 07.05.2009). URL: http://www.lvebnrw.de/Prof_Bruehl_Gesundheitsversorgung.pdf (Abruf: 18.06.2019).

Brucker, K. (1998). Gesundheitliche Vorsorge für Menschen mit geistiger Behinderung. Geistige Behinderung, 1. S. 66–76.

Bruckmüller, M. (1993). Besonderheiten der Erwachsenenbildung mit Menschen mit einer geistigen Behinderung. Geistige Behinderung, 32, 3. S. 239–247.

Buchner, E. (1993). Wohnangebote für das ganze Leben. Das Beispiel der Lebenshilfe Hattingen/Ruhr. In Bundesvereinigung Lebenshilfe e. V. (Hrsg.). Alt und geistig behindert. Große Schriftenreihe. Bd. 26. 2. Aufl. Marburg: Lebenshilfe-Verlag. S. 133–136.

Buijssen, H. (1997). Senile Demenz. Eine praktische Anleitung für den Umgang mit Alzheimer Patienten. Beltz: Psychologie Verlags Union.

Buijssen, H. (2003). Demenz und Alzheimer verstehen – mit Betroffenen leben. Ein praktischer Ratgeber. Weinheim, Basel: Beltz Verlag.

Bundesarbeitsgemeinschaft der überörtlichen Träger der Sozialhilfe und der Eingliederungshilfe (BAGüS) (2020). Kennzahlenvergleich Eingliederungshilfe der überörtlichen Träger der Sozialhilfe. Bericht 2018. Online abrufbar unter: https://www.lwl.org/spur-download/bag/Endbericht%202018_final.pdf (Abruf: 17.08.2020).

Burtscher, R. (2015): »Wir haben die Hoffnung nie aufgegeben, aber…«. Zur Lebenssituation von älteren Eltern und erwachsenen Kindern mit Behinderung zu Hause. In: Teilhabe 1/2015, 18–23.

Buys, L., Boulton-Lewis, G., Tedman-Jones, J., Edwards, H., Knox, M., & Bigby, C. (2008). Issues of active ageing: Perceptions of older people with lifelong intellectual disability. Australasian Journal on Ageing 27(2), S. 67–71.

Bundesministerium für Arbeit und Sozialordnung (BMA) (Hrsg.) (1998). Eingliederung Behinderter in der Bundesrepublik Deutschland. Bonn: BMA, Referat Öffentlichkeitsarbeit.

Bundesministerium für Familie, Senioren, Frauen und Jugend (BMFSFJ) (Hrsg.) (2001). Dritter Bericht zur Lage der älteren Generation in der Bundespepublik Deutschland: Alter und Gesellschaft. Berlin: BMFSFJ.

Bundesministerium für Gesundheit (Hrsg.) (1998). Leben im Heim. Angebotsstrukturen und Chancen selbständiger Lebensführung in Wohneinrichtungen der Behindertenhilfe. Schriftenreihe Bd. 102. Baden-Baden: Nomos.

Bundesministerium für Jugend, Familie, Frauen und Gesundheit (Hrsg.) (1990). Wohnen Behinderter. Literaturstudie. Schriftenreihe Bd. 245/1. Stuttgart: Kohlhammer.

Bundesvereinigung Lebenshilfe e. V. (Hrsg.) (1983). Altwerden von Menschen mit geistiger Behinderung. Vorträge, Berichte und ergänzende Beiträge zum Internationalen Workshop 1981 »Situation des älteren geistig behinderten Menschen«. Marburg: Lebenshilfe-Verlag.

Bundesvereinigung Lebenshilfe e. V. (Hrsg.) (1987). Humanes Wohnen – seine Bedeutung für das Leben geistig behinderter Erwachsener. 2. Auflage. Marburg: Kempkes.

Bundesvereinigung Lebenshilfe e. V. (Hrsg.) (1990). Selbständigere und neuere Wohnformen. Bericht über eine Veranstaltung der Bundesvereinigung Lebenshilfe e. V. Große Schriftereihe Bd. 23. Marburg: Lebenshilfe-Verlag.

Bundesvereinigung Lebenshilfe e. V. (Hrsg.) (1991). Grundsatzprogramm der Lebenshilfe. Von der Mitgliederversammlung verabschiedet am 10. November 1990. Marburg: Lebenshilfe-Verlag.

Bundesvereinigung Lebenshilfe e. V. (Hrsg.) (1994). Altwerden mit geistiger Behinderung. 1. Auflage (Sonderdruck). Marburg: Lebenshilfe-Verlag.

Bundesvereinigung Lebenshilfe e. V. (Hrsg.) (1994). Gemeindenahes Wohnen, Konzeption, Planung und Realisierung. Eine Empfehlung der Bundesvereinigung Lebenshilfe. 2. Auflage. (Sonderdruck). Marburg: Lebenshilfe-Verlag.

Bundesvereinigung Lebenshilfe e. V. (Hrsg.) (1997). Alt und geistig behindert. Auswahl gemeindenaher Wohnkonzepte für älter werdende und alte Menschen mit geistiger Behinderung von Einrichtungen in Lebenshilfe-(Mit-)Trägerschaft. Zusammengestellt und herausgegeben vom Fachgebiet »Wohnen«. Marburg: Lebenshilfe-Verlag.

Bundesvereinigung Lebenshilfe e. V. (Hrsg.) (1997). Humanes Wohnen und seine Bedeutung für das Leben geistig behinderter Erwachsener. Große Schriftenreihe, Bd. 5. 2. Auflage. Marburg: Lebenshilfe-Verlag.

Bundesvereinigung Lebenshilfe e. V. (Hrsg.) (2000). Persönlichkeit und Hilfe im Alter, zum Alterungsprozess bei Menschen mit geistiger Behinderung. Marburg: Lebenshilfe-Verlag.

Bundesvereinigung Lebenshilfe e. V. (Hrsg.) (2002). Eine behinderte Medizin?! Zur medizinischen Versorgung von Menschen mit geistiger Behinderung. Marburg: Lebenshilfe-Verlag.

Bundesvereinigung Lebenshilfe e. V. (Hrsg.) (2015). Mittendrin – auch im Alter! Senioren mit geistiger Behinderung in der Gesellschaft. Bundesvereinigung Lebenshilfe e. V., Marburg: Lebenshilfe-Verlag.

Bundesvereinigung Lebenshilfe e. V. (Hrsg.) (2018). Wege aus dem Abseits. Der Wandel der Wohnformen für Menschen mit geistiger Behinderung in den letzten sechzig Jahren (1958–2018). Bundesvereinigung Lebenshilfe e. V., Marburg: Lebenshilfe-Verlag.

Burckley, E., Tincani, M., & Guld Fisher, A. (2015). An iPadTM-based picture and video activity schedule increases community shopping skills of a young adult with autism spectrum disorder and intellectual disability. Developmental Neurorehabilitation, 18, S. 131–136.

Burkle, A., Caselli, G., Franceschi, C., Mariani, E., Sansoni, P., Santoni, A., Witkowski, W., Caruso, I. (2007): Pathophysiology of ageing, longevity and age related diseases. Immunity and Ageing ,4, S. 4–11

Büschgen, A., Averkamp, M. & Kloster, G. (2009): Hospiz- und Palliativversorgung in Einrichtungen der Behindertenhilfe (Interview). In: Hospiz-Dialog NRW, Ausgabe 40, S. 10–14.

Carey, A. C., Friedman, M. G., & Bryen, D. N. (2005). Use of electronic technologies by people with intellectual disabilities. Mental Retardation, 43, S. 322–333.

Carmeli, E., Merrick, J., Kessel, S., Masharawi, Y. & Carmeli, V. (2003). Elderly persons with intellectual disability: a study of clinical characteristics, functional status, and sensory capacity. Scientific World Journal, 3. S. 298–307.

Carroll, V. (1988). Umstrukturierung einer Wohnstätte. Vom Wohnheim zur Wohnanlage mit betreuten Wohngruppen. Geistige Behinderung, 27, 1. S. 1–32.

Carstensen, L. L. (1991). Selecrivity theory: Social activity in life span context. Annual Review of Gerontology and Geriatrics, 11, S. 195–217.

Carswell, A. & Hartig, S. (1979). Older developmentally disabled persons: an investigation of needs and social services. Athens, GA: Georgia Retardation Center, University of Georgia.

Carvill, S. (2001). Sensory impairments, intellectual disability and psychiatry. Journal of Intellectual Disability Research, 45. S. 467–483.

Centeno, C., Clark, D., Lynch, T., Rocafort, J., Praill, D., De Lima, L., Giordano, A. (2007). Facts and indicators on palliative care development in 52 countries of the WHO European region: Results of an EAPC task force. Palliative Medicine, 21(6), S. 463–471.

Center, J., Beange, H. & McEjduff, A. (1998). People with mental retardation have an increased prevalence of osteoporosis: a population study. American Journal of Mental Retardation, 103. S. 19–28.

Center, J., Nguyen, T., Pocock, N. & Eisman, J. (2004). Volumetric bone density at the femoral neck as a common measure of hip fracture risk for men and women. Journal of Clinical Endocrinology and Metabolism, 89. S. 2776–2782.

Chadwick, D., Wesson, C., & Fullwood, C. (2013). Internet access by people with intellectual disabilities: Inequalities and opportunities. Future Internet, 5, S. 376–397.

Chaloupka, C. (1994). Was hat es mit der Veränderung der Leistungsfähigkeit älterer VerkehrsTeilnehmende wirklich auf sich? In Tränkle, U. (Hrsg.). Autofahren im Alter. Köln: TÜV Rheinland GmbH.

Chance, P. (2005). The mental health needs of older people with learning disability. Reviews in Clinical Gerontology, 15. S. 245–253.

Chow, W. S., & Priebe S. (2013). Understanding psychiatric institutionalization: A conceptual review. BMC Psychiatry, 13(1), S. 169–184.

Christ, M. (1987). Wohnen alter geistig behinderter Menschen. In Bundesvereinigung Lebenshilfe e. V. (Hrsg.). Humanes Wohnen – seine Bedeutung für das Leben geistig behinderter Erwachsener. 2. Auflage. Marburg: Kempkes.

Clarke, D., Vermuri, M., Gunatilake, D. & Tewari, S. (2008). Brief Report. Helicobacter pylori infection in five inpatient units for people with intellectual disability and psychiatric disorder. Journal of Applied Research in Intellectual Disabilities, 21. S. 95–98.

Cleaver, S., Hunter, D., Ouellette-Kuntz, H. (2009). Physical mobility limitations in adults with intellectual disabilities: a systematic review. Journal of Intellectual Disability Research, 53. S. 93–105.

Cleaver, S., Hunter, D. & Ouellette-Kuntz, H. (2009). Physical mobility limitations in adults with intellectual disabilities: a systematic review. Journal of intellectual disability research JIDR, 53 (2). S. 93–105.

Clemens, W. (1993). Soziologische Aspekte eines »Strukturwandels des Alters«. In Naegele, G. & Tews, H. (Hrsg.). Lebenslagen im Strukturwandel. Opladen: Westdt. Verlag.

Cloerkes, G. (1997). Soziologie der Behinderten. Eine Einführung. Heidelberg: Winter.

Cohen, W. I. (2006): Current dilemmas in Down Syndrome clinical care: celiac disease, thyroid disorders and atlanto-axial instability. American Journal on Medical Genetics, 142,3, S. 141–148.

Collacott, R.(1993): Epilepsy, dementia and adaptive behaviour in Down's Syndrome. Journal of Intellectual Disability Research, 37,2, S. 153–160.

Congdon, N., Friedman, D. & Lietman T. (2003). Important causes of visual impairment in the world today. The Journal of the American Medical Association, 290. S. 2057–2060.

Connor, S. R. (2007). Development of hospice and palliative care in the United States. Journal of Death and Dying 56(1), S. 89–99.

Cooper, S. (1997). Epidemiology of psychiatric disorders in elderly compared with younger adults with learning disabilities. British Journal of Psychiatry 170, S. 375–380.

Cooper, S.(1998). Clinical study of the effects of age on the physical health of adults with mental retardation. American Journal of Mental Retardation, 102. S. 582–589.

Cooper, S. & Prasher, V. (1998). Maladaptive behaviours and symptoms of dementia in adults with Down's syndrome compared with adults with intellectual disability of other aetiologies. Journal of Intellectual Disability Research, 42. S. 293–300.

Coppus, A., Evenhuis, H., Verberne, G. J., Visser, F., Van Gool, P., Eikelenboom, P., & Van Duijin, C. (2006). Dementia and mortality in persons with Down's syndrome. Journal of Intellectual Disability Research, 50, S. 768–777.

Coppus, A., Evenhuis, H., Verbene, G. J., Visser, F., Oostra, B. A., Eikelenboom, P., Van Duijin, C. (2008). Survival in elderly persons with Down syndrome. Journal of the American Geriatrics Society, 56, S. 2311–2316.
Corradi, F., Scherer, M. J., & Lo Presti, A. (2012). Measuring the Assistive Technology Match. In Federici, S. & Scherer, M. J. (Hrsg.), Assistive Technology Assessment Handbook. London, UK: CRC Press, S. 49–65.
Corsi, M. M., Malavazos, A. E., Passoni, D., Llicastro, F. (2005). LDL receptor expression on T lymphocytes in old patients with Down Syndrome. Immunity and Ageing, 2,3-7.expression on T lymphocytes in old patients with Down Syndrome. Immunity and Ageing, 2, S. 3–7.
Courtenay, K., Jokinen, N. S., & Strydom, A. (2010). Caregiving and Adults With Intellectual Disabilities Affected by Dementia. Journal of Policy and Practice in Intellectual Disabilities Volume 7 Number 1, S. 26–33.
Craig, G. (1983). Geschichte Europas 1815–1980. München: Beck.
Crawford, C. (2004). Coming of age: Securing positive futures for seniors with intellectual disabilities. Available at http://www.communitylivingbcca/what_we_do/innovation/pdf/Coming_of_Age_Final.pdf.
Cremer, R., Snel, J. & Brouwer, W. H. (1990). Age-related differences in timing of position and velocity identification. Accident Analysis & Prevention (22). S. 467–474.
Crossmaker, M. (1991). Behind locked doors – Institutional sexual abuse. Sexuality and Disability, 9(3), S. 201–219.
Cumming, E., & Henry, W. (1961). Growing old: The process of disengagement. New York: Basic Books.
Cumming, E. (1963). Further thoughts on the theory of disengagement. International Social Science Journal, 15(3), S. 377–393.
Dagenais, D., Poirier, K., & Quidot, S. (2012). L'inclusion numérique telle qu'expérimentée par les citoyens handicapés au Québec (INTECH Québec: Raconter l'expérience et comprendre les pratiques: l'inclusion numérique des personnes handicapées au Québec [Digital inclusion as experienced by disabled citizens in Quebec (INTECH Québec: Telling the experience and understanding the practices: digital inclusion of people with disabilities in Quebec].
Danner, D. & Schröder, H. (1994). Biologie des Alterns (Ontogenese und Evolution). In Baltes, P., Mittelstraß, J. & Staudinger, U. (Hrsg.). Alter und Altern: ein interdisziplinärer Studientext zur Gerontologie. Berlin: De Gruyter. S. 5–123.
Davies, D. K., Stock, S. E., & Wehmeyer, M. L. (2002). Enhancing independent time-management skills of individuals with mental retardation using a palmtop personal computer. Mental Retardation, 40, S. 358–365.
Day, K. & Jancar, J. (1994). Mental and physical health and ageing in mental handicap: A review. Journal of Intellectual Disability Research, 38. S. 241–256.
Deb, S. & Braganza, J. (1999). Comparison of rating scales for the diagnosis of dementia in adults with Down's syndrome. Journal of Intellectual Disability Research, 43. S. 400–407.
Deb, S., Thomas, M., Bright, .C (2001). Mental disorder in adults with intellectual disability. I: prevalence of functional psychiatric illness among a community-based population aged between 16 and 64 years. Journal of Intellectual Disability Research 45, S.495–505.
DeBrine, E., Caldwell, J., Factor, A., Heller, T., Keiling, K., & Kramer, J. (2009). The future is now: A future planning training curriculum for families and their adult relatives with developmental disabilities. Chicago: Chicago: Rehabilitation Research and Training Center on Aging with Developmental Disabilities, University of Illinois at Chicago.
De Graaf, G., Vis, J. C., Haveman, M., et al. (2011). Assessment of prevalence of persons with Down syndrome: a theory based demographic model. J Appl Res Intellect Disabil.;24, S. 247–262.
Jong, C. de., Kunst, G. (2005). Onderzoek stand van zaken en ontwikkeling van Domotica in de zorg. Shared Values, IJsselstein, 2005.
De Kock, U., Saxby, H., Thomas, M. & Felce, D. (1988). Community and familiy contact: an evaluation of small community homes for adults with severe and profound mental handicaps. Mental Handicap Research, 1, 2. S. 127–140.

Denzler, P., Markowitsch, H. J., Fröhlich, L., Kessler, J. & Ihl, R. (1989). Demenz im Alter. Pathologie, Diagnostik, Therapieansätze. Weinheim: Hogrefe.

De Ruiter, J. (1990). Altwerden als Vollendung des Daseins. Erfahrungen aus den Niederlanden. Geistige Behinderung, 29. S. 30–39.

Deutsch, H. (1985). Grief counseling with mentally retarded clients. Psychiatric Aspect of Mental Retardation Reviews, 4. S. 17–20.

Deutscher Bildungsrat (1973). Strukturplan für das Bildungswesen. Bad Godesberg: Deutscher Bildungsrat.

Deutsche Verkehrswacht (DVW) (o. J.). Sicher unterwegs mit dem Rollator.

Deutscher Verkehrssicherheitrat (DVR) (Hrsg.) (2019). Sicher zu Fuß. Allianz-Studie: Ältere besonders gefährdet. DVR-report 4/2019, S. 10–11.

Deutscher Verkehrssicherheitrat (DVR) (Hrsg.) (o. J.). Sichtbar unterwegs. Tipps für den Straßen-Verkehr in Leichter Sprache. Bonn.

De Winter, C.F., Bastiaanse, L.P., Hilgenkamp, T.I., Evenhuis, H.M., Echteld, M.A. (2012a). Overweight and obesity in older people with intellectual disability. Res Dev Disabil;33 (2), S. 398–405.

De Winter, C.F., Bastiaanse, L.P., Hilgenkamp, T.I., Evenhuis, H.M., Echteld, M.A. (2012b). Cardiovascular risk factors (diabetes, hypertension, hypercholesterolemia and metabolic syndrome) in older people with intellectual disability: results of the HA-ID study. Res Dev Disabil. 2012 Nov-Dec; 33(6), S. 1722–1731.

D'Haene, I., Pasman, H. R. W., Deliens, L., Bilsen, J., Mortier, F., & Vander Stichele, R. (2010). End-of-life care policies in Flemish residential care facilities accommodating persons with intellectual disabilities. Journal of Intellectual Disability Research, 54(12), 1067–1077.

Dickerson, M., Hamilton, J., Huber, R. & Segal, R. (1979). The aged mentally retarded: the invisible client; a challenge to the community. In Sweeny, D. & Wilson, T. (Hrsg.). The plight of aging and aged developmentally disabled persons in Mid-America. A research monograph. University of Michigan: Ann Arbor. S. 8–35.

Diekmann, F., Giovis, C., Schäper, S., Schüller, S. & Greving, H. (2010). Vorausschätzzung der Altersentwicklung von Erwachsenen mit geistiger Behinderung in Westfalen-Lippe. Erster Zwischenbericht zum Forschungsbericht »Lebensqualität inklusiv(e): Innovative Konzepte unterstützten Wohnens älter werdender Menschen mit Behinderung« (LE-QUI), Herausgeber: Katholische Hochschule NRW, Abt. Münster und Landschaftsverband Westaflen-Lippe (LWL). Münster: KathHO NRW. Online abrufbar unter: https://www.katho-nrw.de/muenster/forschung-entwicklung/dieckmann-friedrich-greving-heinrich-schaeper-sabine-lebensqualitaet-inklusive-innovative-konzepte-unterstuetzten-w ohnens-aelter-werdender-menschen-mit-behinderung/ (Abruf: 18.08.2020).

Diekmann F., Giovis C., Röhm I. (2016). Die Lebenserwartung von Menschen mit geistiger Behinderung in Deutschland. In: Müller S., Gärtner C. (eds) Lebensqualität im Alter. Gesundheit. Politik – Gesellschaft – Wirtschaft. Wiesbaden: Springer VS.

Dilling, H., Weyerers, S. & Fichter, M. (1989). The upper bavarian studies. Acta Psychiatrica Scandinavica, 79. S. 113–140.

Doan, T.N., Lennox, N.G., Taylor-Gomez, M, et al. (2013). Medication use among Aust ralian adults with intellectual disability in primary healthcare settings: a cross-sectional study. J Intellect Dev Disabil ;38:177–181.

DOH (2001). Valuing People: A New Strategy for Learning Disability for the 21st Century. HMSO, London.

Doody, C.M. (2012). Health promotion for people with intellectual disability and obesity. Br J Nursing, 21(8):460, S. 2–5.

Doos, L., Roberts, E.O., Corp, N., Kadam, U.T. (2014). Multi-drug therapy in chronic condition multimorbidity: a systematic review. Fam Pract. Dec;31(6), S. 654–663.

Doose, S. (2004). »I want my dream!« Persönliche Zukunftsplanung. Kassel: People First.

Draeger, W. & Klöckner, D. (2001). Ältere Menschen zu Fuß und mit dem Fahrrad unterwegs. In Flade, A. et al. (Hrsg.). Mobilität älterer Menschen. Opladen: Leske & Budrich. S. 41–68.

Draheim, C., McCubbin, J. & Williams, D. (2002). Differences in cardiovascular disease risk between nondiabetic adults with mental retardation with and without Down syndrome. American Journal on Mental Retardation, 107. S. 201–211.

Draheim, C., Stanish, H., Williams, D. & McCubbin, J. (2007). Dietary intake of adults with mental retardation who reside in community settings. American Journal on Mental Retardation, 112, 5. S. 392–400.

Draheim, C., Williams, D. & McCubbin, J. (2002). Prevalence of physical inactivity and recommended physical activity in community-based adults with mental retardation. Mental Retardation, 40, 6. S. 436–444.

Draheim, C., Williams, D. & McCubbin, J. (2002). Physical activity, dietary intake, and the insulin resistance syndrome in nondiabetic adults with mental retardation. American Journal on Mental Retardation, 107. S. 361–375.

Draheim, C., Williams, D. & McCubbin, J. (2003). Cardiovascular disease risk factor differences between Special Olympians and non-Special Olympians. Adapted Physical Activity Quarterly, 20. S. 118–134.

Driller, E., Alich, S., Karbach, U., Pfaff, H., Schulz-Nieswandt, F. (2008). Die INA-Studie. Inanspruchnahme, soziales Netzwerk und Alter am Beispiel von Angeboten der Behindertenhilfe. Freiburg im Breisgau: Lambertus-Verlag.

Duff, M., Scheepers, M., Cooper, M., Hoghton, M. & Baddeley, P. (2001). Helicobacter pylori: Has the killer escaped from the institution? A possible cause of increased stomach cancer in a population with intellectual disability. Journal of Intellectual Disability Research, 45. S. 219–225.

Dürr, E. (1983). Zur Frage der Versorgung alter Menschen mit einer geistigen Behinderung. In Bundesvereinigung Lebenshilfe e. V. (Hrsg.). Altwerden von Menschen mit geistiger Behinderung. Marburg: Lebenshilfe-Verlag. S. 62–67.

Dworschak, W. (2004). Lebensqualität von Menschen mit geistiger Behinderung. Bad Heilbrunn: Klinkhardt Verlag.

Dybwad, G. (1960). Developing patterns of aid to the aging retarded and their families. In Woods School Conference. Outlook for the adult retarded. Longhorne, PA, The Woods School. S. 24–25.

Dybwad, G. (1962). Administrative and legislative problems in the care of the adult and aged mental redardated. American Journal of Mental Deficiency, 66. S. 716–722.

Dybwad, G. (1985). Aging and mental retardation: an international perspective. In Gaitz, C. & Samorajski, T. (Hrsg.). Aging 2000: Our health care delivery. New York: Springer. S. 465–475.

Effros, R. (2005): Roy Walford and the immunologic theory of aging. Immunity and Ageing, 2, S. 7–10.

Einulf, C. J. (2009). Will the boomers volunteer during retirement? Comparing the baby boom, silent, and long civic cohorts. Available at http://works.bepress.com/christopher_einolf/1/

Eisenring, J. (1987). Merkmale des Alterungsprozesses bei Patienten mit Down-Syndrom. Aus ärztlicher Sicht. Geistige Behinderung, 26, 1. S. 38–46.

Elder, G. (1979). Historical change in life pattern and personality. In Baltes, P. & Brim, O. (Hrsg.). Lifespan development and behavior. New York: Academic Press. S. 118–159.

Emerson, P. (1977). Covert grief reaction in mentally retarded clients. Mental Retardation, 15. S. 46–47.

Emerson, E. (2005). Underweight, obesity and exercise among adults with intellectual disabilities in supported accommodation in Northern England. Journal of Intellectual Disability Research, 49, S. 134–143.

Emerson, E., & Hatton, C. (2007). Contribution of socioeconomic position to health inequalities of British children and adolescents with intellectualdisabilities. American Journal on Mental Retardation, 112(2), S. 140–150.

Englund, A, Jonsson, B, Zander, C.S., Gustafsson, J, Anneren, G. (2013). Changes in mortality and causes of death in the Swedish Down syndrome population. Am J Med Genet.;161A(4), S. 642–649.

Erdtsieck, H., Neidt, M. (2006). Kansen voor het stimuleren van innovatieve technologische voorzieningen ten behoeve van de AWBZ-zorginfrastructuur. In opdracht van Ministerie van VWS. Fix telematics, Lienden, 2006

Ericsson, K., Lerman, B. & Nilsson, I. (1985). Mentally handicapped persons' participation in the community: the role of institutional and integrated services. Australia and New Zealand Journal of Developmental Disabilities, 11, 2. S. 83–90.

Erickson, M., Krauss, M. W., & Seltzer, M.M. (1989). Perception of old age among a sample of aging intellectual disabled persons. The Journal of Applied Gerontology 8, S. 251–260.

Erlemeier, N. (1995). Soziale Unterstützung bei der Auseinandersetzung älterer Menschen mit Belastungen. In Kruse, A. & Schmitz-Scherzer, R. (Hrsg.). Psychologie der Lebensalter. Darmstadt: Steinkopf. S. 253–262

Ern, M. (1992). Wege der Annäherung an die Lebenssituation von älterwerdenden und alten Menschen mit geistiger Behinderung. Dissertation. Aachen, Mainz.

Esbensen, A., Seltzer, M. & Greenberg, J. (2007). Factors predicting mortality in midlife adults with and without Down syndrome living with family. Journal of Intellectual Disability Research, 51, 12. S. 1039–1050.

European Association for Palliative Care (2014). EAPC Definition of palliative care. http://www.eapcnet.eu/Corporate/AbouttheEAPC/Definitionandaims.aspx [Accessed December 4, 2017].

Evenhuis, H. (1990). Clinical studies of Alzheimer's dementia and hearing loss Down's syndrome. Dissertation. University of Amsterdam

Evenhuis, H. (1992). Evaluation of a screening instrument for dementia in ageing mentally retarded persons. Journal of Intellectual Disability Research, 36. S. 337–347.

Evenhuis, H. (1995a). Medical aspects of ageing in a population with intellectual disability: I. Visual impairment. Journal of Intellectual Disability Research, 39. S. 19–25.

Evenhuis, H. (1995b). Medical aspects of ageing in a population with intellectual disability: II. Hearing impairment. Journal of Intellectual Disability Research, 39. S. 27–33.

Evenhuis, H. (1996). Further evaluation of the Dementia Questionnaire for Persons with Mental Retardation (DMR). Journal of Intellectual Disability Research, 40. S. 369–373.

Evenhuis, H., Henderson, C., Beange, H., Lennox, N. & Chicoine, B. (2000). Healthy ageing – adults with intellectual disabilities: physical health issues. Geneva, Switzerland: World Health Organization.

Evenhuis, H., Henderson, C., Beange, H., Lennox, N. & Chicoine, B. (2001a). Healthy aging – adults with intellectual disabilities: physical health issues. Journal of Applied Research in Intellectual Disabilities, 14. S. 175–194.

Evenhuis, H., Kengen, M., Euerlings, H. (1990). Dementia Questionaire for mentally Retarded Persons. Zwammerdam: Hooge Burch Institute for Mentally Retarded People.

Evenhuis, H., Mul, M., Lemaire, E. & DeWijs, J. (1997). Diagnosis of sensory impairment in people with intellectual disability in general practice. Journal of Intellectual Disability Research, 41. S. 22–29.

Evenhuis, H. & Nagtzaam, L. (Hrsg.) (1998). IASSID international consensus statement: early identification of hearing and visual impairment in children and adults with an intellectual disability. Leiden & Manchester: IASSID Special Interest Research Group on Health Issues.

Evenhuis, H., Theunissen, M., Denkers, I., Verschuure, H. & Kemme, H. (2001b). Prevalence of visual and hearing impairment in a Dutch institutionalized population with intellectual disability. Journal of Intellectual Disability Research, 45. S. 457–464.

Everding, W. (2005). Tod und Trauer in der pädagogischen Arbeit mit Kindern. Freiburg: Herder.

Eyman, R. & Arndt, S. (1982). Life-span development of institutionalized and community-based retarded residents. American Journal on Mental Deficiency, 86. S. 342–350.

Eyman, R., Call, T. & White, J. (1989). Mortality of elderly mentally retarded persons in California. Journal of Applied Gerontology, 8. S. 203–215.

Eyman, R., Grossman, H., Chaney, R. & Call, T. (1990). The life expectancy of profoundly handicapped people with mental retardation. New England Journal of Medicine, 323. S. 584–589.

Eyman, R., Grossman, H., Chaney, R. & Call, T. (1993). Survival of profoundly disabled people with severe mental retardation. American Journal of Diseases of Children, 147. S. 329–336.

Eyman, R., & Widaman, K. (1987). Life-span development of institutionalized and community based mentally retarded persons. American Journal on Mental Deficiency, 91. S. 559–569.

Fahey-McCarthy, E., McCarron, M., Connaire, K., & McCallion, P. (2009). Developing an educafion intervention for staff supporfing persons with an intellectual disability and advanced dementia. Journal of Policy and Practice in Intellectual Disabilities, 6(4), 267–275.

Falk, W. (2016). Deinstitutionalisieren durch organisationalen Wandel. Selbstbestimmung und Teilhabe behinderter Menschen als Herausforderung für Veränderungsprozesse in Organisationen Bad Heilbrunn: Verlag Julius Klinkhardt (Siegen, Univ., Diss., 2015).

Federici, S., & Scherer, M. J. (2012). The Assistive Technology Assessment Model and Basic Definitions. In S. Federici & M. J. Scherer (Hrsg.), Assistive Technology Assessment Handbook (pp. 1–10). Boca Raton, FL: CRC Press.

Federici, S., Corradi, F. Meloni, F., Borsci, S. ,Mele, M., Dandini de Sylva, S. & Scherer, M. (2014). A person-centered assistive technology service delivery model: a framework for device selection and assignment. Life Span and Disability XVII, 2, S. 175–198.

Felce, D., Baxter, H., Lowe, K., Dunstan, F., Houston, H., Jones, G. et al. (2008). The impact of repeated health checks for adults with intellectual disabilities. Journal of Applied Research in Intellectual Disabilities 21, S. 585–96.

Fesko, S., Hall, A., Quinlan, J., and Jockell, C. (2012). Active Aging for individuals with intellectual disability; meaningful community participation through employment, retirement, service, and Volunteerism. American Journal on Intellectual and Developmental Disabilities, Vol. 117, No. 6, S. 497–508.

Fiedler, P. (2016). Spielen mit alten Menschen. Spiele wirkungsvoll in der Altenarbeit einsetzen. Hannover: Vincentz Network.

Fields, G. & Mitchell, O. (1984). Retirement, pensions, and social security. Cambrige, MA: The MIT Press.

Filipp, S. & Schmidt, K. (1995). Mittleres und höheres Erwachsenenalter. In Oerter, R. & Montada, L. (Hrsg.). Entwicklungspsychologie. 3., vollständig überarbeitete Auflage. Weinheim: Beltz.

Fisher, K. & Kettl, P. (2005). Aging with mental retardation: increasing population of older adults with MR require health interventions and prevention strategies. Geriatrics, 60. S. 26–29.

Fisher, M. & Zeaman, D. (1970). Growth and decline of retardate intelligence. International Review of Research Mental Retardation, 4. S. 151–191.

Flick, U. (1995). Qualitative Forschung. Theorien, Methoden, Anwendung in Psychologie und Sozialwissenschaften. Reinbek: Rowohlt.

Flynn, S., Hulbert-Williams, N. J., Hulbert-Williams, L., & Bramwell, R. (2016). »You don't know what's wrong with you«: An exploration of cancer-related experiences in people with an intellectual disability. Psycho-Oncology, 25(10), 1198–1205.

Fong, C. & Brodeur, G. (1987). Down's syndrome and leukemia: epidemiology, genetics, cytogenetics and mechanisms of leukomogenesis. Cancer, Genetics and Cytogenetics, 28. S. 55–76.

Foran, S., Wang, J. & Mitchell, P. (2003). Causes of visual impairment in two older population cross-sections: The Blue Mountains Eye Study. Ophthalmic Epidemiology, 10. S. 215–225.

Forbat, L., & McCann, L. (2010). Adults with intellectual disabilities affected by cancer: Critical challenges for the involvement agenda. European Journal of Cancer Care, 19(1), S. 91–97.

Forister, G., Taliferro, M., Ramos, B. & Blessing, D. (2002). Diagnosing and managing Gastroesophageal Disease. Physician Assistant, 26, 12. S. 17–23.

Fornefeld, B. (2009). Grundwissen Geistigbehindertenpädagogik. München: Ernst Reinhardt Verlag

Forssman, H. & Akesson, H. (1970). Mortality of the mentally deficient: a study of 12.903 institutionalized subjects. Journal of Mental Deficiency Research, 14. S. 276–294.

Fortin, M., Bravo, G., Hudon, C., Vanasse, A., & Lapointe, L. (2005). Prevalence of multimorbidity among adults seen in family practice. Annals of Family Medicine, 3, 223–228.

Fozard, J. L. (2000). Sensory and cognitive changes with age. In Schale K. W. & Pietruche, M. (Hrsg.). Mobility and transportation in the elderly. New York: Springer. S. 1–16.

Franceschi M., Comola M. et al. (1990). Prevalence of dementia in adult patients with trisomy 21. American Journal of Medical Genetics Supplement 7, S. 306–308.

Fraenkel, P. (1996). Zeit und Rhythmus in Paarbeziehungen. Familiendynamik, 21. S. 161–180.

Franz, M. (2004). Tabuthema Trauerarbeit: Erzieherinnen begleiten Kinder bei Abschied, Verlust und Tod. 2. Auflage. München: Don Bosco.

Freese, S. (2001). Umgang mit Tod und Sterben als pädagogische Herausforderung. Münster: LIT Verlag.

French, S. (2007). Visually impaired people with learning difficulties: their education from 1900 to 1970 – policy, practice and experience. British Journal of Learning Disabilities, 36. S. 48–53.

Frey, G. (2004). Comparison of physical activity levels between adults with and without mental retardation. Journal of Physical Activity & Health, 1. S. 235–245.

Frid, C., Drott, P., Kindell, B., Rasmussen, F. & Anneren, G. (1999). Mortality in Down's syndrome in relation to congenital malformations. Journal of Intellectual Disability Research, 43, 3. S. 234–241.

Friedman, D. S., Congdon, N. G., Kempen, J. & Tielsch, J. M. (2002). Vision problems in the U.S.: prevalence of adult vision impairment and age-related eye disease in America. Washington, DC: Prevent Blindness America.

Fryers, T. (1986). Survival in Down's Syndrome. Journal of Mental Deficiency Research, 30. S. 101–110.

Fujiura, G. T., & Yamaki, K. (1997). Analysis of ethnic variations in developmental disability prevalence and household economic status. Mental Retardation, 35, S. 268–294.

Furger, M. & Kehl, D. (2006) (Hrsg.). Alt und geistig behindert. Herausforderung für Institutionen und Gesellschaft. Luzern: Schweizerische Zentralstelle für Heilpädagogik.

Füsgen, I. (2001). Demenz. Praktischer Umgang mit der Hirnleistungsstörung. München: Urban + Vogel.

Gale, L., Naqvi, H. & Russ, L. (2009). Asthma, smoking and BMI in adults with intellectual disabilities: A community-based survey. Journal of Intellectual Disabilities Research, 53, S. 787–796.

Ganß, M., Warns, N. & Wißmann, P. (2012). Alternative Wohnformen für Menschen mit Demenz. In: demenz 14/2012, S. 28–32.Gedye, A. (1995). Manual for the Dementia Scale for Down Syndrome. Vancouver: Gedye Research and Consulting.

Gerber, W. & Kropp, P. (Hrsg.) (2007). Lehrbuch medizinische Psychologie und medizinische Soziologie. Stuttgart: Wissenschaftliche Verlagsgesellschaft.

Gerlach, J., Neumann, P., Boenke, D., Bröckling, F., Lippert, W. & Rönsch-Hasselhorn, B. (2007). Mobilitätssicherung älterer Menschen im Straßenverkehr – Forschungsdokumentation. Forschungsergebnisse für die Praxis. Eine Schriftenreihe der Eugen-Otto-Butz-Stiftung. Band 2. Köln: TÜV Media GmbH.

Gerok, W. & Brandtstädter, J. (1992). Normales, krankhaftes und optimales Altern: Variations- und Modifikationsspielräume. In Baltes, P. & Mittelstraß, J. (Hrsg.). Zukunft des Alterns und gesellschaftliche Entwicklung. Berlin. S. 356–385.

Gimbel, H. (2002). Die gastro-oesophageale Refluxkrankheit bei Menschen mit geistiger Behinderung. In Bundesvereinigung Lebenshilfe e. V. (Hrsg.). Eine behinderte Medizin?! Zur medizinischen Versorgung von Menschen mit geistiger Behinderung. Marburg: Lebenshilfe-Verlag. S. 81–89.

Gissel, Armin (2015). Das letzte Hemd hat keine Taschen – Oder (vielleicht) doch? Menschen mit Behinderung in ihrer Trauer begleiten. Eine Handreichung für Mitarbeitende in der Behindertenhilfe. Marburg: Lebenshilfe-Verlag.

Glick, N., Fischer, H., Heisey, M., Leverson, E. & Mann, C. (2005). Epidemiology of fractures in people with severe and profound developmental disabilities. Osteoporosis International, 16. S. 389–396.
Goffman, E. (1961). Asylums; essays of the social situation of mental patients and other inmates. New York.
Goffman, E. (1973). Asyle. Über die soziale Situation psychiatrischer Patienten und anderer Insassen (1. Aufl., [Nachdr.]). Frankfurt aM.: Suhrkamp.
Goodwin, C., Mendall, M. & Northfield, T. (1997). Helicobacter pylori infection. Lancet, 349. S. 265–269.
Graumann, Susanne (2013): Quartiersbezogene Konzepte – eine Chance zur Sicherung von Teilhabe für Menschen mit Behinderung im Alter? In: Teilhabe 4/2013, S. 152–157.
Gregor, B. (1995). Vom Alter bewegt – Bewegung im letzten Lebensabschnitt. Geistige Behinderung, 3. S. 223–233.
Guijarro, M., Valero, C., Paule, B., Gonzales-Macias, J. & Riancho, J. (2008). Bone mass in young adults with Down syndrome. Journal of Intellectual Disability Research, 52, 3. S. 182–189.
Gusset-Bährer, S. (2006). Demenz bei Menschen mit geistiger Behinderung: Symptome und Problematik der Diagnose. In Furger, M. & Kehl, D. (Hrsg.). Alt und geistig behindert. Herausforderung für Institutionen und Gesellschaft. Luzern: Schweizerische Zentralstelle für Heilpädagogik.
Gusset-Bährer, S. (2006b). Der Übergang in den Ruhestand bei älter werdenden Menschen mit geistiger Behinderung. In Furger, M. & Kehl, D. (Hrsg.). Alt und geistig behindert. Herausforderungen für Institutionen und Gesellschaft. Luzern: Schweizerische Zentralstelle für Heilpädagogik.
Gutzman, H. & Zank, S. (2005). Dementielle Erkrankungen – medizinische und psychosoziale Intervention. Stuttgart: Kohlhammer.
Haack, G. (1980). Das Altersheim für geistig Behinderte als regionales Angebot. Zur Orientierung, 4. S. 415–417.
Haack, G. (1989). Wandel der Altersstruktur geistig behinderter Menschen. Von den Auswirkungen auf die Gesamtversorgung am Beispiel der Region Wilhelmshaven. Geistige Behinderung, 28. S. 203–208.
Häfner, H. (1986). Psychische Gesundheit im Alter. Stuttgart: Fischer.
Häfner, H. (1992). Psychiatrie des höheren Lebensalters. In Baltes, P. & Mittelstraß, J. (Hrsg.). Zukunft des Alterns und gesellschaftliche Entwicklung. Berlin: De Gruyter. S. 151–179.
Häfner, H. & Hennerici, M. (Hrsg.) (1992). Psychische Krankheit und Hirnfunktion im Alter. Stuttgart: Fischer.
Hagberg, B., Aicardi, J., Dias, K., & Ramos, O. (1983). A progressive syndrome of autism, dementia, ataxia, and loss of purposeful hand use in girls: Rett's syndrome: Report of 35 cases. Annals of Neurology, 14, S. 471–479.
Hagberg, B. (2005). Rett syndrome: Long-term clinical follow-up experiences over four decades. Journal of Child Neurology, 20, 722–727.
Halbach, N. S., Smeets, E. E., Schrander-Stumpel, C. T., VanSchrojenstein Lantman-de Valk, H. M., Maaskant, M. A., & Curfs, L. M. (2008). Aging in people with specific genetic syndromes: Rett syndrome. American Journal of Medical Genetics, 146A, S. 1925–1932.
Hall, A. C, & Kramer, J. (2009). Social capital through workplace connections: Opportunities for workers with intellectual disabilities. Journal of Social Work in Disability and Rehabilitation, 8(3), S. 146–170.
Hammel J., Lai J. S. & Heller T. (2002). The impact of assistive technology and environmental interventions on function and living situation status of people who are ageing with developmental disabilities. Disability and Rehabilitation 24, S. 93–105.
Hansson, T., Dahlbom, I., Rogberg, S., Nyberg, B., Dahlstrom,J., Anneren,G., Klareskog,L., Dannaeus,A. (2005). Antitissue transglutaminase and antithyroid autoantibodies in children with Down Syndrome and Celiac Disease. Journal of Pediatric Gastroenterology and Nutrition, 40, S. 170–174.

Harnack, M. (1997). Lebenslang fremdbestimmt – keine Zukunftsperspektive für Menschen mit geistiger Behinderung? In: Bundesvereinigung Lebenshilfe e. V. (Hrsg.). Selbstbestimmung. Kongreßbeiträge. Marburg: Lebenshilfe-Verlag. S. 49–54.
Harper, D. & Wadsworth, J. (1993). Grief in adults with mental retardation: Preliminary findings. Research in Developmental Disabilities, 14. S. 313–330.
Harrysson, B., Svensk, A., & Johansson, G. I. (2004). How people with developmental disabilities navigate the Internet. British Journal of Special Education, 31, 138–142.
Haslam, D., Sattar, N., & Lean, M. (2006). ABC of obesity. Obesity–Time to wake up. British Medical Journal, 333, S. 640–642.
Hasseler, M. (2016). Gesundheitliche und pflegerische Versorgung von Menschen mit Beeinträchtigungen. In: Teilhabe 2/2016, S. 71–77.
Hatton C. & Emerson E. (2015). International Review of Research in Developmental Disabilities: Health Disparities and Intellectual Disabilities. Academic Press Elsevier.
Haveman, M. (1982). De ontvolking van psychiatrische staatsziekenhuizen in de Verenigde Staten; enkele oorzaken en gevolgen. Maandblad Geestelijke Volksgezondheid, 3. S. 258–279.
Haveman, M. (1985). Prognoses over het aantal geestelijk gehandicapten anno 2000; koffiedik-kijken of voorspellen? Tijdschrift voor Sociale Gezondheidszorg, 63, 16. S. 718–726.
Haveman, M. & Maaskant, M. (1989a). Defining fragility of the elderly severely mentally handicapped according to mortality risk, morbidity, motor handicaps and social functioning. Journal of Mental Deficiency Research, 33, 389–397.
Haveman, M., Maaskant, M. & Sturmans, F. (1989b). Older Dutch residents of institutions, with and without Down Syndrome: Comparisons of mortality and morbidity trends and motor/social functioning. Australia and New Zealand Journal of Developmental Disabilities, 15, 241–255.
Haveman, M., Maaskant, M. & Tan, F. (1989c). Vergrijzing en capaciteitsplanning in de intramurale zwakzinnigenzorg; Resultaten van het opname – en uittredemodel. Tijdschrift Sociale Gezondheidszorg. S. 348–352.
Haveman, M. (1990). Erhöhte Lebenserwartung für Menschen mit geistiger Behinderung. Erfahrungen aus den Niederlanden. Geistige Behinderung, 29. S. 197–206.
Haveman, M., Van Schrojenstein Lantman-De Valk, H., Maaskant, M., Urlings, H., Claessens, M. & Kessels, A. (1991). Medische zorg in de zwakzinnigenzorg, normaal of speciaal? Nederlands Tijdschrift voor Zwakzinnigenzorg, 4. S. 196–208.
Haveman, M. & Maaskant, M. (1992). Aging and developmental disabilities; perspectives from the Netherlands. In Moss, S. (Hrsg.). Aging and developmental disabilities, perspectives from nine countries. Durham: University of New Hampshire. S. 65–75.
Haveman, M., Van Schrojenstein Lantman-De Valk, H., Maaskant, M., Kessels, A., Urlings, H. & Claessens, M. (1992). Prevalence of disease and medical support: a planning option for better services to the mentally handicapped. In Roosendaal, J. (Hrsg.). Mental retardation and medical care. Kerckebosch, Zeist. S. 68–83.
Haveman, M., Buntinx, W. (Hrsg.) (1993). Familiy needs and family support in mental retardation: An international perpective. Nijmwegen: Kavenan-Press.
Haveman, M., Maaskant, M., Van Schrojenstein Lantman-De Valk, H., Urlings, H., Kessels, A. & Claessens, M. (1993). Mental health problems in elderly mentally handicapped. In Schuurman, M. & Flikweert, D. (Hrsg.). Research on mental retardation in the Netherlands. Utrecht: BBI/NGB. S. 206–211.
Haveman, M., Maaskant, M., Van Schrojenstein Lantman-De Valk, H., Urlings, H. & Kessels, A. (1994). Mental health problems in elderly people with and without Down's Syndrome. Journal of Intellectual Disability Research, 38. S. 342–355.
Haveman, M. (1995). Psychische stoornissen, psychisch functioneren en storend gedrag bij verstandelijk gehandicapten. In Petry, D., Nuy, M. & Haveman, M. (Hrsg.). De vuurtoren, – het grensgebied tussen de psychiatrische zorg en de zorg voor verstandelijk gehandicapten. Nijmegen: SWS. S. 36–52.
Haveman, M. & Schrijnemaekers, V. (1995). Geestelijke gezondheidsproblemen en adaptief gedrag. In Maaskant, M. et al. (Hrsg.). Veroudering bij mensen met een verstandelijke handcap. Rijksuniversiteit Limburg en Pepijnklinieken. S. 43–54.

Haveman, M. (1997). Alt werden mit geistiger Behinderung: Zur Epidemiologie von psychischen Störungen und Verhaltensstörungen. In Weber, G. (Hrsg.). Psychische Störungen bei älteren Menschen mit geistiger Behinderung. Bern: Huber. S. 27–40.

Haveman, M., Van Berkum, G., Reijnders, R. & Heller, T. (1997). Differences in service needs, time demands, and caregiving burden among parents of persons with mental retardation across the life cycle. Family Relations, 46. S. 417–425.

Haveman, M. & Michalek, S. (1998). Selbstbestimmt Älterwerden – ein Lehrgang für Menschen mit geistiger Behinderung. Universität Dortmund, Fachbereich Sondererziehung und Rehabilitation. Dortmund.

Haveman, M., Reijnders, R. & Van Laake, M. (1998). Oudderdomsplanning voor mensen met een verstandelijke handicap – Cursusmap; Nederlandse Stichting voor Sociaal Pedagogische Zorg, IPSER en SOMMA.

Haveman, M. (1999a). Freizeit im Alter; Grundlagen und empirische Forschungsergebnisse. In Bundesvereinigung Lebenshilfe e. V. (Hrsg.). Persönlichkeit und Hilfen im Alter. Zum Alterungsprozess bei Menschen mit geistiger Behinderung. Marburg: Lebenshilfe-Verlag. S. 142–157.

Haveman, M., Michalek, S., Reijnders, R. & Heller, T. (1999b). A curriculum for older adults with mental retardation: pre- and post-test results for a German sample. Presentation at the 23rd Annual Meeting of the American Association for Mental Retardation. New Orleans, May 27.

Haveman, M. (2000). Familien mit geistig behinderten Kindern in den Niederlanden – zwischen Eigentätigkeit, Netzwerken und Dienstleistungen. In Kettschau, J., Methfessel, B. & Piorkowski, M. (Hrsg.). Familie 2000; Bildung für Familien und Haushalte – Europäische Perspektiven. Baltmannsweiler: Schneider Verlag Hohengehren. S. 163–181.

Haveman, M., Michalek, S., Hölscher, P. & Schulze, M. (2000). Selbstbestimmt Älterwerden. Ein Lehrgang für Menschen mit geistiger Behinderung zur Vorbereitung auf Alter und Ruhestand. Geistige Behinderung, 39, 1. S. 56–62.

Haveman, M. (2004). Disease Epidemiology and Aging People with Intellectual Disabilities. Journal of Policy and Practice in Intellectual Disabilities, 1. S. 16–23.

Haveman, M. (2005). Diagnostik von Demenzprozessen. In Stahl, B., Irblich, D. (Hrsg.). Diagnostik bei Menschen mit geistiger Behinderung. Ein interdisziplinäres Handbuch, Göttingen: Hogrefe Verlag. S. 367–383.

Haveman, M. (2007). Health indicators for adults with intellectual disabilities in Europe; the Pomona Project. Paper at the State of Science Conference in Aging with Developmental Disabilities. Atlanta: GA.

Haveman, M., Heller, T., Lee, L., Maaskant, M., Shooshtari, S. & Strydom, A. (2009). Report on the State of Science of Health Risks and Ageing in Persons with Intellectual Disabilities. IASSID-SIRGAID. Special Interest Research Group on Ageing and Intellectual Disabilities/Faculty Rehabilitation Sciences, University of Dortmund (available at: http://www.iassid.org).

Haveman, M., Heller, T., Lee, L, et al. (2010). Major health risks in aging persons with intellectual disabilities: an overview of recent studies. J Policy Pract Intellect Disabil 2010; 7, S. 59–69.

Haveman, M., Perry, J., Salvador-Carulla, L., et al. (2011). Ageing and health status in adults with intellectual disabilities: results of the European POMONA II study. J Intellect Dev Disabil 2011, 36, S.49–60.

Haveman, M.J. (2013). Guest Editor's Commentary: From »Couch Potato« to mobile citizen: mobility of people with intellectual disability in an inclusive society, Journal of Policy and Practice in Intellectual Disabilities, 10, 4, 269–270.

Haveman, M., Stöppler, R. (2014). Gesundheit und Krankheit bei Menschen mit geistiger Behinderung. Verlag W. Kohlhammer, Stuttgart

Haveman, M.J. (2019). Aging and Physical Health, in: Prasher, V., Janicki, M. (eds.): Physical health of adults with Intellectual and Developmental Disabilities (pp. 305–333). Springer

Haveman, M.J., & Heller, T. (2019). Lehrgang »Selbstbestimmt älter werden für Menschen mit geistiger Behinderung«. Centre for Human Development and Disabilities (CHDD), Maastricht.

Haveman, M.J., Haveman, J.W., van Laake, M. (2020). Cursus »Herfst en winter in het leven«: een cursus voor mensen met een verstandelijke beperking ter voorbereiding op de eindigheid van het leven. Centre for Human Development and Disabilities (CHDD), Maastricht.

Haveman, M.J., Heller, T., Haveman, J.W. (2020). Cursus »Ik wordt ouder«: een cursus voor mensen met een verstandelijke beperking ter voorbereiding op veroudering en verandering. Uitgever: Centre for Human Development and Disabilities (CHDD), Maastricht.

Hawkins, B. (1991). An exploration of adaptive skills and leisure activity of older adults with mental retardation. Therapeutic Recreation Journal, 17, 4. S. 9–27.

Hawkins, B. (1993). Leisure participation and life satisfaction of older adults with mental retardation and Down syndrome. In Sutton, E., Factor, A., Hawkins, B., Heller, T. & Seltzer, G. (Hrsg.). Older adults with developmental disabilities. Optimizing choice and change. Baltimore: Paul Brookes Publ. S. 141–153.

Hedger, C. & Dyer-Smith, M. (1993). Death education for older adults with developmental disabilites: A life cycle therapeutic recreation approach. Activities, Adaptation & Aging, 18. S. 29–36.

Heister, J. (1991). Rechtzeitig planen und lenken – bedarfsgerecht handeln! Erste Umfrageergebnisse zur Altersstruktur geistig behinderter Menschen im Rheinland. In Landschaftsverband Rheinland (Hrsg.). Geistig Behinderte im Alter. Auf der Suche nach geeigneten Wohn- und Betreuungsformen. Köln, Pullheim: Rheinland. S. 41–45.

Heister, U. (2013). Selbstbestimmt bis zum Lebensende – Verständliche Patientenverfügung. Vinzenz – Blick. Aachen, S. 2–3.

Heller, T., Caldwell, J. & Factor, A. (2007). Aging Family Caregivers: Policies and Practices. Mental Retardation and Developmental Disabilities Research Reviews, 13. S. 136–142.

Heller, T. & Factor, A. (1991). Permanency planning for adults with mental retardation living with familiy caregivers. American Journal on Mental Retardation, 96. S. 163–176.

Heller, T. & Factor, A. (1993). Support systems, well-being, and placement decision-making among older parents and their adult children with developmental disabilities. In Sutton, E., Factor, A., Hawkins, B., Heller, T. & Seltzer, G. (Hrsg.). Older adults with developmental disabilities. Baltimore: Paul H. Brookes Publishing Co. S. 107–122

Heller, T., Factor, A., Sterns, H. & Sutton, E. (1996). Impact of person-centered later life planning training program for older adults with mental retardation. Journal of Rehabilitation, Jan./Feb./Mar. S. 77–81.

Heller, T., Rowitz, L. & Farber, B. (1992). The domestic cycle of families of persons with mental retardation. Chicago: University of Illinois Affiliated Program in Developmental Disabilities and School of Public Health. Chicago: University of Illinois.

Heller, T. & Sterns, H. (1994a). Later Life Planning Inventory (LLPI). Institute on Disability and Human Development. Chicago: University of Illinois.

Heller, T. & Sterns, H. (1994b). Later Life Planning Curriculum Test (LLCT). Institute on Disability and Human Development. Chicago: University of Illinois.

Heller, T., & Caldwell, J. (2006). Supporting aging caregivers and adults with developmental disabilities in future planning. Mental Retardation, 44(3), S. 189–202.

Heller, T., Sorensen, A. (2013). Promoting healthy aging in adults with developmental disabilities. Dev Disabil Res Rev. ,18, S. 22–30.

Henderson, C.M., Robinson, L.M., Davidson, P., Haveman, M., Janicki, M.P., Albertini, G. (2008): Overweight status, obesity and risk factors for coronary heart disease in adults with Intellectual Disability. Journal of Policy and Practice in Intellectual Disabilities, 5. S. 174–177.

Hermans, H., Evenhuis, H.M. (2014) Multimorbidity in older adults with intellectual disabilities. Res Dev Disabil. 2014 Apr;35(4), S. 776–783.

Heß, G. & Josek, S. (1995). Wie leben wir – wie wollen wir leben? Erwachsenenbildung geistig behinderter Menschen – ein Projektbericht. Geistige Behinderung, 2. S. 136–150.

Heslop, P., & Glover, G. (2015). Mortality of people with intellectual disabilities in England: A comparison of data from existing sources. Journal of Applied Research in Intellectual Disabilities, 28, S. 414–422.

Heston, L. & White, J. (1993). Alzheimer-Krankheit. Krankheitsbild – Ursache – Behandlung. Unter Mitarb. der Alzheimer-Gesellschaft Düsseldorf-Mettmann. Heidelberg: Spektrum, Akad.

Hild, U., Hey, C., Baumann, U., Montgomery, J., Euler, H. & Neumann, K. (2008). High prevalence of hearing disorders at the Special Olympics indicate need to screen persons with intellectual disability. Journal of Intellectual Disability Research, 52, 6. S. 520–528.

Hodapp, R. (2007). Families of Persons with Down Syndrome: New Perspectives, Findings, and Research and Service Needs. Mental Retardation and Developmental Disabilities Research Reviews, 13. S. 279–287.

Hodapp, R. & Urbano, R. (2007). Adult siblings of individuals with Down syndrome versus with autism: findings from a large-scale US survey. Journal of Intellectual Disability Research, 51. S. 1018–1029.

Hoffmann, C. (1999). Sterben und Tod. In Bundesvereinigung Lebenshilfe für Menschen mit geistiger Behinderung e.V. (Hrsg.). Persönlichkeit und Hilfe im Alter. Marburg: Lebenshilfe-Verlag. S. 182–197.

Hoffmann, C. & Theunissen, G. (2006). Bildung im Erwachsenenalter und Alter. In Wüllenweber et al. (Hrsg.). Pädagogik bei geistigen Behinderungen. Ein Handbuch für Studium und Praxis. Stuttgart: Kohlhammer. S. 416–427.

Hofmann, T. (1992). Alte behinderte Menschen in der Bundesrepublik Deutschland und im Ausland. In Rapp, N. & Strubel, W. (Hrsg.). Behinderte Menschen im Alter. Freiburg: Lambertus. S. 9–23.

Hofschreuder, M. (2006). Zelfstandig wonen met Domotica. iBMG, Erasmus Universiteit Rotterdam, Den Haag.

Hogg, J., Lucchino, R., Wang, K., Janicki, M., & Working Group. (2000). Healthy ageing – Adults with intellectual disabilities: Ageing and social policy. Geneva, Switzerland: World Health Organization. http://www.who.int/mental_health/media/en/23.pdf

Hogg, J. & Tuffrey-Wijne, I. (2008). Cancer and intellectual disability: a review of some key contextual issues. Journal of Applied Research in Intellectual Disabilities, 21(6), S. 509–518.

Holland, A. (2001). Ageing and its consequences for people with Down's syndrome. URL: www.intellectualdisability.info/lifestages/ds_ageing.htm (zuletzt geprüft am 01.12.2009).

Holland, A., Hon, J., Huppert, F. & Stevens, F. (2000). Incidence and course of dementia in people with Down's syndrome: Findings from a population-based study. Journal of Intellectual Disability Research, 44. S. 138–146.

Holland, A., Huppert, F., Stevens, F. & Watson, P. (1998). Population – based study of the prevalence and presentation of dementia in adults with Down's syndrome. British Journal of Psychiatry, 172. S. 493–498.

Holland, A. J., Hon, J., Huppert, F. A., & Stevens, F. (2000). Incidence and course of dementia in people with Down's syndrome: Findings from a population-based study. Journal of Intellectual Disability Research, 44, S. 138–146.

Hollander, J. (2009). Lebenswelten im Alter. Konvergenzen von Altenhilfe und Behindertenhilfe. Philosophische Fakultät der Westfälischen-Wilhelms-Universität zu Münster/Westf., Online abrufbar unter: https://d-nb.info/1001413393/34 (Abruf: 18.08.2020).

Hollins, S., Attard, M.T., von Fraunhofer, N., McGuigan, S. & Sedgwick, P. (1998). Mortality in people with learning disability: Risks, causes and death certificate findings in London. Developmental Medicine and Child Neurology, 40, S. 50–56.

Hollins, S. (2000). Developmental psychiatry – insights from learning disability. British Journal of Psychiatry, 177. S. 497–501.

Höpflinger, F. & Van Wezemael (Hrsg.) (2014). Wohnen im höheren Lebensalter. Grundlagen und Trends. Age Report III, Zürich/Genf: Seismo.

Hoppestad, B. S. (2013). Current perspective regarding adults with intellectual and developmental disabilities accessing computer technology. Disability and Rehabilitation: Assistive Technology, 8, S. 190–194.

Howell, M. (1989). Serving the underserved: Caring for people who are both old and mentally retarded. Boston: Exceptional Parent Press.

Hughes, V., Cameron, J. & Goonetilleke, A. (1982). The prevalence of thyroid dysfunction in mentally handicapped in-patients. Journal of Mental Deficiency Research, 26. S. 115–120.

Hultchrantz, E. & Svanholm, H. (1991). Down Syndrome and sleep apnea: a therapeutic challenge. International Journal of Pediatric Otorhinolaryngology, 21. S. 263–268.

Humphries, K., Traci, M.A., Seekins, T. (2009). Nutrition and adults with intellectual or developmental disabilities: systematic literature review results. Intellect Dev Disabil 47, S. 163–185.

Hy, L. & Keller, D. (2000). Prevalence of Alzheimer Disease among whites. A summary by levels of severity. Neurology, 55. S. 198–204.

IASSID/WHO (1999). Backgroundpaper: healthy ageing in adults with intellectual disabilities; physical health issues; 10th International Roundtable on Ageing and Intellectual Disabilities; Geneva, Switzerland, April 20–23, Special Interest and Research Group on Ageing, International Association for Scientific Study on Ageing and Intellectual Disabilities/World Health Organisation.

International Association for the Scientific Study of Intellectual Disability (IASSID) (2002). Health guidelines for adults with an intellectual disability. URL: http://www.intellectual disability.info/mental_phys_health/P_health_guide_adlt.htm (zuletzt geprüft am 01.12.2009).

International Foundation for Functional Gastrointestinal Disorders, Inc. (IFFGD) (2009). GI disorders in adults: Gastroesophageal reflux disease. URL: http://www.iffgd.org/site/gi-disorders/adults/ (zuletzt geprüft am 29.01.2009).

International League against Epilepsy (2014).

Jahoda, A., Cattermole, M. & Markova, I. (1990). Moving out: an opportunity for friendship and broadening social horizons. Journal of Mental Defeciency Research, 34. S. 127–139.

James, D. (1986). Psychiatric and behavioral disorders amongst older severely mentally handicapped inpatients. Journal of Mental Deficiency Research, 30. S. 341–345.

James S. E. (2014). Review of assistive technology: interventions for individuals with severe/profound and multiple disabilities. Journal of Child and Family Studies, 23, S. 169–71.

Jancar, J., Jancar, M. P. (1998). Age-related fractures in people with intellectual disability and epilepsy. Journal of Intellectual Disability Research, 42 (Pt 5), S. 429–433.

Janicki, M. (1992). Lifelong disability and aging. In Rowitz, L. (Hrsg.). Mental retardation in the year 2000. S. 115–127.

Janicki, M. (2002). An ageing world: New issues, more questions. Journal of Intellectual and Developmental Disability, 27. S. 229–230.

Janicki, M. et al. (Hrsg.) (1994). Alzheimer disease among persons with mental retardation: Report from an international colloquium. Albany: New York State Office of Mental Retardation and Developmental Disabilities.

Janicki, M. et al. (Hrsg.) (1995). Alzheimer disease among persons with mental retardation: final report. Albany: New York State Office of Mental Retardation and Developmental Disabilities.

Janicki, M., Dalton, A. (1998). Sensory impairments among older adults with intellectual disability. Journal of Intellectual and Developmental Disability, 23. S. 3–11.

Janicki, M., Dalton, A. (2000). Prevalence of dementia and impact on intellectual disability services. Mental Retardation, 38, S. 276–288.

Janicki, M., Dalton, A., Henderson, C. & Davidson, P. (1999). Mortality and morbidity among older adults with intellectual disability: health services considerations. Disability and Rehabilitation, 21, 5/6. S. 284–294.

Janicki, M., Davidson, P., Henderson, C., McCallion, P., Taets, J., Force, L., Sulkes, S., Frangenberg, E. & Ladrigan, P. (2002). Health characteristics and health services utilization in older adults with intellectual disability living in community residences. Journal of Intellectual Disability Research, 46. S. 287–298.

Janicki, M., Heller, T., Seltzer, C. & Hogg, J. (1997). Practise guideline for the clinical assessment and caremanagement of Alzheimer and other dementias among adults with mental retardation. Journal of Intellectual Disability Research, 40. S. 374–382.

Janicki, M. & Jacobson, J. (1986). Generational trends in sensory, physical and behavioral abilities among older mentally retarded persons. American Journal of Mental Deficiency, 90. S. 490–500.

Janicki, M. & MacEachron, A. E. (1984). Residential, health and social service needs of elderly developmentally disabled persons. Gerontologist, 24. S. 128–137.

Janicki, M. & Seltzer, M. (Hrsg.) (1990). Aging and developing disabilities: challenges for the 1990s; the proceedings of the Boston Roundtable on research issues and applications in aging and developmental disabilities. Washington DC: Special Interest Group on Aging, American Association on Mental Retardation.

Janicki M., Dalton A. J., McCallion P., Baxley, D. D., Zendell A. (2005). Group home care for adults with intellectual disabilities and Alzheimer's disease. Dementia. 2005;4, S. 361–385.

Janicki, M., Henderson, C. M., Rubin, L. (2008). Neurodevelopmental conditions and aging: report on the Atlanta study group charrette on neurodevelopmental conditions and aging. Disabil Health J. ;1(2), S. 116–124.

Janicki, M. (2011). Quality outcomes in group home dementia care for adults with intellectual disabilities. Journal of Intellectual Disability Research, 55(8), S. 763–776.

Jansen, S.J. (2009). Technologie in de verstandelijk gehandicaptenzorg; Onderzoek naar het arbeidsbesparende vermogen van toezichthoudende technologie in de nachtzorg. Prismant & University of Twente, Enschede, The Netherlands.

Jellinger, K. (Hrsg.) (2006). Alzheimer: Meilensteine aus hundert Jahren klinischer und wissenschaftlicher Forschung. Heidelberg: AKA.

Jeltsch-Schudel, B. (2013): Schwerbehinderung und Wohlbefinden: Um wen geht es? In: Schweizerische Zeitschrift für Heilpädagogik 19 (1), S. 11–17.

Jennings, B., Ryndes, T., D'Onofrio, C., & Baily, M. A. (2003, March-April). Access to hospice care: Expanding boundaries, overcoming barriers. The Hastings Report, Supplement, S. 3–7, S. 9–13, S. 15–21.

Jenkins, R. & Cavanaugh, J. (1985). Examining the relationship between the development of the concept of death and overall cognitive development. Journal of Death and Dying, 16, 3. S. 193–199.

Johannsen P., Christensen J. E. et al. (1996). The prevalence of dementia in Down syndrome. Dementia 7, S. 221–225.

Johnson, C. L., & Barer, B. M. (1992). Patterns of engagement and disengagement among the oldest ola. Journal of Ang Studies, 6, S. 351–364.

Johnson, N., Fahey, C., Chicoine, B., Chong, G., & Gitelman, D. (2003). Effects of Donepezil on cognitive functioning in Down syndrome. American Journal on Mental Retardation, 108, S. 367–372.

Jokinen, N. S., Janicki, M. P., Hogan, M., & Force, L. T. (2012). The middle years and beyond: Transitions and families of adults with Down syndrome. Journal on Developmental Disabilities, 18(2), S. 59–69.

Judge, J., Walley, R., Anderson, B., & Young, R. (2010). Activity, aging, and retirement: The views of a group of Scotdsh people with intellectual disabilides. Journal of Policy and Practice in Intellectual Disabilities, 7(4), S. 295–301.

Kadam, U.T., Croft, P. R., North Staffordshire GP Consortium Group (2007). Clinical multimorbidity and physical function in older adults: a record and health status linkage study in general practice, Family Practice.

Kalson, L. (1976). M.A.S.H., a program of social interaction between institutionalized aged and adult mentally retarded persons. The Gerontologist, 16. S. 340–348.

Kaminski, H. (1978). Das Leben Geistigbehinderter im Heim. Stuttgart: Klett-Cotta.

Kapell, D., Nightingale, B., Rodriguez, A., Lee, J., Zigman, W. & Schupf, N. (1998). Prevalence of chronic medical conditions in adults with mental retardation: comparison with the general population. Mental Retardation, 36. S. 269–279

Kast, V. (2003). Sich einlassen und loslassen: Neue Lebensmöglichkeiten bei Trauer und Trennung. Freiburg: Herder.

Kast, V. (2006). Zeit der Trauer – Phasen und Chancen des psychischen Prozesses. Stuttgart: Kreuz Verlag.

Kauffmann, J. (1994). Mourning and mental retardation. Death Studies, 18. S. 257–271.

Kazin, V. & Wittmann, S. (2007): Psychische Störungen und Verhaltensstörungen durch Alkohol (F 10). In: Schanze, C. (Hrsg.): Psychiatrische Diagnostik und Therapie bei Menschen mit Intelligenzminderung. Ein Arbeits- und Praxisbuch für Ärzte, Psychologen, Heilerziehungspfleger und -pädagogen, Stuttgart, S. 63–74

Kearney, G., Krishman, V. & Londhe, R. (1993). Characteristics of elderly people with a mental handicap living in a mental handicap hospital: a descriptive study. British Journal of Developmental Disabilities, 76. S. 31–50.

Keene, J., Hope, T., Fairburn, C. G., & Jacoby, R. (2001). Death and dementia. International Journal of Geriatric Psychiatry, 16, S. 969–974.

Kennedy, C. (2002). Screening for Helicobacter pylori in adults with developmental disabilities – prevalence of infection and testing considerations for urea breath test, serology and whole-blood methods. M. Sc. Thesis, Department of Community Health & Epidemiology, Kingston, Ontario: Queen's University.

Kennedy, E. (2000). The impact of cognitive development and socialization factors on the concept of death among adults with mental retardation. Dissertation, Akron, OH: University of Akron.

Keplinger, M. (2013). Menschen mit geistiger Behinderung im Alter (»Generation +65«). Sind wir vorbereitet? Saarbrücken: AV Akerdemikerverlag.

Kerr, A., McCulloch, D., Oliver, K., McLean, B., Coleman, E., Law, T. et al. (2003). Medical needs of people with intellectual disability require regular assessment, and the provision of client- and carer-held reports. Journal of Intellectual Disability Research, 47. S. 134–145.

Kerr, M, Bowley, C. (2001). Evidence-based prescribing in adults with learning disability and epilepsy. Epilepsia 42(Suppl. 1), S. 44–45.

Kerr, A. M., McCulloch, D., Oliver, K., McLean, B., Coleman, E., Law, T. et al. (2003). Medical needs of people with intellectual disability require regular assessment, and the provision of client- and carer-held reports. Journal of Intellectual Disability Research, 47, S. 134–145.

Keupp, H. (1987). Eine Metapher des gesellschaftlichen Umbruchs. In Keupp, H. & Röhrle, B. (Hrsg.). Soziale Netzweke. Frankfurt am Main: Campus. S. 11–53

Keupp, H. & Röhrle, B. (Hrsg.) (1987). Soziale Netzweke. Frankfurt am Main: Campus.

Khasnabis C., Mirza Z. & Maclachlan M. (2015). Opening the GATE to inclusion for people with disabilities. Lancet 386, S. 2229–2230.

Kingsbury, L. A. C. (2010). Use of person-centered planning for end-of-life decision making. In S. L. Friedman & D. T. Helm (Hrsg.), End-of-life care for children and adults with intellectual and developmental disabilities, Washington, DC: American Association on Intellectual and Developmental Disabilities, S. 275–290.

Kinik, S. T., Ozcay, F., Varan, B. (2006): Type 1 diabetes mellitus, Hashimotos' thyroiditis and celiac disease in an adolescent with Down Syndrome. Pediatrics International, 48, S. 433–435.

Kinnell, H., Gibbs, N., Teale, J. & Smith, J. (1987). Thyroid dysfunction in institutionalized Down's syndrome adults. Psychological Medicine, 17. S. 387–392.

Kirchberger, I., Meisinger, C., Heier, M., Zimmermann, A. K., Thorand, B., Autenrieth, C. S., et al. (2012). Patterns of multimorbidity in the aged population. Results from the KORA-age study. PLoS One, 7, e30556.

Kirkendall, A., Linton, K., & Farris, S. (2016). Intellectual disabilities and decision making at end of life: A literature review. Journal of Applied Research in Intellectual Disabilities.

KITZZ (2005). Een zorg minder en minder zorg. Technologie om zelfzorg en mantelzorg te stimuleren en ondersteunen. 29 maart 2005

Klamp-Gretschel, K. (2019). Take Care – Gesundheitsförderung von Mädchen und Frauen mit geistiger Behinderung. In Stöppler & Klamp-Gretschel. Ressourcen nutzen – gesund bleiben! Gesundheitsbildung bei Menschen mit geistiger Behinderung. Dortmund: verlag modernes lernen, S.151–168.

Klein, F., Berg, K. & Seitz, W. (1988). Univ. Prof. Dr. Bach zum 65. Geburtstag, Sonderpädagogik in Rheinland-Pfalz.

Kleinstein, R., Jones, L., Hullett, S., Kwon, S., Lee, R., Friedman, N., Manny, R., Mutti, D., Yu, J. & Zadnik, K. (2003). Refractive error and ethnicity in children. Archives of Ophthalmology, 121. S. 1141–1147.
Klijn, A. (1995). Tussen caritas en psychiatrie. Lotgevallen van zwakzinnigen in Limburg 1879–1952. Hilversum: Uitgeverij Verloren.
Kloeppel, D. & Hollins, S. (1989). Double handicap: Mental retardation and death in the familiy. Death Studies, 13. S. 31–38.
Knaup, M. (2019). Zahngesundheit. In Stöppler & Klamp-Gretschel. Ressourcen nutzen – gesund bleiben! Gesundheitsbildung bei Menschen mit geistiger Behinderung. Dortmund: verlag modernes lernen, S. 117–135.
Köcher, R. & Bruttel, O. (Hrsg.) (2012): Generali Altersstudie 2013. Wie ältere Menschen leben, denken und sich engagieren. Frankfurt am Main: Fischer Taschenbuch Verlag.
Kohli, M. (1994). Altern in soziologischer Perspektive. In Baltes, P., Mittelstraß, J., Staudinger, U. (Hrsg.). Alter und Altern. Ein interdisziplinärer Studientext zur Gerontologie. Sonderausgabe des 1992 erschienenen 5. Forschungsberichts der Akademie der Wissenschaften zu Berlin. Berlin, New York: de Gruyter. S. 231–259.
Kohli, M. & Wolf, J. (1989). Einschätzung und Ausblick. In Kohli, M., Gather, C., Künemund, H., Mücke, B., Schürkmann, M., Voges, W. & Wolf, J. (Hrsg.). Je früher – desto besser? Beiträge zur Sozialökonomie der Arbeit. Band 19. Berlin: edition sigma reiner bohn.
Köhncke, Y. (2012). Demographischer Wandel und seine Auswirkungen. In Deutsches Rotes Kreuz e. V. (Hrsg.). Alter und Behinderung – Behinderung und Alter, S. 31–39. Online abrufbar unter: https://silo.tips/download/alter-und-behinderung-behinderung-und-alter-herausforderungen-fr-die-gesellschaf (Abruf: 18.08.2020)
Kottnik, K.-D. (2003): Differenziert und vernetzt. Bedarfsorientierte Strukturen. In: Orientierung 27 (4), UII-1.
Kräling, K. (1993). Die Situation in Wohneinrichtungen der Lebenshilfe. Ergebnisse einer Umfrage. In Bundesvereinigung Lebenshilfe e. V. (Hrsg.). Alt und geistig behindert. Ein europäisches Symposium. Marburg: Lebenshilfe-Verlag.
Kräling, K. (1995). Wohnen heißt zu Hause sein. Gemeindeintegriertes Wohnen erwachsener Menschen mit geistiger Behinderung in Deutschland. In Bundesvereinigung Lebenshilfe e. V. (Hrsg.). Wohnen heißt zu Hause sein – Handbuch für die Praxis gemeindenahen Wohnens von Menschen mit geistiger Behinderung. Marburg: Lebenshilfe-Verlag.
Kräling, K. (1995a). Alt und geistig behindert. Zur Lebenssituation älter werdender und alter Menschen mit geistiger Behinderung in der BRD. In Bundesvereinigung Lebenshilfe e. V. (Hrsg.). Wohnen heißt zu Hause sein. Handbuch für die Praxis gemeindenahen Wohnens von Menschen mit geistiger Behinderung. Marburg: Lebenshilfe-Verlag. S. 151–160.
Kräling, K. (1995b). Bewältigung neuer Lebensumstände im Alter. Vortrag im Rahmen des Workshops› Anpassung des Verhaltens an Veränderung der sozialen Rollen und der sozialen Situation bei älteren Menschen mit geistiger Behinderung. Unveröffentlichtes Manuskript.
Kräling, K. (1997). Bewältigung neuer Lebensumstände im Alter. In Weber, G. (Hrsg.). Psychische Störungen bei älteren Menschen mit geistiger Behinderung. Bern: Huber. S. 156–175.
Krämer, G. (1996). Alzheimer-Krankheit. Benennung und Abgrenzung, Ursachen und Vererbung, Veränderungen am Nervensystem, Krankheitszeichen, Untersuchungen, Behandlung und Verlauf. 3. Auflage. Stuttgart: TRIAS Thieme Hippokrates Enke.
Kremer, G. (2019). Ernährung und Konsumbildung. In Stöppler & Klamp-Gretschel. Ressourcen nutzen – gesund bleiben! Gesundheitsbildung bei Menschen mit geistiger Behinderung. Dortmund: verlag modernes lernen, S. 25–34.
Kreuzer, M. (1996). Behinderte Menschen im Ruhestand: Biographisches Verstehen als Grundlage humaner Betreuung. Neue Praxis, 26, 2. S. 168–175.
Krinsky-McHale, S.J., Kittler, P., Brown, W.T., Jenkins, E.C., & Devenny, D. A. (2005). Repetition priming in adults with Williamssyndrome: age-related dissociation between implicit and explicit memory. American Journal on Mental Retardation, 110, S. 482–496.

Krüger, D. (2005): Die Auswirkungen des Älterwerdens auf die Lebenssituation von Menschen mit geistiger Behinderung. In: Lützenkirchen, A. (Hg.): Soziale Arbeit im Gesundheitswesen. Zielgruppen, Praxisfelder, Institutionen, Stuttgart, S. 57–78.
Kruse, A. (2006). Kompetenzformen bei älteren Menschen mit geistiger Behinderung. In Krueger, F. & Degen, J. (Hrsg.). Das Alter behinderter Menschen. Freiburg: Lambertus, S. 118–146.
Kruse, A. & Schmitz-Scherzer, R. (Hrsg.) (1995). Psychologie der Lebensalter. Darmstadt: Steinkopf.
Kübler-Ross, E. & Kessler, D. (2001). Geborgen im Leben: Wege zu einem erfüllten Dasein. Stuttgart: Kreuz Verlag.
Kulig, W. & Theunissen, G. (2006): Selbstbestimmung und Empowerment. In: Wüllenweber, E./Theunissen, G. & Mühl, H. (Hrsg.): Pädagogik bei geistigen Behinderungen. Ein Handbuch für Studium und Praxis. Stuttgart: W. Kohlhammer, S. 237–250.
Künemund, H.; Tanschus, N.M. (2014). Das Technikakzeptanz-Rätsel; Ergebnisse einer repräsentativen Studie in Niedersachsen. Zeitschrift für Gerontologie und Geriatrie 47, S. 641.
Kunitoh, N. (2013). From hospital to the community: The influence of deinstitutionalisation on discharged long-stay psychiatric patients. Psychiatry and Clinical Neurosciences, 67(6), 384–396.
Künzel-Schön, M. (2000). Bewältigungsstrategien älterer Menschen; Grundlagen und Handlungsorientierungen für die ambulante Arbeit. Weinheim: Juventa.
Küster, C. (1998). Zeitverwendung und Wohnen im Alter. In Deutsches Zentrum für Altersfragen (Hrsg.). Wohnbedürfnisse, Zeitverwendung und soziale Netzwerke älterer Menschen. Expertiseband 1 zum Zweiten Altenbericht der Bundesregierung. Frankfurt/Main: Campus. S. 51–175.
Lachapelle, Y., Lussier-Desrochers, D., Caouette, M., & Therrien-Bélec, M. (2011). Évaluation des impacts d'une technologie mobile d'assistance à la réalisation de tâches sur l'autodétermination des personnes présentant une déficience intellectuelle [Research Report] [Assessing the impacts of mobile assistive technology on people with intellectual disabilities' self-determination]. Trois-Rivières, Québec: Chaire de recherche sur les technologies de soutien à l'autodétermination.
Lachwitz, K. (1999). Standort und Perspektive der Behindertenhilfe für Menschen mit geistiger und mehrfacher Behinderung aus sozial- und rechtspolitischer Sicht. In Bundesverband Evangelische Behindertenhilfe e. V. (Hrsg.). Soziale Sicherheit für behinderte Menschen. Freiburg: Lambertus. S. 86–94.
Lai F. & Williams R. S. (1989). A prospective study of Alzheimer disease in Down syndrome. Archives of Neurology 46, S. 849–53.
Laireiter, A. (1993). Begriffe und Methoden der Netzwerk- und Unterstützungsforschung. In Laireiter, A. (Hrsg.). Soziales Netzwerk und soziale Unterstützung: Konzepte, Methoden und Befunde. Bern: Huber. S. 15–44.
Laireiter, A. (Hrsg.) (1993). Soziales Netzwerk und soziale Unterstützung: Konzepte, Methoden und Befunde. Bern: Huber.
Lambert, J., Piret, M., Scohy, C. & Lambert-Boite, F. (1993). Wirkungen der Früherziehung auf die Entwicklung der Kinder. Anwendung zweier Entwicklungsindizes. Vierteljahresschrift für Heilpädagogik und ihre Nachbargebiete, 62, 1. S. 29–40.
Lammer, K. (2003). Den Tod begreifen – Neue Wege in der Trauerbegleitung. Neukirchen-Vluyn: Neukirchener Verlag.
Landschaftsverband Rheinland (Hrsg.) (1991). Geistig Behinderte im Alter. Auf der Suche nach geeigneten Wohn- und Betreuungsformen. Pullheim: Rheinland.
Lang, E. (Hrsg.) (1988). Praktische Geriatrie. Stuttgart: Enke.
Lang, E: & Diepgen, T. (1988). Altern und Krankheit. In Lang, E. (Hrsg.). Praktische Geriatrie. Stuttgart: Enke. S. 78–80.
Lauriks, S., Reinersmann, A., van der Roest, H./Meiland, F.J.M., Davies, R.J., Moelaert, F., Mulvenna, M.D., Nugent, C.D., Dröes, R.M. (2007): »Review of ICT-based services for identified unmet needs in people with dementia.« In: Ageing Research Reviews 6/1, S. 223–246.

Lebenshilfe für Behinderte Detmold e. V. (Hrsg.) (1993). Fachtagung des Deutschen Paritätischen Wohlfahrtsverbandes Gesamtverband e. V. Alterungsprozesse bei Menschen mit geistiger Behinderung. Detmold: Lebenshilfe-Verlag.

Lebenshilfe Österreich (Hrsg.) (1992). »...ich werde älter«; Begleitung des Alterns bei Menschen mit geistiger Behinderung. Wien: Eigenverlag.

Lehr, U. (1980). Alterszustand und Alternsprozesse – Biographische Determinanten. Zeitschrift für Gerontologie, 13. S. 442–457.

Lehr, U. (1988). Ältere Arbeitnehmer heute und morgen: Berufliche Leistungsfähigkeit und Übergang in den Ruhestand. In Kommission Altern als Chance und Herausforderung (Hrsg.). Altern als Chance und Herausforderung. Bericht der Kommission »Alter als Chance und Herausforderung«. I.A. der Landesregierung von Baden-Württemberg. Stuttgart: Staatsministerium Baden-Württemberg.

Lehr, U. (1991). Psychologie des Alterns. Heidelberg: Quelle & Meyer.

Lehr, U. (1998). Altern in Deutschland – Trends demographischer Entwicklung. In Kruse, A. (Hrsg.): Psychologische Gerontologie. Band 1: Grundlagen. Hogrefe Verlag: Göttingen.

Lembo, A. & Cammilleri, M. (2003). Chronic constipation. New England Journal of Medicine, 349, 14. S. 1360–1368.

Lennox, N., Bain, C., Rey-Conde, T., Purdie, D., Bush, R. & Pandeya, N. (2007). Effects of a comprehensive health assessment programme for Australian adults with intellectual disability: a cluster randomized trial. International Journal of Epidemiology 36, S. 139–46.

Lenzen, D. (1995). Lebenslauf. In Lenzen, D. (Hrsg.). Pädagogische Grundbegriffe, Band 2. Reinbek: Rowohlt. S. 915–923.

Lenzen, D. (Hrsg.) (1995). Pädagogische Grundbegriffe, Band 2. Reinbek: Rowohlt.

Lerner, R. & Busch-Rossnagel, N. (Hrsg.) (1981). Individuals as producers of their development: A life-span perspective. New York: Academic Press.

Leslie, W.D., Pahlavan, P.S., Roe, E.B., Dittberner, K. (2009). Bone density and fragility fractures in patients with developmental disabilities. Osteoporos Int;20(3), S. 379–83. Epub 2008 Jul 16.

Levesque J.-F., Harris M. F. & Russell G. (2013). Patient-centred access to health care: conceptualising access at the interface of health systems and populations. International Journal for Equity in Health, 12, S. 1–9.

Levin, S., Nir, E. & Mogilner, B. (1975). T-system immune-deficiency in Down's syndrome. Pediatrics, 56. S. 123–126.

Levinson, D., Darrow, C., Klein, E., Levinson, M. & McKee, B. (1978). The seasons of a man's life. New York: Knopf.

Levy, R. (1977). Der Lebenslauf als Statusbiographie. Stuttgart: Enke.

Ley, A./Hinz-Wessels, A., (Hrsg.) (2017). Die Euthanasie-Anstalt Brandenburg an der Havel. Morde an Kranken und Behinderten im Nationalsozialismus. Schriftenreihe der Stiftung Brandenburgische Gedenkstätten, Bd. 34. Metropol Verlag: Berlin.

Li, S., & Ng, J. (2008). End-of-life care: Nurses' expeHences in caHng for dying patients with profound learning disabilities – A descriptive case study. Palliative Medicine, 22(8), S. 949–955

Lindmeier, C. (1998). Erwachsenenbildung für Menschen mit geistiger Behinderung unter integrativem Aspekt. Geistige Behinderung, 2. S. 132–144.

Lingg, A. (1998). Demenz: Problem der Zukunft. Arzt und Praxis, 2. S. 27–31.

Linton, R. (1942). Age and sex categories. American Sociological Review, 7. S. 587–601.

Lipe-Goodson, P. & Goebel, B. (1983). Perception of age and death Mentally retarded adults. Mental Retardation, 21, 2. S. 68–75.

Lippold, T., & Burns, J. (2009). Social support and intellectual disabilities: A comparison between social networks of adults with intellectual disability and those with physical disability. Journal of Intellectual Disability Research, 53(5), S. 463–473

Lobo, A., Launer, L., Fratiglioni, L., Andersen, K., Dicarlo, A., Breteler, M., Copeland, J., Dartigues, J., Jagger, C., Martinez-Lage, J., Soininen, H. & Hofman, A. (2000). Prevalence of dementia and major subtypes in Europe. A collaborative study of population-based cohorts. Neurology, 54. Suppl. 5. S. 4–9.

Lockhart, T. E. & Shi, W. (2010). Effects of Age on Dynamic Accomodation. In: Ergonomics, 53 (7), S. 892–903.
Löfgren-Mårtenson, L., Sorbring, E., & Molin, M. (2015). »T@ngled up in blue«: Views of parents and professionals on Internet use for sexual purposes among young people with intellectual disabilities. Sexuality & Disability, 33, S. 533–544.
Lohiya, G., Crinella, F., Tan-Figueroa, L., Caires, S. & Lohiya, S. (1999). Fracture epidemiology and control in a developmental center. Western Journal of Medicine, 170. S. 203–209.
Lord, J. & Pedlar, A. (1991). Living in the community: four years after the closure of an institution. Mental Retardation, 29, 4. S. 213–221.
Lott, I. T., Osann, K., Doran, E., & Nelson, L. (2002). Downsyndrome and Alzheimer disease: Response to Donepezil. Archives of Neurology, 59, S. 1133–1136.
Luchterhand, C. & Murphy, N. (1998). Helping adults with mental retardation; Grieve a death loss. New York: Brunner-Routledge.
Luchterhand, C. & Murphy, N. (2001). Wenn Menschen mit geistiger Behinderung trauern: Vorschläge zur Unterstützung. Weinheim, Basel: Beltz Verlag.
Lunsky, Y., Klein-Geltink, J. E., Yates, E. A., Cobigo, V., Ouellette-Kuntz, H., Lake, J.K., et al. (2013). Medication use. In: Lunsky Y, Klein-Geltink JE, Yates EA, (Hrsg.). Atlas on the primary care of adults with developmental disabilities in Ontario. Toronto, Canada: Institute for Clinical Evaluative Sciences and Centre for Addiction and Mental Health. http://www.ices.on.ca/
Lussier-Desrochers, D., Dupont, M.-È., Lachapelle, Y., & Leblanc, T. (2011). Étude exploratoire sur l'utilisation de l'Internet par les personnes présentant une déficience intellectuelle [Exploratory study on the use of the Internet by people with intellectual disabilities]. Revue Francophone de la Déficience Intellectuelle, 22, S. 41–50.
Lussier-Desrochers, D., Normand, C. L., Romero-Torres, A., Lachapelle, Y., Godin-Tremblay, V., Dupont, M., Roux, J., Pépin-Beauchesne, L., & Bilodeau, P. (2017). Bridging the digital divide for people with intellectual disability. Cyberpsychology: Journal of Psychosocial Research on Cyberspace, 11(1), article 1.
Maaskant, M., Gevers, J. & Wierda, H. (2002). Mortality and life expectancy in Dutch residential centres for individuals with intellectual disability, 1991–1995. Journal of Applied Research in Intellectual Disability, 15. S. 200–212.
Maaskant, M. & Haveman, M. (1988). Lang leven in de zwakzinnigenzorg. Een onderzoek naar de consequenties van de veroudering van bewoners van algemene zwankzinnigeninrichtungen en gezinsvervangende tehuizen. Limburg: Rijksuniversiteit.
Maaskant, M., Haveman, M., Van Schrojenstein Lantman-De Valk, H., Urlings, H., Van den Akker, M. & Kessels, A. (1995). Veroudering bij mensen met een verstandelijke handicap; verslag van een longitudinaal onderzoek. Rijksuniversiteit Limburg & Stichting Pepijklinieken.
Mahon, M., Mactavish, J., Mahon, M. & Searle, M. (1995). Older adults with a mental disability. Exploring the meaning of independence. Winnipeg: University of Manitoba.
Mahon, M. & Mactavish, J. (2000). A sense of belonging. In M. Janicki & E. Ansello: Community supports for aging adults with lifelong disabilities, S. 41–53.
Mair, H. & Offergeld, J. (2014). Unterstützung von älteren Menschen mit Behinderung in den Ruhestand. In: Teilhabe 3/2014, S. 128–134.
Malaty, H., El-Kasabany Graham, D., Miller, C., Reddy, S., Srinivasan, S., Yamaoka, Y. & Berenson, G. (2002). Age at acquisition of Heliobacter pylori infection: a follow-up study from infancy to adulthood. Lancet, 359. S. 931–935.
Malin, N. (1983). Group homes for mentally handicapped adults: residents views on contacts and support. The British Journal of Mental Subnormality, 28, 1. S. 29–34.
Mansell J. & Knapp M., Beadle-Brown J. Beecham J. (2007). Deinstitutionalisation and community living – outcomes and costs: report of a European Study. Volume 1–3. Canterbury: Tizard Centre, University of Kent.
Marcus, C., Keens, T., Bautista, D., Von Pechmann, W. & Ward, S. (1991). Obstructive sleep apnea in children with Down syndrome. Pediatrics, 88. S. 132–139.

Markowetz, R. (1997). Freizeit behinderter Menschen. In Cloerkes, G. (Hrsg.). Soziologie der Behinderten. Heidelberg: Edition Schindele. S. 269–299.

Marengoni, A. (2008). Prevalence and impact of chronic diseases and multimorbidity in the aging population: a clinical and epidemiological approach. Doctorate dissertation, Karolinska Institute, Solna, Sweden.

Marengoni, A., Winblad, B., Karp, A., Fratiglioni, L. (2008). Prevalence of chronic diseases and multimorbidity among the elderly population in Sweden. American Journal of Public Health, 98,7, S. 1198–1200.

Martin, P. (2009): Medizin für Erwachsene mit geistiger Behinderung – Gesundheit für's Leben (Präsentationsfolien zum Vortrag bei der Fachtagung der Bundesarbeitsgemeinschaft Ärzte für Menschen mit geistiger oder mehrfacher Behinderung am 15./16.05.2009 in Potsdam). URL: http://www.lebenshilfe.de/wGesundheitstagung/downloads/Dr.-Martin.pdf (abgerufen am: 18.06.2019)

Masurek, G. (1987). Wohnen für geistig Behinderte am Beispiel der Lebenshilfe Braunschweig. In Bundesvereinigung Lebenshilfe e. V. (Hrsg.). Humanes Wohnen – seine Bedeutung für das Leben geistig behinderter Erwachsener. Große Schriftenreihe Bd. 5. 2. Auflage. Marburg: Lebenshilfe-Verlag. S. 72–79.

Matthews, T, Weston, N, Baxter, H, Felce, D, Kerr, M. (2008). A general practice-based prevalence study of epilepsy among adults with intellectual disabilities and of its association with psychiatric disorder, behaviour disturbance and carer stress. Journal of Intellectual Disability Research 52, S. 163–173.

McCarron, M., McCallion, P., Fahey-McCarthy, E., & Connaire, K. (2010). Staff perceptions of essential prerequisites underpinning end-of-life care for persons with intellectual disability and advanced dementia. Journal of Policy and Practice in Intellectual Disabilities, 7(2), S. 143–152.

McCarron, M., Swinburne, J., Burke, E., McGlinchey, E., Carroll, R., & McCallion, P. (2013). Patterns of multimorbidity in an older population of persons with an intellectual disability: results from the intellectual disability supplement to the Irish longitudinal study on aging (IDS-TILDA). Res Dev Disabil, 34(1), S. 521–527.

McClimens, A., & Gordon, F. (2009). People with intellectual disabilities as bloggers: What's social capital got to do with it anyway? Journal of Intellectual Disabilities, 13, 19–30.

McConkey, R., Naughton, M. & Nugent, U. (1983). Have we met? Community contacts of adults who are mentally handicapped. Mental Handicap, 11. S. 57–59.

McDaniel, B. (1989). A groupwork experience with mentally retarded adults on the issues of death and dying. Journal of Gerontological Social Work, 13. S. 187–191.

McDermott, S., Platt, T., & Krishnaswami, S. (1997). Are individuals with mental retardation at high risk for chronic disease? Family Medicine, 29, S. 429–434.

McGillycuddy, N. (2006). A review of substance use research among those with mental retardation. Mental Retardation and Developmental Disability Research Reviews, 12. S. 41–47.

McGuire, D. & Chicoine, B. (2008). Erwachsene mit Down-Syndrom verstehen, begleiten und fördern. Nürnberg: G&S Verlag.

McKhann, G., Drachman, D., Folstein, M., Katzman, R., Price, D. & Stadlan, E. (1984). Clinical diagnosis of Alzheimer's disease: Report of the NINCDS-ARDRA Work Group under the auspices of Department of Health and Human Services Task Force on Alzheimer's disease. Neurology, 34. S. 939–943.

Mechling, L. C., & Seid, N. H. (2011). Use of a hand-held personal digital assistant (PDA) to self-prompt pedestrian travel by young adults with moderate intellectual disabilities. Education and Training in Autism and Developemental Disabilities, 46, S. 220–237.

Meins, W. (1995). Demenz und geistige Behinderung, Alzheimersche Krankheit und Down-Syndrom – Eine aktuelle Literaturübersicht. Zeitschrift für Gerontopsychologie und -psychiatrie, 3. S. 135–151.

Melton, L., Khosla, S., Achenbach, S., O'Connor, M., O'Fallon, W. & Riggs, B. (2000). Effects of body size and skeletal site on the estimated prevalence of osteoporosis in women and men. Osteoporosis International, 11. S. 977–983.

Merrick, J., Davidson, P., Morad, M., Janicki, M., Wexler, O. & Henderson, C. (2004). Older adults with intellectual disability in residential care centers in Israel: health status and service utilization. American Journal on Mental Retardation, 109. S. 413–420.

Merrick, J. & Koslowe, K. (2001). Refractive errors and visual anomalies in Down syndrome. Down Syndrome Research and Practice, 6. S. 131–133.

Meuwese-Jongejeugd, A., Vink, M., van Zanten, G., Verschuure, J., Eichhorn, E., Koopman, D., Bernsen, R. & Evenhuis, H. (2006). Prevalence of hearing impairment in 1598 adults with an intellectual disability: cross-sectional population based study. International Journal of Audiology, 45. S. 660–669.

Meyer, H. (1983). Geistigbehindertenpädagogik. In Solarova, S. (Hrsg.). Geschichte der Sonderpädagogik. Stuttgart: Kohlhammer. S. 84–119.

Michael, J. (2008). Healthcare for all: independent inquiry into access to healthcare for people with learning disabilities. London.

Mihailidis, A., Boger, J., Czarnuch, S., Nagdee, T., Hoey, J. (2012): »Ambient Assisted Living Technology to Support Older Adults with Dementia with Activities of Daily Living: Key Concepts and the State of the Art.« In: Augusto, C., Huch, M., Kameas, A., Maitland, J., McCullagh, P., Roberts, J., Sixsmith, A., Wichert, R. (Hrsg.), Handbook of Ambient Assisted Living: Technology for Healthcare, Rehabilitation and Well-being, Amsterdam, The Netherlands: IOS Press.

Miller, R. & Vinatzer, R. (1992). Belegungs- und Aufnahmesituation im regionalen Mit- und Nebeneinander von Wohnheim und stationärer Einrichtung. In Rapp, N. & Strubel, W. (Hrsg.). Behinderte Menschen im Alter. Freiburg im Breisgau: Lambertus. S. 53–68.

Milz, H. & Stöppler, R. (2009). Sozial-geragogische Hilfen für alte Menschen mit Behinderungen. In Stein, R. & Orthmann Bless, D. (Hrsg.): Lebensgestaltung bei Behinderungen und Benachteiligungen im Erwachsenenalter und Alter. Basiswissen Sonderpädagogik. Bd. 5. Baltmannsweiler: Schneider Verlag Hohengehren.

Minnes, P., Woodford, L. & Passey, J. (2007). Mediators of Well-being in ageing Family Carers of Adults with Intellectual Disabilities. Journal of Applied Research in Intellectual Disabilities, 20. S. 539–552.

Molin, M., Sorbring, E., & Löfgren-Mårtenson, L. (2015). Teachers' and parents' views on the Internet and social media usage by pupils with intellectual disabilities. Journal of Intellectual Disabilities, 19, S. 22–33.

Morad, M., Merrick, J. & Nasri, Y. (2002). Prevalence of Helicobacter pylori infection in people with intellectual disabilities in a residential care center in Israel. Journal of Intellectual Disability Research, 46. S. 141–143.

Moss, S. (Hrsg.) (1992). Aging and developmental disabilities, perspectives from nine countries. Durham: University of New Hampshire

Moss, S., Goldberg, D., Patel, P. & Wilkin, D. (1993). Physical morbidity in older people with moderate, severe and profound mental handicap, and its relation to psychiatric morbidity. Social Psychiatry and Psychiatric Epidemiology, 28. S. 32–39.

Mühl, H. (1984). Einführung in die Geistigbehindertenpädagogik. Stuttgart: Kohlhammer.

Mühl, H. (2000). Einführung in die Geistigbehindertenpädagogik. 4. Auflage. Stuttgart: Kohlhammer.

Mul, M., Veraart, W. & Biermann, A. (1997). Slechthorendheid bij mensen met een verstandelijke handicap in de huisartspraktijk. Huisarts en Wetenschap, 40. S. 301–304.

Müller, S. V. & Focke, V. (2017). »Weckworte« – Alzpoetry zur Steigerung der Lebensqualität von älteren Menschen mit geistiger Behinderung und Demenz. In: Teilhabe 2/2015, S. 68–71.

Müller-Erichsen, M. (1993). Erwartungen von Eltern und Einrichtungsträgern. In Bundesvereinigung Lebenshilfe e. V. (Hrsg.). Alt und geistig behindert. Ein europäisches Symposium. Bd. 26. Marburg: Lebenshilfe-Verlag. S. 127–132.

Murphy, J., Hoey, H., Philip, M., Roche, E, Mackens, S., Mayne, P., Duff, D., O'Keefe, M., McShane, D., Forgaty, E. & O'Regan, M. (2005). Guidelines for the medical management of Irish children and adolescents with Down syndrome. Irish Medical Journal, 98. S. 48–52.

Myles, J. (1984). Old age in the welfare state: The political economy of public pensions. Boston, MA: Litde, Brown

Nespoli, L., Burgio, G., Maccario, R. (1993): Immunological features of Down's Syndrome: a review. Journal of Intellectual Disability Research, 37,6, S. 543–551.

Nevill A., Holder, R., Maffulli, N., Cheng, J., Leung, S., Lee, W. & Lau, J. (2002). Adjusting bone mass for differences in projected bone area and other confounding variables: an allometric perspective. Journal of Bone and Mineral Research, 17. S. 703–708.

Nicaise, P., Dubois, V., & Lorant, V. (2014). Mental health care delivery system reform in Belgium: The challenge of achieving deinstitutionalisation whilst addressing fragmentation of care at the same time. Health Policy, 115, S. 2–3, S. 120–127.

Niemeijer, A.R., Depla, M.F., Frederiks, B.J.M. & Hertogh, C. (2014). The experiences of people with dementia and intellectual disabilities with surveillance technologies in residential care. Nursing Ethics, Vol. 22(3) S. 307–320.

Niermann, G. (1988). Wohnstätten für ältere und alte Menschen mit einer geistigen Behinderung. In Bundesvereinigung Lebenshilfe e.V. (Hrsg.). Hilfen für alte und alternde geistig behinderte Menschen. Marburg: Lebenshilfe-Verlag. S. 51–56.

Nirje, B. (1969). The normalization principle and its human management implications. In Kugel, R. & Wolfensberger, W. (Hrsg.). Changing patterns in residential services for the mentally retarded. Washington: Presidents Committee on Mental Retardation.

Nirje, B. (1992). The normalization principle papers. Uppsala, Sweden: Centre for Handicap Research (Uppsala University).

Nirje, B. (1994). Das Normalisierungsprinzip. In: Fischer, U. et al. (Hrsg.): WISTA Experten-Hearing 1993. Wohnen im Stadtteil für Erwachsene mit schwerer geistiger Behinderung. Reutlingen: Diakonie-Verlag, S. 175–202.

North Dakota Disability Health Project. (n.d.). Tobacco cessation resource materials for people with intellectual disabilities. Retrieved on September 4, 2018, from http://www.ndcpd.org/health/files/publications/tob%20cess%20info%201-09.pdf.

Novella, E. J. (2010). Mental health care in the aftermath of deinstitutionalisation: A retrospective and prospective view. Health Care Analysis, 18(3), 222–238.

O'Brien, G. (2008). Behavioural phenotypes in adulthood. URL: http://www.intellectualdisability.info/mental_phys_health/Pphenotypesgo.html (zuletzt geprüft am 23.10. 2008).

Oda, M., Haklamada, R., Ono, K., Higurashi, M. (1993): A seroimmunological analysis of Down Syndrome. Gerontology, 39, (Suppl 1), S. 16–23.

O'Dwyer, M., Peklar, J., McCallion, P., McCarron, M. Henman, M.C. (2016). Factors associated with polypharmacy and excessive polypharmacy in older people with intellectual disability differ from the general population: a cross-sectional observational nationwide study BMJ Open 2016;6:e010505.

OECD (Organisation for Economic Co-operation and Development). (2004). E-government, an imperative]. Retrieved from http://www.keepeek.com/Digital-Asset-Management/oecd/governance/l-administration-electronique-un-imperatif_9789264101203-fr#.V9LbmZjhAdU

Oliver C., Crayton L. et al. (1998). A four year prospective study of age-related cognitive change in adults with Down's syndrome. Psychological Medicine 28, S. 1365–1377.

Opaschowski, H. (1976). Pädagogik der Freizeit, Grundlagen für Wissenschaft und Praxis. Bad Heilbrunn: Klinkhardt.

Opaschowski, H. (1998). Leben zwischen Muß und Muße: Die ältere Generation: Gestern. Heute. Morgen. Hamburg: German Press.

Ouellette-Kuntz, H, Garcin, N, Lewis, S, Minnes, P, Freeman, C, Holden J. (2005). Addressing health disparities through promoting equity for individuals with intellectual disabilities. Canadian Journal of Public Health;96(2), S. 8–22.

Overmars-Marx, T., Thomese, F., Verdonschot, J., & Meininger, H. (2014). Advancing social inclusion in the neighbourhood for people with an intellectual disability: An exploration of the literature. Disability & Society, 29(2), 255–274.

Owuor J., Larkan F. & Maclachlan M. (2017). Leaving no-one behind: using assistive technology to enhance community living for people with intellectual disability. Disability and Rehabilitation. Assistive Technology, 12, S. 426–428.

Oyen, R. (1991). Zur Biologie des Alterns. In Trapmann, H. et al. (Hrsg.). Das Alter. Grundfragen – Einzelprobleme – Handlungsansätze. Dortmund: Verlag Modernes Lernen.

Palmer, S. B., Wehmeyer, M. L., Davies, D., & Stock, S. (2012). Family members' reports of the technology use of family members with intellectual and developmental disabilities. Journal of Intellectual Disability Research, 56, S. 402–414.

Pardo, C.A., Vargas, D., Zimmerman, A. (2005): Immunity, neuroglia and neuroinflammation in autism. International Review on Psychiatry, 17,6, S. 485–495.

Parker, J. (2014). De-institutionalisation in psychiatry – Both sides of the coin. South African Medical Journal, 104(1), 76.

Parsons, S., Daniels, H., Porter, J., & Robertson, C. (2008). Resources, staff beliefs and organizational culture: Factors in the use of information and communication technology for adults with intellectual disabilities. Journal of Applied Research in Intellectual Disabilities, 21, 19–33.

Patell, P., Goldberg, D. & Moss, S. (1993). Psychiatric morbidity in older people with moderate and severe learning disabilities. British Journal of Psychiatry, 163. S. 481–491.

Patja, K., Iivanainen, M., Vesala, H., Oksanen, H. & Ruoppila, I. (2000). Life exexpectancy of people with intellectual disability: a 35-year follow-up study. Journal of Intellectual Disability Research, 44. S. 591–599.

Patja, K., Mölsa, P. & Iivanainen, M. (2001). Cause-specific mortality of people with intellectual disability in a population-based, 35-year follow-up study. Journal of Intellectual Disability Research, 45. S. 30–40.

Patti, P.J. (2012). Life events exposure in people with intellectual disabilities. Life Span and Disability XV, 1, S. 7–18.

Pearpoint, J. Forest. M. & Brien, J. (1996). Circles of friends and PATH: powerful tools to help build caring communities. In Stainback, S. & Stainback, W. (Hrsg.). Inclusion: a guide for education. Baltimore, MD: Paul H. Brookes Publishing Co. S. 67–86.

Penchansky R. & Thomas J. W. (1981). The concept of access: definition and relationship to consumer satisfaction. Medical Care19, S. 127–140.

Penrose, L. S. (1949). The influence of mongolism in the general population. Journal of Mental Retardation, 95. S. 685–688.

Percy, M., Dalton, A., Markovic, V., Crapper McLachlan, D., Gera, E., Hummel, J., Rusk, A., Sommerville, M., Andrews, D. & Walfish, P. (1990). Autoimmune thyroiditis associated with Down syndrome: a comparison of patients with and without manifestations of Alzheimer disease. American Journal of Medical Genetics, 36. S. 148–154.

Peters, H. (1981). Luisterend helpen. Poging tot een beter omgaan met de zwakzinnige medemens. Lochem/Poperinge: De Tijdstroom.

Pfaff, U. (1989). Alter, Krankheit und geistige Behinderung. Zur Orientierung, 18. S. 17–21.

Pitsch, H.-J. & Thümmel, I. (2017): Lebenschancen für Menschen mit geistiger Behinderung im Alter. Konzepte und Methoden zur Bewältigung neuer Herausforderungen im Alter, Oberhausen: Athena.

Pitsch, H.-J. & Thümmel, I. (2020). Gestern konnte ich's noch! Menschen mit geistiger Behinderung und Demenz professionell begleiten, Oberhausen: Athena.

Pitt-Catsouphes, M., & Smyer, M. (2005). Older workers: What keeps them working. Boston, MA: Boston College, Center on Aging and Work.

Plotz, M. (1994). Das Erleben und Verarbeiten von Tod und Trauer bei alternden Menschen mit geistiger Behinderung. Unveröffentlichte Examensarbeit, Köln.

Podgorsky, C., Kessler, K., Cacia, B., Peterson, D., & Henderson, M. (2004). Physical activity intervention for older adults with intellectual disability: Report on a pilot project. Mental Retardation, 42, S. 272–283.

Powell, J. (2007). Hilfen zur Kommunikation von Demenz. Kuratorium Deutsche Altenhilfe. Köln: Kuratorium Deutsche Altenhilfe.

Prasher, V. (1995). Age-specific prevalence, thyroid dysfunction and depressive symptomatology in adults with Down syndrome and dementia. International Journal of Geriatric Psychiatry, 10. S. 25–31.

Prasher, V. (1997). Dementia Questionnaire for Persons with Mental Retardation (DMR): modified criteria for adults with Down's Syndrome. Journal of Applied Research in Intellectual Disabilities, 10. S. 54–60.

Prasher, V. (2005). Alzheimer's Disease and Dementia Down-Syndrom and Intellectual Disabilities. Seattle: Radcliffe Publishing Ltd.
Prasher, V., Huxley, A., Haque, M., & Down Syndrome Ageing Study Group. (2002). A 24-week, double-blind, placebo-controlled trial of Donepezil in patients with Down syndrome and Alzheimer's disease – Pilot study. International Journal of Geriatric Psychiatry,17, S. 270–278.
Prasher, V. P., Fung, N., & Adams, C. (2005). Rivastigmine in the treatment of dementia in Alzheimer's disease in adults with Down syndrome. International Journal of Geriatric Psychiatry, 20, S. 496–497.
Prasher, V.P, Kerr M.P. (2008). Epilepsy and Intellectual Disabilities. Springer.
Pueschel, S. (2006). The effect of acetyl-L-carnitine administration on persons with Down syndrome. Research in Developmental Disabilities, 27, S. 599–604.
Puri, B., Lekh, S., Langa, A., Zaman, R. & Singh, I. (1995). Mortality in a hospitalized mentally handicapped population: a 10-year survey. Journal of Intellectual Disability Research, 29, 5. S. 442–446.
Rabinowe, S., Rubin, I., George, K., Adri, M. & Eisenborth, G. (1989). Trisomy 21 (Down's syndrome): autoimmunity, aging and monoclonal antibody-defined T-cell abnormalities. Journal of Autoimmunity, 2. S. 25–30.
Ralbuch, L., Payne, S., & Board of Directors of European Association for Palliative Care [Bercovich, M., Caraceni, A., DeVlieger, T., Firth, P., Hegedus, K., Nabal, M., ... & De Conno, F.]. (2009). White paper on standard and norms for hospice and palliative care in Europe: Part 1. European Journal of Palliative Care 17(5), S. 238–245.
Rapin, I., Weidenheim, K., Lindenbaum, Y., Rosenbaum, P., Merchant, S. N., Krishna, S., et al. (2006). Cockayne syndrome in adults: Review with clinical and pathologic study of a new case. Journal of Child Neurology, 21, S. 991–1006.
Rapp, N. & Strubel, W. (Hrsg.) (1992). Behinderte Menschen im Alter. Freiburg: Lambertus.
Read, S., & Elliott, D. (2006). Care planning in palliative care for people with intellectual disabilities. In B. Gates (Ed.), Care planning and delivery in intellectual disability nursing (pp. 195–211). Maiden, MA: Blackwell.
Redlich, T. (1992). Betreuungsmodelle in Werkstatt und Wohnheim für ältere behinderte Menschen. In Rapp, N. & Strubel, W. (Hrsg.). Behinderte Menschen im Alter. Freiburg: Lambertus. S. 110–117.
Remark, C. & Tillmann, V. (2019). Fit durch den Tag – Selbstbestimmte Bewegung im Alltag von Menschen mit kognitiver Beeinträchtigung. In Stöppler & Klamp-Gretschel. Ressourcen nutzen – gesund bleiben! Gesundheitsbildung bei Menschen mit geistiger Behinderung. Dortmund: verlag modernes lernen, S. 35–48.
Reiss, S. & Aman, M. (1997). The international consens process on psychopharmacology and intellectual disability. Journal of Intellectual Disability Research, 41. S. 445–448.
Reijnders, R. & Haveman, M. (1999a). Ouderdomsplanning voor mensen met een verstandelijke handicap, resultaten van onderzoek. Abschlussbericht. IPSER, Universität Maastricht.
Reijnders, R. & Haveman, M. (1999b). Freizeit im Alter; Beispiele aus den Niederlanden. In Bundesvereinigung Lebenshilfe e. V. (Hrsg.). Persönlichkeit und Hilfe im Alter. Zum Alterungsprozess bei Menschen mit geistiger Behinderung. Marburg: Lebenshilfe-Verlag. S. 158–168.
Renner, F., Andrle, M., Horak, W. & Rett, A. (1985). Hepatitis A and B in non-institutionalized mentally retarded patients. Hepato-gastroenterology, 32. S. 175–177.
Richartz, W. (1991). Im Alter in der gewohnten Umgebung leben. In Landschaftsverband Rheinland (Hrsg.). Geistig Behinderte im Alter. Auf der Suche nach geeigneten Betreuungsformen. Köln. S. 65–76.
Rimmer, J., Braddock, D. & Marks, B. (1995). Health characteristics and behaviors of adults with mental retardation residing in three living arrangements. Research in Developmental Disabilities, 16. S. 489–499.
Rivas-Vasquez, R.A., Carrazana, E.J., Rey, G.J., Blais, M.A. & Racher, D.A. (2000). Alzheimer's Disease: Pharmacological treatment and management. The Clinical Neuropsychologist, 14, S. 93–109.

Rix, S. (1990). Older workers: Choices and challenges. Santa Barbara, CA: ABCC-LIO.
Robert, K. (1988). Caring for aging developmentally disabled adults: Perspectives and needs of older parents. Greeley, CO: Department of Human Services, University of North Colorado.
Robertson, J., Emerson, E., Gregory, N., Hatto, C., Turner, S., Kessissoglou, S., et al. (2000a). Lifestyle related risk factors for poor health in residential settings for people with intellectual disabilities. Research in Developmental Disabilities, 21, S. 469–486.
Robertson J, Emerson E, Gregory N, et al. (2000b). Receipt of psychotropic medication by people with intellectual disability in residential settings. J Intellect Disabil Res 2000; 44, S. 666–676.
Robertson, J., Emerson, E., Gregory, N., Hatton, C., Turner, S., Kessissoglou, S., et al. (2002). Lifestyle related factors for poor health in residential settings for people with intellectual disabilities. Research in Developmental Disabilities, 21, S. 469–486.
Roehrs, T., Zorick, F., Wittig, R. & Roth, T. (1985). Efficacy of a reduced triazolam dose in elderly insomniacs. Neurobiology of Aging, 6. S. 293–296.
Roizen, N. (1996). Down syndrome and associated medical disorders. Mental Retardation and Developmental Disabilities Research Reviews, 2. S. 85–89.
Rosenstiel, L. von (1994). Psychische Probleme des Berufsaustritts. In Reimann, H. & Reimann, H. (Hrsg.). Das Alter. 3. neu überarb. Auflage. Stuttgart: Enke.
Rothenberg, E. (1994). Bereavement intervention with vulnerable populations: A case report on group work with the developmentally disabled. Social Work with Groups, 17. S. 61–75.
Royal College of Psychiatrists (2013). People with Learning Disability and Mental Health, Behavioural or Forensic Problems: The Role of In-Patient Services (Faculty Report FR/ID/03). Faculty of Psychiatry of Intellectual Disability, Royal College of Psychiatrists.
Rüberg, R. (1991). Alter – Dimensionen und Aspekte. In Trapman, H., Hofmann, W., Schaefer-Hagemeister, T. & Siemens, H. (Hrsg.). Das Alter. Dortmund: Verlag Modernes Lernen.
Sallafranque St-Louis, F. (2015). L'utilisation d'Internet et la sollicitation sexuelle sur le web auprès des personnes avec une déficience intellectuelle (DI) ou un trouble du spectre de l'autisme. [Doctoral dissertation] [The use of the Internet and sexual solicitation among people with intellectual disabilities (ID) or autism spectrum disorder]. Retrieved from http://di.uqo.ca/818/1/Essai_Francois_SallafranqueSt-Louis_2015.pdf
Sandberg, M., Ahlström, G., Axmon, A., Kristensson, J. (2016). Somatic healthcare utilisation patterns among older people with intellectual disability: an 11-year register study. BMC Health Services Research 16:642
Sands, D. & Kozleski, E. (1994). Quality of life difference between adults with and without disabilities. Education and Training in Mental Retardation and Developmental Disabilities, 29. S. 90–101.
Sartorius, G. (1991). Die Vorstellungen der Spitzenverbände der Freien Wohlfahrtspflege in Nordrhein-Westfalen zur Versorgung alternder und alter geistig behinderter Menschen. In Landschaftsverband Rheinland (Hrsg.). Geistig Behinderte im Alter. Auf der Suche nach geeigneten Betreuungsformen. Köln. S. 47–54.
Satgé, D. & Vekemans, M. (2011). Down syndrome patients are less likely to develop some (but not all) malignant solid tumours. Clinical Genetics, 79(3), S. 289–290.
Savage, T. A., Ast, K., Bess, R., Castrogiovanni, M., & Conway, P. (2010). Supports and resources for adults. In S. L. Friedman & D. T. Helm (Hrsg.), End-of-life care for children and adults with intellectual and developmental disabilities (pp. 313–328). Washington, DC: American Association on Intellectual and Developmental Disabilities.
Schädler, J. & Reichstein M.F. (2018): Geschlossene Wohneinrichtungen, ein (neuer) örtlicher Exklusionsbereich? Eine exemplarische Betrachtung zu Tendenzen in der wohnbezogenen Eingliederungshilfe in Nordrhein-Westfalen. In: Teilhabe 3/2018, S. 112–118.
Schäper, S., Schüller, S., Dieckmann, F. & Greving, H. (Hrsg.) (2010). Anforderungen an die Lebensgestaltung älter werdender Menschen mit geistiger Behinderung in unterstützten Wohnformen. Ergebnisse einer Literaturanalyse und Expertenbefragung. Zweiter Zwischenbericht zum Forschungsprojekt »Lebensqualität inklusiv(e): Innovative

Konzepte unterstützten Wohnens älter werdender Menschen mit Behinderung« (LEQUI). Münster: Katholische Hochschule NRW.

Scharringhausen, R. (2011a). Biografiearbeit und Biografieorientierung in der Heilerziehungspflege. In Heilerziehungspflege, Berlin: Cornelsen, S. 139–151.

Scharringhausen, R. (2011b). Entwicklungsaufgaben bei alten Menschen mit Behinderung. In Heilerziehungspflege, Berlin: Cornelsen, S. 63–76.

Schelbert, C. & Winter, B. (2001). Fachliche Leitlinien und Empfehlungen für Lebensräume älterer Menschen mit Behinderung. In Hessisches Sozialministerium (Hrsg.). Lebensräume älterer Menschen mit Behinderung. Hessische Erfahrungen. Marburg: Lebenshilfe-Verlag. S. 20–26.

Scherer, M. J. (Ed.). (2002). Assistive Technology: Matching Device and Consumer for Successful Rehabilitation. Washington, DC: American Psychological Association.

Scherer, M. J. (2005). Living in the state of stuck: How technologies affect the lives of people with disabilities (4th ed.). Cambridge, MA: Brookline Books.

Schildmann, U. (1996). Integrationspädagogik und Geschlecht. Theoretische Grundlegung und Ergebnisse der Forschung. Opladen: Leske + Budrich.

Schlag, B. (Hrsg.) (2008). Leistungsfähigkeit und Mobilität im Alter. Mobilität und Alter. Schriftenreihe der Eugen-Otto-Butz-Stiftung. Bd. 3. Köln: TÜV Media GmbH.

Schmetz, D. & Stöppler, R. (2002). Sexualpädagogische Bildungsangebote für Menschen mit geistiger Behinderung. In VDS (Hrsg.). Entwicklung fördern – Impulse für Didaktik und Therapie. Sonderpäd. Kongress. Bd. 11. Würzburg: VDS. S. 66–72.

Schmidt-Thimme, D. (1990). Freizeitwünsche älterer Menschen mit geistiger Behinderung. In Zielniok, W. & Schmidt-Thimme, D. (Hrsg.). Gestaltete Freizeit für Menschen mit geistiger Behinderung. Heidelberg: Edition Schindele. S. 110–115.

Schneekloth, U. (1997). Pflegerische Versorgung im Bereich der stationären Altenhilfe. Zeitschrift für Gerontologie und Geriatrie, 30. S. 163–172.

Schneider, Annika (2017). Das große Spiele-Buch für Menschen mit Demenz. SingLiesel Verlag: Karlsruhe.

Schneider, H. (1995). Die soziale Umwelt im Alter als Ressource oder als Belastung? In Kruse, A. & Schmit-Scherzer, R. (Hrsg.). Psychologie der Lebensalter. Darmstadt: Steinkopf. S. 263–270.

Schneider, M., Weidner, E. & Stolk, J. (1992). Wonen in kleinschalige voorzieningen: sociale integratie of sociale isolatie? Nederlands Tijdschrift voor Zwakzinnigenzorg, 4. S. 191–205.

Schnelle, S. (2014). Das sozial vermittelte Alter(n). In Pelizäus-Hoffmeister, H. (Hrsg.). Der ungewisse Lebensabend? Wiesbaden: Springer, S. 25–36.

Schöler, J. (1983). Schule ohne Aussonderung in Italien. Eine Exkursionsgruppe berichtet von ihren Erfahrungen. Berlin: Klaus Guhl.

Schrijnemaekers, V. J., Duijnhouwer, E., Te Wierik, M. J., Frederiks, C. M. (1995). De effectiviteit van validation. Een literatuuronderzoek. Tijdschrift voor Gerontologie en Geriatrie, 26, 5. S. 205–213.

Schuck, H. (2019). Mobilität und Bewegung. In Stöppler & Klamp-Gretschel. Ressourcen nutzen – gesund bleiben! Gesundheitsbildung bei Menschen mit geistiger Behinderung. Dortmund: verlag modernes lernen, S. 67–76.

Schuntermann, M.F. (2005): Die Internationale Klassifikation der Funktionsfähigkeit, Behinderung und Gesundheit (ICF) der Weltgesundheitsorganisation. In Schian, H. M., Wegscheider, K. & Schönle, W. (Hrsg.), Teilhabe behinderter Menschen gezielt fördern! Die ICF als globaler Maßstab. Deutsche Vereinigung für Rehabilitation e. V. Heidelberg: Eigenverlag. S. 23–24.

Schupf, N., Silverman, W., Sterling, R. & Zigman, W. (1989). Down syndrome, terminal illness and risk for dementia of the Alzheimer type. Brain Dysfunction, 2. S. 181–188.

Schupf, N., Zigman, W., Kapell, D., Lee, J., Kline, J. & Levin, B. (1997). Early menopause in women with Down Syndrome. Journal of Intellectual Disability Research, 4. S. 264–267.

Schwarte, N. & Oberste-Ufer, R. (1997). LEWO. Marburg: Lebenshilfe-Verlag.

Segal, R. (1975). Introduction. In Hamilton, J. & Segal, R. (Hrsg.). Consultation conference on the gerontological aspects of mental retardation. Proceedings of a conference. S. V-X.

Seifert, M. (1995). Problemverhalten – eine Herausforderung für Mitarbeiter. Berichte von Betreuern von Erwachsenen mit schwerer geistiger Behinderung über ihren Umgang mit schwierigen Verhaltensweisen. Geistige Behinderung, 34, 2. S. 120–135.

Seifert, M. (1997): Lebensqualität und Wohnen bei schwerer geistiger Behinderung. Theorie und Praxis. Reutlingen: Diakonie-Verlag.

Sekijima Y., Ikeda S. et al. (1998). Prevalence of dementia of Alzheimer type and apolipoprotein E phenotypes in aged patients with Down's syndrome. European Neurology 39, S. 234–237.

Seltzer, M. & Wijngarden Krauss, M. (1989). Aging parents with adult mentally retarded children: family risk factors and sources of support. American Journal on Mental Retardation, 94. S. 303–312.

Shaw, W. S., Patterson, T. L., Semple, S. & Grant, I. (1998). Health and well-being in retirement. In Hersen, M. & van Hasselt, V. (Hrsg.). Handbook of Clinical Gerontopsychology. New York: Plenum Press. S. 383–409.

Shaw, K., Cartwright, C., & Craig, J. (2011). The housing and support needs of people with an intellectual disability into older age. Journal of Intellectual Disability Research, 55, 895–903.

Shpigelman, C.-N., & Gill, C. J. (2014). How do adults with intellectual disabilities use Facebook? Disability & Society, 29, 1601–1616.

Shpigelman, C.-N. (2016, July). Sense of belonging of Facebook users with intellectual disabilities. Paper presented at the Fifth Conference of Alter, European Society for Research on Disability, Stockholm, Sweden.

Sigafoos, J., O'Reilly, M., Cannella, H., Upadhyaya, L., Edrinsinha, C., Lancioni, G. E., Young, D. (2005). Computer-presented video prompting for teaching microwave oven use to three adults with developmental disabilities. Journal of Behavioral Education, 14, 189–201.

Skorpen S, Nicolaisen M, Langballe EM. (2016). Hospitalisation in adults with intellectual disabilities compared with the general population in Norway. J Intellect Disabil Res. 2.

Silverstein, A., Herbs, D., Miller, T., Nasuta, R., Williams, D. & White, J. (1988). Effects of age in the adaptive behavior of institutionalized and non-institutionalized individuals with Down syndrome. American Journal on Mental Retardation, 92. S. 455–460.

Silverstein, A., Herbs, D., Nasuta, R. & White, J. (1986). Effects of age on the adaptive behavior of institutionalized individuals with Down syndrome. American Journal of Mental Deficiency, 90. S. 659–662.

Skiba, A. (2003). Vorbereitung auf den Ruhestand bei geistiger Behinderung. Geistige Behinderung, 42. S. 50–57.

Skiba, A. (2006). Geistige Behinderung und Altern. Books on demand. Norderstedt.

Smith, J. & Baltes, P. (1993). Differential psychological ageing: profiles of the old and very old. Ageing and Society, 13. S. 551–587.

Stein, G. L. (2008). Providing palliative care to people with intellectual disabiliries: Services, staff knowledge, and challenges. Journal of Palliative Medicine, 11(9), S. 1241–1248.

Suelze, M. & Keenan, V. (1981). Changes Family support networks over the life of mentally retarded persons. American Journal of Mental Deficiency, 86. S. 267–274.

Solarova, S. (Hrsg.) (1983). Geschichte der Sonderpädagogik. Stuttgart: Kohlhammer.

Somma (1998). Werkboek Vrijetijdsbesteding en Vorming, een overzicht van methodieken voor VTV- consulenten. Somma, landelijke vereniging van instellingen voor maatschappelijke dienstverlening aan mensen met een verstandelijke handicap. Utrecht.

Sozialministerium Baden-Württemberg (Hrsg.) (1999). Ältere Menschen mit Behinderung. Leitlinien für eine neue Aufgabe der Behindertenhilfe – Konzeptionelle und räumliche Anforderungen einer Tagesbetreuung. Stuttgart: Ministerium für Arbeit und Soziales Baden-Württemberg.

Sparrow, S., Balla, D. & Cicchetti, D. (1984). Vineland Adaptive Behavior Scales: Survey from manual (interview edition). Circle Pines, MN: American Guidance Service.

Specht-Tomann, M. & Tropper, D. (2004). Wir nehmen jetzt Abschied – Kinder und Jugendliche begegnen Sterben und Tod. 3. Auflage. Düsseldorf: Patmos.
Speck, O. (1979). Geschichte. In Bach, H. (Hrsg.). Pädagogik der Geistigbehinderten. Berlin: de Gruyter. S. 65–72.
Speck, O. (1983). Der ältere geistig behinderte Mensch aus pädagogischer Sicht. In Bundesvereinigung Lebenshilfe e. V. (Hrsg.). Altwerden von Menschen mit geistiger Behinderung. Vorträge, Berichte und ergänzende Beiträge zum Internationalen Workshop 1981 »Situation des älteren geistig behinderten Menschen«. Marburg: Lebenshilfe-Verlag.
Speck, O. (1987). Die Bedeutung des Wohnens für den geistig behinderten Menschen aus philosophisch-anthroplogischer Sicht. In Bundesvereinigung Lebenshilfe e. V. (Hrsg.). Humanes Wohnen – seine Bedeutung für das Leben geistig behinderter Erwachsener. 2. unveränderte Auflage. Marburg: Kempkes.
Speck, O. (1990). Standortbestimmung und Perspektiven der Erwachsenenbildung bei Menschen mit geistiger Behinderung. Erwachsenenbildung und Behinderung, 1. S. 3–7.
Speck, O. (1996). Autonomie als Selbstregulierung und Selbstbindung an moralische Werte. In Bundesvereinigung Lebenshilfe e. V. (Hrsg.). Selbstbestimmung: Kongressbeiträge. Marburg: Lebenshilfe-Verlag. S. 15–21.
Speck, O. (1999). Menschen mit geistiger Behinderung und ihre Erziehung. Ein heilpädagogisches Lehrbuch. 9. Auflage. München/Basel.
Squires, N., Ollo, C. & Jordan, R. (1986). Auditory brain stem responses in the mentally retarded: audiometric correlates. Ear and Hearing, 7. S. 83–92.
Stack, J., Zarate, L., Pastor, C., Mathiassen, N. E., Barberà, R., Knops, H., & Kornsten, H. (2009). Analysing and federating the European assistive technology ICT industry. Final Report. Retrieved from European Commission website: http://ec.europa.eu/einclusion.
Stainback, S. & Stainback, W. (Hrsg.) (1996). Inclusion: a guide for education. Baltimore, MD: Paul H. Brookes Publishing Co.
Stamm, C. (2009). Erwachsene Menschen mit geistiger Behinderung im Elternhaus – familiäre Situation und Zukunftsperspektiven aus Sicht der Hauptbetreuungspersonen. Ergebnisse einer empirischen Studie. In: ZFH 7/2009, S. 255–264.
Stanish, H. & Draheim, C. (2005a). Assessment of walking activity using a pedometer and survey in adults with mental retardation. Adapted Physical Activity Quarterly, 22. S. 136–145.
Stanish, H. & Draheim, C. (2005b). Walking habits of adults with mental retardation. Mental Retardation, 43. S. 421–427.
Stanish, H. & Draheim, C. (2005c). Physical activity assessment using pedometer and questionnaire in adults with mental retardation. Adapted Physical Activity Quarterly, 22. S. 136–145.
Stanish, H. & Draheim, C. (2006). Walking activity, body composition, and blood pressure in adults with intellectual disabilities. Journal of Applied Research in Intellectual Disabilities, 20, 3. S. 183–190.
Stanjek, K. (2001). Altenpflege konkret: Sozialwissenschaften. 2. Auflage. München: Urban und Fischer.
Starr, J. & Marsden, L. (2008). Characterisation of user-defined health status in older adults with intellectual disabilities. Journal of Intellectual Disability Research, 52, 6. S. 483–489.
Statistisches Bundesamt (2019). Entwicklung der Lebenserwartung bei Geburt in Deutschland nach Geschlecht in den Jahren von 1950 bis 2060. Wiesbaden: Statistisches Bundesamt.
Statstsisches Bundesamt (2001). Bevölkerung und Erwerbstätigkeit (Fachserie 1, Reihe 3: Ergebnisse des Mikrozensus). Stuttgart: Metzler-Poeschel.
Staudinger, U. (1992). Altersintelligenz, Lebenserfahrung und Weisheit. In Häfner, H. & Hennerici, M. (Hrsg.). Psychische Krankheiten und Hirnfunktion im Alter. Stuttgart: Fischer. S. 1–13.
Stein, R. & Orthmann Bless, D. (Hrsg.) (2009). Lebensgestaltung bei Behinderungen und Benachteiligungen im Erwachsenenalter und Alter. Basiswissen Sonderpädagogik. Band 5. Baltmannsweiler: Schneider Verlag Hohengehren.

Steinberg, M. L., Heimlich, L., & Williams, J. M. (2009). Tobacco use among individuals with intellectual or developmental disabilities: A brief review. Intellectual and Developmental Disabilities, 47, S. 197–207.

Steinhagen-Thiessen, E., Gerok, W. & Borchelt, M. (1992). Innere Medizin und Geriatrie. In Baltes, P. & Mittelstraß, J. (Hrsg.). Zukunft des Alterns und gesellschaftliche Entwicklung. Berlin: de Gruyter. S. 124–150.

Sterns, H., Kennedy, E. & Sed, C. (1999). Person-centered planning for later life: Death and Dying – a curriculum for adults with mental retardation. Akron, OH: RRTC on Aging with Mental Retardation. The University of Illinois & the University of Akron.

Sterns, H., Kennedy, E., Sed, C. & Heller, T. (2000). Later-life planning and retirement. In Janicki, M. & Ansello, E. (Hrsg.). Community supports for aging adults with lifelong disabilities. Baltimore: Brookes. S. 179–191.

Stöppler, R. (2002). Mobilitäts- und Verkehrserziehung bei Menschen mit geistiger Behinderung. 2. überarb. Auflage. Bad Heilbrunn: Klinkhardt.

Stöppler, R. (2004a). »Eisiger Winter« oder »Goldener Herbst« – Altern bei Menschen mit geistiger Behinderung. Pflegezeitschrift. Fachschrift für stationäre und ambulante Pflege, 57 (3). S. 161–164.

Stöppler, R. (2004b). »Ich weiß nicht, wer Du bist, aber ich kenn Dich…« – Alzheimer bei Menschen mit Down-Syndrom. Pflegezeitschrift. Fachschrift für stationäre und ambulante Pflege 57 (12). S. 850–852.

Stöppler, R. (2006). Beeinträchtigungen und Behinderungen im Alter. In Hansen, G. & Stein, R. (Hrsg.). Kompendium Sonderpädagogik. Bad Heilbrunn: Klinkhardt. S. 126–137.

Stöppler, R. (2009). Hauptsache gesund!? Gesundheitsförderung bei Menschen mit geistiger Behinderung. Lernen Konkret 28 (2). S. 2–4.

Stöppler, R. & Gattermann, K. (2008). »When I'm 64…« – Bildungskonzepte für ältere Menschen mit geistiger Behinderung. Impulse. Newsletter zur Gesundheitsförderung, 1. S. 5–6

Stöppler, R. & Milz, H. (2007). Sozial-geragogische Hilfen für alte Menschen mit Behinderungen. In Stein, R. & Orthmann, D. (Hrsg.). Basiswissen Sonderpädagogik. Baltmannsweiler: Schneider. S. 179–195.

Stöppler, R. & Wacker, E. (2004). Teilhabe ist mehr als nur dabei sein? Zur Situation von älteren Menschen mit Behinderungen aus soziologischer und pädagogischer Sicht. In: Rehabilitationszentrum Bathildisheim e. V./Landesverbände der Lebenshilfe Hessen e. V. und Nordrhein-Westfalen e. V. (Hrsg.). Tagungsband zu der Fachtagung »Praktizierte Modelle in der Arbeit mit älteren Menschen mit geistiger Behinderung«. S. 5–13.

Stöppler, R. (2015). Menschen mit (Mobilitäts-)Behinderung. Teilhabe und Verkehrssicherheit. Handbuch für fachkräfte zur Förderung der Mobilitätskompetenzen von Menschen mit Behinderungen. Deutscher Verkehrssicherheitsrat (DVR) (Hrsg.), Bonn.

Stöppler, R. (2017). Einführung in die Behinderung bei geistiger Behinderung. 2. Aufl., München/Basel: Reinhardt.

Stöppler, R. (2018a). Inklusiv mobil. Mobilitätsförderung bei Menschen mit geistiger Behinderung, Dortmund: Modernes Lernen.

Stöppler, R. (2018b). »Was gesund hält« – Bildung und Care in der Gesundheit bei Menschen mit geistiger Behinderung. In: Häußler, A., Küster, C., Ohrem, S. & Wagenknecht, I. (Hrsg.). Care und die Wissenschaft vom Haushalt. Aktuelle Perspektiven der Haushaltswissenschaft. Wiesbaden: Springer VS, S. 149–160.

Stöppler, R. & Klamp-Gretschel, K. (2019) (Hrsg.). Ressourcen nutzen – gesund bleiben! Gesundheitsbildung bei Menschen mit geistiger Behinderung. Dortmund: verlag modernes leben.

Storm, W. (1995). Das Down-Syndrom: Medizinische Betreuung vom Kindes- bis zum Erwachsenenalter. Stuttgart: Wissenschaftliche Verlagsgesellschaft.

Stortz, J. N., Lake, J. K., Cobigo, V., et al. (2014). Lessons learned from our elders: how to study polypharmacy in populations with intellectual and developmental disabilities. Intellect Dev Disabil; 52, S. 60–77.

Strauss, D. (1998). External causes of death among persons with developmental disability: the effect of residential placement. American Journal of Epidemiology, 147. S. 855–862.
Strauss, D. & Eyman, R. (1996). Mortality of people with mental retardation in California with and without Down Syndrome, 1986–1991. American Journal on Mental Retardation, 100. S. 643–653.
Strauss, D., Kastner, T. & Shavelle, R. (1998). Mortality of adults with developmental disabilities living in California institutions and community care, 1985–1994. Mental Retardation, 36. S. 360–371.
Strydom, A., & Hassiotis, A.(2003). Diagnostic instruments for dementia in older people with intellectual disability in clinical practice. Aging and Mental Health, 7, S. 431–437.
Strydom, A., Livingston, G., King, M., et al. (2007). Prevalence of dementia in intellectual disability using different diagnostic criteria. The British Journal of Psychiatry 191(2), S. 150–157.
Strydom, A., Shooshtari, S., Lee, L, Raykar, V., Torr, J., Tsiouris, J., Jokinen, N., Courtenay, K., Bass, N., Sinnema, M, Maaskant, M. (2010). Dementia in Older Adults With Intellectual Disabilities–Epidemiology, Presentation, and Diagnosis. Journal of Policy and Practice in Intellectual Disabilities Volume 7 Number 2, S. 96–110.
Sullivan, S. G., Hussain, R., Threlfall, T., Bittles, A.H. (2004). The incidence of cancer in people with intellectual disabilities. Cancer Causes Control 2004;15(10), S. 1021–1025.
Sullivan, W. F., Berg, J. M., Bradley, E., Cheetham, T., Denton, Heng, J., Hennen, B., Joyce, D. et al. (2011). Primary care of adults with developmental disabilities; Canadian consensus guidelines. Can Fam Physician 2011; 57, S. 541–553.
Sullivan, W. F., Heng, J., Cameron, D., Lunsky, Y., Cheetham, T., Hennen, B., et al. (2006). Canadian consensus guidelines for primary health care of adults with developmental disabilities. Can Fam Physician.; 52(11), S. 1410–1418.
Sutherland, G., Couch, M. A., & Iacono, T. (2002). Health issues for adults with developmental disability. Research in Developmental Disabilities, 23, S. 422–445.
Sutton, E., Factor, A., Hawkins, B., Seltzer, G. & Heller, T. (Hrsg.) (1993). Older adults with developmental disabilities. Baltimore: Paul Brookes.
Sutton, E., Sterns, H. & Schwartz, L. (1993). Realities of retirement and preretirement planning. In Sutton, E., Factor, A., Hawkins, B., Heller, T. & Seltzer, G. (Hrsg.). Older adults with developmental disabilities; optimizing choice and change. Baltimore: Paul Brookes. S. 79–94.
Talley, N., Jones, M., Nuyts, G. & Dubois, G. (2003). Risk factors for chronic constipation based on a general practice sample. American Journal of Gastroenterology, 98. S. 1107–1111.
Telakivi, T., Partinen, M., Salmi, T., Leinonen, L. & Harkonen, T. (1987). Nocturnal periodic breathing in adults with Down's syndrome. Journal of Mental Deficiency Research, 31. S. 31–39.
Tews, H. (1995). Altersbilder. Über Wandel und Beeinflussung von Vorstellungen vom und Einstellungen zum Alter. 2. Auflage. Köln Kuratorium: Deutsche Altershilfe.
Thase, M. (1982). Longevity and mortality Down's syndrome. Journal of Mental Deficiency Research, 7. S. 53–59.
Temple, V. & Walkley, J. (2003). Physical activity of adults with intellectual disability. Journal of Intellectual and Developmental Disabilities, 28. S. 323–334.
Thesing, T. (1990). Betreute Wohngruppen und Wohngemeinschaften für Menschen mit einer geistigen Behinderung. Freiburg im Breisgau: Lambertus.
Theunissen, G. (1993). Allgemeine Bildungstheorie und Erwachsenenbildung. Eine Grundlegung aus kritisch-reflexiver Sicht. Geistige Behinderung, 32, 3. S. 227–238.
Theunissen, G. (1996). Wider die Psychiatrisierung geistiger Behinderung. Geistige Behinderung, 35, 4. S. 307–319.
Theunissen, G. (1997). Pädagogik bei geistiger Behinderung und Verhaltensauffälligkeiten. Ein Kompendium für die Praxis. Bad Heilbrunn: Klinkhardt.
Theunissen, G. (1998). Selbstbestimmung und Empowerment handlungspraktisch buchstabiert. Zur Arbeit mit Menschen, die als geistig schwer- und mehrfachbehindert gelten. In Hähner, U., Niehoff, U., Sack, R., Walther, H. (Hrsg.). Vom Betreuer zum Begleiter:

Eine Neuorientierung unter dem Paradigma der Selbstbestimmung. 2. Auflage. Marburg. S. 153–165.

Theunissen, G. (2002). Altenbildung und Behinderung: Impulse für die Arbeit mit Menschen, die als lern- und geistig behindert gelten. Bad Heilbrunn.

Theunissen, G. & Hoffmann, C. (1997). Empowerment – Ein neuer Wegweiser für die Arbeit mit Menschen, die als geistig behindert gelten. Die neue Sonderschule, 42, 5. S. 334–346.

Thieme, F. (2008). Alter(n) in der alternden Gesellschaft. Eine soziologische Einführung in die Wissenschaft vom Altern. Wiesbaden.

Thimm A., Rodekohr B., Dieckmann F., Haßler Th. (2018). Wohnsituation Erwachsener mit geistiger Behinderung in Westfalen-Lippe und Umzüge im Alter. Katholische Hochschule NRW, Münster (Erster Zwischenbericht zum Forschungsprojekt »Modelle für die Unterstützung der Teilhabe von Menschen mit geistiger Behinderung im Alter innovativ gestalten(MUTIG)«).

Timmons, J. C, Hall, A. C, Bose, J., Wolfe, A, & Winsor, J. (2011). Choosing employment: Factors that impact employment decisions for individuals with intellectual disabilities. Intellectual and Developmental Disabilities, 49(4), S. 285–299.

Thomae, H. (1968). Das Individuum und seine Welt. Eine Persönlichkeitstheorie. Göttingen: Hogrefe.

Thomae, H. (1983). Alternsstile und Altersschicksale. Ein Beitrag zur Differentiellen Gerontologie. Bern: Huber.

Thomae, H. (1988). Das Individuum und seine Welt. Göttingen: Hogrefe.

Thomae, I. (1982). Die Situation älterer und alter geistig behinderter Menschen. Geistige Behinderung, 1. S. 44–51.

Thomae, I. & Fryers T. (1982). Alter und geistige Behinderung. Ein Grundsatzdokument der Internationalen Liga von Vereinigungen für Menschen mit geistiger Behinderung. Brüssel: ILSMH.

Tietjen, H. (1991). Erzwingen alternsbedingte Veränderungen bei geistig Behinderten eine Rückkehr in vollstationäre Einrichtungen? In Landschaftsverband Rheinland (Hrsg.). Geistig Behinderte im Alter. Auf der Suche nach geeigneten Betreuungsformen. Köln. S. 77–85.

Timmers-Huigens, D. (1995). Mogelijkheden voor verstandelijk gehandicapten; een weg naar vreugde beleven. Utrecht: Uitgeverij LEMMA BV.

Todd, S. (2004). Death counts: The challenge of death and dying in learning disability services. Learning Disability Practice, 7, S. 12–15.

Torr, J., Strydom, A., Patti, P. Jokinen, N. (2010). Aging in Down Syndrome: Morbidity and Mortality. Journal of Policy and Practice in Intellectual Disabilities, 7, 1, S. 70–81.

Tracy, J. & Wallace, R. (2001). Presentations of physical; illness in people with developmental disability: the example of gastroesophageal reflux. Medical Journal of Australia, 175. S. 109–111.

Trappen, M. (1983). Offene Wohnformen für geistig behinderte Menschen in der Bundesrepublik Deutschland. In Bundesvereinigung Lebenshilfe e. V. (Hrsg.). Altwerden von Menschen mit geistiger Behinderung. Große Schriftenreihe Bd. 7. Marburg: Lebenshilfe-Verlag. S. 68–69.

Trappen, M. (1987). Die Bedeutung des Wohnens für den geistig behinderten Menschen aus Sicht seiner Familie. In Bundesvereinigung Lebenshilfe e. V. (Hrsg.). Humanes Wohnen – seine Bedeutung für das Leben geistig behinderter Erwachsener. Große Schriftenreihe Bd. 5. 2. Auflage. Marburg: Lebenshilfe-Verlag. S. 16–24.

Trappenburg, M. J. (2013). Active solidarity and its discontents. Health Care Analysis, 23 (3), 207–222.

Trinity College Dublin (2016). IDS TILDA. The Intellectual Disability Supplement to the Irish Longitudinal Study on Ageing. Available at: http://www.idstilda.tcd.ie/. Access in: December, 5, 2017.

Trost, R. & Metzler, H. (1995). Alternde und alte Menschen mit geistiger Behinderung in Baden-Württemberg – Zur Situation in Werkstätten für Behinderte und in Wohneinrichtungen. Stuttgart: Ministerium für Arbeit.

Tsao, R., Kindelberger, C., Fréminville, B., Touraine, R., and Buss,G. (2015). Variability of the Aging Process in Dementia-Free Adults With Down Syndrome. American Journal on Intellectual and Developmental Disabilities, Vol. 120, No. 1, S. 3–15

Tuffrey-Wjine, I. (2002). The palliative care needs of people with intellectual disabilities: A case study. International Journal of Palliative Nursing, 8(5), S. 222–232.

Tuffrey-Wijne, I. (2003). The palliative care needs of people with intellectual disabiliries: A literature review. Palliative Medicine, 17, S. 55–62.

Tuffrey-Wijne, I., McEnhill, L., Curfs, L., & Hollins, S. (2007). Palliative care provision for people with intellectual disabilides: Inter. views with specialist palliative care professionals in London. Palliative Medicine, 2/(6), 493–499.

Tuffrey-Wijne, I., & McEnhill, L. (2008). Communicadon difficulties and intellectual disability in end-of-life care. International Journal of Palliative Nursing, 14(4), S. 189–194.

Tuffrey-Wijne, I., Whelton, R., Curfs, L., & Hollins, S. (2008). Palliative care provision for people with intellectual disabiliries: A questionnaire survey of specialist palliative care professionals. Palliative Medicine, 22, S. 281–290.

Tyrrell J., Cosgrave M. et al. (2001). Dementia in people with Down's syndrome. International Journal of Geriatric Psychiatry 16, S. 1168–1174.

Ugazio, A. G., Maccario, R., Notarangelo, L. D., & Burgio, G. R. (1990). Immunology of Down syndrome: a review. American Journal of Medical Genetics, 7, S. 204–212.

United Nations (2006). Convention on the rights of persons with disabilities. New York, NY: United Nations. Available from: www.un.org/disabilities.

United States Congress. (2004). Assistive Technology Act (Public Law 108364). Retrieved from http://www.ataporg.org/docs/atact_law.pdf.

Urban, K. & Fröhlich, A. (2000). Entstehung der Sonderschulen für Geistigbehinderte; Entwicklung in Rheinland-Pfalz 1949–1980. Pädagogik Zeitgemäß, 37. Pädagogisches Zentrum: Bad Kreuznach.

Urv, T. K., Zigman, W. B., & Silverman, W. (2010). Psychiatric symptoms in adults with Down syndrome and Alzheimer's disease. Journal Information, 115, S. 265–276.

US Department of Health and Human Services (2000). Healthy People 2010. 2nd ed. With Understanding and Improving Health and Objectives for Improving Health. 2 vols. Washington, DC: U.S. Government Printing Office. URL: http://www.healthypeople.gov/ (zuletzt geprüft am 16.11.2008).

US Preventive Services Task Force (USPSTF) (2004). Screening for visual impairment in children younger than five years: Recommendation statement. Annual Family Medicine, 2. S. 263–266.

Van de Louw, J., Vorstenbosch, R., Vinck, L., Penning, C., Evenhuis, H. (2009). Prevalence of hypertension in adults with intellectual disability in the Netherlands. Journal of Intellectual Disability Research, 53. S. 78–84.

Van den Akker, M., Buntinx, F., Metsemakers, J. F., Roos, S. & Knottnerus, J. A. (1998). Multimorbidity in general practice: Prevalence, incidence, and determinants of co-occurring chronic and recurrent diseases. Journal of Clinical Epidemiology, 51, S. 367–375.

Van den Akker, M., Maaskant, M. & Van der Meijden, R. (2006). Cardiac diseases in people with intellectual disability. Journal of Intellectual Disability Research, 50. S. 515–522.

Van den Broek, E., Janssen, C., van Ramshorst, T., Deen, L. (2006). Visual impairments in people with severe and profound multiple disabilities: an inventory of visual functioning. Journal of Intellectual Disability Research, 50,6, S. 470–475.

Van der Leeuw, J. (2006), Horen, zien en reageren. Signalering op afstand bij ouderen en mensen met een beperking. In Zicht op Zorg en Technologie, NIZW Zorg, Uitgeverij LEMMA BV, Den Haag,

Van der Leeuw, J. (2007). Moderne techniek in de zorg. Met intelligente sensoren waken over thuiswonende clienten. Vilans, Kenniscirkel Domotica voor Wonen en Zorg, Utrecht, 2007.

Van der Pijl, D.J., Adriaens, L.M.H., Verdonschot, M.L. (2007). Eindrapport project »Ondersteunende Technologie van Advies tot Zorgplan: OT van A tot Z«. Vilans; Stichting Pepijn-Paulus; Ministerie van Volksgezondheid, Welzijn en Sport; Provincie Limburg).

Van Laake, M. & Haveman, M. (2001). Cursus Pensionering. In Ten Horn, G. (Hrsg.) Handboek Mogelijkheden, IV, 11. S. 1–27.
Van Laake, M., Haveman, M. & Reijnders, R. (2002). Leren Omgaan met Verlies en Sterven; een cursus voor ondere verstandelijk gehandicapten. Maastricht: Centre for Human Development ans Disabilities (CHDD).
Van Laake, M. & Haveman, M. (2003). Cursus Leren Omgaan met Verlies en Sterven. In Ten Horn (Hrsg.). Handboek Mogelijkheden. Elsevier.
Van Laake, M. (2006). Preparing adults with intellectual disabilities for later life: optimizing choice-making. Doctorate dissertation. Faculty Rehabilitation Sciences, University of Dortmund.
Van Schrojenstein Lantman-De Valk, H., Haveman, M., Maaskant, M., Kessels, A., Urlings, H. & Sturmans, F. (1994). The need for assessment of sensory functioning in ageing people with mental handicap. Journal of Intellectual Disability Research, 38. S. 289–298.
Van Schrojenstein Lantman-De Valk, H., Haveman, M. & Crebolder, H. (1996). Comorbity in people with Down's syndrome: a criteria-based analysis. Journal of Intellectual Disability Research, 40. S. 385–399.
Van Schrojenstein Lantman-De Valk, H., Kessels, A., Haveman, M., Maaskant, M., Urlings, H. & Van den Akker, M. (1995). Medicijngebruik door verstandelijk gehandicapten in instituten en gezinsvervangende tehuizen. Nederlands Tijdschrift voor Geneeskunde, 139. S. 1083–1087.
Van Schrojenstein Lantman-De Valk, H., Metsemakers, J., Haveman, M. & Crebolder, H. (2000). Health problems in people with intellectual disability in general practice: a comperative study. Family Practice, 17, 5. S. 405–407.
Van Schrojenstein Lantman-De Valk, H., Van den Akker, M., Maaskant, M.; Haveman, M.; Urlings, H.; Kessels, A. & Crebolder, H. (1997). Prevalence and incidence of health problems in people with intellectual disability. Journal of Intellectual Disability Research, 41. S. 42–51.
Van Splunder, J., Stilma, J., Bernsen, R., Arentz, T. & Evenhuis, H. (2003a). Refractive errors and visual impairment in 900 adults with intellectual disabilities in the Netherlands. Acta Ophthalmology Scandinavica, 81. S. 123–129.
Van Splunder, J., Stilma, J., Bernsen, R. & Evenhuis, H. (2004). Prevalence of ocular diagnoses found on screening 1539 adults with intellectual disability. Ophthalmology, 111. S. 1457–1463.
Van Splunder, J., Stilma, J., Bernsen, R. & Evenhuis, H. (2006). Prevalence of visual impairment in adults with intellectual disabilities in the Netherlands: cross-sectional study. Eye, 20, 9. S. 1004–1010.
Van Splunder, J., Stilma, J., Evenhuis, H. et al. (2003b). Visual performance in specific syndromes associated with intellectual disability. European Journal of Ophthalmology, 13. S. 565–574.
Van Timmerena, E.A., Waningea, A., van Schrojenstein Lantman-de Valk, H.M.J A., van der Putten A.J., van der Schansade C.P. (2017). Patterns of multimorbidity in people with severe or profound intellectual and motor disabilities. Research in Developmental Disabilities, 67, S. 28–33.
Van Walleghem, M. & Serneels, D. (1993). Families with an elderly mentally handicapped child: Results of a qualitative study in Flanders Belgium. In Haveman, M., Buntinx, W. (Hrsg.). Familiy needs and family support in mental retardation: An international perpective. Nijmwegen: Kavenah-Press. S. 73–80.
Van Winckel, M., Van de Keere, N., Deblare, S., Van Put, V. & Robberecht, E. (1999). Use of laxatives in institutions for the mentally retarded. European Journal of Clinical Pharmacology, 54. S. 965–969.
Veraart, W., Mul, M. & Biermann, A. (1998). Slechthorendheid bij mensen mit een verstandelyke handicap die in een gezinsvervangend tehuis wonen. Nederlands Tijdschrift voor de Zorg aan verstandelyk gehandicapten, 24, 1. S. 3–13.
Visser, F., Aldenkamp, A. & Huffelen A. (1997). Prospective study of the prevalence of Alzheimer type dementia in institutionalized individuals with Down Syndrome. American Journal on Mental Retardation, 101, 4. S. 400–412.

Vodoz, L. (2010, December). Fracture numérique, fracture sociale: Aux frontières de l'intégration et de l'exclusion [Digital divide, social divide: The frontiers of integration and exclusion]. SociologieS. Retrieved from http://sociologies.revues.org/3333

Vonken, M., Maaskant, M. & van den Akker, M. (2006). Aandoeningen van het bewegingsapparaat bij mensen met een verstandelijke handicap. Nederlands Tijdschrift voor de Zorg aan verstandelijk gehandicapten, 32, 2. S. 98–111.

Vorderwülbecke, N. (2005). Erschwernisse in der Kommunikation mit alternden Menschen im Rahmen einer Demenz. Seedorf: Signum Verlag.

Wacker, E. (1993). Alte Menschen mit Behinderung. Forschungsstand und Forschungsbedarf. In Bundesvereinigung Lebenshilfe e. V. (Hrsg.). Alt und geistig behindert. Ein europäisches Symposium. Marburg: Lebenshilfe-Verlag.

Wacker, E. (1999). Altern in der Lebenshilfe – Lebenshilfe beim Altern. In Bundesvereinigung Lebenshilfe e. V. (Hrsg.). Persönlichkeit und Hilfe im Alter. Marburg: Lebenshilfe-Verlag. S. 23–45.

Wacker, E. (2000). Altern in der Lebenshilfe – Lebenshilfe beim Altern. Lebenslagen und Unterstützungsformen. In Bundesvereinigung Lebenshilfe e. V. (Hrsg.). Persönlichkeit und Hilfen im Alter. Zum Alterungsprozeß bei Menschen mit geistiger Behinderung. 2. Auflage. Marburg: Lebenshilfe-Verlag. S. 23–45.

Wacker, E. (2001). Alter hat Zukunft – demographische Entwicklung älter werdender Menschen mit Behinderung und ihre Konsequenzen. In Hessisches Sozialministerium u. a. (Hrsg.). Lebensräume älterer Menschen mit Behinderung. Hessische Erfahrungen. Marburg: Lebenshilfe-Verlag.

Wacker, E., Wetzler, R., Metzler, H. & Hornung, C. (1998). Leben im Heim. Angebotsstrukturen und Chancen selbständiger Lebensführung in Wohneinrichtungen der Behindertenhilfe. Bundesministerium für Gesundheit. Baden-Baden: Nomos.

Wagemans, A. M., Fiolet, J. F., van der Linde, E. S., Menheere, P. P. (1998). Osteoporosis and intellectual disability: is there any relation? Journal of Intellectual Disability Research, 42, 5, S. 370–374.

Wagemans, A., van Schrojenstein Lantman-deValk, H. V., Tuffrey-Wijne, I., Widdershoven, G., & Curfs, L. (2010). End-of-life decision: An important theme in the care for people with intellectual disah'úiúes. Journal of Intellectual Disability Research, 54(6), 516–524.

Wahl, H. (2000). Changes in aging today and tomorrow – contributions of interventional gerontology. Zeitschrift für Gerontologie und Geriatrie, 33. S. 85–89.

Wahl, H., Heyl, V. (2004). Gerontologie – Einführung und Geschichte. Grundriss der Gerontologie. Bd. 1. Stuttgart: Kohlhammer.

Wallace, R., Schluter, P. & Webb, P. (2002). Environmental, medical behavioural and disability factors associated with Helicobacter pylori infection in adults with intellectual disability. Journal of Intellectual Disability Research, 46. S. 51–60.

Wallace, R., Schluter, P. & Webb, P. (2004). Recurrence of Helicobacter pylori infection in adults with intellectual disability. Internal Medicine Journal, 34. S. 132–133.

Wang, K., Hsieh, K., Davidson, P. & Janicki, M. (2007). Carer reports of health status among adults with intellectual/developmental disabilities in Taiwan living at home and in institutions. Journal of Intellectual Disability Research, 51, 3. S. 173–183.

Warburg, M. (2001a). Visual impairment in adult people with intellectual disability: Literature review. Journal of Intellectual Disability Research, 45. S. 424–438.

Warburg, M. (2001b). Visual impairment in adult people with moderate, severe, and profound intellectual disability. Acta Ophthalmology Scandinavica, 79. S. 450–454.

Weber, G. (Hrsg.) (1997). Psychische Störungen bei älteren Menschen mit geistiger Behinderung. Bern: Hans Huber.

Wehmeyer, M. & Metzler, C. (1995). How self-determined are people with mental retardation? Mental Retardation, 33. S. 111–119.

Wehmeyer, M. L., Palmer, S., Smith, S. J., Davies, D., & Stock, S. (2008). The efficacy of technology use by people with intellectual disability: A single-subject design meta-analysis. Journal of Special Education and Training, 23(3), S. 13–24.

Weinert, F. (1992). Altern in psychologischer Perspektive. In Baltes, P. & Mittelstraß, J. (Hrsg.). Zukunft des Alterns und gesellschaftliche Entwicklung. Berlin: De Gruyter. S. 180–203.
Weinert, F. (1994). Altern in psychologischer Perspektive. In Baltes, P., Mittelstraß, J. & Staudinger, U. (Hrsg.). Alter und Altern. Ein interdisziplinärer Studientext zur Gerontologie. Sonderausgabe des 1992 erschienenen 5. Forschungsberichts der Akademie der Wissenschaften zu Berlin. Berlin: De Gruyter.
Weisz, J. (1982). Learned helplessness and the retarded child. In Zigler, E., Balla, D. (Hrsg.). Mental retardation – the developmental-difference controversy. Hillsdale: Erlbaum. S. 27–40.
Wells, M., & Mitchell, K. J. (2014). Patterns of Internet use and risk of online victimization for youth with and without disabilities. The Journal of Special Education, 48, S. 204–213.
Weltgesundheitsorganisation (1999). Taschenführer zur Klassifikation psychischer Störungen. Mit Glossar und Diagnostischen Kriterien ICD-10: DCR-10. Übersetzt und Hrsg. Dilling, H. & Freyberger, H. Bern: Hans Huber.
Weyerer, S., Bickel, H. (2007). Epidemiologie psychischer Erkrankungen im höheren Lebensalter. Stuttgart: Kohlhammer.
Whitehead, M., (1990). The concepts and principles of equity and health. International Journal of Health Services, 22, S. 429–445.
Whittingham, S., Pitt, D., Shaema, D. & Mackay, I. (1977). Stress deficiency of the T-lymphocyte system exemplified by Down syndrome. Lancet, 1, 8004. S. 163–166.
Wickert, J. & Hoogers-Dörr, K. (1983). Zur Psychologie des Trauerns, Sterbens und des Todes bei geistig Behinderten – eine Voruntersuchung. In Bundesvereinigung Lebenshilfe e. V. (Hrsg.). Altwerden von Menschen mit geistiger Behinderung. Große Schriftenreihe, Bd. 7. Marburg: Lebenshilfe-Verlag.
Wieland, H. (1987). Die vermeintliche Andersartigkeit alternder und alter Menschen mit einer geistigen Behinderung – Problematische Aspekte in der gegenwärtigen Diskussion. In Wieland, H. (Hrsg.). Geistig behinderte Menschen im Alter. Theoretische und empirische Beiträge zu ihrer Lebenssituation in der Bundesrepublik Deutschland in Österreich und in der Schweiz. Heidelberg: Edition Schindele.
Wieland, H. (Hrsg.) (1987). Geistig behinderte Menschen im Alter. Theoretische und empirische Beiträge zu ihrer Lebenssituation in der Bundesrepublik Deutschland, in Österreich und in der Schweiz. Heidelberg: Edition Schindele.
Wieland, H. (1991). Die Zuspitzung einer lebenslangen Benachteiligung. In Landschaftsverband Rheinland (Hrsg.). Geistig Behinderte im Alter. Auf der Suche nach geeigneten Wohn- und Betreuungsformen. Köln: Brauweiler. S. 9–18.
Willems, Ch. G., C. Schutgens-Willems (2007). Toepassingen domotica. Ondersteuning bij het wonen voor de doelgroep lichamelijk en/of verstandelijk gehandicapten anno 2007. iRV/Vilans, Hoensbroek/Utrecht.
Willgoss, T.G., Yohannes, A.M., Mitchell, D. (2010). Review of risk factors and preventative strategies for fall-related injuries in people with intellectual disabilities. J Clin Nurs 19: 2100–2109.
Wilkinson, J., Culpepper, L. & Cerreto, M. (2007). Screening Tests for Adults with Intellectual Disabilities. Journal of the American Board of Family Medicine, 20, 4. S. 399–407.
Will, H. & Dahlmanns, J. (1996). Handbuch Rehabilitationssport. Behinderten-Sportverband Niedersachsen e.V. und Behinderten-Sportverband Nordrhein-Westfalen. Hannover: Neuer Start.
Wilson, D N. & Haire, A. (1990). Health care screening for people with mental handicap living in the community. British Medical Journal, 301. S. 1379–1381.
Wolfensberger, W. (1972). The principle of normalization in human services. Toronto: National Institute on mental Retardation.
Wolfensberger, W., Thomas, S.(1980). A brief overview of the principles of normalization. In Flynn, R. & Nitsch, K. (Hrsg.). Normalization, integration and human services. Baltimore: University Park Press.
Wolffensberger, W. (1991). Der neue Genozid an den Benachteiligten, Alten und Behinderten. Perfect Paperback

Wong, A. W. K., Chan, C. C. H., Li-Tsang, C. W. P., & Lam, C. S. (2009). Competence of people with intellectual disabilities on using human–computer interface. Research in Developmental Disabilities, 30, S. 107–123.

Woodhouse, J., Adler, P. & Dulgnan, A. (2003). Ocular and visual defects amongst people with intellectual disabilities participating in Special Olympics. Ophthalmic Physiological Optics, 23. S. 221–232.

World Health Organization. (2002). Active ageing: A policy framework. Available at http://whqlibdoc.who.int/hq/2002/WHO_NMH_NPH_02.8.pdf

World Health Organization (WHO) (2003). Global strategy on diet, physical activity and health. Geneva: Author.

World Health Organization (WHO) (2005). ICF, Internationale Klassifikation der Funktionsfähigkeit, Behinderung und Gesundheit Stand Oktober 2005. Herausgegeben vom Deutschen Institut für Medizinische Dokumentation und Information, DIMDI. WHO-Kooperationszentrum für das System Internationaler Klassifikationen. World Health Organization. Genf. http://www.soziale-initiative.net/wp-content/uploads/2013/09/icf_endfassung-2005-10-01.pdf

World Health Organization (2010). WHO definirion of palliative care. Available at http://www.who.int/cancer/palliative/definition/ en/

World Health Organization & World Bank (2011). World Report on Disability. Geneva, CH: WHO.

World Health Organization (2013). Global Cooperation on Assistive Technology (GATE) [Online]. Available: www.who.int/phi/implementation/assistive_technology/phi_gate [Accessed August 9 2019]

World Health Organization (2016). Priority assistive products list (APL)[Online]. Available: http://www.who.int/phi/implementation/assistive_technology/global_survey-apl/en/ [Accessed August 10 2019]

Yamaki, K., & Fujiura, G. T. (2002). Employment and oncome status of adults with developmental disabilities living in the community. Mental Retardation, 40, S. 132–141.

Yang, Q., Rasmussen, S. & Friedman, J. (2002). Mortality associated with Down's syndrome in the USA from 1983 to 1997: a population-based study. Lancet, 359. S. 1019–1025.

Zaudig, M., Wittchen, H. & Saß, H. (2000). DSM-IV und ICD-10 Fallbuch. Fallübungen zur Differentialdiagnose nach DSM-IV und ICD-10. Göttingen: Hogrefe.

Zerzan, J., Stearns, S. & Hanson, L. (2000). Access to palliative care and hospice in nursing homes. JAMA, 284(19), S. 2489–2494.

Zhang, L., Baldwin, K., Munoz, B., Munro, C., Turano, K., Hassan, S., Lyketsos, C., Bandeen-Roche, K., West, S. K. (2007). Visual and Cognitive Predictors of Performance on Brake Reaction Test: Salisbury Eye Evaluation Driving Study. In: Ophthalmic Epidemiology 14(4), S. 216–222.

Zielniok, W. (1990). Zielaspekte einer Freizeitförderung für geistig behinderte Menschen. In Zielniok, W. & Schmidt-Thimme, D. (Hrsg.). Gestaltete Freizeit für Menschen mit geistiger Behinderung. Heidelberg: Edition Schindele.

Zielniok, W. & Schmidt-Thimme, D. (Hrsg.) (1990). Gestaltete Freizeit für Menschen mit geistiger Behinderung. Heidelberg: Edition Schindele.

Zigman, W., Schupf, N., Devenny, D., Miezejeski, C., Ryan, R., Urv, T., Schubert, R. & Silverman, W. (2004). Incidence and prevalence of dementia in elderly adults with mental retardation without Down syndrome. American Journal on Mental Retardation, 109, S. 126–141.

Zigman, W., Schupf, N., Haveman, M. & Silverman, W. (1997). The epidemiology of Alzheimer disease in intellectual disability: results and recommendations from an international conference. Journal of Intellectual Disability Research, 41. S. 76–80.

Zigman, W., Schupf, N., Lubin, R. & Silverman W. (1987). Premature regression of adults with Down syndrome. American Journal of Developmental Disabilities, 15. S. 277–287.

Zigman, W., Schupf, N., Sersen, E. & Silverman, W. (1996). Prevalence of dementia in adults with and without Down syndrome. American Journal on Mental Retardation, 100. S. 403–412.

Zigman, W., Seltzer, G., Adlin, M. & Silverman, W. (1991). Physical, behavioral and mental health changes associated with aging. In Janicki, M. & Seltzer, M. (Hrsg.). Aging and developmental disabilities: challenges for the 1990s. Washington D.C.: Special Interest Group on Aging, American Association on Mental Retardation. S. 52–75.

Zigman, W. B. (2013). Atypical aging in Down syndrome. Developmental Disabilities Research Reviews, 18, S. 51–67.

Zigman, W. B., & Lott, I. T. (2007). Alzheimer's disease in Down syndrome: Neurobiology and risk. Mental Retardation and Developmental Disabilities Research Review, 13, S. 237–246.

Stichwortverzeichnis

A

Aktivitätstheorie 49, 51 f.
Alkohol 38
Alter 20
- administratives 20
- biologisches 20
- chronologisches 20
- ethisches 20
- funktionales 20
- geistiges 20
- geschichtliches 20
- kalendarisches 20
- mentales 20
- personales 20
- psychologisches 20
- rechtliches 20
- religiöses 20
- soziales 20

Altersschwerhörigkeit 64, 76
Altersweitsichtigkeit 41, 169
Alterungsprozess 25, 38, 44, 48, 70
Alzheimer-Demenz 69, 85
Arbeit 21, 29, 48, 50, 56, 61, 155 f., 162
Arteriosklerose 41, 68
Arthrose 40, 68, 78
Assistive Technologie 173
Atemwegserkrankung 80
Autonomie 32, 55, 165, 199

B

Bewegungsapparat 40, 78
Biografie 21, 33, 119, 167, 199
Blutdruck 41, 69

C

Computer 173 f., 177

D

Demenz 47, 84, 94, 171
Depression 47, 57, 68, 85, 130

Design für alle 173
Diabetes 69, 171
Disengagementtheorie 52
Down-Syndrom 25, 43, 45, 76 f., 80, 100

E

Empowerment 121
Enthospitalisierung 29
Epilepsie 16, 68, 83
Ernährung 48
Erwachsenenbildung 56, 61, 118, 121
Euthanasie 18

F

Familie 32, 49, 60, 76 f., 113, 131, 157, 189
Frakturen 40, 68 f., 78
Freizeit 21, 29, 49, 51, 56, 118, 129, 138, 155
Freunde 50, 143, 147, 150, 152, 162, 185

G

Gedächtnis 44, 58, 99, 169
- Gedächtnisförderung 110
- Gedächtnisverlust 100

Geistigbehindertenpädagogik 9, 196
Geistige Behinderung, Definition 22
Gerontologie 19
Gesundheit 44, 53, 147
- Gesundheitliche Situation 37
- gesundheitliche Versorgung 128
- Gesundheitsbewusstsein 199
- Gesundheitsförderung 34, 158
- Gesundheitsrichtlinien 75
- Gesundheitszustand 45, 146, 166, 171
- psychische Gesundheit 68

Glaukom 41, 69, 74

H

Hepatitis 80, 86

Herzerkrankung 69
Hören 76 f., 169 f.
Hyperthyreose 85
Hypertonie 69
Hypothyreose 84, 88, 96
Hypotonie 80

I

Immunsystem 43, 68 f., 85, 103
Inkontinenz 42, 83
Intelligenz 44

K

Katarakt 74 f.
Kognition 22, 99, 169
Kognitive Fähigkeiten 21 f., 37, 166
Kohorten
- Geburtskohorten 18, 61, 94
- Kohorteneffekt 48
Kommunikation 21, 31, 45, 47, 77, 109, 165, 169, 197
Kompetenzmodell 54
Kontinuitätshypothese 53
Körpergewicht 42
Kreislauf 41, 69, 79, 171

L

Lebenserwartung 13, 127 f., 131, 183
Lebenslauf 21, 54, 57, 126, 131, 156, 196
- Lebenslaufperspektive 55 f., 196
Lebenslaufperspektive 32
Lernen 57, 106, 118, 157, 159, 189, 197 f.
Lethargie 85
Loslösungstheorie 52 f.

M

Meldepflicht 130
Menopause 40, 78
Mitarbeiter 34, 59, 76 f., 113, 126, 150
Mitbewohner 113, 129, 134, 147, 149
Mobilität 41, 47, 68, 165
- Mobilitätsbehinderungen 166
- Mobilitätserziehung 165 f.
- Mobilitätsverlust 126
Motorik 41, 169
Multimorbidität 68 f., 89

N

Normalisierung 29, 50, 127 f., 165

O

Obstipation 42, 83
Orientierung 45, 61, 169
Osteoporose 40, 68, 78

P

Parkinson'sche Krankheit 69, 83
Partnerschaft 148, 154, 159
Periodeneffekte 59
Personenzentrierung
- Personenzentrierte Planung 198
- Personenzentrierte Therapie 106
Postmenopause 43, 78
Prävalenzrate 45, 94
Psychiatrische Anstalten 14, 60
Psychische Störungen und Veränderungen 24, 29, 39, 44

R

Ruhestand 45, 48, 112, 161

S

Schilddrüsenerkrankung 69, 84
Schlafapnoe 80
Schule 31, 59, 156
Schwerhörigkeit 41, 69, 76
Sehen 74 f., 169 f.
Selbstbestimmt Älterwerden 21, 118, 121
Selbstbestimmung/selbstbestimmtes Leben 32, 50, 118 f., 128, 133, 139, 156, 161, 165, 200
Sexualität 51
Sinnesorgane 38, 41, 68 f.
Soziale Integration 26, 29, 134, 152, 199
Soziale Netzwerke 143, 146
Spastizität 82, 84
Spiel 31
Sport 153, 155, 157
Sprache 186
Sterben 37, 48, 68, 119, 131, 183
Stigmatisierung 22
Stoffwechselerkrankung 69

T

Tagesstrukturierung 161
Teilhabe 26, 30, 118, 198
Tod 68, 103, 119, 147, 183
- Todeskonzept 186, 194
Todesverständnis 185
Trauer 184

- Trauerreaktionen   24, 184
- Trauerverhalten   188, 194

U

Überwachungstechnologie   181

V

Verhaltensauffälligkeit   46, 82, 130, 188
Verhaltensproblem   83, 85

Verhaltensstörung   100
Verlusterfahrungen   48, 184, 189
Verstopfung   42, 85

W

Wahrnehmung   41, 74
- Selbstwahrnehmung   45, 77
- Sinneswahrnehmung   68, 77, 168 f.
- Wahrnehmungsdefizit   83, 171, 184
Werkstatt für behinderte Menschen (WfbM)   114, 119, 162, 167
Wohnen   21, 29, 51, 56, 118, 123